Heiner Wilharm · Denken für eine geschlossene Welt

Heiner Wilharm

Denken für eine geschlossene Welt

Philosophie in der DDR

Hans-[illegible]
Dezember 1998

JUNIUS

Junius Verlag GmbH, Hamburg
Stresemannstraße 375
D-2000 Hamburg 50

Einbandgestaltung: Ulrich Klaus, Hamburg
Satz: Junius Verlag GmbH
Druck: SOAK GmbH, Hannover
Printed in Germany 1990
ISBN 3-88506-180-5
Erste Auflage Oktober 1990

CIP-Titelaufnahme der Deutschen Bibliothek

Wilharm, Heiner:
Denken für eine geschlossene Welt/Heiner Wilharm.
— 1. Aufl. — Hamburg: Junius, 1990
ISBN 3-88506-180-5

Inhalt

Einleitung

[illegible] und Schilderung der Kapitel taugen nicht zum Nachschlagen

»Schön aber ist es zu sehen, was die Revolution in den Köpfen gereift und dann im Staate zustande gebracht hat.« Dieses, leicht um ähnliche Äußerungen vermehrbare Diktum Georg Forsters, des Naturforschers und Deputierten des ersten frei gewählten demokratischen Parlaments auf deutschem Boden, deutet auf den außerordentlich engen Kontext von Revolution und Philosophie. Freilich: es ist die Revolution von 1789, die hier als konsequentes Resultat aufgeklärter Geisteshaltung gepriesen wird. Die Akteure selbst wie auch bedeutende Theoretiker der Zeit verstanden sich als Zeugen einer stetig vernünftiger werdenden Wirklichkeit, zu deren Voranschreiten sie glaubten, das Ihre beigetragen zu haben. Nicht anders als Forster sahen es die Großen der Gelehrtenrepublik, Kant, Fichte und Hegel, Schiller und Hölderlin.

Die Revolution in der DDR hatte wenig zu tun mit dem Morgenrot der Freiheit, das die Welt zweihundert Jahre zuvor als Triumph der Philosophie begrüßt hatte. Auch war es nicht die Philosophie, von der in Deutschland im Jahr des Bicentenaire gesprochen werden mußte. Sie lief der Entwicklung der »sanften Revolution« bestenfalls hinterher. Wenn schon historische Parallelen bemüht werden müssen, dann dürfte man eher schon denken an den Abgesang der Großen Revolution, als sich Napoleon daran machte, die Segnungen der Revolution zu exportieren und den Staaten Europas die Freiheiten des bürgerlichen Rechts und des bürgerlichen Commerzes zu bringen. Die meisten der frühen Revolutionsfreunde waren übrigens zu dieser Zeit nicht mehr so sicher, daß man es mit den beglückenden Wirkungen aufgeklärten Denkens zu tun hatte.

Wie auch immer: die Philosophie in der DDR kann es sich wohl kaum zugute halten, daß sie am Aufbruch zur Demokratie zweihundert Jahre nach dem Bastillesturm *keinen* Anteil hatte. Etwa, weil sie sich der Ambivalenzen des Modernisierungskurses bewußt gewesen wäre. Die marxistisch-leninistische Philosophie stand stets Gewehr bei Fuß, um »das gesamte System der Verhältnisse und Bedingungen so zu gestalten, daß die Rückstände in Ökonomie, Technik und Wissenschaft gegenüber den führenden kapitalistischen Ländern verringert und die Erfüllung der historischen Ziele des Sozialismus nähergebracht werden.« Keine Lehrbuchweisheit, sondern ein Statement des DDR-Philosophen Gottfried Stiehler vom Februar 1990.[1] Als List der historischen Vernunft, kaum aber als freiwillige Leistung oder auch nur als

Einsicht der Philosophie in der DDR, mag man es werten, daß sie in gewisser Weise tatsächlich dazu beigetragen hat, daß die Rückstände des Sozialismus nivelliert werden. Der Gedanke, daß all jenes, was sich zur Zeit als Angleichung offenbart, als historisches Ziel des Sozialismus beschrieben werden könnte, lag freilich nicht im Vorstellungsbereich der DDR-Philosophen.

Je weiter die Revisionen fortschreiten, desto deutlicher wird, daß die stürmische Entwicklung im Osten Europas, die Vereinigung von DDR und Bundesrepublik vor allem, aus einer Bestandsaufnahme zur geistigen Verfassung im real existierenden Sozialismus nicht über Nacht eine Zeitung von gestern hat werden lassen. Noch lange – scheint es – werden wir zu tun haben mit dem tiefer liegenden Bodensatz vierzigjähriger Geschichte des administrativen Sozialismus auf deutschem Boden. Vergleichbar der Bewältigungslast nach dem Ende des »Tausendjährigen Reichs«. Gewiß, der Marxismus-Leninismus in Deutschland hat seine *staats*tragende Rolle ausgespielt. Jedenfalls im Gewand *herrschender* Ideologie. Elemente dieser Ideologie könnten indes leicht überdauern, leichter als man gegenwärtig allgemein zu glauben scheint. Schon haben auch die Ideologen, die Philosophen und Kulturschaffenden sich umgestellt. Sei es nach dem Muster der deformierten Ideale, sei es nach Art der wortradikalen Grundsatzkritik. Doch bleibt zu bedenken, daß die Varianten des Neubeginns dem dialektischen Denken nichts Neues sind.

Und es ist nicht nur die Form, die zweifeln läßt, daß der 9. November, wenn schon keine Revolution, so doch eine geistige Wende brachte, die den politischen Veränderungen vergleichbar wäre. Längst vorher nämlich hätte man gerne die Weichen auf Pluralismus und freie Konkurrenz gestellt – in Wissenschaft, Technologie und Wirtschaft zumindest. Nur das staatsdirigistische politische System konnte sich nicht zur Selbstaufgabe überreden. Die aber war notwendig, wenn der offenbar einzig erfolgversprechende Weg, die Konkurrenz zu bestehen, in die man den Sozialismus gepreßt hatte – der Weg zur Freiheit des Westens –, nicht nur in der halbherzigen Übernahme von Methoden und Strategien beschritten werden sollte. Der Philosophie des real existierenden Sozialismus kam die undankbare Aufgabe zu, den damit gegebenen, tatsächlich unlösbaren Widerspruch herrschaftsdialektisch zu positivieren und in beschwichtigende Diskursformen zu gießen. Derart zugerichtet, war es möglich, daß selbst dessen prägnanteste Erscheinungsform, der offene Widerspruch zwischen Partei und Volksmassen, zugegeben werden konnte – wie schon im »Karl-Marx-Jahr 1983« geschehen. Ideologisch als »Einheit« interpretiert und politisch als »Einheit von Widersprüchen« dynamisiert, durfte er sodann als Beweis der Überlegenheit des fortschreitenden Sozialismus gefeiert werden.

An Beispielen wollen wir die Geschichte der Handhabung dieses Widerspruchs in ihren theoretisch systematischen Verdichtungen wie auch in ihrer historischen Genese verfolgen. Wir hoffen demonstrieren zu können, daß es durchaus in der Konsequenz des historischen und dialektischen Materialismus deutscher Interpretation lag, die Konkurrenz mit dem bürgerlichen System in der mittlerweile bekannten, unorthodox revolutionären Art »dialektisch aufzuheben«.

Der erste Teil legt unserer Untersuchung einen systematischen Grund, indem er versucht, einen Begriff der marxistisch-leninistischen Philosophie herauszuarbeiten und ihr Zentrum und ihr Problem in der Objektiven Dialektik zu fixieren. Der zweite Teil gilt dem gesellschaftlichen und politischen Umfeld philosophischer Produktivität im Laufe der DDR-Geschichte. Der dritte Teil schildert exemplarische Debatten der DDR-marxistischen Philosophie. Vorweg äußern wir uns zur Schwierigkeit, den Gegenstand unserer Untersuchung verständig zu bestimmen, und erörtern einige Probleme der Rezeption im Rahmen bisheriger »Deutschlandforschung«.

Der mehr historisch-exemplarisch interessierte Leser mag gleich zum zweiten und dritten Teil unserer Darstellung übergehen. Nach *gusto* kann er sich auch noch im Anschluß an diese Lektüre Auskunft in der philosophisch-theoretischen Expertise des ersten Teils holen.

Marxismus und Philosophie – Zwei getrennte Wege?

Worüber genau werden wir reden? Bei Betrachtung der Philosophie in der DDR scheint auf den ersten Blick nur eine Alternative möglich. Es sieht so aus, als müßte man wählen zwischen der Identitätsthese und der Zwei-Wege-These: Entweder man identifiziert »Philosophie« mit der Philosophie des Marxismus, genauer der Philosophie des Marxismus-Leninismus. Oder aber man trennt – in die Ideologie der Partei zum einen, die Philosophie in der DDR zum anderen.

Die Dinge liegen komplizierter. Man muß auf einer Differenz bestehen, die, einmal formuliert, sich sogleich wieder zu verflüchtigen droht. Der Unterschied zwischen der parteiamtlich verordneten Philosophie und Weltanschauung der Arbeiterklasse und der Philosophie in der DDR – »Philosophie« wie auch sonst irgendwo – liegt, möchte man meinen, für jede unparteiische Sicht der Dinge auf der Hand.

Doch nicht nur stellt sich diese Unterscheidung als zu simpel heraus. Sie ist zudem, selbst in korrigierter Form, kaum greifbar.

Welche Chancen bestünden, auf dem Weg der Zwei-Wege-These weiterzukommen? Einer These, die logischerweise kaum vom Selbstbild der DDR-Philosophie unterstützt wurde – jedenfalls nicht, solange sie Herrschaftsphilosophie war. Wenn wir uns nicht nur mit der kanonisierten Version des Marxismus-Leninismus befassen wollen, sondern eine authentische Philosophie vor Ort unterstellen, eine philosophische Arbeit, die nicht als Dienst an der Politik gewertet, aber vielleicht doch versucht wurde in Ostberlin und Leipzig, Greifswald und Dresden, brächte uns dies in Schwierigkeiten. Es ist schwer zu glauben, daß sich, was dort erarbeitet wurde (wohlgemerkt, wenn es überhaupt ans Licht gebracht werden könnte!), in einigen Strömungen zusammenfassen, in verbindliche systematische Ordnung einreihen ließe. Die Zwei-Wege-These suggeriert ein Bild, das in Farbenvielfalt und Konturenfülle nicht abzuweichen scheint vom Bild der Philosophie in anderen Ländern. Philosophie *in progress*, die sich zu den Lehren des Marxismus-Leninismus verhält, wie experimentelle Forschung zu sturer Dogmatik. Ein Mangel allerdings ist, daß diese Philosophietradition, weil voraussetzungsgemäß *in der Opposition*, als mehr oder weniger apokryph gelten muß.

Böte solche Verborgenheit noch kein grundsätzliches Argument dagegen, die verschüttete Tradition ans Licht zu führen, so scheint doch die gesamte Erwägung scholastisch. Denn es gibt Grund, skeptisch zu bleiben. Ist es tatsächlich möglich, daß sich neben dem Marxismus-Leninismus, schon gar institutionalisiert oder öffentlich hörbar an Universitäten und Instituten, in Verlagen und Redaktionen, überhaupt eine ›freie‹ Philosophie entwickeln und halten konnte. Frei von den Diktaten der Politik und allein den Grundsätzen der wissenschaftlichen und philosophischen Forschung verpflichtet? Die Erfahrungen mit der Gleichschaltung in staatsautoritären Systemen lassen daran zweifeln. Wer auch immer seine Stimme öffentlich erhob, mußte sagen, was zu sagen opportun war.

Die Zweiteilung, die sich vernünftigerweise aufdrängt, darf mithin nur als Arbeitshypothese Geltung beanspruchen. Sie muß auf die Probe gestellt werden, wenn sich Veranlassung findet. Die Trennung, die zunächst sinnvoll erscheint, sagt nichts über den Grad gegenseitiger Durchdringung von Dogmatismus und »freier Forschung«, je nach philosophischer Konjunktur und Einwirken externer Bedingungen. Und man muß annehmen, daß diese Durchdringung eher als Dogmatisierung der Philosophie denn als Liberalisierung der marxistisch-leninistischen Doktrin ausgefallen ist. Einer Weltanschauung gegenüber, die sich selbst als positive Ideologie versteht, nichtdogmatisches Verhalten einzufordern, dürfte ohnehin illusionär sein. Wenn es auch eine Ideologie des Undogmatischen geben mag, eine undogmatische Ideologie gibt es nicht. Unter diesen Voraussetzungen präzisiert sich die Begrenzung unserer Untersuchung. Authentische Philosophie werden wir nur dort vorstellen, wo sie sich in der *Auseinandersetzung* mit der staatsoffiziellen Version der marxistisch-leninistischen Philosophie *gezeigt* hat. Nur dort ist sie in der Regel überhaupt greifbar. Denn marxismuskritische oder sozialismusfeindliche, auch nur politisch uninteressierte oder neutrale Philosophie hatte unter sozialistischen Bedingungen im Osten Deutschlands keine Chance, einer größeren Öffentlichkeit bekannt zu werden.

Selbstverständlich waren die Umstände, die einer Bestätigung der Zwei-Wege-These entgegenkommen, abhängig von der politischen Konjunktur. Entsprechend unterschiedlich stellen sie sich zu verschiedenen Zeiten der DDR-Geschichte dar. Exemplarisch die stetige Entwicklung im Verhältnis zwischen Philosophie und *Wissenschaften*. Was die Zwei-Wege-These kategorisch vertritt, schlägt sich historisch nieder in einer Emanzipation der Wissenschaften vom Marxismus-Leninismus. In der Beziehung zwischen historisch-dialektischem Materialismus und Philosophie reproduzierte sich ein Verhältnis, das sich ebenfalls am Verhältnis zwischen marxistisch-leninistischer Ideologie und Wissenschaft studieren läßt. Den Status einer Wissenschaft beanspruchte die marxistisch-leninistische Philosophie nicht nur insgesamt. Sie verstand sich als *die* umfassende Leitungswissenschaft. Und im internen Bereich galt als Philosophie das *wissenschaftliche* Engagement einzelner philosophischer Disziplinen. Der Rahmen dieser einzelwissenschaftlichen Aktivität war allerdings nicht dem philosophischen Interesse einzelner Forscher anheimgestellt, sondern wurde von den Sachwaltern der Staatsdoktrin abgesteckt. Die ihrerseits standen nicht nur am Rand, sondern waren im Establishment der Philosophie selbst zu finden. Was bedeutet, daß der ideologische »Rahmen« durchaus gewohnt war, als »Bild« des Philosophischen aufzutreten.

Also mußte sich das wissenschaftliche Engagement noch mehr aus den Domänen der Philosophie zurückziehen, zurück in einzelwissenschaftliche Residuen, die freilich nicht auf dem Boden des Marxismus gewachsen waren, sondern im bürgerlichen Denken. Hier erst gab es Raum, echte Wissenschaft zu betreiben – vorausgesetzt, deren gesellschaftlicher Nutzen stand außer Frage. Dieser Raum selbst blieb relativ frei von einer Philosophie, die sich für wissenschaftlich hielt, aber weder Wissenschaft noch Philosophie sein durfte. Vielmehr sollte sie Ideologie sein.

Tatsächlich indiziert dieses Zugleich von Rahmen und Bild einen wesentlichen Unterschied zur Philosophie unter demokratisch-pluralistischen Voraussetzungen. Philosophische Forschung und Lehre unter realsozialistischen Verhältnissen sind dadurch gekennzeichnet, daß sie sich prinzipiell an der Meßlatte der Marxismuslehren ausrichten müssen. Und es in der DDR auch getan haben. Die Intellektuellen waren es nicht – die Philosophen, deren weiterblickende junge Garde noch während der Leipziger Demonstrationen neue Sozialismuskonzepte für das Zentralkomitee erarbeitete, schon gar nicht –, die in der DDR gestürzt hätten, was fallen mußte.

Insgesamt führen unsere Beobachtungen zu einer Korrektur am Modell der zwei Wege von Philosophie und Marxismus-Leninismus in der DDR. Diese Korrektur hat Konsequenzen für die Beurteilung vermeintlicher Liberalisierungsbestrebungen in der Vergangenheit. Betroffen sind die Beziehungen zwischen Philosophie und Politik, aber auch bestimmte Basisdoktrinen des Wirklichkeits-und Erkenntnisverständnisses.

Unterstellen wir nämlich, statt eine parallele Entwicklung auf zwei getrennten Wegen anzunehmen, ein an verschiedenen Stellen unterschiedlich eng geflochtenes Beziehungsnetz zwischen Marxismus-Leninismus und Philosophie, ist die verlorene Unschuld der Philosophie in der DDR nicht so einfach wiederzuhaben, wie sich mancher Theoretiker in Berlin oder Leipzig dies heute gerne vorstellen mag. In ideologisch sensiblen Disziplinen – in der Philosophie der Politik, in der Rechtsphilosophie und der Gesellschaftstheorie, in der sog. »materialistischen Erkenntnistheorie« (einem Konglomerat aus Metaphysik, Ontologie, Psychologie und Erkenntnistheorie), in der Philosophie der Geschichte und in Teilen der Philosophiegeschichte – würde sich somit ein einzelwissenschaftlicher Trend, eine ideologisch ungesteuerte und originär philosophische Aktivität weniger leicht durchgesetzt haben können, als die philosophische Dogmatik des Marxismus-Leninismus, der sich, wie wir sehen werden, als Superphilosophie auf diesen Gebieten für generell zuständig erklärte.

Heutzutage – im Frühjahr 1990 – sprechen die führenden DDR-Philosophen gern von »Arbeitsteilung« zwischen Weltanschauung, affirmativer Ideologie und Philosophie im eigentlichen Sinne – von den einen bedauert, von den anderen eher begrüßt. Sollten die intellektuellen Reformer sozialistischer Ideen derzeit vielleicht glauben, daß es für Glasnost und Perestrojka in der Philosophie hinreichend sei, das obligatorische Studium des historischen und dialektischen Materialismus abzuschaffen — wie schon früh nach der Wende veranlaßt — , so sollte man daran denken, daß es keinen Nutzen bringt, wenn bestimmte ›Wahrheiten‹ künftig im Gewand partikularer philosophischer Argumentation wieder auftauchen — alter Wein in neuen Schläuchen. Hier ist gründliche Kritik erforderlich.

Natürlich sind ideologisch sensible Gegenstände der Philosophie schlecht kanonisierbar. Grundsätzlich kann jedes Thema entsprechend aufgeladen werden. Aber man sollte die Abstufungen berücksichtigen, in denen der Marxismus-Leninismus selbst seine weltanschaulichen Sicherheitscordons angelegt hat. Nicht jede Aktivität ist in gleicher Weise empfindlich für politische Eingriffe, wissenschaftstheoretische oder erkenntnistheoretische Vorgaben. Gerade in den engeren Grenzen der Logik, in speziellen Fragen der Wissenschaftstheorie, in der Philosophie der Naturwissenschaften oder auf abgelegeneren Gebieten der Philosophiegeschichte, in einzelnen Fragen der Ästhetik und der Religionsphilosophie, in der werkimmanenten Analyse philosophischer *corpora* und *oeuvres*, hat es, vor allem im Verlauf zunehmenden Umgangs mit westlicher Philosophie, sicher genügend originär philosophische Probleme und Aufbereitungen gegeben, die vom dogmatischen Anspruch des Marxismus-Leninismus relativ weit entfernt waren bzw. sich mit diesem Anspruch implizit kritisch auseinandersetzten.

Wie gesagt: die Ideologieferne, nicht ohne weiteres zu verwechseln mit Politikferne, wuchs im Laufe der DDR-Geschichte im begrenzten Rahmen jener Diskurse, die im eigentlichen Sinn als »wissenschaftlich« zu qualifizieren sind. Nichtsdestotrotz mußten diese sich die ausdrückliche Einordnung ins Aussagensystem *marxistischer* Philosophie und Wissenschaft gefallen lassen.

Probleme der Rezeption

Die Formulierung von Hypothesen zur vorläufigen Bestimmung des Verhältnisses von staatstragendem, politisch determiniertem und philosophie- bzw. wissenschaftsinternem, unparteiischem Überbau ist nicht das einzige Methodenproblem, mit dem sich eine Untersuchung über das Denken im realen Sozialismus vorweg befassen muß. Ich möchte auf einige weitere Schwierigkeiten aufmerksam machen, die mit der Rezeption philosophiegeschichtlicher, wissenschaftshistorischer und politiktheoretischer Entwicklungen im »anderen Deutschland« verbunden sind. Sie hängen zusammen mit dem zuvor Erörterten, sind allerdings allgemeinerer Natur. Es stellt sich die Frage, was überhaupt unter *internen*, was unter *externen* Bedingungen philosophischer Entwicklung zu verstehen ist? Wirken nur Kräfte im internen Raum des philosophischen resp. ideologischen Diskurses aufeinander? Wirken diese auf jene äußeren – in anderen Wissenschaften, in Politik und Gesellschaft – oder umgekehrt die äußeren Bedingungen auf die sogenannte Theorie? Oder gilt beides zugleich? Ist ein solches Kräftewirkungsschema überhaupt angebracht?

Die diverse Literatur über die DDR illustriert das Problem. Die Demarkationslinie verläuft meist in traditionellen Bahnen: zwischen Theorie und Praxis, zwischen Begriffs- und Realgeschichte, zwischen Ideologie und manifestem politischen Handeln, zwischen Weltanschauung und wirklicher Welt. Versteckt oder unausgesprochen, seltener als methodische Tugend verkauft, finden sich spezifische Thesen über das Abhängigkeitsverhältnis zwischen Denk- und Theorieentwicklung hier, Politik und Politikentwicklung dort, über die Beziehungen zwischen »Überbau« und »Basis« – wie es im Vokabular des Marxismus-Leninismus heißt –, besonders der ökonomischen. Man vermutet zu Recht, daß solche Annahmen naheliegen, wenn das *Selbstverständnis* DDR-marxistischer Wissenschaft und Philosophie zugrundegelegt wird. Nicht nur, was das obligatorische – letztlich unhaltbare – Abbildungsverhältnis zwischen geistigen und vermeintlich materiellen Strukturen betrifft.

Auch scheint es zuweilen sinnvoll, die im Osten vormals verbreitete Instrumentalisierungsthese auf die Erklärung der DDR-eigenen »Überbauphänomene« selbst anzuwenden: Kunst, Kultur, Wissenschaft, Geschichte, Philosophie, alle stehen sie im Dienst am planmäßigen Aufbau der sozialistischen Gesellschaft. Folglich müßte eine adäquate Analyse der theoretischen Kontexte, der verschiedenen Diskurse und symbolischen Vermittlungen in erster Linie dieses instrumentelle Dasein berücksichtigen, um aussagekräftig zu sein.

Es gibt keine rationale Alternative dazu, mit begründeten Hypothesen zu arbeiten. Und selbstverständlich ist es angesichts des vierzigjährigen Staatsfetischismus in der DDR sinnvoll, der Instrumentalisierung im Interesse nationaler Politik bei jeder Analyse gebührende Aufmerksamkeit zu schenken. Doch darf nicht vergessen werden, daß der Nachvollzug des Zusammenwirkens staatlicher Lenkung, parteiamtlicher Stellungnahme, ideologischer und schließlich wissenschaftlich-philosophischer Aufgabenstellung über einen längeren Zeitraum selbstverständlich gegenläufige Tendenzen, Reaktionen, Widersprüche etc. unterschlagen muß, die unter der Oberfläche programmatisch einhelliger Aussagen und entsprechender Kontinuitätshypothesen ebenfalls zum Ensemble des historischen Geschehens gehörten. – Das gilt nicht nur für die hinfälligen Vorgaben von Alt-SEDlern und Sozialismusreformern. Es gilt genauso für die gegenwärtig so beliebte Verrißlinie. Tenor: Die SED hat die DDR-Gesellschaft ins Unglück geführt. Die Mehrheit war immer dagegen. Aber was hätte sie gegen das Kommandoregime und die Institute der Staatssicherheit ausrichten können?

Obwohl eher das Gegenteil vermutet werden könnte, liegt die Erschwernis gerechter Beurteilung besonders darin, daß wir massenhaft DDR-eigene Einschätzungen und Kommentare zur deutsch-sozialistischen Vergangenheit zur Verfügung haben. Aber die offiziellen und offiziösen, die überhaupt veröffentlichten Verlautbarungen, die sich inhaltlich mit dem wissenschaftsgeschichtlichen, dem ideologischen oder politischen, dem gesellschaftlichen Werdegang in der DDR befassen, sind deutlich von den staatlichen Bedürfnissen und der entsprechenden Sprachregelung diktiert. Die Schlußfolgerung für die Rezeption heißt wie selbstverständlich, diesen Quellen zu mißtrauen. Nur ist damit keineswegs die umgekehrte, radikal kritische Beurteilung der vierzigjährigen DDR-Vergangenheit, wie sie vor allem nach der Wende zur Regel wird, legitimiert. So sehr seit dem 9. November die Aussicht auf Pluralismus grundsätzliche Berechtigung hat und damit die Hoffnung auf inhaltlich differenzierte Analysen der Ursachen des staatlichen Scheiterns in der DDR, so wenig war dieser Pluralismus dort zwischen '49 und '89 öffentlich präsent. Der parteiamtlich verordnete Maßstab zutreffender Einschätzungen war im Gegenteil allgemein durchgesetzt und galt als ideologisch und damit »wissenschaftlich« untermauert. Vereinzelte kritische Stimmen wurden bekanntlich ohne Rücksicht auf Verluste aus der öffentlichen Konkurrenz ausgeschlossen.

Die Schwierigkeit ist evident. Verwiesen auf ein geschöntes Geschichtsbild, auf glättende und geglättete Darstellungen, auf die Berufung der planenden und lenkenden Parteivernunft, steht uns kein öffentliches Spektrum alternativer oder auch nur kritischer Kommentare dieser Entwicklung zur Verfügung, wie es im Pluralismus die Regel ist. Die Einlassungen der Betroffenen selbst, die wir in diesen Tagen hören, veranschaulichen den Grad der Sprachlosigkeit jenseits dessen, was staatlich genehm war. Eine Sprachlosigkeit, die auch im Nachhinein noch nicht gewichen ist, sondern sich fortschreibt in der kanonischen Form eindimensionaler Negation: »das war die Unterdrückung«. Nicht falsch, aber unzureichend.

Wir finden uns also in einer Situation, in der die sog. Dokumente aufklären helfen müssen über eine Entwicklung, die sie selbst als geradlinigen Aufstieg des Menschengeschlechts kommentieren, die *realiter* indes das vorläufige Ende des »Sozialismus auf deutschem Boden« hervorgebracht hat. Das Geschichtsbuch zur marxistisch-leninistischen Philosophie in der DDR beispielsweise, gerade 1988 in letzter verbindlicher Fassung erschienen[2], vermag kaum etwas zu erklären. Es stellt in dogmatischer Form klar, was zu glauben ist. Aber genau das ist es, was uns die Lage in der DDR verständlich macht. Die politisch-historische, die wissenschaftliche und philosophische Kontinuität, die vor dem Hintergrund von Lehrbüchern und Enzyklopädien, Monographien und Zeitschriftenartikeln berufen wurde, vermag nicht einsichtig zu machen, wie es zu wechselnden, teils ganz widersprüchlichen Positionen, Direktiven, Weichenstellungen, zu einer bestimmten programmatischen Planung und zur ebenso programmatischen Anullierung solcher Planung in früheren Tagen hat kommen können. Widersprüchliches wurde von den Freunden der Dialektik von vornherein getilgt oder als »nichtantagonistisch« geschönt. Aber genau dies vermittelt uns einen Begriff des Denkens für ein geschlossenes System. Denn auch unter anderen Voraussetzungen können wir nicht davon ausgehen, daß wir es mit sich selbst erschließenden Quellen zu tun haben.

Die Alternative, auf Daten und Analysen zurückzugreifen, die außerhalb der DDR angelegt und gegeben wurden — ein weiterer Aspekt der Intern-Extern-Relation — führt grundsätzlich keineswegs zu verbesserten Ausgangsbedingungen. Analysen der bis dato so genannten »Deutschlandforschung« etwa sind es, die von außen versuchten, Licht in die DDR-Verhältnisse zu bringen. Aber natürlich hatten es diese Darstellungen mit der vermerkten Schwierigkeit zu tun, ihre eigenen Hypothesen zu erhärten. Nicht selten dominieren auch hier Kontinuitäts- oder Diskontinuitätsvorstellungen, vorgegebene Periodisierungen oder politische Positionsfestschreibungen. Machen sie dann Sinn, wenn sie vorübergehend helfen sollen, den Stoff in plausible Ordnung zu bringen, so werden sie lediglich eine Bestätigung der Prämissen besorgen, wenn nicht mehr getan wird, als zu »verifizieren«, was man schon zu wissen glaubte.

Daß die Erklärung philosophischer Strömungen, bestimmter Konjunkturen und Vorlieben gegenüber Methoden und Themen häufig externe Gründe für philosophieinternes Geschehen verantwortlich macht, ist nicht notwendig gleichbedeutend mit einer Abgrenzung zwischen theoretisch-geistiger Aktivität und realer Entwicklung. Was die Philosophie angeht, wird auch in nichtsozialistischen Analysen allzuoft wenig unterschieden zwischen Argumenten aus einem vorderhand nichtphilosophischen Diskurs, Argumenten, die nichtsdestotrotz im Kontext der Philosophie auftauchen können, und Gründen, Bedingungen, Voraussetzungen philosophischer Entwicklung, die sich aus dem Herantragen von Erkenntnissen aus philosophiefremden Sachbereichen ergeben. Wir werden einige Beispiele geben, um die Probleme zu veranschaulichen. Die geschilderten Methoden sind gegenwärtig insofern von allgemeinerem Interesse, als sie nicht nur auf wissenschaftlichem Feld zum Argumentations- und Erklärungsrepertoire gehören, wenn es gilt, Erkenntnisse über die DDR-Geschichte zu formulieren.

(1) Ein beliebter Zug besteht darin, auf die wirtschaftliche Situation zu rekurrieren, womöglich ohne Berücksichtigung der politischen Transformationsprozesse. Beispielsweise kann man den DDR-spezifischen Traditionsbezug auf den sogenannten »bürgerlichen Humanismus«, gemeint ist der Neohumanismus, der in den Werken der klassischen deutschen Philosophie und Literatur entfaltet worden sein soll, begründet sehen in den ökonomischen Anforderungen beim Aufbau des Sozialismus. Der »Aufbau des Sozialismus« im *wirtschaftlichen* Bereich wird nun als *die* Herausforderung bezeichnet, der die endliche Einlösung humanistischer Ideale der Vergangenheit entsprechen soll. Ideale, wie sie die klassische Philosophie und Literatur des 18. und beginnenden 19. Jahrhunderts zwar formulieren konnte, an deren Verwirklichung sie aber aufgrund ihrer bürgerlichen Beschränktheit scheitern mußte, wie es heißt. Dies ein Beispiel für den Fall, daß die philosophische und literaturwissenschaftliche Rezeption in den Dienst des wirtschaftlichen – und leistungsmoralischen – Aufbaus tritt.

Wenn bestimmte wissenschaftliche oder philosophische Ambitionen zu erklären sind, wird in Kombination mit der These vom Primat der Ökonomie nicht selten die Funktionalisierungsthese stark gemacht. Im Unterschied zur Instrumentalisierungsthese erscheinen hier die Abhängigkeiten schon geklärt. Im Verhältnis zu einem für sich scheinbar durchsichtigen System totalitärer resp. fortschrittlicher Politik stellen andere Bereiche der Gesellschaft, z.B. Wissenschaft und Philosophie, Subsysteme dar, die sich funktional dem politischen System zuordnen und damit erklären lassen. Indizien sind leicht aufzuführen. Notorisch finden sich politische Aufgabenbestimmungen bis in die Organe und Publikationen der Philosophie hinein. Wie angedeutet, entbindet dies nicht von der Arbeit immanenter Kritik und Analyse. Sie kann sich kaum darauf zurückziehen, Problematisches mittels scheinbar weniger Problematischem zu erhellen. Denn nicht anders stellt sich die Ausgangslage für eine Analyse der speziellen Ideologie- und Philosophiegeschichte mit Hilfe eines Rekurses auf die politische, ökonomische und gesellschaftliche Entwicklung dar. Wenn diese auch besser bekannt, genauer in ihrem Verlauf dechiffriert sein sollte – was zweifelhaft ist, wenn man bedenkt, daß es auch auf diesen Gebieten um mehr geht als um eine Rekonstruktion der DDR-*Staats*geschichte –, für sich genommen folgt daraus nichts Konkretes über die Physiognomie umgrenzter, gleichwohl ausgesprochen differenzierter gesellschaftlicher Gestalten, wie etwa der Philosophie. Und weder Kontinuitäts- noch Diskontinuitätsverläufe, weder System- noch Funktionskontexte auf diesem Feld werden mit vergleichbarem Material aus den Bereichen der Politik oder der Ökonomie usw. bewiesen werden können. Umgekehrt wird den Ergebnissen immanenter Analyse der Beleg oder auch nur die Illustration aus dem politischen oder wirtschaftlichen Kontext selbstverständlich willkommen sein.

(2) Eine Variante des politökonomischen *Determinismus* – nur vor diesem wird hier gewarnt –, meist hermeneutisch-historischer oder systemtheoretisch-soziologischer Herkunft, ist das Modell einer Kritik der DDR-Entwicklung auf der Folie des Orthodoxievorwurfs. Fazit dieser Kritik: Die Fehler, die gemacht wurden, sind identifizierbar mit der Dogmatik in Theorie und Ideologie und rühren aus unzeitgemäßer Linientreue zum veralteten Marxschen, Leninschen, Stalinschen, Ulbrichtschen, Honeckerschen, Modrowschen ... Vorbild. Detaillierte Bestandsaufnahme, verständiger Zugang, begründete Kritik erübrigen sich. Nicht anders als im Deutungsmodell des »Kampfs zweier Linien«. Wie angedeutet, ebenfalls ein Modell, das Kritik, wenn auch nur durch ein grobes Raster, zuläßt und daher zum Handwerkszeug der kritischen DDR-Analysen gehört. Gegenüber oberflächlich erscheinender Widerspruchslosigkeit wird eine zweite Front eröffnet. Sie wird besetzt mit den prinzipiell hypostasierten Gegnern all derjenigen Positionen, die sich auf der anderen Seite erhärten lassen. Die fehlende Selbstartikulation der Opposition gilt als Indiz ihrer Untergrundtätigkeit. Sie wird als zwar »verdeckt«, aber nichtsdestotrotz »kontinuierlich stattfindende(r) Kampf zweier Linien« interpretiert.[3] Der Mechanismus einer solchen Erklärung fällt vor allen Dingen dann ins Auge, wenn die imaginierte zweite Linie als latente Gegenmacht stilisiert wird. Auch die sogenannte »Revolution in der DDR« gibt kein Beispiel für die Berechtigung dieses Modells.

Die kritische Fraktion gilt in dieser Lektüre *apriori* als Anwalt und Garant der jeweiligen Sachansprüche, der sich naturgemäß wehrt gegen manifeste oder intendierte Zweckentfremdungen. In unserem Beispiel: Der Funktionalisierung humanistischer Ideale klassischer Literatur und Philosophie zum sozialistischen Staatszweck wird deren immanente

Bestimmung zum alternativen Fraktionszweck – welcher auch immer das sein mag – entgegengehalten.

Analysen auf dem Boden solcher Prämissen gehen von der Vorstellung sozialer Verstetigung von Konfliktsituationen aus. Resultate werden gerne als »Kompromisse« festgehalten. Auch die Philosophie selbst, wenden wir die Lesart auf unser Unternehmen an, könnte leicht zweigeteilt erscheinen. Nicht nur zwischen dem üblen Marxismus-Leninismus und der eigentlichen Philosophie wird unterschieden, sondern darüber hinaus, jenseits dieser vermeintlichen Dichotomie, in »schlechte« und »gute« Philosophie, in offizielle und inoffizielle, staatstragende und kritische, politische und unpolitische. Bleibt es dabei, und wird diese Logik im Einzelfall exekutiert, stellen sich inakzeptable Verkürzungen ein.

(3) Schauen wir uns ein weiteres, verbreitetes Modell an, das in der Deutschlandforschung Konjunktur hatte. Es arbeitet mit der Differenz von Macht- und Ordnungspolitik – objekttheoretisch wie methodisch. Ausgangspunkt dieser Theorie über den Zusammenhang von Macht- und Ordnungspolitik ist die relativ starke Hypothese einer *Stufenfolge* von machtpolitischer und ordnungspolitischer Strukturierung im Laufe der DDR-Geschichte: Eine erste Entwicklungsphase war in der Hauptsache von Überlebensfragen des sozialistischen Regimes geprägt; folglich war die Etablierung und Sicherstellung der Macht das Entscheidende, während im Zuge innerer und äußerer Konsolidierung und Anerkennung dieser Macht ihr Griff gelockert und ordnungspolitischen Überlegungen und Maßnahmen Raum gegeben wurde.[4] In der Anwendung auf die Philosophie hätte diese Exposition den Nachweis zur Folge, daß die philosophische Produktion in der Aufstiegsphase von dirigistischer Einflußnahme gekennzeichnet gewesen sei – jedenfalls soweit es sich um veröffentlichungsreife Arbeiten handelte. Die ordnungspolitische Handhabung hätte demgegenüber mehr auf eine mittlerweile erreichte Akzeptanz bauen dürfen. Zunächst Zwang, dann freiwillige Selbstkontrolle. Unmittelbare Einflußnahme durch die politische Führung wäre als Konstrukt zur Beschreibung der zweiten Phase verzichtbar. Partei und Staatsapparat durften in dieser Zeit davon ausgehen, so die Theorie, daß die praktizierenden Philosophen selber Forschung und Lehre in Einklang mit der gesellschaftspolitisch aktuellen Aufgabenstellung brachten.

Deutlich ist, daß ein Verfechter dieses Stufenmodells leicht der Selbstdarstellung des SED-Staates auf den Leim geht. Zumindest muß man glauben, daß die innere, auch in den Außenbeziehungen wirkende Konsolidierung in Übereinstimmung mit ihrer offiziellen Bestätigung *tatsächlich* stattfindet, um, so legitimiert, die daraus abgeleitete Selbstverpflichtung auf sich zu nehmen. Da einerseits, wie heute offensichtlich, aber auch schon unter Honecker nicht verborgen, Zweifel am materialen Hintergrund fortschreitender Konsolidierung ihre Berechtigung hatten und man die *Gewalt* der Kompensation spüren konnte, da andererseits auch während der »stalinistischen Herrschaft« immer auch die organisierende und ordnende Hand der politischen Führung gegenwärtig war, ist das Zweistufenmodell kaum haltbar.

Entwickelt man dieses Modell nicht im diachronen, sondern im synchronen Raster, so wird eine gewisse Verwandtschaft mit dem Modell des »Kampfes zweier Linien« deutlich. Indes deutet die schwächere Version der These, welche die »Dialektik« oder »Interdependenz« zwischen macht- und ordnungspolitischen Phasen und Maßnahmen herausstellt, darauf hin, daß konkrete Analysen das Zweiphasenmodell kaum bestätigen. Daß es vielmehr Wechsel- und Zusammenspiel dieser und jener Art der Einflußnahme gab, ja daß Machtausüben und Für-Ordnung-sorgen ihrerseits noch als Abstraktionen und Vereinfachungen der diversen Instrumente politischer Führung, der vielfältigen Verlaufsformen politischen Verkehrs gelten müssen, scheint eine schlichte Voraussetzung einer historischen Bestandsaufnahme zu sein, die sich nicht als Rezeptionsmodell zu stilisieren braucht. Vergessen werden im Anspruch dieses zweigliedrigen Ansatzes Realisierungsformen, die weder durch Kategorien der Macht — im erläuterten Verständnis — noch der Ordnung gefaßt werden. Völlig vergessen wird etwa die Möglichkeit eines relativ politikfreien Raums des Privaten, der philosophischen oder wissenschaftlichen »Nische« u.ä..

(4) Ein letztes Modell, das, einlinig strapaziert, zur verzerrten Darstellung führt. Es ist ein Modell, das der materialistischen Sicht der Abhängigkeit gegenüber geradezu das Gegenteil behauptet. Ich meine die Auffassung vom Primat der Ideen-, Theorien- oder Geistesgeschichte. Eine Auffassung, die zur Zeit im Feuilleton Konjunktur hat, wie sich zeigt, wenn sich die Spezialisten in Sachen Weltanschauung, politische Ordnungsentwürfe und Wirtschaftskonzepte auf Befragen über das »Ende des Sozialismus« oder den »Untergang des Kommunismus« auslassen. Soll man diesen Diagnosen glauben, ist in der DDR nicht ein politbürokratisches, staatskapitalistisches Konkurrenzunternehmen zum demokratischen System aufgrund innerer und äußerer, selbstverordneter und oktroyierter Widersprüche zur Aufgabe gezwungen gewesen, sondern eine Idee gescheitert. Woraufhin die Opponenten solcher Diagnose berechtigterweise einwenden, daß Ideen nicht scheitern könnten, auch nicht die Idee des Sozialismus. Was wie-

derum bedeutet, daß sie irgendwo weiter herumgeistern. In der Geistesgeschichte.

Die gemeinte Auffassung läuft im besonderen darauf hinaus, gesellschaftliche oder politische Konflikte und Entscheidungen auf der Grundlage und mit Hilfe eines »entsprechenden« – was auch immer dies heißen mag – theoretischen oder ideologischen Vorlaufs in den Debatten der *community of investigators* zu erklären: »Es hat sich herausgestellt«, daß Marx und/oder Lenin und/oder Stalin etc. Unrecht hatten.[5] Verunsichert fragt man sich: Wenn sie recht gehabt hätten, hätte das Unternehmen DDR dann nicht scheitern können?

Ein konkretes Beispiel für diese Methode aus den sechziger Jahren. Die Möglichkeit, daß die politischen Führer bestimmte Innovationen auf technischem Gebiet für erforderlich hielten und guthießen, kann man leicht in Verbindung bringen mit der positiven Aufnahme und weitergehenden Aneignung einzelwissenschaftlicher Erkenntnisse und Strategien. Es ist offensichtlich, unter welchen Bedingungen diese durchaus sinnvolle Prämisse eingehender Untersuchung in die Enge laufen muß: wenn nämlich politische und wirtschaftliche Maßnahmen, technologische Weichenstellungen und technische Durchführungen auf eine einzige – zureichende oder unzureichende – konzeptionelle, theoretische Basis zurückgeführt werden. Ein umgekehrtes Basis-Überbau-Schema. – Als ob man die Propagierung »sozialistischer Persönlichkeit« ab einem bestimmten Zeitpunkt – auch dies ein konkreter Fall – als abhängig betrachten müßte von der Vermittlung entsprechender kultureller Werte durch Literaturgeschichte, Kulturgeschichte und Philosophie. Als ob man nicht wüßte, daß die Politik von der Hand in den Mund lebt.

Die Literatur über die DDR gibt genügend Beispiele, wie weit Modelle der vorgestellten Art im einzelnen tragen. Selbstverständlich kann die empirische Füllung zu plausiblen Ergebnissen führen. Allein daß es plausible Erläuterungen auf dem Fundament *ganz unterschiedlicher* Modelle und Hypothesen gibt, zeigt, daß man skeptisch sein sollte gegenüber strukturell eindimensionalen Erklärungen. Beschreibung und Erklärung auf der Basis nur eines, idealtypische Abhängigkeiten unterstellenden Modells sind problematisch. Insbesondere, wenn auf diesem Boden auch noch Prognosen gegeben werden – etwa nach dem Muster: Schau' nur auf diese geschilderte Entwicklung und du weißt, wie jene, die wir erwarten, vonstatten gehen wird – , sind Fragezeichen berechtigt.

Allgemein wird kaum jemand die Beziehung zwischen wissenschaftlich-philosophischer Tätigkeit und externen Ansprüchen und

Bedingungen bestreiten. Dies zu belegen, auch an exemplarischen Beispielen DDR-philosophischer Arbeit, dürfte also leicht fallen.

Nun kann das einerseits nicht genügen, um einen Eindruck der Philosophie vor Ort zu erhalten. Andererseits ist es nicht angezeigt, den philosophischen Erkenntnis-, Lehr- und Forschungsprozeß, schon gar den politisch ambitionierten Prozeß der Ideologieproduktion im Sinne des Marxismus-Leninismus abzukoppeln von seinem gesellschaftlichen Funktionskontext. Zum einen gehörte es zur Philosophie in der DDR, daß sie praktisch relevante, historische und politische Reflexionen anstellte; zum anderen standen eben diese Reflexionen in engster Verbindung zu den jeweils aktuellen ökonomischen, politischen und sozialen Aufgaben des Sozialismus in der DDR. Darum verbietet sich nicht nur die *Zwei*teilung zwischen Marxismus-Leninismus und Philosophie, sondern auch die weitere zwischen Marxismus-Leninismus und Philosophie auf der einen und den gesellschaftlichen Rahmenbedingungen auf der anderen Seite. *Dort* fände die abgegrenzte Beurteilung von philosophisch-wissenschaftlichen Hypothesen, die theorieimmanente Überprüfung im isolierten Rahmen von Fachdiskussion und Forschungsprozeß, die Würdigung gemäß den Kriterien theoretischer Kohärenz, empirischer Bestätigung u.ä. statt. *Hier* würde, *en passant*, das Einverständnis mit oder auch die Kritik an der schließlich nur »äußerlichen« politischen Einlassung der Philosophie unter Voraussetzung gewisser, eher marginaler institutioneller Rahmenbedingungen diskutiert. Rahmenbedingungen, die somit als quasi-natürliche Konditionen ganz unterschiedlich ausfallen dürften. Mal denen ähnlich, die vierzig Jahre des realen Sozialismus auf deutschem Boden dominierten, mal denen vergleichbar, die zusammen mit der demokratischen Zukunft verheißen scheinen. Rahmenbedingungen, die aber in jedem Fall von dem, was sie bedingen, abzugrenzen sind.

Unserer Studie zur Philosophie in der DDR liegt wenig daran, vor dem Hintergrund einer Beschreibung sich wandelnder gesellschaftlicher Verhältnisse die bewußtseinsbildenden, ideologisch verwertbaren Impulse der DDR-Philosophie als »Ideologie der Arbeiterklasse« herauszustellen. Dies ist von interessierter Seite lange genug versucht worden. Wie schon die Leipziger Montagsdemonstrationen, schließlich die überwältigende Mehrheit für den Anschluß an die Wohlstandsnation zeigten, in Verkennung der Tatsachen und ohne Erfolg.

Trotz der Absicht, über einige, der Philosophie in der DDR durchaus nicht nur äußerliche Entwicklungen der DDR-Geschichte Auskunft zu geben, möchte ich die politischen und ideologischen Verknotungen der marxistisch-leninistischen Philosophie doch in erster Linie aus beispielhaften Stücken ihrer eigenen Texte heraus erhellen.

Werden Wissenschaft, Kunst, Religion oder Philosophie[6] konfrontiert mit politischen Vorstellungen davon, wie existierende und latente Widersprüche in der Gesellschaft auf Dauer ruhig gestellt werden können, dann durchlaufen nicht diese Vorstellungen die Sphären des ästhetischen, religiösen oder philosophischen Geistes, um schließlich, theoretisch modifiziert, dem gesellschaftlichen Kräftespiel wieder überantwortet zu werden. Denn: *Erstens* sind bestimmte Formbestimmungen des Politischen ohnehin konstitutiv philosophischer, ästhetischer, theologischer, wissenschaftlicher Natur, auch wenn es im Rahmen politischer Aktualisierung solcher Vorstellungen nicht so erscheinen mag. Das heißt, daß wir eine Menge über die Politik des realen Sozialismus erfahren können, wenn wir seine Philosophie befragen – was nicht einem Plädoyer für das ideengeschichtliche Modell gleichkommt. *Zweitens*, wir haben auch dies betont, ist die Welt der politischen Entscheidung der Reflexion gegenüber in der Tat das ganz Andere. Von hier aus erscheint es völlig verfehlt, ein Ableitungsverhältnis konstruieren zu wollen zwischen politischem Handeln und wissenschaftstheoretischen, philosophischen, ja auch ideologischen, d.h. politik-konzeptionellen Positionen. Es bleibt der Abstand der Rationalisierung. Dagegen steht die Disproportionalität von Prozessen philosophischer Erkenntnis, ideologischer Fixierung und politischer Strategiebildung. Ganz abgesehen von solch nebensächlichen Argumenten, wie dem, das auf die Trägheit im gesellschaftlichen Austausch aufmerksam macht. Bis eine gesellschaftspolitische Aufgabenstellung, die nicht von den philosophischen Vordenkern des Marxismus-Leninismus erfunden, sondern von den Machern für notwendig erachtet wird, in die Arbeitspraxis der Universitäten, Sektionen, Institute, die sie untermauern, belegen, präzisieren sollen, hineinvermittelt ist, bleiben die Realitäten der Politik nicht konstant. Bis die philosophisch er- oder durchdachte, theoretische Anleitung zur Verbesserung oder Korrektur des sozialistischen Bewußtseins den Einzelkopf des Parteiarbeiters oder sonstwie Betroffenen erreicht, können die neuesten Erkenntnisse der Theoretiker längst als kontraproduktiv beurteilt werden. Für beide Tendenzen gibt es genügend Beispiele.

Noch einmal: Es kann nicht darum gehen, den ideologischen oder politischen Diskurs *der Philosophie* in der DDR zu leugnen oder als *per se* unphilosophisch herauszukürzen. Wie die systematische Skizze eines Typs »wahrer Philosophie der Gegenwart« zeigt – eines Typs, dem sich die Philosophie der DDR ihrem programmatischen Selbstverständnis nach zugehörig fühlte, ja den sie exklusiv für sich zurechtstutzte –, kann auch nicht der philosophische Diskurs durch den politisch-ideologischen desavouiert werden – oder umgekehrt. Wir werden beide zur Kenntnis nehmen müssen und darüber hinaus die Praktiken, in die dieser Kontext integriert war. Wir wählen eine Perspektive aus der Sicht der Philosophie.

Der Gefahr, eine Philosophie in stromliniger Übereinstimmung mit den Direktiven der Politik vorzustellen, werden wir begegnen, indem wir an die Behandlung genuin philosophischer Gegenstände anknüpfen, Gegenstände, die in der Diskussion der DDR-Philosophie eine Rolle gespielt haben. Nicht nur notgedrungen kommen dabei Stimmen zu Wort, welche die Geschichte von der stetig fortschreitenden marxistisch-leninistischen Philosophie mit anderen, auch alternativen Geschichten konfrontieren. Nicht minder mit alternativen Geschichten konfrontiert erscheint – übrigens nicht erst seit dem November 1989 – die Geschichte von der immer schon maroden »DDR-Philosophie«, von der abgewirtschafteten Ideologie des historischen Materialismus und dem »Ende des Sozialismus«. Auch wenn man viele Geschichten erzählen kann, erscheint es nicht zwangsläufig, eine Geschichte auf eine andere zu reduzieren; nur weil man glaubt, damit der wahren Geschichte näher zu sein.

Teil I

Instrumentelle Vernunft – Zur Analytik des historischen und dialektischen Materialismus

Teil I wird sich in zwei Abteilungen systematisch mit der Philosophie des Marxismus-Leninismus beschäftigen. In der ersten steht sein Gesamtanspruch als Weltanschauung und Wissenschaft zur Debatte. Systematisch stehen die Geschichtsphilosophie und die Metaphysik des Materialismus im Vordergrund. Die zweite Abteilung widmet sich der materialistischen Dialektik.

Während die erste Hälfte dieses ersten Teils eine grundsätzliche Einschätzung versucht, auf deren Boden wir die folgenden Analysen vornehmen, setzt sich der Dialektik-Teil diskursiv und im einzelnen mit Positionen der marxistischen Philosophie auseinander. Dem anschließenden historischen Aufriß (Teil II) und der exemplarischen Vorstellung philosophischer Debatten in der DDR (Teil III) bleibt diese Beurteilung unterlegt, so daß wir es uns dort ersparen können, wiederkehrende topische Versatzstücke marxistisch-leninistischer Lehre im einzelnen jeweils noch einmal philosophisch zu kritisieren.

1. Die wahre Philosophie der Gegenwart

Die Wortbildung gibt den Gesamtanspruch des Marxismus-Leninismus exakt wieder. Wir werden resümieren, welche Postulate im einzelnen darin eingehen und wie sie zu bewerten sind.

Metaphysik und Positivismus

»Wahre Philosophie der Gegenwart« ist einerseits ein Ausdruck, der präzise den Anspruch der marxistisch-leninistischen Philosophie charakterisiert, der andererseits mit einem geläufigen Philosophieverständnis, das Philosophie und Wissenschaft voneinander unterscheidet, nicht zu vereinbaren ist. Wenn also Theoretiker des Marxismus zu dem Schluß kommen, daß dieser Marxismus, erstens, als Philosophie zu behandeln sei und, zweitens, als eine solche, deren Aussagen Wahrheitsanspruch erheben können, favorisieren sie ein ganz bestimmtes Philosophieverständnis: eines, das Philosophie als Wissenschaft versteht[1], als Wissenschaft, deren Sätze und Urteile als »wahr« oder »falsch« behauptet werden dürfen. Wichtig ist, die Konsequenz aus diesem Anspruch im Auge zu behalten: daß wissenschaftliche Aussagen, von der Wissenschaft formulierte Gesetze etwa, an der Empirie überprüfbar sein müssen. Ein Kriterium, das philosophische Sätze im allgemeinen nicht erfüllen.

Nun steht der Wahrheitsbegriff des Marxismus-Leninismus, der hier diskutiert wird, weniger im Kontext wissenschaftstheoretischer Überlegungen, als es das Wissenschaftlichkeitspostulat vermuten läßt. Vielmehr ergibt sich eine Affinität zwischen Wahrheit und Durchsetzbarkeit, Wahrheit und Macht. In diesem Sinne zu verstehen ist das oft wiederholte Lenin-Zitat: »Die Lehre von Marx ist allmächtig, weil sie wahr ist.«

Eine bemerkenswerte Überzeugung vom möglichen Übergang von Sätzen, Urteilen, Theorien und deren Bewertung zum Handeln auf dem Boden bestimmter Erfahrungen, Erkenntnisse und Einsichten. Aus diesem Zusammenhang heraus wird verständlich, daß die Inanspruchnahme der marxistischen Philosophie als Wissenschaft nicht ausschließt, daß sie zugleich als *Weltanschauung* postuliert wird. Im

Philosophieverständnis der DDR, geäußert in Lexika, Lehr- und Wörterbüchern, in Enzyklopädien, autorisierten philosophie- und wissenschaftshistorischen Darstellungen, in einschlägigen Monographien und Aufsätzen, wird das Zugleich von Philosophie, Wissenschaft und Weltanschauung herausgestrichen. Die im westlichen Diskussionskontext ungewöhnliche Paarung verbindet ein weltanschauliches Vordenken, das der kulturellen und politischen Gesamtorientierung des Staatsvolkes dient, mit dem theoriegeleiteten, von den Ergebnissen der Einzelwissenschaften profitierenden Argumentationsnetz einer spezifischen, aber umfänglichen »Gesellschaftswissenschaft«. Beide Momente des kanonisierten Philosophiebegriffs fügen sich einem dritten: Die Philosophie als Weltanschauung und Wissenschaft steht unter den Funktionsimperativen der Politik.

Das in vierzehn Auflagen erschienene *Wörterbuch der Philosophie*, herausgegeben von Manfred Buhr und Georg Klaus, erläutert die Bestimmungsmerkmale und, wie es heißt, die dialektische Einheit der Prinzipien.

Allgemein ist Philosophie demnach als Form des gesellschaftlichen Bewußtseins zu fassen. Ersetzen wir den Formbegriff durch »Tätigkeit« – eine durchaus marxistische Bestimmung, die aber im Philosophieverständnis der DDR-Ideologen erst spät realisiert wurde –, dürften wir unter Philosophie eine Bewußtseinsaktivität eines kollektiven Subjekts, der »Gesellschaft«, verstehen. Formal ist sie durch Theoriecharakter und Begründungsstruktur ausgezeichnet, inhaltlich auf das Ganze der Welt und die Stellung des Menschen in dieser Welt ausgerichtet. Die Weltanschauungsperspektive wird wie die Wissenschaftsperspektive *ex negativo* erkennbar. Zum einen gilt die explizite Distanzierung von Religion und Glauben – jedenfalls in den überlieferten Formen des Christentums –, zum anderen die von den Erklärungsmustern des Mythos. Dies der Anspruch.

In beiden Dimensionen liegen der Kritik, die mit der Distanzierung verbunden ist, bestimmte geschichts- und entwicklungsphilosophische Basisannahmen zugrunde. Die *Deutung* der Welt im Horizont eines Sinnkontextes, die Explikation dieses Sinns und der ethischen Ziele des Menschen sind von der Religion übergegangen an eine neue Form von Weltanschauung: an die Philosophie, die zugleich Wissenschaft sein will. Denn auch die *Erklärung* der Welt als Ganzes, der Natur und des Menschen soll von mythischen Erklärungsweisen übergewechselt sein zu den »fortschrittlichen« Formen wissenschaftlicher Erklärung. Das historisch-materialistische Erklärungswissen der Philosophie steht auf einem, dem je gegenwärtigen Stand der Entwicklung von Natur, Gesellschaft und Denken adäquaten Niveau philosophischer »Theorie«.

Die Ironie dieser Behauptung besteht darin, daß man sie, gegen den Strich gelesen, durchaus ernst nehmen könnte. Man müßte annehmen, daß das philosophische Niveau des Marxismus-Leninismus in der DDR tatsächlich dem Umfang der Naturzerstörung, dem Grad der Ausbeutung, dem Niveau des sozialen und politischen Bewußtseins breiter Kreise der Bevölkerung vergleichbar war.

Im Verhältnis von Deutung und Erklärung erscheint die Veränderung, die Historisierung des Deutungskontextes selbst als Erklärungsfortschritt. Daß man glauben kann und davon zugleich annehmen darf, daß es sich um Wissen handelt, ist eine Behauptung, die als einem fortgeschrittenen Erklärungstyp zugehörig ausgegeben wird. Die Momente »Wissenschaft« und »Weltanschauung« stehen folglich nicht bloß nebeneinander. Die Entwicklung von einer religiös motivierten und begründeten Weltsicht zur philosophischen Weltanschauung steht insgesamt im Zeichen der Verwissenschaftlichung der Philosophie. In einer Terminologie, die eher ontologisch differenziert[2], kann man auch vom Durchbruch des *Materialismus* in der Philosophie reden. Für das, was in der neuen Anschauung der Welt gesehen wird, für die neue Perspektive wie für die Instrumente, die zur neuen Sicht verhelfen, ergeben sich daraus Konsequenzen. Religion und Mythos gerinnen in der Transformation, in deren Verlauf die »materialistische Philosophie« nicht zuletzt die Philosophie selbst auf Moderne-Niveau zu heben glaubt, zum Unding einer »wissenschaftlichen Weltanschauung«. Jedenfalls ist es eine zunächst überraschende Auflösung, wo doch unser Verständnis den Begriff der Weltanschauung weit eher in die Nähe von Überzeugungs-und Glaubensfragen rücken möchte, unter Weltanschauung mehr die individuelle Ansicht versteht, der die Schwächen des subjektiven Dafürhaltens anhaften.

Die prozeßphilosophischen Prämissen des historischen Materialismus besagen, daß von einer ständigen, wenn auch nicht notwendig kontinuierlichen Weiter- und Höherentwicklung des Bewußtseins, also auch des philosophischen Denkens, auszugehen ist. Der »dialektische Charakter« der Fortbewegung garantiert die – erfahrungsnahe und vorteilhafte – Möglichkeit, verschiedenen Entwicklungsmodalitäten Rechnung zu tragen. Auf seiner weltgeschichtlichen Tour erscheint der Fortschritt als Protheus: mal als er selbst, mal als sein Gegenteil, mal differenziert, mal geballt, als Kontinuität oder Diskontinuität, als resistentes Verharren oder als revolutionärer Durchbruch. Der Evolution von Natur, Gesellschaft und Denken sind diese wie jene Zustandsgrößen einbeschrieben. Schließlich soll dem am weitesten entwickelten

Stand der Welt die bestentwickelte Form des Bewußtseins von dieser Welt entsprechen. Und wenn, »in letzter Instanz«, die am weitesten entfalteten sozialökonomischen Verhältnisse verantwortlich sind für den Grad der Fortschrittlichkeit der Welt, und diese Verhältnisse – kein Mensch weiß warum – die Verhältnisse des real existierenden Sozialismus sein sollen, dann gilt der »theoretische Ausdruck«, der diesen Verhältnissen adäquat ist und darum mit den Interessen der Klasse harmoniert, die solche Verhältnisse repräsentiert und garantiert, als höchste Form aller bisherigen Denkentwicklung. – Man könnte sich fragen, ob diese Idee, weit entfernt davon, eine Beschreibung des existierenden Sozialismus in Theorie und Praxis zu sein, als Beschreibung der spätkapitalistischen Strukturen und Weltmarktverhältnisse nicht eher Aussicht auf empirische Bestätigung hätte.

Für die Avantgardestellung im Prozeß ist ausschlaggebend der Objektivitätsgrad der theoretischen Einschätzung der Welt. Hieraus rührt auch das Postulat der Parteilichkeit der fortschrittlichen Philosophie. – Wäre sie unparteiisch, käme sie offenbar kaum darauf, ihren Analysen irgend eine Art von Objektivität zuzutrauen.

Wer gewohnt ist, Parteilichkeit geradezu im Widerspruch zur Forderung nach wissenschaftlicher Objektivität zu sehen, wird auch hier eines Besseren belehrt. Ein Durchgang durch die bisherige Geschichte des philosophischen Denkens erlaubt es nämlich nach marxistisch-leninistischem Verständnis, eine Typologie progressiver bzw. regressiver Philosophie zu erstellen. Kriterium für eine Zuweisung zu dieser oder jener Ordnung ist der Grad an Übereinstimmung mit den sogenannten *real*-historischen, gesellschaftlichen Entwicklungen und Entwicklungs*tendenzen*, wobei der Argumentationszirkel nicht mehr verborgen werden kann.

Das philosophisch fortschrittlichste Denken der Gegenwart erweist sich als solches vermittels einer voluntaristischen Definition der progressiven Tendenzen in Natur-, Menschheits- und Denkgeschichte. Letztere darf sich strenggenommen, insofern sie Bewegung im »Überbau« ist, nur abgeleitet als fortschrittlich verstehen; klassifizierbar in diesem Rahmen nur, insofern sie als »theoretischer Ausdruck« der materialen Verhältnisse gilt. – D.h., daß der Ausdruck »philosophisch fortschrittliches Denken« überhaupt keine philosophische Bestimmung beinhaltet. Im Gegenteil besagt die Formulierung nicht mehr, als daß ein bestimmtes Denken im Interesse einer als »fortschrittlich« gewerteten Realität oder Zielvorgabe fungiert, also *im Vergleich zu Alternativen* für effektiver, nützlicher, »besser« erachtet wird. Die Richtung des Voluntarismus für die Gegenwart ist leicht anzugeben. Am Ende geht es stets um den Nutzen für diejenigen, die der gegenwärtigen Realität ihren Stempel aufdrücken. Wie man nicht erst im Verlauf von Korruptionsprozessen sehen kann, meist ein sehr handfester Nutzen.

Anders liegen die Dinge angesichts der Vergangenheit. Aus ihr ist kein *unmittelbarer* Profit mehr zu erzielen. Bestenfalls ideologisch kann sie ausgebeutet werden. Folglich legt man eine alternative Spur durch die Geschichte, die in formaler Übereinstimmung mit der Gegenwartsdefinition ebenfalls als »progressiv« postuliert wird. Die inhaltliche Füllung dieser historischen Alternative darf wechseln nach Maßgabe der gegenwärtig gehandelten Prototypen von Fortschrittlichkeit. Einmal ist es die deutsche Kultur- und Geistesgeschichte des 18. Jahrhunderts, ein anderes Mal sind es die politischen und gesellschaftstheoretischen Grundsätze der anti-napoleonischen Befreiungsbewegung; einmal sind es die Ideen Friedrich des Großen und der Reformer in Preußen, ein anderes Mal sind es die Robespierres und der französischen Revolution; einmal ist es das Programm der Spartakisten, ein anderes Mal ist es das Vorbild des sowjetischen Brudervolks, die die geschichtliche Konkurrenz zwischen »progressiv« und »regressiv« auf seiten der Guten austragen müssen.

Die inhaltliche Füllung, wer oder was in der Vergangenheit als »fortschrittlich« beurteilt werden darf, ist mithin, wenn auch dem politischen Kalkül unterworfen, so doch prinzipiell beliebig. Und zwar, weil es kein überzeugendes Kriterium für »historische Fortschrittlichkeit« bzw. »historische Rückständigkeit« gibt, das unabhängig wäre vom Willen des politisch interessierten Rezipienten. Die Indienstnahme der vermeintlich fortschrittlichen Positionen der Vergangenheit soll schließlich nicht nach dem Muster *aktueller* Verpflichtung des fortschrittlichen Denkens erfolgen. Aktuelle Verpflichtung hat sich vielmehr als *unmittelbar* legitimatorisch zu erweisen. Als *geschichtliche* Manifestationen des Fortschritts kann man im Unterschied dazu auch solche Geschichten gelten lassen, die lediglich eine *Tendenz* zum Ausdruck bringen, die mit den tendenziösen Geschichten der Gegenwart harmoniert. Ob man, beispielsweise, das Wirken des terroristischen Regimes unter dem Wohlfahrtsausschuß in den Revolutionsjahren 1793/94 »fortschrittlich« nennen kann, wenn mit »fortschrittlicher Politik« auch nur grob eine unterdrückungsfeindliche, sozial-emanzipative, staatskritische und gewaltminimierende politische Praktik gemeint sein soll, ist als inhaltliches Bedenken vergleichsweise unbedeutend. Weit wichtiger erscheint, daß ein historisches Vorbild entworfen wird, an dem zu demonstrieren ist, was der Demonstration bedarf: daß diktatorisch-militärische Maßnahmen im Klassenkampf außerordentlich nützlich sein können und sich, wenn nicht sofort, so doch *à la longue*, bezahlt machen. Daß im jeweils gegenwärtigen Kräftemessen die eigene Seite die legitime, die progressive Seite darstellt und diese Weihe folglich auf die in den eigenen Geschichten ausgezeichneten Ahnen übergeht, ist ein *Apriori* politischer Vernunft.

Auch philosophisch führt diese Methode zur Reduktion auf zwei Grundrichtungen des wesentlich Progressiven und Regressiven. Die prinzipiell fortschrittliche Strömung des »Materialismus«, die den Tendenzen der realgeschichtlichen, *eo ipso* für das Bessere entschiedenen Evolution, kongenial ist, konkurriert mit der prinzipiell verblendeten Richtung des »Idealismus«, welche die abwegige Vorstellung von der Eigendynamik und Geschichtsmächtigkeit von Ideen nährt.

»Je nachdem diese Frage so oder so beantwortet wurde, spalteten sich die Philosophen in zwei große Lager. Diejenigen, die die Ursprünglichkeit des Geistes gegenüber der Natur behaupteten, also in letzter Instanz eine Weltschöpfung irgendeiner Art annahmen – diese Schöpfung ist oft bei den Philosophen, z.B. bei Hegel, noch weit verzwickter und unmöglicher als im Christentum –, bildeten das Lager des Idealismus. Die anderen, die die Natur als das Ursprüngliche ansahen, gehören zu den verschiedenen Schulen des Materialismus.«[3]

Weswegen für die historischen Erbeforscher immer schon ein gutes Stück Arbeit getan war, wenn in der Geschichte, die man zu favorisieren gedachte, ein »materialistisches Element« dingfest gemacht werden konnte.

Diese philosophische, eigentlich metaphysische[4] Reduktion entspricht der *positivistischen* Beurteilung der bisherigen Ökonomie-, Sozial- und auch – davon abhängig – Naturgeschichte nach dem Paradigma des Kampfes von Klassen um die Verteilung des Reichtums und die politische Macht, um den Einfluß auf die Verteilungs- und Produktionsgesetze.

Auch auf dieser Ebene der historisch-materialistischen Axiomatik arbeitet der Marxismus-Leninismus mit Hypostasierungen. Die »Massen« gelten ihm als das geschichtsmächtige, den Fortschritt der Weltgeschichte befördernde Prozeßsubjekt. »Fortschrittlich«, ein Kriterium wäre doch gefunden, hieße demnach massengesteuert. Zugleich steht fest, daß der Klassenkampf zwischen den vielen Ausgebeuteten und den wenigen Ausbeutern tobt. Die geschichtstheoretische Folgerung aus diesen beiden Prämissen lautet, daß die Massen identisch seien mit den Ausgebeuteten. Ihre »Triebkraft«, die sie zur Negation ihres Ausgebeutetendaseins drängt, ist zugleich diejenige Kraft, die den Treibriemen der Geschichte in Bewegung hält. In Gestalt *geschichtlicher* Dynamik erscheint der Wille der Massen objektiviert, der ihnen selbst – ein Zugeständnis an die positive Geschichte offenbar – gar nicht bewußt zu sein braucht und deshalb als »Trieb« charakterisiert wird. Leicht läßt sich nun der in der Geschichte als objektive Kraft identifizierte, triebhafte Wunsch der Massen, ihre Ausbeutung zu beenden, zurückprojizieren: Genau dies zu tun, ist nicht nur der dunkle Wunsch der Massen, sondern auch ihr »objektives Interesse«.

»Objektives Interesse« gilt den marxistischen Theoretikern dabei keineswegs als gewagte Konstruktion, die zusammenhält, was vordem sich ausschloß: die konkrete, partikulare Absichtsbekundung und Zweckbestimmung hier, das interessenfreie, unparteiische Sosein eines als »wirklich« beschriebenen Realitätszustandes dort. Im Gegenteil fungiert »objektives Interesse« gerade als Hebel, mit dem Tun und Geschehen verknüpft werden, die »Bewegung« von Individuen mit der »Bewegung« der Geschichte.

Ein letzter Schritt in dieser Konstruktion betrifft die Integration eines politischen Wertbegriffs. Sie läßt sich leicht erreichen, da doch von »Massen«, von vielen Leuten, vom »Volk« die Rede ist. Was das Volk will, und woran die Geschichte nicht nur nicht vorbei kann, sondern was auch sie will, ist: die Demokratie. Um das Mißverständnis auszuschließen, es ginge darum, was die einzelnen wollen, auch wenn es viele sind, muß man genauer sagen: was das Volk »objektiv« will, ist die Demokratie. »Objektiv wollen« heißt nach marxistisch-leninistischer Sprachregelung »tendieren zu«. Also sagt man von der Geschichte, daß sie zur Demokratie tendiere. Oder: daß die Volksmassen Garant der demokratischen Tendenz in der Evolution aller bisherigen Gesellschaftsentwicklung seien.

Nicht mehr als der Garant einer Tendenz zu sein, ist beileibe kein erfüllter Seinszustand. Im Klartext bedeutet das: nur *virtuell*, *möglicherweise*, mag es das Interesse der Volksmassen sein, demokratisch verfaßt zu leben. Für den materialistischen Objektivismus geschichtsphilosophischer Art ist dies aber gleichbedeutend mit der Aussage, daß sich die Volksmassen »tendenziell«, ihren »objektiven Interessen« gemäß, stets demokratisch einrichteten und so im Gleichtakt mit dem Lauf der Geschichte selbst. Die, wie man aus leidvoller Erfahrung weiß, oft tief verborgene demokratische Grundlinie der Menschheitsentwicklung soll nichtsdestotrotz den »objektiven Bedürfnissen« der jeweiligen historisch-sozialen Verhältnisse bzw. derer, die sich darin einzurichten haben, »zuverlässigen Ausdruck« geben. Es wird unterstellt, daß die These am historischen Prozeß verifizierbar und darum wahr sei. – Und kann man Zweifel daran haben, nach der deutschen

Oktoberrevolution, zweihundert Jahre nach dem Bastillesturm? – Den objektiven Bedürfnissen auf einer geschichtsphilosophischen Ebene zuverlässigen Ausdruck zu geben, heißt aber nicht mehr als das Gesagte: daß die wirklichen Bedürfnisse keineswegs zuverlässig nach Demokratie streben. Dies allerdings eine These, die historisch erhärtet werden kann.

Geschichtlichkeit und Wissen

Entsprechend den Voraussetzungen des historischen Materialismus hat jede Zeit insofern eine fortschrittliche Philosophie, als ein irgendwie gearteter »theoretischer Ausdruck« der zeitgenössischen Klassenauseinandersetzungen, ihrer Ursachen, ihrer Verlaufsformen, vor allem ihrer strategischen und ideellen *Ziele* existiert. Schlichte Vorstellung dahinter: Die handfeste Welt und ihr Treiben läßt sich im immateriellen Denken (»Bewußtsein«) widerspiegeln. Allerdings räumt man ein, daß der theoretische Ausdruck recht verworren, undurchsichtig, dieser Ausdrucksfunktion gänzlich unbewußt ausfallen kann.

Als exemplarischer Fall gilt die Geschichte des vormarxistischen Materialismus. Selbstredend konnte der Materialismus *vor* Marx nicht »auf der Höhe« dessen, was *nach* ihm kam, auf dem »Niveau« des marx(isti)schen Materialismus stehen. Keinesfalls deshalb, weil er vielleicht verabsäumt hätte, etwa in Gestalt bedenkenswerter metaphysischer Schriften, ein durchdachtes philosophisches Konzept anzubieten, das u.a. größere Klarheit über den Begriff des »Materialismus« hätte verbreiten können. Er war einfach deswegen nicht »auf der Höhe«, weil ihm noch ein paar Stufen auf seinem Weg »nach oben« fehlten, oder, in einem anderen Bild, weil er »zu früh« war.

Beurteilungsgrundlage ist indes immer nur diejenige *gegenwärtige* Klarheit, die ihre Klarheit aus ihrer Gegenwärtigkeit bezieht. Wie man sieht, handelt es sich hier um eine vorteilhafte Immunisierungsstrategie gegen jede Art von tatsächlicher Kritik am faktischen gesellschaftlichen und politischen Handeln, das von derartiger »Klarheit« geleitet wird. Die Kritik beugt sich notgedrungen der Differenz von Gedanke und Tat. Sie handelt über Vergangenes. Insofern hat sie es leicht, wenn sie ihre Überzeugungskraft nur aus der »Gnade der späten Geburt« bezieht. Doch auch hier ist sie leicht zu immunisieren: Teilt der Kritisierte die Vorstellung, daß die Berechtigung der Kritik aus ihrer jeweiligen Gegenwärtigkeit herrührt, stimmt er ihr leicht zu und bemüht sich darum, seinerseits derjenige zu sein, der in der Gegenwart das Sagen hat. – Die SED hatte nicht die geringsten Schwierigkeiten, ihr Versagen auf der ganzen Linie einzugestehen. Schuldbekenntnisse waren seit November 1989 an der Tagesordnung. Dies war der Preis dafür, daß die Partei mit der politischen Macht die Interpretationshoheit verloren hatte. Ihr Bemühen darum, sie zurückzugewinnen, zeigt, daß sie keinerlei Probleme hatte, wenn auch mit völlig neuen Inhalten, so doch mit ebenso *klarem Ausdruck* wie zuvor weiterzumachen.

Ungeachtet möglicher Komplikationen – wie sie z.B. zu Beginn der DDR-Geschichte die sogenannten Bündnisrücksichten mit sich brachten – geht der Marxismus-Leninismus davon aus, daß der bewußte Ausdruck des objektiven historischen Prozesses der Avantgarde der zukunftsmächtigen Klasse zugehört. Jedenfalls soweit dieses Bewußtsein »parteilich« ist und sich für die objektive Tendenz entscheidet. Diese Aussage schafft Klarheit und berechtigt dazu, das Beispiel der SED heranzuziehen. Der »bewußte Ausdruck« ist in der Partei – Hegelsch gesprochen – wieder zu sich selbst gekommen. Tatsächlich geht es um die Metamorphose eines zunächst durch und durch partikularen Ausdrucks. Am Beginn seiner imaginierten Reise durch die Gefilde des Geistes ist er weniger bewußt als bemüht. Die Verwandlung, in deren Verlauf der »Ausdruck« bestimmter Absichten einer Gruppe politisch ambitionierter Menschen, die »Partei« sind, zunächst zum objektiven Bedürfnis oder Interesse der Volksmassen erhoben, sodann, damit identisch gesetzt, zur Tendenz der Geschichte gemacht wird, offenbart im letzten Akt die Rückkehr zur Ausgangsgestalt, bereichert um die Objektivität der Welt, durch welche die imaginäre Reise ging. Der »Ausdruck« ist wieder Ausdruck; allerdings nicht mehr partikularer Interessen, sondern nach diesem Kostümwechsel »bewußter Ausdruck« der objektiven gesellschaftlichen und historischen Entwicklung insgesamt. Eine idealistische Figur, wie gesagt. Aber wiederum ist anschaulich, wie die für das normale Verständnis sehr subjektive Kategorie »Parteilichkeit« dem als »notwendig« unterstellten historischen Prozeß selbst zugerechnet wird. – Und wiederum ist der Gewinn dieser Manipulation evident. Interessiertes, zweckgebundenes Handeln einzelner kann als notwendig dargestellt werden. Weil es sich im Einklang mit der objektiven Geschichtsentwicklung befindet, ist es für Kritik grundsätzlich nicht erreichbar.

Gleichviel ob willentlich unterstützt, ob hinter dem Rücken der einzelnen Individuen aktiv und der vermeintlich objektiven Realität selbst angehörig, diese Parteilichkeit soll als *Kriterium* fungieren für die Bewußtseinshöhe der politischen und geschichtlichen Bewegung. Gleichzeitig gilt voraussetzungsgemäß, daß tatsächliche Bewußtheit allein fortschrittlichem Bewußtsein zugeschrieben werden kann. Folglich kann es sich gar nicht um ein empirisch überprüfbares Gesetz handeln, wie der scheinbar rationale Gebrauch eines Kriteriums suggeriert, sondern um eine geschichtsphilosophische Normierung, die zudem zirkulär argumentiert. In Wahrheit maßt sich eine politisch ambitionierte Gruppe an, als Avantgarde derjenigen Kräfte der Geschichte handeln zu dürfen, die sie selbst in geschichtsphilosophischer Dogmatik als objektiv maßgeblich unterstellt. Die Beweislast tragen nun die subjektiv oft genug verblendeten Volksmassen, die nur durch die Unterwerfung unter den Willen der »bewußten Vorhut«, der Partei, beweisen können, daß sie die eigene geschichtliche Rolle intellektuell und praktisch nachvollziehen und sich entsprechend »parteilich« verhalten.

Die derzeitige Form materialistischer Philosophie, welche grundsätzlich zu jeder Zeit das Denken der Avantgarde repräsentiert, ist die Philosophie des Marxismus-Leninismus oder, in anderen Worten, der historische und dialektische Materialismus. Marxistisch-leninistische Philosophie gilt als »höchste Form der philosophischen Entwicklung, weil sie theoretischer Ausdruck der fortschrittlichsten Klasse der Geschichte, der Arbeiterklasse ist und [...] als allseitiger und konsequenter, d.h. dialektischer und historischer Materialismus begründet und entwickelt wurde.«[5]

Ein Postulat garantiert die vollständige Einsicht in Geschichts-, Natur- und Sozialprozesse. Zwar spielt sich deren Dynamik eigentlich auf verschiedenen Ebenen ab. Ebenen, die zudem äußerst unterschiedlich strukturiert sind und sowohl empirisch als auch theoretisch jeden monistischen Zugriff verbieten. Aber man tut gut daran zu erinnern, daß es die philosophische Leistung des im eigenen Schema auf »Überbau-Ebene« operierenden Marxismus-Leninismus ist, mittels seiner ontologischen und geschichtsphilosophischen Festschreibungen den Objektivitäts- und Realitätscharakter *aller* Wirklichkeitsbereiche darzutun. Um den Geruch der Willkürlichkeit zu überdecken, wird auch dieses philosophische Tun als quasi-objektiver Prozeß behauptet. Wie es im Jargon der sogenannten marxistisch-leninistischen Erkenntnistheorie heißt, handelt es sich bei der genannten philosophischen Leistung um »Widerspiegelung«.

Ich möchte zu bedenken geben, daß die vorgeführte Konstruktion keineswegs damit desavouiert sein muß, daß auf *gegenteilige Erfahrungen* verwiesen wird. Diese fast einzige Form der Kritik, welche die Abgesänge auf das System des Sozialismus wie die Berichte der Betroffenen beherrschte, die sich um eine Begründung für das Scheitern der

Politik in der DDR bemühten, vermag die Ideologie des Marxismus-Leninismus nicht im Mark zu treffen. Schließlich war es geradezu seine Spezialität, die faktisch erbarmungswürdigsten Zustände als »objektiv« äußerst erfolgreiche, positive soziale Entwicklungen zu stilisieren. Gegenüber der Vergangenheit nicht anders als gegenüber der eigenen, mittlerweile selbst vergangenen Gegenwart.

Die marxistische Einteilung in geschichtliche, natürliche und gesellschaftliche Evolutionsprozesse unterscheidet verschiedene Stufen der Realität.

1. Auf elementarer Ebene waltet die Entwicklungsdynamik der »objektiven« Natur- und Gesellschaftsprozesse. Die Vorstellung für beide Bereiche ist dabei der Idee entlehnt, daß die Natur ganz ohne Zutat des Menschen ihre eigene Entwicklung nähme, ihre eigene Geschichte hätte.
2. Auf einer zweiten kategorialen Ebene finden die Kämpfe um den Durchbruch der objektiv waltenden »Tendenzen« statt. Dabei stehen diejenigen Individuen und Gruppen auf der Seite der objektiven historischen Bewegung zu höherer gesellschaftlicher »Formation«, die als »Hebel« sozialer und ökonomischer Veränderung dienen. Menschen, insbesondere die Massen der *arbeitenden* Menschen, haben einen bevorzugten Platz in dieser sozialen Mechanik: Sie dienen als »erste Produktivkraft«. Sie, die aufgrund ihres massenweisen Vorkommens – ein Zynismus für sich – über Jahrhunderte eine demokratische Grundströmung im wahrsten Sinne des Wortes *verkörpern* sollen, sind aufgrund ihres Daseins als Arbeitstiere für die »Schübe« des weltgeschichtlichen Wandels verantwortlich. In Situationen, in denen die Organisation der menschlichen Arbeitskraft auf einem bestimmten Niveau technologischer und kultureller Entwicklung mit den verbindlichen Regeln des herrschenden Sozialsystems in Konflikt gerät und ein Weg zu günstigeren sozialen Reproduktionsbedingungen gesucht werden muß, erzwingen sie veränderte Produktionsverhältnisse – Lebens-, Arbeits-, Kommunikations- und Denkbedingungen. Man spricht in diesem Zusammenhang vom »Widerspruch zwischen Produktivkraftentwicklung und Produktionsverhältnissen«.
3. Um schließlich dem auf ein Ziel hinsteuernden Geschichtsprozeß verständig folgen zu können, ihn im Sinne der waltenden historischen Tendenz, z.B. vom Kapitalismus hin zum Sozialismus, beeinflussen und d.h. unterstützen zu können, bedarf es der entsprechenden geschichtsphilosophischen Erkenntnisse des historischen Materialismus. Die Geschichte als *gesetzlich* fortschreitende Geschichte

von Klassenkämpfen auf dem Weg zu Sozialismus und Kommunismus muß als solche gewußt werden. Dies ist die dritte und ausschlaggebende Ebene der Fortschrittskonzeption. Hier wird die Prozeßstruktur von Natur- und Gesellschaftsbewegung festgelegt. Hier formieren sich die Handlungs- und die Gesellschaftstheorie des Marxismus-Leninismus nach Prinzipien des Klassenkampfes.

Man sieht, daß sich diejenigen, welche die Bereitschaft des DDR-Volkes, die staatssozialistischen mit demokratisch-marktwirtschaftlichen Produktionsbedingungen zu vertauschen, als revolutionäres Aufbegehren interpretieren, in voller Übereinstimmung mit den revolutionstheoretischen Grundlagen des Marxismus-Leninismus befinden: Das arbeitende Volk ist am Umsturz interessiert, wenn seine Lebens-, d.h. seine *Arbeits*verhältnisse (der wesentliche Teil der Produktivkraftverfassung) mit dem System, das die Arbeit, die Verteilung des Reichtums, die politische Partizipation, die Freiheit organisiert, in Widerspruch gerät.

Die Frage, wie bewußt dieser Widerspruch empfunden werden muß, um zum Widerstand zu gedeihen, wird standardmäßig mit dem Verweis auf die Haltung der Avantgarde beantwortet. In einer Staatspartei, die im Konfliktfall zumindest in Teilen auf die »chinesische Lösung« zu verzichten bereit ist und die eigene Abschaffung nicht ausschließt, wäre *eine* bewußte Abteilung identifiziert; eine andere Avantgardeposition könnte man leicht in den westlichen Medien vermuten, die uns die objektiven Tendenzen der mitteleuropäischen Geschichte seit einem guten Jahr kongenial vorbuchstabieren.

Insgesamt auch diese Bemerkung ein Hinweis, daß es für die Theoretiker des Marxismus-Leninismus mit dem Ende des Honecker- und Modrow-Staates auch revolutionstheoretisch leicht einen Aufbruch zu neuen Ufern des Sozialismus geben könnte. Denn der Klassenfeind, dessen Part in diesem Spiel die vierzig Jahre lang verantwortlichen Parteien der DDR spielen müssen, nicht aber deren Erben, gilt mit der Etablierung neuer Produktionsverhältnisse zwar nicht endgültig, aber doch grundsätzlich als besiegt. Daß er seine »Selbstvernichtung« samt Auferstehung als Geläuterter mit vorangetrieben hat, stimmt besonders günstig. Extremerweise könnte man in einem solchen Fall den sozial verträglich gestalteten Demokratismus marktwirtschaftlicher Provenienz schlicht als historisch adäquate Form des Sozialismus in einer neuerlichen »Übergangsphase« definieren. Etliche Äußerungen der führenden Politiker der PDS, aber auch der DDR-SPD und anderer Parteien legen genau dieses Verständnis nahe.

Wie würden wir die drei dargestellten theoretischen Ebenen – die Dimension des objektiven Natur- und Gesellschaftsprozesses, die historische Dimension der Widersprüche von Produktionsverhältnissen und Produktivkräften und der objektiven Klassenkämpfe, die Dimension der Theorie des Marxismus-Leninismus, der sogenannten »Widerspiegelung« der beiden Realebenen, die zugleich die Sphäre der bewußten Gestaltung aller drei Ebenen bezeichnet – wie würden wir diese Bereiche in einem philosophischen Kontext, der nicht durch die Sprachregelung des Marxismus-Leninismus normiert ist, charakterisieren können?

Was die Allianz von Weltanschauung und Wissenschaft betrifft, würde man den beiden ersten Dimensionen eher weltanschaulich-realistische Aussagensysteme zuordnen. Auf diesen Ebenen des historisch und gesellschaftlich Objektiven wird einfach davon abgesehen, daß und wie eine bestimmte »Theorie«, korrekter gesagt: eine Glaubensweisheit über die Verfassung der Realität, diese Realität aufbaut. Deshalb kann man von metaphysischem Realismus sprechen. Oder vom Materialismus als Metaphysik, wenn man die Qualität des Monismus hervorheben will.

Wissenschaftsverwandter gibt sich die dritte Ebene. Vor allem dort, wo wissenschaftstheoretische und methodologische Positionen fixiert und im engeren Sinne wissenschaftliche Analysen zur Stützung der Metaphysik herangezogen werden. Deshalb darf man hier z.T. berechtigt von einer *Theorie*ebene sprechen. In metatheoretischen Analysen, philosophisch-theoretischen Überlegungen und einzelwissenschaftlichen Untersuchungen marxistischer Geschichte, Ökonomie, Soziologie, Psychologie u.ä.[6] heißt es, Konstrukte, Sätze, Theorien und Gesetze zu formulieren, welche die naturalistische Betrachtung von Welt und Gesellschaft mit wissenschaftstheoretischen und wissenschaftlichen Erkenntnissen aber auch mit den *ontologischen*, den realitätskonstituierenden Prinzipien *solcher* Betrachtung vermitteln.

Wie man erwarten konnte, ist die dritte Dimension also auch diejenige, in der die philosophisch relevanten Fragen auftauchen. Wir erinnern indes daran, daß der Marxismus-Leninismus die geschichtsphilosophische und erkenntnistheoretische, selbst die ontologische Reflexion, die – unabhängig von ihrem Niveau – eigentlich *philosophische* Arbeit also, ebenfalls als *wissenschaftlich* reklamiert, weshalb er diese Differenzierung, die der philosophische Blick für notwendig erachtet, nicht akzeptieren kann. – Es wird uns im Verlauf unserer Untersuchung beschäftigen, in welcher Form die Organisation der dritten Ebene eine naiv realistische Metaphysik mit methodologisch überzeugenden und methodisch korrekten einzelwissenschaftlichen Operationen widerspruchsfrei zu vermitteln versucht. Was die Leistungen des

Marxismus-Leninismus als Metawissenschaft angeht, würden *wir* die als »wissenschaftlich« apostrophierte Denkart in weiten Teilen als »philosophisch« bezeichnen – wären nicht die erkenntnistheoretischen Begründungsleistungen und die methodologischen Reflexionen des historischen und dialektischen Materialismus für ihn selbst Kriterien seines *Wissenschafts*charakters. Den Prinzipien *immanente*r Kritik folgend, die den Gegner nicht desavouiert, sondern an seinen eigenen Ansprüchen mißt, hat dies zur Folge, daß wir das Wissenschaftlichkeitspostulat des Materialismus an eben diesen Systemteilen überprüfen müssen. Dies wird im zweiten Abschnitt, zur Analytik der materialistischen Dialektik, geschehen.

Die Philosophie ist im Verständnis der DDR-Philosophen »eine besondere Wissenschaft *neben* den Einzelwissenschaften«. Beide richten sich »auf das Ziel, die materielle Welt in ihrer Mannigfaltigkeit zu erkennen«. Daß sich die, vor allem durch ihr enormes Abstraktionsniveau bestechende, materialistische Philosophie der Mannigfaltigkeit der Phänomene ausgesetzt hätte, wird man mit Recht bezweifeln dürfen. Und so unterscheidet sich die Philosophie denn auch darin, daß sie den Einzelwissenschaften »die weltanschaulichen, erkenntnistheoretischen und allgemeinen methodologischen Grundlagen« liefert, »ihre Grundvoraussetzungen und Grundbegriffe, die keine der Einzelwissenschaften für sich selbst begründen kann, rechtfertigt und sichert«![7]

Philosophie ist so einerseits Grundlagenwissenschaft. Sie erforscht die allgemeinen Gesetze, die in allen Bereichen Ordnung schaffen. Die »allgemeinen Gesetze der Bewegung und der Entwicklung der Natur, der Gesellschaft und des Denkens (Erkennens).«[8] Soweit philosophisches Tun relevant sein soll für einzelne Natur- oder Gesellschaftswissenschaften, muß es, auch im Hinblick auf die weltanschauliche Führung der Einzelwissenschaften, den eigenen wissenschaftlichen Charakter exponieren. – Im übrigen muß die Philosophie dasselbe Verhalten auch sich selbst gegenüber an den Tag legen, soweit sie sich als materialistische *Objekt*theorie und *Meta*theorie versteht. Beispielsweise unter dem Aspekt der Rekonstruktion theoretischer Grundkonstrukte (Kausalität, Entwicklung, Gesetz usw.), die die Philosophie als Wissenschaft nicht einfach nur nutzen darf, sondern, als Meta-*Wissenschaft*, wissenschaftstheoretisch zu rechtfertigen hat.

»Der Charakter einer Weltanschauung wird [...] hauptsächlich durch die ihr zugrundeliegenden philosophischen Anschauungen und durch die Rolle, die der Wissenschaft *in ihr* zukommt«, bestimmt. Dieses Zitat weist darauf hin, daß der Philosophie die Wissenschaftlichkeit doch keineswegs aus ihr selbst zuwächst. Ein wichtiger Diskussionspunkt in den Debatten der DDR-Philosophie um das Verhältnis von Philosophie und Wissenschaft. Zunächst mochte es – einerseits – so erscheinen, als ob sich die Würde der philosophischen Weltanschauung gerade aus dem *eigenen*, nicht-mythischen, nicht-metaphysischen, sondern wissenschaftlichen Charakter ergäbe, da dieser die Wahrheit der weltanschaulich-philosophischen Sätze verbürgen soll. Nun heißt es, daß die Philosophie andererseits – und dieses »einerseits-andererseits« soll eine gegenseitige Verschränkung andeuten – vorbehaltlos *alle* Erkenntnisse der Wissenschaften *anerkenne* und zum Aufbau einer »geschlossenen Weltanschauung« *benutze*. Die dürftige Kenntnis vermeintlich allgemeiner Gesetzmäßigkeiten dessen, was die Welt im Innersten zusammenhält, will der Marxismus-Leninismus offenbar Zug um Zug bereichern um den Einblick in Gesetzmäßigkeiten von Teilbereichen. Er greift also auf Kenntnisse zurück, welche die Einzelwissenschaften ihm bereitstellen. Wäre es unangebracht zu behaupten, daß unter diesen Umständen die Wissenschaften die Philosophie mit deren Zustimmung Stück für Stück ersetzen könnten? – Eine durchaus zutreffende Zustandsbeschreibung, wenn die DDR-marxistische Philosophie nicht mehr gewesen wäre als Weltanschauung und Metatheorie. Denn nicht zuletzt an ihr lag es zu selektieren, was als wissenschaftliche Praxis und Erkenntnis gesellschaftlich akzeptabel war.

Philosophie als Waffe

Die vorgeblich höchste Form der gegenwärtigen Philosophie, die wissenschaftliche Ideologie und Weltanschauung der Arbeiterklasse, wurde – und wird – wesentlich als *Instrument* begriffen. Als Instrument mit einer Reihe von Funktionen. Denn »Weltanschauung der Arbeiterklasse« heißt beides: Weltanschauung im Hinblick auf die Rolle der Klasse im Geschichtsprozeß *und* Weltanschauung als »Waffe« in der Hand der Arbeiterklasse. Man muß sich den Wortsinn klarmachen: Der Sozialismus proklamiert den Waffencharakter der Philosophie! Sicher, sie ist nur eine Waffe im Arsenal geistiger Kriegsführung. Aber es wäre ein der ideologischen Täuschung, die auf der Trennung von Denken und Sein beharrt, nicht unähnliches Mißverständnis, den Waffencharakter des Denkens für weniger bedrohlich zu erachten als die Waffen selbst.

Aus der Konstellation der Weltanschauung, die sie propagiert, ergibt sich, daß sich die Philosophie des Marxismus-Leninismus selbst instrumentalisieren muß. Schon darum ist das Modell zweier Linien in der Philosophie der DDR unangebracht. – Da der metaphysische Realismus die Entwicklungspotentiale für das gesellschaftliche Leben und den geschichtlichen Werdegang des Menschen in den Prozeß selbst hineinverlegt, versteht sich das korrespondierende philosophische Denken umgekehrt als Spiegelung der realen Welt und der dort stattfindenden Kämpfe. Der Spiegel der Philosophie – oder der »Ideologie«, wie es im DDR-marxistischen Sprachgebrauch auch heißt, ohne daß die für uns im Ideologiebegriff mitschwingende Konnotation des notwendig falschen Bewußtseins den affirmativen Charakter des Begriffs negativ beeinflußte[9] –, der Spiegel der Philosophie reflektiert die Strahlung des gesellschaftlichen und politischen Lebens. Zwar kann der Spiegel getrübt sein. Der *schaffende Spiegel* aber schafft nie nur aus sich heraus. Der »Parteienkampf in der Ideologie« ist selbständig, was den gesellschaftlichen Raum betrifft, in dem er stattfindet, ebenso, was die Formen des Kampfes und die Art der Behandlung der Probleme angeht. Seine relative Autonomie ist jedoch in letzter Instanz vom realen Spiel der Mächte, den wirklichen Interessen, Bedürfnissen und der Art ihrer politischen Regelung abhängig. Konkret für die Geschichte der DDR hieße das in erster Linie: abhängig von der Konkurrenz mit dem wirtschaftlichen und politischen System im Westen; von einer Konkurrenz, der jede Art politischer und ideologischer Aktivität untergeordnet wurde. Wie hatte Marx die Emanzipation aus bürgerlichen Verhältnissen beschrieben? Als Herausarbeiten der schöpferischen Anlagen des Menschen »ohne andre Voraussetzung als die vorhergegangene historische Entwicklung, d.h. der Entwicklung aller menschlichen Kräfte als solcher, *nicht gemessen an einem vorhergegebenen Maßstab*.«[10]

Daß Erkenntnisse ihre Bestätigung in der Praxis erfahren, wundert auf der Grundlage des Dargestellten nicht. Zudem ist uns dies für wissenschaftliche Erkenntnisse geläufig. Schließlich könnte man die Probe aufs Exempel machen und zu überprüfen suchen, ob dies auch für die Erkenntnisse gelten kann, die der historische Materialismus als solche anbietet. Wollte man das Kriterium anerkennen, müßte man die weltanschaulichen, geschichtsphilosophischen, erkenntnistheoretischen und methodologischen Positionen »Erkenntnisse« nennen, insofern sie in der politischen Auseinandersetzung funktionalisiert werden und zur Disposition stehen. Aber dies ist keine empirische Bestätigung erfahrungsorientierter Sätze. Umgekehrt setzt die Ideologie selbst die Transformation politischer Intentionen, Strategien und Zwecke voraus.

Wobei die Transformationsregeln interessieren! Zweifellos handelt es sich nicht um Abbildungen *qua* Ähnlichkeit. Im Selbstverständnis der DDR-Philosophie findet sich eher die Idee, daß Bestätigung in der Praxis die Einheit von *Politik* und Philosophie beinhaltet. »Die Einheit von Philosophie und Politik wird von der marxistisch-leninistischen Partei stets bewußt verwirklicht und sie trägt in jeder geschichtlichen Phase ihre spezifischen Züge.« [11] Eine Interpretation für die gegenwärtige Etappe in diesem Sinne habe ich oben vorgeschlagen. Wie die Philosophie diese Aufgabe in den letzten vierzig Jahren erfüllt hat, wollen wir sehen. Immerhin ist erkenntlich, daß hier keine Abbildungsbeziehung aktiviert werden müßte. Hinreichend wäre die Idee zweier, voneinander getrennter Einsatzgebiete. Es reichte – eine nicht unzutreffende Beschreibung –, wenn sich die kämpfende und die reflektierende Philosophie äußerlich aufeinander bezögen, z. B. mittels thematischer, institutioneller, organisatorischer oder personeller Klammern.

Die Basissätze

Bevor wir uns der dialektischen Seite der marxistischen Philosophie zuwenden, werden wir die Basissätze, auf denen das Philosophieverständnis des Marxismus-Leninismus nach unserer bisherigen Untersuchung aufbaut, in fünf Thesen zusammenfassen.

(1) *Die der Gegenwart wahrhaft angemessene Philosophie ist niedergelegt im Lehrgebäude des historischen und dialektischen Materialismus.*

Die Philosophie ist in ihrer Entwicklung der objektiven, dialektisch-dynamischen Bewegung fortschreitender Vergesellschaftung unterworfen. Der diachronen – zu jeder Zeit waltenden – Dichotomie von materialistischer und idealistischer Philosophie korrespondiert die synchrone – durch die geschichtliche Zeit wirkende – Konfrontation von rückständiger und fortschrittlicher Philosophie. Verbürgt ist die prinzipielle »Richtigkeit« [12] des materialistischen Standpunktes in der Beantwortung der sogenannten »Grundfrage aller Philosophie«. Es steht außer Frage, »daß die *Materie* gegenüber dem Bewußtsein in letzter Instanz das Primäre, das Bestimmende ist.« [13] Dieser Glaube vereinigt sich mit dem an eine sachliche und formale Entsprechung von fortgeschrittener Sozial- und Politikentwicklung im real existierenden Sozialismus und deren theoretischem Ausdruck im dialektischen und historischen Materialismus. Dieser behauptet damit nicht mehr, als die einzig wirklichkeitsgerechte Philosophie der Gegenwart zu repräsentieren.

(2) *Die wirklichkeitsgerechte Philosophie der Gegenwart ist zugleich fortschrittliche Weltanschauung.*

Die wirklichkeitsgerechte marxistisch-leninistische Philosophie ist zugleich Weltanschauung der historisch fortschrittlichsten Klasse, da die Grundfrage aller Weltanschauung identisch ist mit der Grundfrage aller Philosophie. Als Weltanschauung vermittelt der Marxismus-Leninismus eine materialistische Gesamtauffassung von Natur, Gesellschaft und Mensch, orientiert auf Regeln für das Verhalten in der sozialen Praxis.

(3) *Die progressive Weltanschauung der Arbeiterklasse versteht sich zugleich als affirmative Ideologie.*

Da die marxistische Philosophie ihre Erkenntnisse nicht getrübt sieht von irgendwelchen »Schleiern der Ideen« [14], kann sie sich als *positive* oder wissenschaftliche Ideologie verstehen [15], d.h. als Instanz richtigen, die objektive Welt zutreffend verarbeitenden Bewußtseins. Die Repräsentation bezieht sich dabei auf die verschiedenen Bereiche von Philosophie, Wissenschaft, Kultur und Politik. Überall konkretisiert sich der Bewußtseinsstand der realitätsadäquaten Philosophie der Gegenwart. Probleme des falschen Bewußtseins können *generell* keine philosophischen, etwa erkenntnistheoretischen Probleme indizieren, sondern nur politische; Fehler der unkorrekten politisch-ideologischen Orientierung.

(4) *Die positive Ideologie der Gegenwart gilt zugleich als Wissenschaft.*

Als Weltanschauung materialistischer Provenienz ist der Marxismus-Leninismus eine Form gesellschaftlichen Bewußtseins, die aufgrund ihrer wissenschaftlichen Begründung frei ist von Subjektivismus und Idealismus. Die wissenschaftliche Absicherung, zunehmend *post festum* im Medium falsifizierbarer Erkenntnisse der Einzelwissenschaften erbracht, soll den Objektivitätscharakter philosophischer Aussagen und Aussagensysteme stützen. Die Einlassung auf den wissenschaftlichen Diskurs dient umgekehrt der Philosophie hinsichtlich ihrer gesellschaftlichen, aber vor allen Dingen politischen Verwertbarkeit. Insbesondere als wissenschaftlich abgesichertes System versteht sich der Marxismus-Leninismus als *wahre* Philosophie der Gegenwart.

(5) *Als wissenschaftlich fundierte, gleichwohl nicht falsifizierbare Theorie der Realität, als fortschrittliche Weltanschauung und affirmative Ideologie steht die Philosophie des Marxismus-Leninismus im Dienste fortschrittlicher Politik.*

Die Philosophie des Marxismus-Leninismus ist produktive Abbildung der gegenwärtigen Klassenauseinandersetzungen im nationalen und internationalen Maßstab. Als kognitive, theoretisch zutreffende Aneignung der gesellschaftlichen Wirklichkeit reproduziert sie die Parteilichkeit der Praxis – objektiv der historischen Tendenz – und setzt entsprechende Überzeugungen und Handlungsmaximen in Gang. Die Aussagen des Marxismus-Leninismus stehen im Einklang mit dem Wirken der derzeit weltgeschichtlich bestimmenden Kräfte. In unserer Zeit sind dies die Kräfte des Sozialismus, letztlich verkörpert in den kommunistischen Parteien, der »bewußten Vorhut der Arbeiterklasse«. Die Tauglichkeit in diesem Dienst entscheidet ihrerseits über die Richtigkeit von Urteilen, über die Angemessenheit von Einschätzungen, über die Wahrheit philosophischer Erkenntnisse. »Die marxistisch-leninistische Weltanschauung, die unter der Bedingung des Kapitalismus entstand und die Interessen der konsequent revolutionären Klassen des Proletariats und aller unterdrückten Werktätigen ausdrückte, [hat] auf dem philosophischen Fundament des dialektischen und historischen Materialismus die Einheit von Weltanschauung, Wissenschaft und Politik verwirklicht.« [16]

Wir schauen uns an, wie es um die »Einheit« steht, deren Beschwörung, dem Drehen von Gebetsmühlen vergleichbar, überall dort, wo sich unterschiedlich Eigenes exponierte, allein schon den Verdacht aufkommen lassen mußte, daß hier der Glaube herrschte, von dem es heißt, daß er Berge versetzt. Die Einheit hatte einen Namen; sie hieß »dialektisch«.

2. Dialektik

Der zweite Abschnitt des ersten Teils gilt der Analytik der materialistischen Dialektik. Wir werden die Einsatzgebiete der Dialektik im DDR-marxistischen Denken skizzieren, sodann die Reichweite der Dialektik prüfen, ohne uns um die Eingrenzungen des Materialismus zu kümmern. In einem weiteren Kapitel resümieren wir zur Rezeption der Dialektik durch die »politischen Klassiker« Engels, Lenin und Stalin, um uns dann bei Hegel genauer zu erkundigen. Schließlich gehen wir der zentralen Opposition, in die der Marxismus-Leninismus die Dialektik gestellt hat, systematisch nach: »Dialektik versus Metaphysik«. Es folgt ein Kapitel über den Gesetzescharakter der »dialektischen Grundgesetze« und über die Verwendung des Gesetzesbegriffs in der DDR-Philosophie überhaupt. Schließlich werden wir die Objektive Dialektik marxistisch-leninistischer Provenienz konfrontieren mit dem Marxschen Universalienmodell, das eine ernstzunehmende Kritik an den naturdialektischen Vorstellungen der DDR-marxistischen Philosophie darstellt. Im letzten Kapitel dieser Abteilung werden wir unserer Skepsis gegenüber dem systematischen Anspruch der Großen Methode Ausdruck geben.

Universelle Methodologie und Prozeßontologie

Bekanntlich ist die DDR-Bevölkerung Meister des *code-switching*. Sie wußte – und weiß wohl auch noch – zu unterscheiden, wann es ernst ist und ideologisch »sauber« hergehen muß und wann private Rede angebracht ist, die sagt, was Sache ist.

»Das mußt Du dialektisch sehen« galt dieser normalen Sprache als Ausdruck, die Probleme auf sich beruhen zu lassen, sie mit langem Atem von der einen auf die andere Seite zu wälzen, die veränderte Ansicht jeweils gebührend zu würdigen und sich gegebenenfalls, angesichts des darin zum Ausdruck kommenden »hohen ideologischen Niveaus« selber auf die Schulter zu klopfen.

In der Tat war die Dialektik ein besonders geeignetes, weil universell einsetzbares Instrument in den Händen der marxistisch-leninistischen Philosophie. Ein Instrument zur Behebung von Schwierigkeiten. Wollte man diese genauer bestimmen, könnte man sie in der normativen Diktion des Materialismus selbst als »Widersprüche« kennzeichnen. Dialektischer Umgang mit Schwierigkeiten indiziert den Versuch, mit ihnen fertig zu werden. Allerdings auf eine Art, die den früheren Zustand nicht allein negiert, sondern ihn »aufhebt« in der neuen Lösung oder ihn dort hinein »vermittelt«. Der Grund erscheint vernünftig. Um nicht in die Konsequenzen theoretischer und praktischer *Vereinseitigungen* gezwungen zu werden. Historisches und Logisches beispielsweise sollen vermittelt werden, d.h. geschichtlich Einmaliges und Kontingentes, durchaus disparaten Zwecken Geschuldetes, mit Prinzipiellem, gesetzlich Feststehendem und Unverständlichem.

Nun ist diese Erläuterung schon eine Interpretation des äußerst abstrakten Postulats. Indes wird einsichtig, daß die Abstraktionshöhe der dialektischen Formeln gerade für denjenigen, der auf die Akzeptanz dieser Formeln setzt, ihre Stärke zeigt – ganz unabhängig von der Konkretion in der Sache und den Vermittlungsschritten im einzelnen. Ein Erfolg zeigte sich etwa, wenn zwischen philosophischen, wissenschaftlichen oder weltanschaulich-ideologischen Überzeugungen einerseits und praktisch-politischen und ökonomischen Geboten andererseits gelungen vermittelt werden konnte. In der Vermittlung der Marxschen Arbeitswertlehre etwa mit dem Bedarf an qualifizierten technischen Fachkräften. Ebenso handelt es sich um eine dialektische Konstruktion, wenn historisch Überkommenes aus Gewohnheiten, Anschauungen, Ideen, Diskursen, Praktiken »dialektisch vermittelt« werden soll mit kontingent Gegenwärtigem, mit bestimmten Zwängen, neuen Moden oder Gepflogenheiten, mit Absichten oder Prognosen. Was »vermitteln« heißt, wird an solchen Beispielen aber nicht klarer. Die Abstraktheit bleibt, auch wenn die Nennung der zu vereinheitlichenden Elemente schon Konkretes zu simulieren scheint.

Insgesamt würde man den Einsatz der Dialektik unter instrumentellem Gesichtspunkt als dem Wesen der Dialektik selbst geschuldet vermuten. »Dialektik« wäre der Begriff instrumenteller Philosophie schlechthin. Dialektik wäre ein intellektuelles Adaptionsinstrument; insbesondere zur Angleichung unterschiedlicher, evtl. gegensätzlicher Geltungsansprüche, zum Nutzen vor allem einer kalkulierbaren und steuerbaren Praxis. Einer Praxis freilich, die sich als vernünftig geregelt selbst nur im Spiegel der Dialektik, einer Ideologie also, kennt und sich weit von dem entfernen kann, was die undialektische Wirklichkeit anrichtet. Schaut man auf die Herkunft der Dialektik aus der Identitätsphilosophie *Hegels*, möchte man meinen, daß die Philosophie des Marxismus-Leninismus das Erbe nicht gänzlich verrät, wenn sie ein solches Verständnis pflegt und einen solchen Gebrauch von der Dialektik macht.

Anders verhielte es sich, würde der Marxismus, gänzlich unangebracht, auch auf die aristotelische Vergangenheit pochen. – Daß sich, was Realität heißt, dem Spiegel, der ihr entgegengehalten wird, verdankt, gehört freilich nicht zu den Überzeugungen des Materialismus. Auch die Dialektik ist ihm darum wesentlich »objektive Dialektik«. »Die Dialektik kann kurz als die Lehre von der Einheit der Gegensätze bestimmt werden«, schreibt Lenin im Konspekt zu Hegels »Wissenschaft der Logik«.[17] Und die Exegese fährt fort: »Die objektive Dialektik existiert außerhalb und unabhängig von ihrer Widerspiegelung im menschlichen Bewußtsein als Dialektik der Bewegungsformen der Materie, die menschliche Gesellschaft eingeschlossen.«[18]

»Die marxistisch-leninistische Philosophie unterscheidet zwischen objektiver und subjektiver Dialektik. Als allgemeine Gesetzmäßigkeit der Bewegung und Entwicklung der vom Bewußtsein unabhängigen Außenwelt ist die Dialektik objektive Dialektik, als Widerspiegelung der objektiven Dialektik im Bewußtsein und im Denken der Menschen ist sie subjektive Dialektik«, »als Theorie der objektiven Dialektik ist sie die Wissenschaft von den allgemeinen Entwicklungsgesetzen der objektiven Welt«. Die »objektive Welt« ist ein »universaler Zusammenhang«, in dem »alle Dinge und Erscheinungsformen miteinander verbunden sind und sich gegenseitig bedingen« und alle »Erscheinungsformen (Natur, Gesellschaft, Denken) in unaufhörlicher Bewegung und Entwicklung begriffen« sind.[19]

Versuchen wir zusammenzufassen: Dialektik nach marxistisch-leninistischem Verständnis ist eine philosophisch-weltanschauliche, dazu eine kosmologische Theorie aller natürlichen und gesellschaftlichen »Bewegung« mit integrierendem und kompensierendem Effekt. Die theoretische Betrachtung steht unter nur einem Prinzip, dem der Einheit im Vielfältigen oder, philosophisch anspruchsvoller, dem der Identität angesichts aller denkbaren Nichtidentitäten. Das klingt platonisch. »Dialektik« ist aber nicht nur eine Kategorie im Aussagensystem zur Beschreibung der Wirklichkeit, sondern, weit wichtiger für den Materialismus, Kategorie einer realistischen Ontologie. Die besagt, daß die Welt selbst, die hier nicht mehr gilt als ein allgemeiner objektiver Seinszustand, dialektisch verfaßt ist – unabhängig von jedem erschließenden Zugriff auf diese Welt. Die Lehre über diesen Kontext heißt »Objektive Dialektik«.

Dies führt zur Relativierung der Dialektik als Theorie: Als solche ist sie von abgeleiteter, nur subjektiver Art. Subjektive Dialektik ist Reflex, »Widerspiegelung« der objektiven. Als Bindeglied zwischen beiden Welten fungiert das Gesellschaftliche, das als Realitätszustand der objektiven wie der subjektiven Dialektik unterliegt. Gleichsam als gehörte das Soziale aufgrund verschiedener Substanzen, die in ihm wirken – Materielles und Geistiges – zur von Menschen unabhängigen wie zur von Menschen abhängigen Wirklichkeit. Die Klammer des Sozialen soll das Auseinanderfallen zweier Welten aufhalten können. Die Grundzüge derartig materialistischer Dialektik sind fragwürdig. Allerdings scheint es, anstatt die Objektive Dialektik[20] als unter aller Kritik abzutun, fruchtbarer zu überlegen, ob hier ein tatsächlich relevantes philosophisches Problem existiert, ob anderslautende Lösungen eventuell angebrachter erscheinen könnten. Darunter vielleicht auch »materialistische« Antworten, die – jenseits doktrinärer Fixierung – im Lager der marxistischen Philosophie, wenn nicht diskutiert, so doch ansatzweise ventiliert wurden.

Der schwankende Boden sozialistischer Realität

Wir wollen zunächst einige Indizien dafür beibringen, daß die Frage nach der Wirklichkeitsverfassung und der Disput über die möglichen Antworten darauf dem Werdegang der Philosophie in der DDR gleichsam als roter Faden unterlegt sind. Und zwar sowohl, was die im engeren Sinne philosophischen Debatten angeht (1), als auch, abgeschwächt, mit Blick auf den institutionellen und organisatorischen Reflex dieser Entwicklung (2). Eine ausführliche Darstellung dieser Entwicklung folgt in den Teilen zwei und drei.

(1) Betrachten wir den Kern der Auseinandersetzung des Materialismus DDR-philosophischer Prägung mit den »bürgerlichen« Strömungen der Nachkriegsphilosophie. Die Grenzziehung zwischen zwei vermeintlich grundsätzlich divergierenden Weltanschauungen verlief entlang der unterschiedlichen Beantwortung der »Grundfrage aller Philosophie«. Das methodische Pendant zur Opposition von Materialismus und Idealismus heißt »Dialektik und Metaphysik«.

Als »Metaphysik« gelten dem Materialismus idealistische Systeme, bevorzugt Ontologien vom Typ derjenigen Platons oder Hegels. Ein Kriterium für Metaphysik soll sein, daß Aussagen gemacht werden über Dinge, die über die »in den Sinnen gegebene Erfahrungswelt« hinausgehen.[21] Umgekehrt dürfte »Dialektik« also als Inbegriff dessen gelten, was als in der Erfahrung gegeben oder mittels Erfahrung prinzipiell zugänglich erscheint. Eine Umkehrung, die den *Möglichkeitsraum* der Empirie ausschlösse, faßte den Materialismus wahrscheinlich zu eng. Denn es stellt sich die Frage nach dem Objektivitätsbegriff, der für die »Objektivität« dieser Erfahrungswelt zureichend sein soll. Selbst wenn wir die Beschränkung auf »das Sinnliche« fallenließen, meint »Erfahrungswelt« sicher mehr als die Welt, die nur im Maße der gemachten Erfahrungen existent ist. Auch »mögliche Erfahrung« dürfte immer als zur Erfahrung gehörig gelten. Aber wie verhält sich die Forderung nach der vom Menschen unabhängigen Objektivität zum Erfahrungspostulat? Es scheint, daß der *Wissenschafts*anspruch der »realitätsadäquaten Philosophie der Gegenwart« auf den Raum *möglicher* Erfahrung nicht verzichten mag. Gleichzeitig umgrenzt dies den Raum objektiver Realität, den es Zug um Zug durch Widerspiegelung seiner Strukturen und Gesetze anzueignen gilt.

In der Auseinandersetzung mit Phänomenologie und Existentialismus beispielsweise kam es darauf an zu erhärten, daß der innere Raum des Subjekts und die ihn beschreibenden Begriffe der Psychologie selbst individuelle Wirklichkeit bestenfalls unzureichend definieren können. Vielmehr, so die Replik, müßten die Realitätsverfassung einerseits, die Wirklichkeitserfahrung andererseits den Gehalt des Psychologischen bestimmen. Ein Verfahrensbeispiel gibt die von den Materialisten favorisierte Idee, »Empfindungen« als »Sinnesdaten« aufzufassen. Es leuchtet ein, daß es politisch nicht vernachlässigt werden darf, wie die Grenzen der Realität der Erfahrungswelt abgesteckt sind, oder, kurz, welche Bedeutung der Ausdruck »Realität« im Allgemeinverständnis hat. Unter diesem Aspekt darf man annehmen, daß die Ausdehnung des Erfahrungsbegriffs auf die Welt *möglicher* Erfahrung tatsächlich dem spekulativ-hypothetischen Charakter wissenschaftlicher Arbeit zugegeben werden mußte. – Qua »Widerspiegelung« läßt sich diese »Freiheit« im übrigen wieder anbinden. – Der gesellschaftlich geläufige Realitätsbegriff bezog sich zweifellos auf die Grenzen des real *existierenden* Sozialismus. Philosophisch betrachtet lag die Situation nicht so eindeutig.

Entsprechend den substantialistisch-ontologischen resp. den wissenschaftlichen Tendenzen des Marxismus-Leninismus heben sich zwei Schwerpunkte in der Dialektikauffassung ab. Im ersten Fall meint »Realität« eine eigengesetzliche Dimension der Materie, die ihr Bewegungsschema dem Handlungsraum von Individuen und Gruppen nach

Maßgabe der universell geltenden dialektischen Bewegungsgesetze oktroyiert. Diese Lesart wurde etwa in den überwiegend ontologischen und kosmologischen Auseinandersetzungen zwischen Marxismus und Neothomismus virulent. Debatten-Stichwort: Materiediskussion — , in denen das Gesellschaftliche kein primärer Streitpunkt schien. Als Protagonist materialistischer Philosophie bemühte sich etwa Georg Klaus nachzuweisen, daß bestimmte kategoriale Zuweisungen in der Physik, welche die Qualifizierung der zentralen Begriffe »Bewegung«, »Raum« und »Zeit« betreffen, »in Wirklichkeit« der objektiven Seinsweise einer vom Menschen unabhängigen Materie angehörten.[22] Geht es nun darum, den Objektivitätsstatus des Gesellschaftlichen anzugeben, erscheint die Uneindeutigkeit einer dogmatisch substantialistischen Interpretation objektiver Dialektik. »Vom Menschen unabhängig« macht hier nämlich überhaupt keinen Sinn. Folglich wird in diesem Kontext ersatzweise auf »Gesetzlichkeit« abgehoben. Es handelt sich — sozusagen — um den strukturellen, funktionalen und methodischen Aspekt der substantialistischen Version. Tatsächlich nämlich verschiebt sich das Problem lediglich, ohne daß es einer überzeugenden Lösung zugeführt wäre. Nun heißt die Frage: Was bedeutet »Gesetz«? Was, vor allem, ist ein »objektives Gesetz«? Wie verhalten sich die Universalgesetze der Objektiven Dialektik zu Naturgesetzen und zum naturwissenschaftlichen Gesetzesbegriff? Wie zu den »Gesetzen« der Gesellschaft und des Sozialen?

Der Kontext von Philosophie und Wissenschaft verweist auf zwei mögliche Optionen des Materialismus im Umgang mit der Dialektik. Im Blick liegt das Feld zwischen Methodologie und Wissenschaftstheorie auf der einen, objektivistischer Ontologie auf der anderen Seite. Ein Problem, das angesichts der Alternative zwischen einer wissenschaftstheoretischen Lesart im engeren Sinne und einer philosophischen, als Welt-Anschauung ausgelegten Position beide Bereiche berührt, wirft das Verständnis der Erkenntnistheorie als Widerspiegelungslehre auf. Wenn der Marxismus-Leninismus die *gegenständliche, materielle Determiniertheit des Erkennens* erklärt, neigt er der ontologisch realistischen Lösung zu. Mit der These von der *sozialökonomischen Determiniertheit* begünstigen die Erkenntnistheoretiker dagegen eher die praxisphilosophische und, was die Dialektik betrifft, die methodologisch und konzeptuell pointierende Dialektik-Interpretation.

Doch sind wir in der Konkurrenz nicht aufgefordert zu entscheiden, wer Recht hat. Wichtiger ist, die Problemkonstellation zu exponieren und, möglicherweise, zu dekonstruieren. Die Fragen in diesem Kontext lauten: Wie werden im Sinne der Möglichkeit objektiver Dialektik die

Theorien der materiell-gegenständlichen bzw. der sozialökonomischen Prägung des Erkennens und des Erkenntnisprozesses vereinigt? Handelt es sich dabei tatsächlich um theoriefähige Aussagen?

Das Thema Philosophie und Wissenschaft legt die Frage nach der einzelwissenschaftlichen Kompetenz im Vergleich zu derjenigen der Philosophie nahe. »Philosophie« steht dabei einmal für eine insgesamt ideologische und weltanschauliche Überzeugung; zum anderen für eine selbst eher »wissenschaftliche« Position – einzelwissenschaftlich am ehesten als Gesellschaftsthorie, philosophisch am ehesten als Wissenschaftstheorie vorzustellen. In der Konfrontation mit der Wissenschaft besteht der Marxismus-Leninismus als Gesamtposition auf der materialistischen Gesamt- und Grundentscheidung, d.h. auf der gesetzmäßigen Verfassung der Erkenntnismechanismen und Gegenstände der Wissenschaften. Entsprechend werden sie beschrieben und ideologisch bzw. politisch bewertet.

Beispielsweise gilt für die Logik, daß sie als Denkstruktur der subjektiven Dialektik zugehört. Als solche aber widerspiegelt sie objektive Gesetze. Für die Naturwissenschaften gilt: Die Materie-Struktur, das letzte Substrat einer jeden Naturwissenschaft also, folgt einem objektiven Algorithmus. Ebenso der applizierte Theorie- und Denkkontext – im Gegensatz etwa zu den Auffassungen des »physikalischen Idealismus«. Für den politischen und gesellschaftlichen, den Praxisbereich schließlich und die Sozialwissenschaften gilt: die Praxisfelder sind gesetzmäßig geordnet im Sinne der beherrschenden ökonomischen und gesellschaftlichen Mächte. Die Gesetzmäßigkeiten schlagen sich nieder in einem Produktionsverhältnis, das ein vom Individuum weitgehend nicht beeinflußbares System darstellt. Entsprechend mußte sich die Sozialwissenschaft des Sozialismus der Nomologie der Naturwissenschaften annähern. Die wiederkehrende Sprechblase, in der die Beurteilung der weltanschaulichen Kontroverse zwischen Marxismus-Leninismus und bürgerlicher Philosophie ausgedrückt ist, verkündet: »Die Marxisten weisen die Determiniertheit der menschlichen Freiheit durch die natürlichen und sozialen Gesetzmäßigkeiten nach«. Freiheit, gleich welcher Art, gilt nurmehr als Variante der und Einsicht in die Notwendigkeit. Die Ambivalenz zwischen metaphysischem Realismus und teilrationeller Methodologie, die mit dem Ausdruck »Objektive Dialektik« angesprochen ist, ist der Formulierung selbst anzumerken. »Gesetzmäßigkeit« favorisiert den Algorithmus, gegen dessen bestimmenden Objektivitätsanspruch »subjektive« Determinanten, induktive Größen nicht bestehen können. – Und doch ist selbst für »Gesetzlichkeit« und »Gesetz« eine konventionalistische Deutung leicht denkbar.

Fragen der Gesetzlichkeit treten selbstverständlich auch im Rahmen des *historischen* Materialismus auf. Beispielsweise zielen die Fragen der Traditionswahl auf den gesetzmäßigen Gang von Geschichte und Klassenkämpfen. Auch erweist sich die Stoßrichtung der Dialektik im Gebrauch der Ideologen. Sie ist universelle Aneignungsmethode selbst widersprüchlichster Entwicklungen mit dem Ziel der Vereinheitlichung unter einem Prinzip. Der historische Materialismus lehrt, daß sich die Dynamik des Geschichtsprozesses in der Entwicklung von niederen zu höheren Formationen der zugrundeliegenden sozialökonomischen Verhältnisse als »Hebel« bedient. Den als erste Produktivkraft definierten virtuellen Geschichtslenkern bedeutet eine historische Konstellation, in der die Produktivkraftentwicklung mit dem sozialen System in Widerspruch gerät, die Möglichkeit revolutionärer Erschütterung. »Objektiv« ist sie gekennzeichnet von den subjektiven Bedürfnissen der Produzenten nach neuer Freiheit. Revolutionen sind somit auf dem Feld der Geschichte die Gestalten des universellen dialektischen Bewegungsablaufs. Wenn die Massen die »demokratische Grundlinie« der Geschichte verkörpern, bedarf es, damit auch sie der Geschichtsteleologie gerecht werden, der massenhaften Bekehrung zu diesem Glauben. Der wiederum wird leicht als »praktischer und subjektiver Ausdruck« des teleologischen Prozesses selbst ausgegeben. Die Beschränkung auf das jeweilige Maß des Epochenhorizontes soll dem Vorwurf zuvorkommen, daß solche Erkenntnistiefe, da es doch zur Aneignung des Gesetzeswissens voraussetzungsgemäß der Weisheit des historischen und dialektischen Materialismus bedarf, für frühere Zeiten gar nicht vorausgesetzt werden könnte. Die Lösung ist einfach: Die Einsicht in die Gesetze des »tendenziellen«, d.h. vom Marxismus prognostizierten Geschichtsverlaufs, *ergo* in die »objektiven Bedürfnisse« der Menschen, vereinigt *theoretisch* die Interessen der zur Herrschaft bestimmten Klasse mit denen der Massen und der von ihnen »in letzter Konsequenz« gewährleisteten eigentlich demokratischen Volkslinie. Da die Geschichtsspekulationen der Alten ohnehin nur in der Welt von Texten und Dokumenten existieren und die selbsternannte Avantgarde der Zeitgeschichte die Bedeutung entlehnt, ist es an ihr zu bestimmen, wer in *früherer* Zeit die Tendenzen der Geschichte erkannte und wer nicht. Vor empirischen Einbrüchen ist diese Auffassung gefeit. Selbst den Untergang des Sozialismus in der DDR muß solche schlechte Metaphysik nicht anfechten. Im Maße der »tendenziellen«, d.h. hier im Nachhinein bewerteten, Widersprüchlichkeit bzw. Einheitlichkeit, kurz im Maße der »Dialektik« von bürgerlichem Klasseninteresse und Allgemeininteresse radikaldemokratischen Inhalts, realisiert die »führende Klasse«, an der Spitze ihre »Avantgardeorganisation«, die »fortgeschrittenste Entwicklungslinie«. Das tut sie, der Tautologientaumel dreht sich weiter, indem sie die sozialen Forderungen der demokratischen Tiefenstruktur liest, und zwar genau soweit, wie sie sich auf die Gestaltung der neuen Gesellschaft positiv beziehen lassen. Da nun die Dialektik nicht zuletzt Identitätstheorie ist, bedarf es keiner großen Anstrengung, selbst weniger offensichtliche Traditionen und Abweichungen vom gesetzlichen Geschichtsverlauf als »Erbe« anzueignen. Denn über die Empirie der Erscheinungsformen sagt die dialektische Gesetzlichkeit ihrer Entfaltung gar nichts.

(2) Daß sich institutionelle und organisatorische Maßnahmen und Veränderungen nicht in gleicher Weise auf ein theoretisches Phänomen, die Objektive Dialektik, beziehen lassen wie Theoriekontexte selber, liegt auf der Hand. Dennoch wollen wir auf Indizien weisen, die nahelegen, daß das Thema Dialektik, vor allem die Klärung des Objektivitätspostulats des dialektischen Materialismus, ein archimedischer Punkt der Philosophie in der DDR gewesen ist. Analogien sollen nicht überstrapaziert werden. Aber man darf sagen, daß sich in den Entscheidungen über Definition und Wege der Aneignung des marxistischen Erbes wie in den wiederkehrenden Revisionismusdebatten, in *Positions*kämpfen also, die Konkurrenz von kritischer Methodologie und prozessualer Ontologie in gewisser Weise niederschlägt. Wenn auch nicht in der Art einer Gleichverteilung auf »zwei Linien«. Keineswegs sind es immer die gleichen Kräfte, die diese oder jene Position vertreten.

Nehmen wir die Entscheidung über einen verbindlichen Kanon marxistischer Texte. Ich glaube, daß der Wille, früh schon bestimmte Engels- oder Leninschriften (zu schweigen von der Edition des Stalinschen Gesamtœuvres in deutscher Sprache), zu publizieren – und zwar in bewußter Alternative zur Besinnung auf ein authentisch philosophie-, politik- und ökonomie*kritisches* Erbe des Marxismus – , den Intentionen der Realisten näherstand als den Vorstellungen der Methodiker. Schien hier die Überzeugung durch, daß der Glaube alles vermag, daß die Überzeugung von der historischen Notwendigkeit, der geschichtlichen Überlegenheit und der moralischen Kraft wesentlich ist für den Anfangsschub des Aufbaus, so hieß es später, auf wissenschaftlichem und technologischem Terrain den Anschluß nicht zu verlieren. Mit Moral allein, die notwendig blieb, um die Pflicht im Sozialismus zu erfüllen, ließ sich hier nichts erreichen. Die Methodiker, die Verteidiger der Wissenschaft waren gefragt. Würde man die Prinzipien realistischer Beurteilung auf den Vorgang selbst richten, dürfte man erwarten, daß er die objektiven Kräfteverhältnisse im Klassenkampf der DDR-Geschichte »widerspiegelte«. Was Wunder, daß sich die enttäuschten Revolutionäre von 1989 so gern an die Aufbauzeit der frühen Jahre in der DDR erinnern.

Noch ein Beispiel: Es ging auf den Anspruch des Marxismus-Leninismus als Gesamtposition materialistischer Weltanschauung zurück, daß jedermann Histomat und Diamat[23] studieren mußte, daß allerorten Abteilungen und Sektionen für Marxismus-Leninismus eingerichtet wurden. Ausdrücklich hatten derartige institutionelle Sicherungen immer die Auseinandersetzung mit dem »philosophischen Sektierertum« im Auge. In den fünfziger und sechziger Jahren mit Harich, Bloch und Lukács, in den sechziger und beginnenden siebziger Jahren mit den Kybernetikern, Systemtheoretikern und anderen ›Kopisten‹ bürgerlicher Wissenschaft, schließlich, nach dem VIII. Parteitag und im Laufe der achtziger Jahre, mit denen, die im Rahmen der »Arbeitsteilung«, die in der DDR-Philosophie üblich geworden war, keine Lust mehr hatten, sich um die Weltanschauung zu kümmern und lieber dem Westen nacheiferten.

Es ist ein zutreffender Eindruck, daß sich – *grosso modo* – in diesen vierzig Jahre währenden Kontroversen die metaphysischen Realisten, auch als Dialektiker, Stück für Stück zurückziehen mußten. Als sich endgültig nichts mehr gewinnen ließ mit einer Weltanschauung, die jeder, der ein wenig von der Welt verstand, ablehnen mußte, konnte die DDR zu den ansonsten in Europa gebräuchlichen Formen der Legitimation von Staatszwecken übergehen. Dialektiker sind genügend übrig geblieben.

Zur Reichweite der Dialektik

»Dialektik« heißt das »unbedingt letzte Wort aller Philosophie« schreibt der Hegelschüler Marx.[24] Dialektik im Verständnis seiner Erben ist allgemeine philosophische Theorie aller natürlichen und gesellschaftlichen Bewegung, ihrer Formen und Gesetze, zugleich Ontologie und Gnoseologie – Lehre vom Sein und von der Erkenntnis. Dialektik ist Logik, Erkenntnistheorie und Wissenschaftstheorie – Lehre von Urteil, Schluß, Begriff, von der Erkenntnisfähigkeit des menschlichen Geistes und von den Strukturen gesetzmäßigen Erkenntnisgewinns in den Wissenschaften. Die marxistische Philosophie intendiert eine »nichtidealistische« Methode der Gedanken- und Wirklichkeitsentfaltung.[25] – Der besondere Anspruch *materialistischer* Dialektik wird klarer vor dem Hintergrund eines summarischen Überblicks über den insgesamt *möglichen* Geltungs- und Anwendungsbereich dialektischen Philosophierens, aus dem uns die materialistische Dialektik schließlich nur einen Ausschnitt präsentiert.

1. Wenn Dialektik in materialistischem Verständnis eine naturalistische Weltsicht impliziert, darf sie nicht auf Erkenntnislehre und -kritik, auf Methodologie eingeschränkt werden. Dialektik ist »Realdialektik«. Ihre Erklärungen und prozessualen Entfaltungen betreffen wirkliche – physische, historische, soziale – Phänomene und die Gesetze ihres Verhaltens. Realdialektik unterstellt eine realistische Prozeßontologie. Realdialektik wird sowohl für die Gesetzlichkeit der selbständigen, vom Denken unabhängigen Realität hypostasiert wie für deren »Spiegelung«. Realdialektik tritt auf als Naturdialektik, als Gesellschafts- und Geschichtsdialektik. Insofern Gesellschafts- und Geschichtsbegriff den *handelnden Menschen* voraussetzen, ziehen Gesellschafts- und Geschichtsdialektik ihre Objektivität *nicht* aus der Widerspiegelung einer an sich seienden Welt der Dinge.
2. Eine engere Fassung des Anspruchsfeldes dialektischer Rationalität würde der realistischen eine grundsätzlich konstruktivistische oder konzeptualistische Strategie entgegenstellen können. Dialektik beschränkte sich auf eine besondere Art der begrifflichen Entfaltung der Welt. Was etwa die Analyse gesellschaftlicher Entwicklung im Kapitalismus betrifft, könnte sich die Dialektik mit der Organisation und Darstellung eines kategorialen Rahmens im Sinne einer allgemeinen Theorie der bürgerlichen Gesellschaft begnügen und die »Dialektizität« der Begrifflichkeit wie des argumentativen Fortgangs gewährleisten. Die Kategorien wären selbstverständlich nicht mit der sozialen Realität zu verwechseln. Erst eine Aussage über den Status der Relationen von wissenschaftlichen Sätzen und gesellschaftlicher resp. historischer »Real«-Ebene würde eine solche Theorie an die »Realdialektik« binden. So bekannte Kategorien wie »Widerspiegelung«, »ideeller Ausdruck«, »Übersetzung« usw. gehörten dann *zu diesem* Aussagesystem. Zu klären bliebe beispielsweise, was es heißt, daß eine Zuordnung, mittels der Korrelationen »Identität«, »Ähnlichkeit«, »funktionale Äquivalenz« o.ä., »materialistischen Charakter« trage.
3. Je nach Standort wird die Dialektik selbst als Verfahren positiver Wissenschaft verstanden oder als Darstellungsform, die erst anhand von Ergebnissen empirisch arbeitender Einzelwissenschaft begriffliche Zusammenhänge im Sinne ihrer »wirklichen Bewegung« formiert.

Wissenschaftscharakter trüge die Dialektik im ersten Fall als »philosophische« Quasi-Einzelwissenschaft. Im zweiten Fall im Sinne des Wissenschaftscharakters, wie ihn die Hegelsche Logik oder auch der Marxismus behauptet. Unentschieden bliebe zunächst der Sinn von »wirkliche Bewegung«. Ist dieser Ausdruck kategorial gemeint oder im Sinne von »historisch-gesellschaftlich real«?

4. Ist die genannte Alternative nicht zwangsläufig mit der Identifizierung von Dialektik und Methode verbunden, so besteht wissenschaftstheoretisch die Möglichkeit, Dialektik auf das Feld der Logik zu begrenzen und – enger gefaßt – als besondere Urteils- und Schlußform zu betrachten. Entsprechend könnte man sich ein dialektisch formuliertes nomologisches System vorstellen, in dem Strukturen, Bedingungen und Kriterien von Gesetzesaussagen für die strengen Wissenschaften demonstriert würden. Ebenso wäre ein, evtl. abgeleitetes oder abgewandeltes System von Gesetzesaussagen dialektischen Typs für die historischen und Sozialwissenschaften denkbar.

   Als Vertreter einer eher restriktiven methodologischen Auffassung läßt sich u.a. Marx zitieren. Er weist darauf hin, »daß es ein ganz anderes Ding ist, durch Kritik eine Wissenschaft erst auf den Punkt [zu] bringen, um sie dialektisch darstellen zu können, oder ein abstraktes, fertiges System der Logik auf Ahnungen eben eines solchen Systems anzuwenden.«[26] Relativierungen bzw. eine kritische Einstellung gegenüber der These, daß es sich bei der Dialektik um einen der Logik vergleichbaren, aber alternativen Wissenschaftstyp handelt, finden wir nach den Klärungen der fünfziger und beginnenden sechziger Jahre auch bei den ostdeutschen und sowjetischen Logikern. Die endgültige Formulierung dieser Einsicht gibt den Unterschied zwischen Wissenschaft und Wissenschaftstheorie wieder. Dialektik, heißt es, sei keine neue Logik, sondern »Philosophie der Logik«.

5. Hinsichtlich der wissenschaftstheoretisch relevanten Frage, welcher Wissenschaft bzw. Wissenschaftsgeschichte die Dialektik als Darstellungsmethode zugehört – unabhängig zunächst davon, ob als »Realdialektik« oder »Begriffsdialektik« verstanden –, finden wir die eher materialistisch sich gebende Zuordnung zur Sozialgeschichte wie auch den Vorschlag, die Dialektik der Ideologie- oder Begriffsgeschichte zuzuschlagen.

Letztere Option wird gewöhnlich in die Nähe idealistischer Grundpositionen gestellt. Dies ist nicht zwangsläufig, wenn man zum Beispiel an die »Geschichte der Mentalitäten« oder die »Archäologie der Denksysteme« denkt, also im Auge behält, daß »Ideologie-« oder »Begriffsgeschichte« nicht notwendig als Geistesgeschichte im traditionellen Verständnis gedacht zu werden brauchen. Unbeschadet möglicher sozial- oder geistesgeschichtlicher »Konkretion« der Bewegungsstruktur als *Historizität*, ist eine grundsätzliche Intervention gegen eindimensionale historische Deutung vorstellbar und geläufig. Durchaus in der Gefahr, essentialistisch zu argumentieren, macht dieser Einwand geltend, daß allein »das Wesen« der gesellschaftlichen Wirklichkeit in ihrer weitest entwickelten Form Aufschluß geben könnte über die historische Genese gegenwärtiger Lebensformen und Theorien. – Eine andere Formulierung für »entwickeltste Form«: die empirisch nicht falsifizierte(n), evtl. bestätigte(n) Theorie(n) über die gegenwärtig global existierende geschichtlich gesellschaftliche Situation. – Historizität in diesem Sinne wäre nicht gleichbedeutend mit positivem Voranschreiten von Tun und/oder Denken, sondern immer an Rekonstruktion gebunden.

Im einzelnen erhebt sich dieser Einwand z.B. gegen eine historistische Interpretation der Marxschen Gesellschaftsananlyse, wie sie durch das berühmte Vorwort zur Kritik der Politischen Ökonomie nahegelegt sein soll: Für die Darstellung des wesentlichen gesellschaftlichen Widerspruchs von Lohnarbeit und Kapital, so die Kritik, sei es unmaßgeblich, ob oder daß die gegenwärtige Klassengesellschaft historische Präfigurationen (Sklavenhaltergesellschaft, Feudalgesellschaft) kenne. Entscheidend, so das Argument, sei die logische Rekonstruktion, der kategorial zwingende Nachvollzug von Herausbildung und Wirkungsweise des komplexesten Systemzustands. Soweit das geschichtliche Werden bürgerlicher Produktions- und Verkehrsverhältnisse seinerseits von den zur Verfügung stehenden Kategorien der Weltbeschreibung und -erklärung abhängig oder in deren Geflecht hineinverwoben ist, formuliert ein vergleichbares Argument die Alternative zu einer positivistischen Geschichts- und Sozialwissenschaft, die sich gleichwohl »dialektisch« geben mögen.

Die »materialistisch« im Verständnis von »realdialektisch« argumentierende Version besteht auf der *Spiegelung* des historischen Prozesses in der dialektischen Darstellung. Problematisch ist das Verhältnis von Spiegelmetapher und dialektischen Figuren. Die Widerspiegelungsthese rekurriert auf die »Dialektik von Form und Inhalt« bzw. die »Dialektik von Wesen und Erscheinung«: Der historische Prozeß spiegelt sich – *wesentlich* – in der begriffslogisch notwendigen Darstellung, während er selbst – seine zufällige historische Formierung, seine individuelle Gestalt – als »Erscheinung« vor der Anordnung gemäß dialektischer Gesetzmäßigkeit zurücktritt.

Allerdings, so die materialistische Pointe, diese Anordnung gibt die Geschichte in zugespitzten Situationen auch *als Erscheinung* preis. Es sind dies die Momente historischer *Klassizität*. Die voll entwickelte geschichtliche und gesellschaftliche Formation tritt ans Licht. In der Logik solcher Hypothesen kann man mutmaßen, daß beispielsweise die Französische Revolution, Exempel der politischen Revolution in klassischer Ausprägung, die Gesetzlichkeit revolutionärer Gesellschaftsentwicklung vollends offenbarte. Folglich sei die wesensgerechte, objektive und dialektische Darstellung, die den Geschichtsprozeß als getrieben von zyklisch wiederkehrenden revolutionären Krisen vorführt, objektiv möglich geworden – und auch erfolgt, wie Marxens Frühschriften beweisen.

Auch dieser Version gegenüber wird zu präzisieren sein, was genau als »Geschichte« bzw. als »Ablauf« figuriert, was als »Realität« gilt und was »Widerspiegelung« heißen soll. Diese, in der materialistischen Philosophie der DDR durchaus einflußreiche Konzeption ist einer Reihe von Mißverständnissen ausgesetzt, die zu tun haben mit der Möglichkeit unterschiedlicher Auslegung von »widerspiegeln«.

Engels, Lenin, Stalin: Über Dialektik

Die möglichen Alternativen hinsichtlich ontologischer, anthropologischer, geschichts- und sozialphilosophischer, einzelwissenschaftlicher oder wissenschaftstheoretischer Orientierung der Dialektik machen es unwahrscheinlich, daß der dialektische Materialismus DDR-marxistischer Provenienz berechtigterweise als erratischer Theorienblock betrachtet werden darf. Auch wenn wir repräsentative Entwürfe mit weitreichenden ideologischen Wirkungen vorstellen, gilt diese Relativierung. Die Konkurrenz von kritischer Methodologie und prozessualistischer Ontologie, um bei dieser vereinfachenden Differenzierung konzeptueller Alternativen zu bleiben, wurde *im Rahmen* der DDR-Philosophie nicht entschieden. Trotz der angedeuteten Tendenzen. Mit dem vorläufigen Ende des Staatssozialismus auf deutschem Boden dürfte die Konkurrenz – was konkrete Forschungsprojekte angeht – zugunsten der Methodologie ausgefallen sein.[27] Bis sich in der DDR überhaupt aber die Breite expliziter Problematik materialistischer Philosophie eröffnete, bedurfte es langwieriger Diskussion und Präzisierung. Insbesondere eine »Wiederentdeckung« der Hegelschen und Marxschen, d.h. der methodologischen Tradition des Dialektikverständnisses war Voraussetzung dafür. Aber wir wollen einen Blick zurück werfen.

Historisch und politisch bemerkenswert war die in der sowjetischen Diskussion vorausgegangene weltanschaulich ontologische Offensive *gegen* die Methodologie, wie sie in der Polemik Stalins gegen Deborin und seine Anhänger in den dreißiger Jahren zutage trat. Eingedenk der Vereinfachung, die eine Eintragung in personalistisch fixierte Traditionslisten mit sich bringt, darf man sagen, daß die zunächst aktualisierte Überlieferung die Dialektikauffassungen von Engels und Lenin transportierte. *Inwieweit* dies eine Vereinfachung bedeutet, mag die Marxismusexegese entscheiden. Wie auch immer, schaut man auf die in der DDR kanonisierten Texte marxistischer Klassiker, erscheint eindeutig, daß die ontologisierende Rezeption der Dialektik zunächst favorisiert wurde.[28] In der Aufbereitung marxistischer Texte des 19. und beginnenden 20. Jahrhunderts spielte die Aneignung der *politischen* Auseinandersetzung, die oft genug die schriftlichen Äußerungen der »Klassiker« provoziert hatte, unzweifelhaft eine gewichtige Rolle. Die entsprechenden Akzente der philosophischen und ideologischen Rezeption sind ihrerseits aus der Konstellation nach 1945 im Osten Deutschlands verständlich.

(1) Marxens Sozial- und Geschichtstheorie wird von Engels in den Kontext eines universellen dialektischen Wissenssystems gestellt. Hinsichtlich der Universalität dieses Systems ist es der Hegelschen Logik vergleichbar. Wissenschaftshistorisch wirkte nicht zuletzt die evolutionistische Naturtheorie auf diesen Ansatz. Es galt, nun auch den gesellschaftlichen Code mit diesem Schlüssel zu entziffern. In der Kritik an der Wissenschaftskritik Eugen Dührings entfaltete der Marxfreund eine komplette realistische *Welt*anschauung. Der prozeßphilosophische Grundgedanke beherrscht diese Konzeption. Trotz der weltanschaulichen Intentionen von Engels darf man sich keine vorkritische, sozusagen vorkantische Ontologisierung vorstellen. Es gehört zur kritischen Argumentation von Engels, daß er den Empirismus klassifikatorischer Begriffsbildung oft genug verwirft. Teilweise kann sich diese Zurückweisung schon auf die naturwissenschaftliche Entwicklung des 19. Jahrhunderts selbst berufen, ohne daß eine Identifizierung von fortgeschrittener naturwissenschaftlicher Methodologie und Methodik einerseits und Dialektik – etwa im Sinne eines allgemeinen, aber adäquaten Erklärungstyps neuen Stils – andererseits zwangsläufig gewesen wäre. Die Universalisierung eines methodologischen Ansatzes hin zur Hypostasierung welt- und realitätsbeherrschender Prozessualität und Widersprüchlichkeit indes ist zwiespältig.

Gegenüber dem *vor*marxschen Materialismus sollte seine neue Version tatsächlich von den harten *facts* ausgehen.[29] Die schlagendste

Widerlegung aller überkommenen philosophischen Schrullen boten nach Engels Meinung »das Experiment und die große Industrie«.[30] Wenn er die Natur »als das einzig Wirkliche« auffaßte[31], galten ihm die Naturwissenschaften und ihre Methoden als die paradigmatisch gelungendsten Aneignungen echter Wirklichkeit. »In der Biologie wie in der Geschichte der menschlichen Gesellschaft bewährt sich dasselbe Gesetz auf jedem Schritt«.[32]

Allerdings, was bei Marx in Analogie formuliert, als Metapher oder als Modell benutzt wird, wenn es heißt, daß auch die Natur ihre Geschichte habe, daß es auch in der Natur dialektische Prozesse gebe, gilt bei Engels identifikatorisch. Dialektik wird unter diesen Voraussetzungen zu der »Wissenschaft von den allgemeinen Bewegungs- und Entwicklungsgesetzen der Natur, der Menschengesellschaft und des Denkens«, wie es im Anti-Dühring heißt.[33] Ein Verständnis, das einerseits mit dem Hegelschen Anspruch harmoniert. Denn die Dialektik betrifft das Ganze und ist der Motor des Ganzen. Andererseits setzt sich Engels von Hegels Methode ab, die, wie er meint, »ihrem eigenen Anspruch nach ›von nichts durch nichts zu nichts‹ kam«.

Die Wendung zu den Tatsachen entspricht der materialistischen Grundanschauung – zu der, wie Engels meint, die »Methode, die Marx' ›Kritik der politischen Ökonomie‹ zugrunde liegt«, die dialektische Methode, *noch »dazu* treten« muß.[34] Die Parallele zur DDR-marxistischen Theorie von der doppelten Determiniertheit der Erkenntnis ist nicht zufällig. Anders als bei Hegel wird Dialektik hier primär als objektiver Gegenstand reklamiert. Das sich bewegende, verändernde, naturhafte und gesellschaftliche Sein, die darin wirkenden Gesetze – soweit sie selbst zum Realbestand der Welt zählen, Ursprung und Grund dieser Welt – sind für Engels objektive Weltzustände. Deren »dialektische« Selbständigkeit ist von der Dialektik als dem Ensemble von Logik, Erkenntnistheorie und Ontologie unabhängig.

Die Zustände dialektischer Rationalität werden verteilt auf drei momentane Zustandsgrößen: *Bewegung* gilt als Grundzustand. Davon abgeleitete Kategorien sind »Geschichte«, »Prozeß«, »Entwicklung«, »Höherentwicklung« u.ä., »Kreislauf«, »Dauer«. *Zusammenhang* gilt als Verkettungszustand. Kategorien, die hierhin gehören, sind: »Wechselwirkung«, »Verhältnis«, »Beziehung«. Schließlich wird als drittes Moment der *Gegensatz* isoliert; aktiviert als »Widerspruch«, »Widerstreit«, »Entgegensetzung«, »Negation«, »Opposition«.

Man erkennt die dialektischen Kategorien der Hegelschen Logik wieder. Doch werden sie hier als Beschreibungsgrößen und quasi-statische Realzustände behauptet. Die beherrschenden Gesetze der Dialektik beschreiben bzw. betreiben das Umschlagen einer bestimmten Quantität in eine neue Qualität – wie es das Beispiel als emergent eingestufter Prozesse der Evolution demonstriert, in denen die Entwicklung des Bewußtseins aus materiellen Subsystemen vorgestellt wird. Die Gesetze betreiben ebenso die Versöhnung, das gegenseitige Durchdringen oder Ineinanderumschlagen polarer Gegensätze. Und schließlich determinieren sie die – neuerdings im Bild der Fraktale gut vorstellbare – Reproduktion formaler Kopien des dialektischen Grundprozesses mittels der Figur der Negation der Negation.

Soweit sich die Dialektik in positiver Natur- oder Gesellschaftswissenschaft niederschlägt, verliert sie den Nur-Weltanschauungscharakter und ist, wie bekannt, »wissenschaftliche Weltanschauung«. Als philosophische Spezialwissenschaft kommt sie nach dieser Vorstellung nur in der Form »reiner Lehre des Denkens und seiner Gesetze« vor. Offenbar ein Gedanke Hegels, der seine »Logik«, die ihm zugleich als Metaphysikkritik und endgültige Metaphysik als Wissenschaft galt, »Dialektik« nannte.

Die Engelssche Auffassung erfuhr nicht nur Zustimmung. Auch der Arbeiterbewegung und den sozialistischen Parteien nahestehende Philosophen und Wissenschaftler machten in der Folge darauf aufmerksam, daß Dialektik als wissenschaftstheoretische Option zu unterscheiden sei von einer ontologischen Konstruktion in prozeßphilosophischer Absicht. Auch sei die Dialektik keine Generalisierung evolutionstheoretischer Hypothesen im Sinne einer Erweiterung auf die Sozialwissenschaft und die Psychologie. Max Adler beispielsweise gehörte zu denjenigen, die auf dem Reflexionscharakter der Dialektik bestanden. Nur so habe man eine Chance, statisches und positionelles Denken zu kritisieren.[35]

(2) Auch Lenin betonte den methodischen und methodologischen Aspekt der Dialektik. Ohne schon einen universellen Systemanspruch zu stellen, versteht der »Konspekt zu Hegels ›Logik‹« unter Dialektik eine »wissenschaftliche Methode der Soziologie«. Später gab Lenin seiner Dialektikauffassung eine erkenntnistheoretische Wendung. Die Dialektik war nun zuständig für Fragen der Erkenntnis sowohl gesellschaftlicher *als auch naturhafter Zusammenhänge*. Dies führte zu Konsequenzen bei der gesellschaftlichen und ideologischen Bewertung der Naturwissenschaften. Obwohl Lenin mit Kategorien arbeitete («materielles Substrat« z.B.), die ihm die Möglichkeit eröffneten, »Natur« als vom Bewußtsein unabhängig vorzustellen, stand die erkenntnistheoretische Lektüre Lenins zu dieser Zeit doch im ganzen einer transzendentalphilosophischen Sicht der Dinge näher als einer »Dialektik der

Natur« in metaphysisch-realistischem Verständnis. (Und so interpretiert, umfaßt auch »materielles Substrat« nicht mehr als das theoretische Konstrukt, das es ermöglicht, Natur als selbständig funktionierenden, physikalischen Austauschprozeß theoretisch zu bestimmen. Seinszuschreibungen müssen damit nicht verbunden sein.)

Erst in den »Philosophischen Heften«, der neuerlichen, intensiven Auseinandersetzung mit der Hegelschen Logik, gelangt Lenin zu einer prozeßontologischen Auffassung. Hegel steht ihm nun für die Überzeugung, daß Dialektik die Lehre der Selbstbewegung der Welt insgesamt sei. Der Welt allerdings nicht als Entfaltungs- und Arbeitsfeld des Geistes. Die materialistische Weltanschauung, heißt es kritisch, stelle nicht nur den Hegelschen Idealismus auf die Füße, sondern auch seine Dialektik.

(3) Stalin erweitert die drei Grundgesetze der Dialektik Engelsscher Prägung. Der ideologische Graben zwischen Dialektik und Metaphysik[36] wird nun tiefer ausgehoben. Eine im Blick auf Hegel keineswegs so abwegige Markierung, wie es bei der Lektüre der dazu von Stalin gegebenen Erläuterungen erscheinen mag. Die Auseinandersetzung zwischen diesen beiden Parteien nimmt bei Stalin weitgehend ontologischen Charakter an. »Dialektik« fungiert bei ihm als Name einer fortschrittlichen Prozeßontologie. »Metaphysik« dagegen heißt jede Form einer statisch prinzipialistischen, im Spiegel der jeweils neuesten naturwissenschaftlichen Errungenschaften überfälligen Lehre von der Einrichtung des Wirklichkeitsraums. In Stalins Schrift »Über Dialektischen und historischen Materialismus« wird die Definition der Dialektik, mit ausschließlichen Verweisen auf Engels und Lenin, mit Hilfe metaphysischer und geschichtsphilosophischer Glaubenswahrheiten betrieben. Trotz des Untertitels: »Grundzüge der dialektischen Methode«. Die Dialektik betrachtet auch hier Natur als ursächlich verbundenes Totalitätsgefüge (»Zusammenhang«), das stets in Veränderung begriffen ist (»Bewegung«). Die Vorstellung ständiger Entwicklung wird auch hier nach dem Emergenzmodell gebildet. Stalin macht unter Bezug auf Engels das Vorbild der Darwinschen Evolutionstheorie über die Entwicklung der Arten mobil. Er verweist auf neuere Theorien der Physik und Chemie. Mit Hinweis auf Lenins philosophischen Nachlaß verkündet er den Grundsatz vom »Kampf der Gegensätze« als »Wesen der Dinge selbst«. Kein Wunder, daß die Militarisierung der Sprache und des Denkens, zu schweigen von der Militarisierung der Lebenswelt, so rapide Fortschritte im real existierenden Sozialismus machen konnte, wenn man unterstellte, daß in jeder Lebensäußerung selbst nichts als Kampf und Vernichtung am Werk sei.

Bei Stalin fehlt interessanterweise, verglichen mit den Engelsschen Hauptgesetzen der Dialektik aus dem »Anti-Dühring«, das Gesetz der Negation der Negation, aus dem eine Rechtfertigung von Widerstandshandlungen oder -ereignissen gegen schon erfolgte Veränderung hergeleitet werden könnte. Auch kann »Kampf der Gegensätze« nicht verwechselt werden mit dem Terminus »gegenseitige Durchdringung« bzw. »Ineinanderumschlagen polarer Gegensätze«. Deutlich dominierte bei Stalin das politische Interesse der Lektüre. Der »Kampf der Gegensätze«, auf den Stalin sein Dialektikverständnis für den Alltagsgebrauch reduzierte, war, wie sich zeigte, sowohl klassenkampftheoretisch als auch in der politischen Arena leicht zu funktionalisieren.

Historisch gesehen, wurden die ursprünglichen, von Engels formulierten Grundsätze, wie die Beziehungen zur Hegelschen Philosophie, erst in den Debatten nach dem XX. Parteitag wieder in den Vordergrund gerückt. Eine neue Weichenstellung auch für die offizielle Dialektikdiskussion in der DDR, die lange Zeit im Schatten der Stalinschen Interpretation gestanden hatte. Mit fortschreitender Analyse der differenzierten Leninschen Hegelrezeption und Dialektikauffassung, die einer platten, vorkritisch gefaßten Naturdialektik letztlich wenig Vorschub leistet, erhielt die erkenntnis- und wissenschaftstheoretische Lesart (die »methodologische Alternative«) wieder stärkeres Gewicht.[37] Die seit den Siebzigern nicht mehr auf Ausschluß bedachte Erbekonzeption erleichterte eine genauere und umfassendere Hegelrezeption. Andererseits erleichterte eine erweiterte Rezeption der Dialektik die Ausweitung der Traditionsaneignung. Die Neuaneignung von Hegel[38] war indes die Voraussetzung für die präzisere Fassung der Dialektik als Methode und »Philosophie der Logik« — auch wenn hier die analytische Tradition dominieren sollte. Aber der Umgang mit Hegel verbesserte auch die Voraussetzungen, Dialektik in geschichtsphilosophischen und weltanschaulich ontologischen Zusammenhängen des Materialismus stringenter zu funktionalisieren.

Dem Anspruch nach als Einheit von Methode, Wissenschaft, Wissenschaftstheorie und Ontologie gefaßt, weisen die Departementalisierungen der Dialektik darauf hin, daß das Einheitspostulat im Zweifelsfall den je besonderen Ansprüchen marxistischer Nomologie weichen mußte. Exemplarische Auskunft darüber gibt die Systematik der einschlägigen Lehrbücher des Marxismus-Leninismus bzw. des historischen und dialektischen Materialismus.

Spiegelung, Reflexion, Dialektik

Nun sollte aber deutlich werden, daß eine dialektische Konzeption, will sie den Mindestanforderungen des damit formulierten Anspruchs genügen, keine mechanische Widerspiegelungsthese à la Descartes akzeptieren kann. Die Zeichen der Welt graben sich nicht in das Wachs der Seele ein. Da steht Hegel vor. Die Entwicklung der Philosophiegeschichte in der DDR hat dies bestätigt. Wir werden also einen Blick auf Hegels Logik werfen (1).

Erkennen ist ein sozialer Prozeß. Das mußte auch der *historische* Materialismus berücksichtigen. Dies zu betonen, nötigen nicht nur die Mißverständnisse unter den radikalen Kritikern der materialistischen Philosophie. Ebenso lautete eine interne Kritik, die sich »auf die einseitige Orientierung vieler Erkenntnistheoretiker auf naturwissenschaftliche Disziplinen und Erkenntnisse« bezog.[39] Die philosophische Analyse, die die *Sozialität* des Erkennens nicht unterschlägt, kann sich mit einem einfachen Spiegelmodell nicht begnügen. Sie muß auf ›kompliziertere‹, dialektische Strukturen rekurrieren. Wir stellen eine Theorie der DDR-Philosophie aus jüngerer Zeit vor, die glaubte, über den Abbildmechanismus hinauszusein (2).

(1) Die Dialektik verbietet nach Hegel die Vorstellung einer einfachen Spiegelung, wie sie der physikalische Reflexionsbegriff nahelegt. Spiegelung von Gegenständen durch Zurückwerfen der Lichtstrahlen. Wird in diesem Sinn die Erscheinung vom Wesen gespiegelt, die Form vom Inhalt, ist die Vorstellung nicht leicht verständlich. Die Erscheinung wäre das Unzugängliche, das erst der Spiegel freigibt. Ebenso wäre der Inhalt einsichtig nur im Spiegel; nicht für sich, sondern nur im Bild. Das käme einer Vorstellung nahe, wie sie die Scholastik mit der »Spekulation« verband. »Etwas durch einen Spiegel sehen, heißt, die Ursache durch die Wirkung sehen, in der die Ähnlichkeit wiederkehrt«, lehrt Thomas von Aquin.[40] Das Verhältnis von Wesen und Erscheinung wird auf den Kopf gestellt. Gerade das Wesentliche, Inhaltliche wäre Spiegelschein.

Nicht daß diese Auffassung nicht guten Grund für sich in Anspruch nehmen könnte oder an Attraktivität verloren hätte. Aber für Hegel und Marx muß man sich lösen vom Bild der reflektierenden Fläche. Wenn nämlich Wesen und Erscheinung *zusammenfallen*, wie in Momenten der Klassizität, muß dies von der begrifflichen Spiegelung wiedergegeben werden können. Die Spiegelmetapher veranschaulicht den dialektischen Zugriff, insofern sie auf das Zusammen von Identischem und anderem im Gespiegelten abhebt. Indes ist die Metapher schlicht überfordert, wenn sie den dialektischen Konnex umfänglich illustrieren soll. Nicht nur angesichts des prozessualen Zusammenhangs von Begriff und Sein, sondern auch insofern das Gespiegelte der Gestalt des Spiegelnden – wobei »spiegeln« gleichbedeutend mit »beschreiben« verwendet würde – nicht mehr entspricht. Oder vielmehr: ihr sowohl entspricht als auch nicht entspricht. Voraussetzung dabei ist, daß das Spiegelnde als maßgeblich, als »Original« oder quasioriginale Repräsentation, betrachtet wird. Die Aufhebung der Differenz von Original und Abbild soll gegeben sein im vollendeten historisch-realen »Sein für sich« – also in einem Zustand wie dem utopischen des Kommunismus. Dies müßte selbstverständlich auch gelten für das gespiegelte »Sein für sich«. Könnte es doch ohne die maßgebliche Wirklichkeit ohnehin nicht »für sich« existieren, müßte dann bloßer Schein bleiben. Eine pure Abstraktion, wovon wir etliche Proben in den Diskursen marxistisch-leninistischer Ideologie kennenlernen können. Im so gerne hypostasierten »Identitätszustand« (auf der Aussagenebene des Spiegels ein *Moment*, Durchgangsstadium dialektisch kategorialer Bewegung, auf die die begriffslogische Erklärungsvariante abstellt; in der realdialektischen Version nicht nur *auch*, sondern *in der Hauptsache* ein verdinglichter Zustand schlechter Wirklichkeit!), im Identitätszustand verschwindet der Mangel, daß die Realität nur Erscheinungswelt, die gesetzesgerechte Darstellung aber die wahrhafte Welt sei. Nun ist aber die Aufhebung der Differenz von Original und Abbild zugleich auch ihrerseits aufgehoben in der Differenz von Begriff und Wirklichkeit. Darin erweist sich die dialektische Bewegung. Schließlich kann man die Prozedur in ihrem Hin und Her von Einheit und negierter Einheit darstellen.

Diese Darstellung, vorausgesetzt sie wäre gesetzmäßig zwingend, würde wiederum gegenüber dem Dargestellten oder Gesagten die Differenz von Begriff und Sache reproduzieren. Eben diese Figur kennzeichnet die Hegelsche Logik als *Reflexion*, d.i. »die Tätigkeit, die Gesetze festzustellen und von dem einen zum anderen überzugehen, ohne aber ihre Verbindung und durchdringende Einheit zustande zu bringen«; die Tätigkeit, die »in allem Endlichen die Endlichkeit aufzeigt.«[41] Erstens wird Reflexion hier als *Tätigkeit* beschrieben, nicht als physikalischer Akt. Und zweitens, insofern diese Tätigkeit immer noch auseinanderreißt und in Positionen verteilt, was als Prozeß zusammengehört, als *beschränkte* Tätigkeit gegenüber der Dialektik, die prozessual integrierende Aktivität insinuiert. Es gibt mithin zwei Schwierigkeiten in der Kennzeichnung eines dialektischen Prozesses. Schwierigkeiten, die mit der dialektischen Form wie mit dem

Problem der Repräsentation verbunden sind. Beide sind miteinander verwoben.

(a) Die Prozessualität gilt als Zustand des Prozesses. Die Darstellung hat dennoch die eine von der anderen Ebene getrennt zu halten. So »vergegenständlicht« sie die beiden integrierten Prozeßebenen in einem analytisch vorausschreitenden Diskurs. Dieser verfährt zergliedernd in der Zeit, sukzessiv, und die Bestimmungen positionell fixierend.

(b) Die Kategorien im Gebrauch der Prozeßbeschreibung müssen – um der Operationalisierung willen – von den »Prozeßbeschreibungskategorien« unterschieden werden, obwohl nichts anderes als eine Darstellung, eine Repräsentation, den Inhalt der Darstellung als »dialektisch« repräsentieren kann. Experimentell sozusagen – d.h. im Bewußtsein einer klärenden Operation, die dem »tatsächlichen Sachverlauf« nicht gerecht werden kann – werden nichtepistemische und epistemische Tatsachen – d.h. solche, die sich auf Sachen und solche, die sich auf Wissen beziehen – voneinander getrennt. Die analysierende Beschreibung, die »Darstellung«, verhält sich in Relation zum integrierten und integrierenden, simultanen Prozeß- oder Prozeßbeschreibungszustand bzw. zu einer vergleichbaren *Tätigkeit* als eine Verdopplung oder Wiederholung. Je nach Betonung von Ort oder Zeit. Man spricht auch von »Rekonstruktion«.

(2) Man wird nicht umhin können, die materialistische Dialektik an der idealistischen Dialektik Hegels zu messen. So auch, was die materialistische Erkenntnistheorie betrifft; eine Disziplin, die es streng genommen gar nicht geben dürfte.

Um Mißverständnisse zu begrenzen, die mit der changierenden Bedeutung von »widerspiegeln« zu tun haben, wollen wir eine neuere Version der Interpretation des Widerspiegelungstheorems vorstellen, die von der DDR-Philosophie vorgelegt wurde.

Erkenntnistheorie eines traditionellen Typs könnte tatsächlich auf der Abstraktionsebene operieren, die auf der Gegenüberstellung von erkennendem Subjekt und zu erkennendem Objekt fußt. Sie könnte die Erkenntnistätigkeit, die Denkformen und Denkgesetze relativ selbständig kategorial entwickeln und es einer anderen Abteilung der Philosophie überlassen, die Problematik der Entsprechung von Subjekt und Objekt, den Zusammenhang von Wort und Gegenstand zu lösen. Einer Theorie dialektischen Typs ist dieses Prozedere versagt. Natürlich ist auch die dialektische Erkenntnistheorie gezwungen, den dialektischen Prozeß zu zergliedern.

Die einzelnen Modelle für die Operationalisierung der »Widerspiegelung« variieren. Teils ist dies Anlaß ungerechtfertigter Kritik. Wenn sich die Kritik etwa darauf verlegt, die dem Darstellungsgang geschuldete punktuelle Vereinseitigung herauszustreichen und als »Aspekte« gekennzeichnete Aussagen als Gesamtmodell zu unterstellen. Andernteils stößt man in der Tat nicht selten auf systematische Simplifizierungen. Und es kommt vor, insbesondere die ideologische Vulgarisierung lebt davon, daß das dialektische Modell völlig mechanisiert wird und nur bestimmte Formen der Wechselwirkung, des Widerspruchs, der Negation usw. als »dialektische Bewegung« in Anspruch genommen werden.

Insgesamt gilt für die Dialektik der marxistisch-leninistischen Erkenntnistheorie, daß das Widerspiegelungstheorem mit dem Reflexionsbegriff der Hegelschen Dialektik nicht konkurrieren kann. Das betrifft weniger die von den Marxisten für irrelevant erachtete Entfaltung im System der idealistischen Logik als die durchaus relevante wissenschaftstheoretische Konstruktion und die Effektivität der Kategorie im Vergleich. So kommt es nicht von ungefähr, daß sich die materialistische Dialektik vorzugsweise mit der isolierten Klärung wissenschaftstheoretischer Probleme beschäftigt: Problemen der Kausalität, des Gesetzes, des Wesens, der Struktur u.ä.. Und zwar noch bevor dies in großem Stil durch Adaption der westlichen Diskussion Usus wurde.

Vergleichbar ist diese Entwicklung dem Schicksal der frühen Debatten über den Status der Logik.[42] Nachdem am Ende der mathematischen Logik der Zuschlag gegeben wurde, galt die Dialektik nurmehr als große Methode einer Beschreibung, mit deren Hilfe die Verflüssigung fixierter Zustände in prozessuale Abläufe zu bewerkstelligen war. Wohl wurde die Dialektik in den siebziger Jahren als »Philosophie der Logik« apostrophiert; weit mehr aber, um sie in einen wissenschaftlich nicht unmittelbar tangierenden Forschungskontext abzuschieben, als um diese Philosophie zu aktivieren. Beispiele geben die Debatten um die Dialektik in Physik oder Biologie. Es gibt keine Versuche, die Dialektik als komplexe Wissenschaftstheorie materialistischen Typs systematisch zu rekonstruieren. Die Wissenschaftstheoretiker der DDR wendeten sich hier zunehmend an die bewährten — und, wie die Diskussion von Kuhn und Feyerabend in letzter Zeit zeigt, auch die neu eingebrachten — Fragestellungen und Methoden der westlichen Wissenschaftstheorie und Wissenschaftsgeschichte.

Zurück zur Erkenntnistheorie. Klaus Gößler, einer der führenden und einflußreichen Erkenntnistheoretiker der DDR spricht von einer »doppelten Determiniertheit der Erkenntnis«. Er trennt in einen im engeren Sinne erkenntnistheoretischen und einen sozialanalytischen Teil der Erkenntnistheorie. Ist hier die »sozial-ökonomische Bestimmtheit« von Bedeutung, so dort die »gegenständliche Bestimmtheit«. Die Explikation verläuft mechanistisch. Soll es sich doch in der Analyse darum handeln, die »Abhängigkeit und Bestimmtheit der Gedanken von den materiellen Gegenständen und Sachverhalten, die sie zum Ausdruck bringen, festzustellen«.

Abgesehen davon, daß unklar bleibt, wer wen zum Ausdruck bringt und was »Bestimmtheit der Gedanken von den materiellen Gegenständen und Sachverhalten« heißen soll, mag dieser Satz der einfachen Tatsache gerecht werden wollen, daß unser Denken inhaltliche Bestimmungen über die Welt vornimmt. Doch Gößler präzisiert, was er meint, im Sinne der simplen, physikalischen Lesart der Spiegelmetapher: »Als gegenständlich bestimmt ist der Erkenntnisprozeß demnach Widerspiegelungsprozeß und seine Resultate sind Abbilder des Erkenntnisgegenstandes und diese allgemeine Form des Erkennens ändert sich dadurch nicht, daß sie in den verschiedenen Gesellschaftsformationen unter verschiedenen gesellschaftlichen Verhältnissen erfolgt«, — was einigermaßen überrascht, aber dem sozialistischen Erkenntnistheoretiker auf jeden Fall das Arbeitsgebiet erhält. Zumindest besagt diese Aussage, daß es theoretisch und analytisch sinnvoll sei, Erkenntnis hinsichtlich ihres gegenständlich bestimmten Anteils abstrakt zu fassen.

Mit dieser mechanistischen Version konkurriert eine dialektische Lektüre mit integrativen Absichten. Sie kommt zur Anwendung unter dem zunächst ebenfalls abstrahierten Aspekt der Einflußnahme wirtschaftlicher und gesellschaftlicher Verhältnisse auf das, was und wie die Menschen erkennen. Auf dieser Seite sind »natürlich auch die Faktoren ihrer [der Erkenntnis] gegenständlichen Bestimmtheit insofern soziale Faktoren, als es sozial-historisch bedingt ist, was die Menschen überhaupt jeweils zum Gegenstand ihres Erkennens machen, wie ihr Erkenntnisvermögen für die Widerspiegelung der Gegenstände entwickelt ist, welche Erkenntnismittel sie schaffen können usw.«[43]

Interessant wäre, etwas über das »usw.« zu erfahren. Denn hier bliebe — nach Marxschem Vorbild — immer noch zu erläutern, in welcher Weise die ursprüngliche Abhängigkeit des »Wie«, der Methoden des Erkennens, von der Praxis, den gesellschaftlichen Verhältnissen insgesamt, funktioniert. Aber Gößlers *soziale* Faktoren der *gegenständlichen* Determiniertheit, die sich im übrigen von den sozialen Faktoren der sozialökonomischen Bestimmtheit kaum unterscheiden, sind keine wirklichen Bestimmungen des Erkennens, schon gar nicht eines solchen, das Tätigkeit, aneignende und verändernde Praxis ist.

Was hier im einzelnen als »Gegenstand« figuriert, zu welchen instrumentellen oder wissenschaftlichen Mitteln man im einzelnen greift, ist teils zufälligen Umständen geschuldet, teils dem Entwicklungsstand von Gesellschaft, Technik und Wissenschaft. Wie das Erkenntnis*vermögen* entwickelt ist, scheint eher eine Frage der Evolution, der Hirnphysiologie und der klinischen Psychologie. Offenbar gilt dies als interner »Materialismus«.[44]

Die *sozialökonomische* Determinierung des Erkenntnis*prozesses* nimmt demgegenüber genau auf »solche Seiten« des Erkennens Einfluß, die mit dem Problem der Aneignung und der Repräsentation wenig zu tun haben: »Zielstellung, Problemauswahl, Erkenntnisbedürfnis, Niveau des Erkenntnisvermögens, Distribution und Nutzung der Erkenntnisse, Verhältnis von gesellschaftlichem und individuellem Erkenntnisprozeß«.

Fraglich ist, wie vermittels einer Klärung solcher Parameter verständlich gemacht werden soll, was ein Gegenstand ist, was Erkenntnistätigkeit oder was begriffliche Repräsentation der Dinge der Welt.

Gößlers Modell macht geltend, daß es in »Analogie« zur Marxschen Konstruktion doppelter Bestimmtheit des Produktionsprozesses entworfen sei. Ohne diese Analogie hier im einzelnen entfalten zu wollen, fällt grundsätzlich auf, daß Erkenntnisprozeß und Produktionsprozeß in der Analogisierung *nebeneinander*gestellt werden. *Qua Analogie* ließe sich auch die These über die doppelte Determiniertheit des Erkennens auf sich selbst anwenden. Folglich wären die erkenntnistheoretischen Studien Gößlers gegenständlich *und* sozialökonomisch determiniert gewesen. Außerdem, die Produktionslogik ist schließlich zugleich am Werk, wären sie durch eine zweifache (stoffliche und soziale) Prägung des Produktionsprozesses beeinflußt worden. Die Analyse dieses Prozesses müßte zumindest den Bereich sozialökonomischer Determiniertheit des Erkennens betreffen. Dies demonstriert die Verwirrung der Analogisierungsidee. Es erhellt, daß die analytischen Zerteilungen in Erkenntnisform qua Widerspiegelung und Erkenntnisinhalt qua sozio-ökonomische Faktoren keinen methodisch vorübergehenden Mangel eines Annäherungsprozesses darstellen, der sich mit dem Zugleich einer simultan-prozessualen Praktik herumschlägt. Die Analogieauffassung *setzt* die Überzeugung *voraus*, daß über die »doppelte« Analyse des Produktionsprozesses hinaus – »doppelt«, insofern *stofflich bedingt*, was Arbeit und Erde angeht, wie Marx sagt, aber nicht stofflich »an sich«, sondern *in gesellschaftlich definierten Formen* – auch noch eine doppelte Erkenntnisanalyse notwendig sei. Was dort als Einsicht in das Wesen der bürgerlichen Welt demonstriert ist, müßte hier noch einmal im Hinblick auf die in solcher Erkenntnis tätige Erkenntnis reflektiert werden. Diese Überzeugung aber ist der Grund für die vom Marxschen Standpunkt unbegreifliche Existenz einer separaten marxistischen Erkenntnistheorie.

Der Reduktionismus im Gößlerschen Modell ist evident. Auf dem Boden einer unangezweifelt erfolgreichen Erkenntnistätigkeit, wie sie mit Marxens »Kapital« ja auch nach Meinung der Marxisten-Leninisten in der DDR vorliegen soll, glauben die Erkenntnistheoretiker, sich erneut ans Werk machen zu müssen. Erstens, um die darin isolierbaren Widerspiegelungsrelationen dingfest zu machen, zweitens, um sozialökonomische »Faktoren« zu erhärten. Das ist die Problematik des Erkennens vor dem Erkennen, die schon Hegel gegenüber Kant exponiert und kritisiert hatte, als Marx empfahl, sie als Erblast der überkommenen Philosophie abzulegen.

Die dialektische Einheit wechselseitig aufeinander einwirkender »Determinanten«, erst als Praxisprogramm überzeugend, wie Gößler selbst bemerkt, wird im Revisionismus der DDR-Philosophie widerspiegelungstheoretisch reduziert. Aus dieser Reduktion beziehen die Erkenntnisse ihre Objektivität. Das soll, erstaunlicherweise, nicht nur dann der Fall sein, wenn Erkennen auf naturale (stoffliche) Realität trifft, sondern *auch* dann, wenn es auf soziale Realität gerichtet ist. Daß sich das Modell insgesamt infolge dieser Einsicht sofort ungeheuer komplizieren müßte, entgeht dem DDR-Philosophen. Er sieht nicht, daß eine erste Folgerung zumindest sein muß, daß Widerspiegelung zu einem »sozialökonomischen Prozeß«, der aber – Marxens »Produktionsprozeß« – zu einem Erkenntnisprozeß geworden ist. Gößler begnügt sich mit einer Reduktion, die dann in der Tat vergleichbare philosophische Aktivitäten in der DDR zu Recht als »marxistisch-leninistische Erkenntnistheorie« qualifiziert. Es bleibt bei der Verdinglichung der beim Erkennen relevanten Beziehungen: Gegenstand trifft auf Gegenstandserkennungsmaschine. »Dabei ist dieser Gegenstand immer eine semantische Stufe niedriger als die Erkenntnisse, die ihn abbilden, und in letzter Instanz ist er die objektive Realität. Diese gegenständliche Bestimmtheit ist insofern eine materielle Bestimmtheit, als der Erkenntnisgegenstand entweder selbst materiell ist oder Materielles widerspiegelt bzw. an dessen Existenz ursächlich gebunden ist.«[45] Ein materialistischer Aufguß des traditionellen Subjekt-Objekt-Schemas.

Alfred Schmidt hat demgegenüber im Zusammenhang seiner Arbeit über die Naturauffassung in der Marxschen Theorie festgestellt, daß gerade vermeintlich unabhängig vom Bewußtsein existierende Dinge, da sie immer schon filtriert sind durch geschichtliche Arbeit, gerade in dieser Unabhängigkeit etwas für den Menschen Gewordenes darstellen, ein »ins Für-Uns übersetztes An-sich«.

Aufgrund dieser Einsicht, erläutert Schmidt im Sinne Marxens, müsse die »primitive Vorstellung von der Erkenntnis als Abbild, bei der Erkenntnis und Gegenstand entgegengesetzt werden« aufgegeben werden. Die konstitutive Rolle der Praxis für den Aufbau dessen, was wir »Gegenstand« nennen, bleibt sonst unberücksichtigt. Die »Welt« aber ist kein bloß abzubildendes Ansich, sondern ein hoch organisiertes gesellschaftliches Produkt.[46]

Bemerkenswert ist, daß bei Gößler, einem Vertreter marxistischer Erkenntnistheorie, der in bewußter Opposition gegen eine naturwissenschaftlich-theoretische Explikation der materialistischen Erkenntnis-und Wissenschaftstheorie gerade die Dimension der Praxis, der Ökonomie und der Gesellschaft stark machen wollte, nichtsdestotrotz die Frage der Naturdialektik das zentrale Problem ausmacht.

Es scheint, daß der Inbegriff von Objektivität im Marxismus-Leninismus vom Verständnis und den Möglichkeiten objektiver Dialektik abhängt. Deshalb die befremdliche Differenzierung des Gegenstandsbegriffs; hier »Gegenstand« im engeren Sinne, dort »Produkt durch Arbeit«. Dies auch die Bedingung der problematischen These, daß menschliche Tätigkeit ihren Gegenstand »überhaupt nicht« konstituiere, »sondern [!] [...] ihn sich an[eigne]«.[47] Deshalb die Partikularisierung der Dialektik. Nicht zuletzt zeigen die Erwartungen des Erkenntnistheoretikers seine Position: Gößler bedauerte, daß *erkenntnistheoretische* Analysen des Marxschen »Kapitals« »*lediglich* im Hinblick auf die Dialektik *und* Logik des Erkenntnisprozesses vorgenommen« worden seien.[48]

Wir wollen festhalten, daß die materialistische Dialektik mit der These von der Einheit von Logik und Gnoseologie, der Einheit von Ontologie, Erkenntnistheorie und Logik gewisse Schwierigkeiten hat. Mit der Idee sozialer Determiniertheit des Erkenntnisprozesses versucht man, den tätig-praktischen Charakter der begreifenden Wirklichkeitsaneignung zu reflektieren, während im Widerspiegelungstheorem der Anspruch auf Objektivität im Sinne einer Abbildung der wirklichen Welt formuliert ist. Wie diese Abbildungskorrelation im einzelnen zu fassen ist, und welche Reichweite sie besitzt, ist selbst unter marxistischen Philosophen kontrovers. Auf dieser Grundlage philosophisch *begründet* erscheinende Objektivitätsvermutungen bedurften, um ihren Wahrheitsanspruch einzulösen, allein der formalen Beglaubigung korrekter Verwendung des Widerspiegelungstheorems.

Dies läßt ahnen, wie wichtig diese gebräuchliche Unterscheidung marxistischer Erkenntnistheorie im Rahmen sozialistischer Ideologie gewesen ist.

Dialektik versus Metaphysik

Wie gesagt, war es keine Spezialität Stalins, die Dialektik der Metaphysik entgegenzustellen. Die Geschichte dieser Opposition geht über Engels auf Hegel zurück. Die materialistische Philosophie hat sie beibehalten.

»Metaphysik« steht dabei zum einen für die »idealistische Lehre vom Wesen des Seienden, das über die uns in den Sinnen gegebene Erfahrungswelt hinausgehen soll«. Zum anderen bedeutet »Metaphysik« eine »der Dialektik entgegengesetzte Denkweise«.[49] Schon die erste Definition scheint nicht selbstverständlich. Zweifelhaft ist, daß die Allaussagen der marxistischen Philosophie über die Gesetzlichkeit der Bewegung von Natur, Geschichte und Denken vollständig auf Sinnesdaten beruhen, auf Resultaten der modernen Naturwissenschaften. Schließlich ist auch mit diesen Voraussetzungen kein unmittelbarer oder privilegierter Zugang zu den Dingen erreicht. Nicht zuletzt die moderne Physik selber macht dies immer wieder deutlich. Von daher erscheint eine Einordnung der materialistischen Philosophie als »metaphysischer Realismus« oder »realistische Ontologie«[50], zumindest was große Teile ihres Aussagensystems betrifft, gerechtfertigt. Die zweite Definition ist erst verständlich, wenn man den mit Hegel einsetzenden Bedeutungswandel des Metaphysikbegriffs nachvollzieht. »Metaphysische Denkweise« heißt demnach jener einseitige Verstandesmechanismus, der im Prozeß der Abstraktion (selbst noch der Reflexion) Begriffe und Kategorien festschreibt. Dialektische Begrifflichkeit beruht auf der vergleichsweise »organischen« Hervorbringung von Kategorien – spätere aus früheren, entfaltetere aus einfacheren, konkretere aus abstrakteren usw. Dies zu reklamieren ist ein Grundzug der Wissenschaftskritik von Engels im »Anti-Dühring«.[51]

Im wesentlichen stellte das Metaphysikverständnis in der Philosophie der DDR auf die zweite Metaphysikdefinition ab: Metaphysik als der Dialektik entgegengesetzte Denkweise. Von daher ist Metaphysik*kritik* intendiert – nicht zu verwechseln mit Metaphysik als Kritik –, ohne daß man allerdings einer *affirmativen* Definition der Metaphysik dort weiterhin Aufmerksamkeit geschenkt hätte, wo sie das auf ausgedehnten Gebieten [...] berechtigt und sogar notwendig ist«, wie noch Engels wußte.[52]

Eine Einstufung als »Metaphysik« im Raster der Opposition zwischen Metaphysik und Dialektik ist einerseits weitgehend deckungsgleich mit der Etikettierung als »idealistisch«. Andererseits läßt der Gebrauch des Epithetons »metaphysisch« eine subtilere Differenzierung zu, als sie mittels der Unterscheidung zwischen »subjektivem« und »objektivem Idealismus« vorgenommen werden könnte. Gerade was die Denktradition der Hegelschen Philosophie, des objektiven Idealismus also, betrifft, eröffnete sich damit die Chance zur abgewogenen Einschätzung. Relativiert sich doch das Denken Hegels selbst, insbesondere im Maße seiner eigenen Metaphysikkritik, als »fortschrittlich«. Der Anschluß an die bedingte Metaphysikkritik des Dialektikers eröffnete den Weg einer bedingten Würdigung der dialektischen Methode als unmittelbare Vorläuferin materialistischer Dialektik.

Wohl fällt die Geburt der dialektischen Logik mit der Vollendung der idealistischen Metaphysik überhaupt zusammen. Angewandt auf sich selbst, zeigt die Dialektik als Metaphysik bei Hegel aber auch, daß sie über sich selbst, ihre philosophiehistorische Hypothek, hinweg ist. Als Metaphysik ist sie ihre eigene Auflösung. Mit *idealistischer* Metaphysik, im Unterschied zur alten Metaphysik, muß die *Kantische* Metaphysikkritik selbstredend mitgemeint sein. Wenn Hegel in der Einleitung zur »Wissenschaft der Logik« davon spricht, daß die Metaphysik »mit Stumpf und Stiehl ausgerottet [...] und aus der Reihe der Wissenschaften verschwunden« sei, dann meint er die *vor*kantische Metaphysik und Ontologie.[53] Im engeren Sinne betrachtet Hegel die eigene Logik als die »eigentliche Metaphysik oder rein spekulative Philosophie«.[54] Soweit sich unter diesen Bedingungen eine *dialektische* Version materialistischer Philosophie nicht nur als Negation der Metaphysik, sondern zugleich als Aufhebung der Metaphysik betrachtet, wird sie sich zwangsläufig anders zur metaphysischen Problematik[55] verhalten müssen als beispielsweise der Positivismus seit Comte und der Neopositivismus des Wiener Kreises, die den mit Metaphysik und Ontologie vorgelegten Problemaufriß negieren, um zu den Tatsachen übergehen zu können. Demgegenüber stehen Hegels und Marxens Metaphysikkritik in einer Linie.

Ein anderes Problem ist, daß die Philosophen im Sozialismus es gewöhnlich als Vorwurf verkennen, daß der marxistischen Dialektik ontologische Aufgaben zugemutet werden könnten. Ein Verweis auf »Naturmetaphysik« oder »Geschichtsmetaphysik« wird als ideologische Obstruktion gewertet und zurückgewiesen.[56] Angesichts wissenschaftlich beglaubigter Problemlösungen im gesicherten Rahmen festumrissener Strukturen, so die Argumentation, gibt es für spekulative oder transzendentale Überlegungen keinerlei Raum. Metaphysik scheint in Wissenschaft überführt – nicht nur im philosophischen Sinne Hegels, sondern im Sinne ihrer positiven Auflösung in Natur- und Sozialwissenschaften im Sozialismus. So finden sich die ambitionierten Idealismus- und Positivismuskritiker unter den letzten Anhängern einer aufklärerisch rationalistischen Mythologie, die Hegels Traum von der Verwissenschaftlichung von Denken und Welt auf materialistisch-positivistische Art weiter träumen.

Die eigentlich metaphysisch-ontologischen Gegenstände, Seele, Gott, Welt als Ganzes, können bekanntlich als solche nicht Gegenstände der Empirie sein und damit nicht Gegenstände positiver Wissenschaft. Man kann im Gegenteil sagen, daß auf diesem Niveau des Nachdenkens über Gott und die Welt allererst Bedingungen geschaffen werden, damit ein rekonstruierbarer Aufbau der natürlichen und moralischen Welt gelingen kann. Die Welt des Denkens, des Handelns, die Welt der Gegenstände und der Gesetze werden so als unsere Welt ermöglicht. Die materialistisch-dialektische Kritik möchte einwenden, daß eine derartige Verankerung im Unbedingten einen konsequenten Entwicklungsgedanken nicht fördern könne. Eine konsequente Idee der Geschichte habe, so gegründet, keinen Halt.

Hegel selbst könnte zunächst als Adressat solcher Kritik gemeint sein, treibt er doch alles Sein als Werden, als Geschichte fortschreitenden Bewußtseins des sich selbst bewußten Denkens voran. Es ist dies das Bewußtsein der Freiheit, das sich zum absoluten Wissen bewegt, aber – so nun die Kritik – eines denkend schon zu sich gekommenen Geistes. Was Hegel von der Natur sagt, daß es dort keinerlei Geschichte gebe, müßte hier nicht minder gelten: Es gibt nichts Neues unter der Sonne. Eingedenk des absoluten Wissens muß die Geschichte kreisförmig verlaufen. Zwar mag es Geschichte gegeben haben. Aber im absoluten Wissen gibt es sie nicht mehr. Die Eule der Minerva kommt spät, nach getaner Tat.

Ob solche Kritik Hegel tatsächlich trifft, ist fraglich. Sie trifft ihn nicht, insofern er die Opposition von Begriff und Wirklichkeit, Wissen und Geschichte *gegenüber* seiner Philosophie und als bleibende Herausforderung an die Vernunft kannte. Seine Wirklichkeit ist vernünftig, vollendet im absoluten Wissen. Die darin waltende Geschichte ist logisch und historisch.

Aber die Kritik ist auch berechtigt. Die marxistische, weniger die leninistisch orthodoxe Philosophie besteht darauf, daß Marx die

Grundbestimmungen der »Dinge« nicht als Denkbestimmungen vereinseitigt habe, weder im Verständnis der traditionellen Metaphysik als Nur-Denkbestimmungen noch im Verständnis der identitätslogischen Philosophie und Metaphysik Hegels als objektive Denk- und damit Seinsbestimmungen. Marxens philosophische Arbeit wird vor allem darin gewürdigt, daß er im Gegenteil versuchte, Denkbestimmungen als einer historisch-gesellschaftlichen Genese unterworfen zu zeigen. Als gegründet in den wirklichen Arbeits-, Kommunikations- und Machtbeziehungen der Menschen und dort am Werk.

Hegel selbst stellte den Fortschritt der Geschichte als Geschichte des sich emanzipierenden Geistes dar: als »eine Reihe von Entwickelungen, die nicht als gerade Linie, ins abstrakt Unendliche hinaus, sondern als ein Kreis, als Rückkehr in sich selbst vorgestellt werden muß. Dieser Kreis hat zur Peripherie eine große Menge von Kreisen; das Ganze ist eine große, sich in sich zurückbeugende Folge von Entwickelungen.«[57] Der Zusammenfall der philosophischen Systemteile Ontologie, Logik und Erkenntnistheorie nimmt bei Marx offensichtlich einen anderen Sinn an als bei Hegel. Die Ontologie ist hier selbst gesellschaftlich und empirisch – und insofern mit dem Realitätsanspruch der Wissenschaften und ihrer speziellen und allgemeineren Theorien sehr wohl verwandt. Gegenüber den Verkürzungen des Marxismus-Leninismus müßte sich solche Ontologie keineswegs vergleichbar abstrakt zeigen, sondern könnte »empirische Ontologie« betreiben. Worunter die begrifflich faktische Ermöglichung und Rekonstruktion von Diskursen und Praktiken des Sozialen zu verstehen wäre. Beispielsweise als »Ontologie Ökonomie«, wie sie bei Marx selbst ansatzweise entfaltet ist, oder im Sinne der konkreten Ontologien Lukács' (»Ontologie Arbeit«, »Ontologie Gesellschaft« etc.), vorteilhafter in noch engeren, regionalen Grenzen, auf keinen theoretischen Mittelpunkt zentriert.

Dialektik wäre insofern nicht nur allgemeine Methode, sondern ebenso sehr theorierelevante Methodologie. Und zwar mit unterschiedlicher Akzentsetzung: den Begriff der Geschichte logifizierend in der Form integrierter Kultur-, Theorie-, und Denkgeschichte; umgekehrt: die bekannte Theorie- und Begriffsgeschichte historisierend, als Ökonomie, Geschichte, Politik, Philosophie.

Es ist die Verklammerung von Seins- und Begriffsformen, die Hegel im Unterschied zur kritischen Philosophie betont, die den Verfasser der dialektischen Logik so wichtig für den Marxschen und nachmarxschen Materialismus macht. Verglichen mit der kritischen Philosophie Kants, stand selbst die klassische Metaphysik des Aristoteles, aufgrund der Voraussetzung, daß »das was *ist*, damit es *gedacht* wird, an sich erkannt würde, höher als das spätere kritische Philosophieren«, meinte Hegel.[58] Abgesehen von der durchaus unterschiedlichen Einlösung des An-sich, könnte man sagen, daß die Marxsche Philosophie diese Voraussetzung teilt. Im Gegensatz zu Kant, der die Denkbestimmungen ausdrücklich von den Grundbestimmungen der Dinge getrennt entwikkelte; eine Trennung, die allerdings die *bisherige* metaphysische Tätigkeit, die Konstitution von Unbedingtem durch Nur-Vorstellungsinhalte (Gott, Seele, Welt) und die Prädizierung[59], einer kritischen Revision unterwarf. In der Antinomienlehre zeigte Kant, daß die Objektivität des Scheins und die Notwendigkeit des Widerspruchs zur Natur der Denkbestimmungen gehören. *Hier* war der Kritizismus demnach der alten Metaphysik überlegen.[60]

Die Hoffnung auf Vermittlung von erkennendem Subjekt und zu erkennendem Objekt befreit von der Mißlichkeit, einen äußeren Standpunkt einnehmen zu müssen, der in methodische Kleinschritte operationalisiert, um, gewöhnlich unter Einsatz einer Reihe von Instrumenten, eine so oder so organisierte Ansicht des Gegenstandes zusammenzubringen, so daß sein wiederholtes Erscheinen unter gleichen Erkenntnisbedingungen und -prozeduren so etwas wie »Objektivität« verbürgt. Diese Hoffnung hat mit der Idee einer neuartigen wissenschaftlichen Behandlungsart überhaupt zu tun. In ihr sollen Denk- und Dingformen *innerlich* aufeinander bezogen sein. Im Rahmen einer Praxis. Dinge und Denken gehen »Verhältnisse« ein, existieren nur als solche. Die Dinge sollen selber sprechen, sie sollen sich selbst offenbaren als das, was sie sind. Marx will die Verhältnisse selbst sich zum Tanzen bringen lassen.

»Es kann nur die Natur des Inhalts sein, welche sich im wissenschaftlichen Erkennen bewegt, indem zugleich diese eigene Reflexion des Inhalts es ist, welche seine Bestimmung selbst erst setzt und erzeugt. Der Verstand bestimmt und hält die Bestimmungen fest, die Vernunft ist negativ und dialektisch, weil sie die Bestimmungen in nichts auflöst« – sagt Hegel.[61]

Und Marx, wie jeder, der eine differenzierte Dialektikauffassung teilt, ist damit methodisch durchaus einverstanden. Vorausgesetzt, daß die »Selbstreflexion des Inhalts« als historisch gesellschaftlich geprägte Tätigkeit gefaßt ist. Metaphysik ist bei Hegel möglich als dialektische Logik; bei Marx als kritische Gesellschafts- und Revolutionstheorie. Darin sieht er die einzige Möglichkeit, die Dynamik der bürgerlichen Emanzipation aufrecht zu erhalten und für die große Masse der Menschen zu nutzen: als Nicht-mehr-Philosophie, Nicht-mehr-Metaphysik, als begriffen-begreifendes und veränderndes Handeln im Sinne der Feuerbachthesen. Damit scheint diejenige aktuelle Unendlichkeitsdimension, die Auflösung einzig in Gedanken als Konsequenz zulassen will, suspendiert. Die Geschichte, könnte man glauben, trete in ihre wirklichen Rechte.

Wie sich herausstellte, stand Marx damit nicht weniger in der Tradition aufklärerischer Rationalitätserwartungen, fixiert nun auf die Machbarkeit von Geschichte. Die marxistischen Varianten dieser Erwartungen sollten rund hundertfünfzig Jahre später im großen und ganzen wieder in den breiten Strom des bürgerlichen Fortschrittsdenkens einmünden. So kommt die Wahlverwandtschaft mit dem Meisterdenker nicht von ungefähr. Die marxistische Philosophiegeschichte versäumte schon in den Stellungnahmen Marxens nicht, darauf hinzuweisen, daß die Mystifikation, welche die Dialektik in den Händen Hegels erlitten habe, nichts daran ändere, daß er ihre wahren, allgemeinen Bewegungsformen zuerst und in umfassender und bewußter Weise dargestellt habe.[62]

Vielleicht kann man sagen, daß die umfassende und bewußte Darstellung der Dialektik am wenigsten noch in der *philosophischen* Betrachtung unter ihrer mystifizierten Form zu leiden hat. Für die Fragen des politischen und gesellschaftlichen Handelns ist es dagegen durchaus bedeutsam, ob man auf dem Kopf oder auf den Füßen steht. Die Reflexion der Hegelschen Dialektik durch die Marxsche Philosophie zeigt jedenfalls, daß der Marxismus-Leninismus es akzeptieren dürfte, daß epistemische Bestimmungen und theoretische Konstrukte zur Verhandlung stehen, wenn über Denk- und Realitätsverfassung *in concreto* geredet wird. Wie die Strapazierung der berüchtigten »Grundfrage aller Philosophie« durch die DDR-marxistische Philosophie über lange Zeit demonstriert, hatte man damit jedoch enorme Schwierigkeiten.

Wir resümieren die Grundsätze, die die Abgrenzung der Dialektik gegenüber der Metaphysik leiten vor dem Hintergrund unseres Blicks auf die idealistische Tradition. Im übrigen: Was die Abgrenzung marxistisch-leninistischer Dialektik gegenüber der Metaphysik angeht, auch Hegelscher »Metaphysik«, so läßt sich die materialistische Ontologie durchaus mit der des »objektiven Idealismus« vergleichen.

Ein *erster* Grundsatz lautet, daß Denkformen, in denen sich Denkprozesse vollziehen, nicht unabhängig von der Denktätigkeit existieren.

Offenbar muß die marxistisch-leninistische Philosophie diese Selbstverständlichkeit vor dem Hintergrund der »Basis-Überbau-These« aussprechen. Deren Schematismus behauptet schließlich Denkformen als unmittelbaren Reflex der Klassenlage. Lediglich bestimmte formale Strukturen des Denkens (grammatische, mathematische und logische Strukturen z. B.) werden als invariant gegenüber der Klassenlage postuliert.[63] Aufgrund dieser Prämissen ist es verständlich, daß die Dialektik die integrierte Bewegung von Inhalt und Form reklamiert.

Ein *zweiter* Grundsatz lautet wie folgt: Wird Denken als Aneignung der Wirklichkeit verstanden und diese Aneignung als »Widerspiegelung«, dann widerspiegeln ebenfalls die Denkformen.

Leicht erscheint diese Überzeugung, durchaus in Übereinstimmung mit überkommenen metaphysisch-ontologischen Prinzipien, tautologisch. Außerdem hängt es von der Deutung von »Widerspiegelung« ab, ob sich die Ontologie mit der Hegelschen messen kann. Die Dialektik der Reflexionsbestimmung jedenfalls gestaltet sich weit komplexer als das einfache Spiegelmodell es suggeriert.

Der *dritte* Grundsatz besagt, daß Denken als ideelle Widerspiegelung *Tätigkeit* sei.

Überhaupt erst mit dieser These erhebt sich die materialistische Philosophie auf das Niveau dialektischen Philosophierens — wenn auch in dieser Form mit einem *erkenntnistheoretischen* Satz. Gerade dieses Kriterium ist nun aber keines originär materialistischer Provenienz. Was die DDR-Philosophie selbst anerkennt: »Es ist gerade das Verdienst der klassischen deutschen Philosophie und namentlich Hegels, dieses Moment zur Geltung gebracht zu haben«.[64]

Wird die materialistische Version nicht weiter gefaßt, als daß »Denken« inhaltlich wie formal das Leben gemäß konkreter soziokultureller und symbolischer Muster repräsentiert (die Frage ist, ob dies hinreichend ist für die materialistische Version), so steht dem Hegels Idee der Selbsterzeugung des Menschen durchaus nahe: »Was das Individuum betrifft«, sagt Hegel, der sehr wohl zu unterscheiden wußte, »so ist ohnehin jedes ein *Sohn seiner Zeit*; so ist auch die Philosophie *ihre Zeit in Gedanken erfaßt*«.[65] Im Streit zwischen Dialektik und Metaphysik geht es in der Tat wesentlich um die Auslegung des Begriffs »Tätigkeit«, insbesondere um die Interpretation von *Tätigkeit als Selbsterzeugung*. An diesem Punkt wird der Mystifikationsvorwurf gegen die idealistische Philosophie virulent. Der Materialist bringt vor, daß Hegel die »Wiedergabe der Objekte im unendlichen Denken« mit ihrer »ontologischen ›Hervorbringung‹« gleichgesetzt habe. Folglich sei ihm auch die »praktische Vergegenständlichung menschlichen Wissens« gleich mit der »Fortsetzung ihrer Schöpfung in den Tiefen des Geistes«.[66]

Aber daß »Wiedergabe« mit »Hervorbringung« übersetzt werden muß, ist keineswegs zwingend. Wie auch immer; die Mystifikation solcher Kritik besteht darin, daß die produktive Leistung – Produktion von Kontexten jeder Art – von praktischer Vergegenständlichung *abgelöst* werden soll. Warum, fragt man, soll die Kontextsituierung nicht in jedem Fall ontologischen Charakter haben?

Der *vierte* Grundsatz zur Differenz materialistischer Dialektik und Metaphysik ist jedenfalls nur bedingt als solcher akzeptabel. Der Grundsatz besagt, daß die Entwicklungsdimension – der Geschichtlichkeit des Wissens wie die der gegenständlichen Objektwelt – allein der Rationalität *materialistischer* Dialektik zugänglich sei.

Bedingung der Stichhaltigkeit einer solchen Hypothese ist gemäß dem Vorhergehenden, daß Natur- und Geschichtsprozeß als sich selbst relativierende, aktiv tätige Größen eingeführt werden können, welche auf die Bewußtseinsformen überindividueller Art (Diskurse, Theorien, Praktiken, Institutionen etc.) Einfluß nehmen. Die Kategorie der »Wiedergabe«, Verobjektivierung des Denkens in den unterschiedlichen Sphären gesellschaftlicher Praxis, hebt indes ab auf »Gesetzlichkeit« und »Objektivität« eines real Erscheinenden. Insofern Wirklichkeit und Objektivität auseinandergerissen werden, scheint eine neue Problematik auf: die Problematik der Rechtfertigung! Dies indiziert einen Diskurswechsel. Die Frage nach dem Charakter der gesellschaftlichen Realität, nach der Wirklichkeitsverfassung in historisch empirischer Dimension, verschiebt sich zur Frage nach der als solcher legitimierten Realität. Darauf gibt dann die Objektivitätsversicherung eine Antwort. Als Realität gerechtfertigt erscheint die Wirklichkeit, insofern sie als »notwendig«, d.i. objektiv und nach Gesetzen verfaßt, dargestellt werden kann. Was die Gesetzlichkeit betrifft, wird die Differenz zwischen Dialektik und Metaphysik daran festgemacht, daß materialistisch verstandene Gesetzlichkeit der *Natur* selbst angehört. Wobei »Natur« ein Kürzel ist für die gegenständliche Fassung dessen, was *aus sich* heraus gerechtfertigt ist; eine Art »objektiver Objektivität«.

»In der Wirklichkeit gibt es eine Dialektik nur der Objekte, die unabhängig vom Bewußtsein des Subjekts existieren« (Lösung 1) ... »Doch die Dialektik der Wechselwirkung von Subjekt und Objekt und die Dialektik der subjektiven Prozesse sind nicht weniger bedeutungsvoll« (Lösung 2).[67]

Dialektik als Wissenschaft, so wie sie nach DDR-marxistischem Verständnis betrieben wurde, gründet in erster Linie auf der Respektierung der Lösungen 1 und 2. Man muß interpretatorisch pressen, will man diese Lösungen mit dem differenzierten Dialektikverständnis Hegels oder auch Marxens in Übereinstimmung sehen. Die Natur als Welt der Objekte ist bei Hegel eben nicht der exemplarische Raum der

Wirklichkeit. Und soweit die »erste Natur« für Marx von Bedeutung ist, gilt für ihn dasselbe. Bei Hegel wird die Natur gerade unter dem Aspekt der *Entäußerung* der Idee betrachtet – was nicht vereinbar ist mit der Integration von Lösung 1 und Lösung 2 und schon gar nicht mit einem Alleinvertretungsanspruch der ersten Lösung. In der Rationalität der Hegelschen wie der Marxschen Logik liegt konsequenterweise auch, daß Lösung 1 nicht als »Dialektik der Natur« identifiziert werden kann.

Die Rezeption der dialektischen Methode verlegt sich hier – ersatzweise – auf das »unvollständige dialektische Denken« der Einzelwissenschaft, um gegenüber der tatsächlichen dialektischen Entfaltung einer philosophischen Interpretation der Natur bei Hegel[68] eine eigenständige Naturdialektik geltend machen zu können. Entsprechend wird beispielhaft und partikular demonstriert. Eine »Dialektik der Natur« scheint hier am ehesten präsent – wenn auch versteckt hinter einer nur »verstandesmäßigen«, eben einzelwissenschaftlichen Betrachtung. Descartes' »Schleier der Ideen« läßt sich – so der verbreitete Vorschlag der Philosophie im Sozialismus[69] – durch philosophische Bildung des Naturwissenschaftlers heben. Die Gesetze, deren Prototyp das Naturgesetz ist, erscheinen im Synthesekontext des »allgemeinen Gesetzes der Natur-, Gesellschafts- und Denkentwicklung« (Engels). Womit die wissenschaftliche Weltanschauung des dialektischen Materialismus der »bürgerlichen« Kritik eine offene Flanke bietet: Besitzt, kann sie berechtigt fragen, das »Grundgesetz der Dialektik«, das selbst der Welt der Objekte angehören möchte, überhaupt irgendwelche Qualitäten eines wissenschaftlichen Gesetzes?

Angesagt ist ein strenger historischer und gesellschaftstheoretischer Determinismus. Die Philosophie schlägt den Takt einer Politik, die sich aufs Kommandieren versteht: »Die objektive Dialektik existiert außerhalb und unabhängig von ihrer Widerspiegelung im menschlichen Bewußtsein als die Dialektik der Bewegungsformen der Materie, die menschliche Gesellschaft eingeschlossen. Dies ist der Standpunkt [!] der materialistischen Dialektik, die mit der unwissenschaftlichen, idealistischen Spekulation prinzipiell unvereinbar ist«.[70]

In der Tat: Der Identitätsphilosoph hatte mehr Sinn für die Menschen. »Mit dem Wissen« glaubte er, »wird auch er [der Gegenstand] ein anderer, denn er gehört wesentlich diesem Wissen an; [und es] zeigt sich der neue Gegenstand als geworden, durch eine Umkehrung des Bewußtseins selbst.«[71]

Die Wirklichkeit der Gesetze: dialektisch, wissenschaftlich, philosophisch

Schauen wir uns die Verwendung des Gesetzesbegriffs im Rahmen marxistisch-leninistischer Philosophie an, mag das helfen, den Gedanken der »Naturdialektik« als *Reflexionsfigur* genauer abzugrenzen (s.u.) und als einzig subtilere Alternative zum Subjekt-Objekt-Mechanismus des metaphysischen Realismus zu begreifen.

Wir gehen aus von einer zusammenfassenden Betrachtung der Gesetzesauffassung, wie sie Gottfried Stiehler gegeben hat: Gesetze, sagt er, »besitzen eine dialektisch-widersprüchliche Natur [...], verkörpern einen wesentlichen inneren Zusammenhang, sie legen die Notwendigkeit einer bestimmten Bewegung und Veränderung fest. Andererseits geben sie, da sie mit der Welt der Erscheinungen verbunden sind, der Entfaltung zufälliger Prozesse Raum, so daß Erscheinungen der mehr oder minder adäquate Ausdruck von Gesetzen sein können«.[72]

Das »Verkörpern« eines Zusammenhangs wird von Stiehler in mehreren Durchgängen derart paraphrasiert, daß die Betonung auf der Gesetzes*aussage* liegt. Eine konkurrierende Argumentationslinie insistiert indes auf dem objektiven *Wirk*kontext. Dementsprechend gilt »Gesetz« als der objektive, notwendige, allgemeine und damit wesentliche Zusammenhang zwischen Dingen, Sachverhalten und Prozessen.[73] Soweit nach Marx – und im Sinne der ersten Hälfte der Definition Stiehlers – »Kategorien Daseinsformen, Existenzbestimmungen ausdrücken«[74], und soweit entschieden ist, ob »ausdrücken« spiegeln, repräsentieren, mathematisch abbilden, meinen, übersetzen o. ä. bedeutet, fällt ein »objektiver Gesetzeskontext« offenbar mit der Wirklichkeit der Gesetzes*aussage* zusammen. Das Kriterium der Wiederholbarkeit – die offizielle Lesart besagt, daß es sich um einen Zusammenhang handelt, der sich unter gleichen Bedingungen wiederholt – muß sich auf die tatsächliche Geltung von Gesetzesaussagen beziehen. Die Prämisse, die »gleiche Bedingungen« fordert, in realistischer Rede: Wirkungsbedingungen, bindet gesetzmäßiges Verhalten an eine durch experimentell-wissenschaftliche Verfahren garantierte, funktionale Anordnung.

Man bedenke die wissenschaftsgeschichtliche Herkunft des Gesetzesbegriffs. Vom Hypothesenzusammenhang, vorläufigen Gesetzesaussagen also, ausgehend, verdichtete sich die Vorstellung des allgemeinen, regelhaften Kontextes im Begriff des »Axioms« und des »Theorems«, schließlich in der Kategorie des »Gesetzes«. Immer aber behielt »Gesetz« die Merkmale seiner Hypothesenabkunft.

Materialistische Gesetzestypologie

Unter dem Gesetzesaspekt verstehen sich Grundgesetze der Dialektik als Zusammenfassungen anderer Gesetze. Grundgesetze der Dialektik stellen den höchsten Typ in der Gesetzeshierarchie dar. Gleichzeitig unterscheiden sie sich aufgrund ihres prinzipiell *regulativen* Charakters. Sie sind Abstraktionen eines Systems integrierter Entwicklungs-, Bewegungs- und Strukturgesetze. Die Klasse der Objekte, für die die Grundgesetze gelten, ist intensional bestimmt, durch Angabe des Bedingungskomplexes. Allerdings gelten sie unter spezifischen und unspezifischen Bedingungen, die insgesamt als »objektiv« betrachtet werden und deshalb der materialistischen Primärhypothese entsprechen. Sie gelten für eine potentiell unendliche Klasse von wirklichen und möglichen Objekten. Im Hinblick auf die Wirkungssphäre, die aufgrund der Prämissen *unspezifisch* ist, handelt es sich um die allgemeinsten »Gesetze« überhaupt.

Eine Zuordnung zu dynamischen oder statistischen Gesetzen ist aufgrund der Undifferenziertheit der Erscheinungs- bzw. der Wirkungssphäre überhaupt nicht möglich. Dies aber unterstreicht, daß die Grundgesetze der Dialektik regulativen Ideen gleichen. Oder aber man versteht sie als metatheoretische Ausdrücke, welche die Idee der Gesetzlichkeit, den Gesetzes-, Prinzipien- und Kategorienaufbau allererst »dialektisch« strukturieren. Kausalität im strengen Sinne wird im Rahmen verschiedener darunter subsumierter, aber in systemtheoretischen Begriffen entwickelten Gesetzestypen reguliert.[75]

Als »objektiv real« gilt in diesem Kontext eine relative, stabile Gesamtheit von Elementen und Beziehungen (ein Zustand), die durch einen bestimmten, allgemeinen, notwendigen und wesentlichen Konnex charakterisiert ist. Auf diesen kann man wie auf »*Systemgesetze*« rekurrieren. Sie definieren das Verhalten des Zustandes bzw. der Elemente zueinander. Der Systemcharakter ist gleichbedeutend mit der »Strukturiertheit« des Systems bzw. der Elemente. Die Struktur des Systems bezeichnet *alle möglichen* Beziehungen im System. Die aufgrund der Struktur möglichen Verhaltensweisen werden als »Funktion« zusammengefaßt.

»*Strukturgesetze*« sind Systemgesetze bei gleichbleibender Grundqualität des Systems. (Beispiel: das gesetzliche Verhalten des kapitalistischen Systems). Die Qualität resultiert aus dem durch Systemgesetze definierten *wesentlichen* Verhaltensintervall $\Delta_t < \epsilon$, wobei ϵ durch die Existenz der »Grundqualität« bestimmt ist.

Erst die sogenannten »*Bewegungsgesetze*«, in denen der Zeitfaktor t enthalten ist, erlauben die Beschreibung von Prozessen eines komplexeren Systemverhaltens. Eines Verhaltens, das zur Änderung der Grundqualität führen kann und damit zu neuen Strukturgesetzen, die eine Aktualisierung möglicher Beziehungen im System regeln. (Jetzt: $\Delta_t > \epsilon$). (Beispiel: das gesetzmäßige Erscheinen von Revolutionen).

»*Entwicklungsgesetze*« schließlich enthalten Bewegungs- und Strukturgesetze, insofern sie von Entwicklungen ausgehen, die jeweils bei neuen Ausgangsqualitäten von Systemzuständen einsetzen. Darum wird die Grundqualität je nach Zeitraum $t_1, t_2, t_3, \ldots t_n$ relativiert. (Beispiel: der gesetzliche Formationswandel in der Geschichte).[76]

Grundgesetze im Verständnis regulativer Ideen sind selbstredend nicht falsifizierbar, auch nicht ihre eventuell subsumierte erklärende oder beschreibende Interpolation. Verschiedentlich begegnet indes die Auffassung, daß es auch falsifizierbare dialektische Gesetze gibt. Die dialektische Beziehung gilt darin nur als eine der Eigenschaften (P). Soweit »Widersprüchlichkeit« den »übergreifenden gemeinsamen Inhalt aller drei Grundgesetze der Dialektik« ausmacht, heißt »dialektisch« auch im Sinne *empirischer* Überprüfbarkeit die Relationen und ihrer Darstellung zugeschriebene *Eigenschaft*, »widersprüchlich« zu sein bzw. Widerspruchsbeziehungen abzubilden.

Isoliert wird folglich ein »dialektisches Widerspruchsgesetz«. Während die systemtheoretische Begründung von Gesetzen (Hörz) faktisch konstruktivistischen Prinzipien folgt, sind dialektische Einzelgesetze dem Grundanspruch materialistischer Philosophie enger verbunden. Für das Widerspruchsgesetz gilt, daß es »sowohl in der materiellen Sphäre« — und somit »unabhängig von seiner Formulierung« — als auch »in der Bewußtseinssphäre« wirkt.[77] Soweit es Kriterium der ideellen Sphäre (S_2) ist, nicht zur unabhängigen materiellen Welt (S_1) zu gehören, und dies wieder Kriterium der Zuschreibung von »objektiv real« ist, kann die Relation [(R): materielle Sphäre (S_1); ideelle Sphäre (S_2)] selbst keinen »objektiven, realen«, gesetzmäßigen Zusammenhang darstellen.

Andererseits gilt natürlich, daß die Relation zwischen materieller und ideeller Welt selbst als objektiv real gilt — eben wegen des Abbildungsverhältnisses. Wobei die den Zusammenhang (R) charakterisierenden Eigenschaften (P) (das sind bei einem gesetzmäßigen Zusammenhang: Notwendigkeit und Allgemeinheit) bzw. (P') (das sind die im *spezifischen Fall* notwendigen Eigenschaften) ebenfalls objektive reale Eigenschaften sein müssen, wenn es sich um einen gesetzlichen Zusammenhang handeln soll. Bezeichnend ist, daß die Alternative zugunsten der letzteren Überlegung entschieden wird. Das Defizit eines nur »ideellen« Realitätsstatus, der nach materialistischem Verständnis offenbar einen minderen Objektivitäts-, Wahrheits- und Wirklichkeitsgrad repräsentiert, wird kompensiert durch den Notwendigkeitscharakter des Gesetzes, das auch die Widerspiegelung regelt. Qua Notwendigkeit einerseits, qua Abbildung eines unabhängigen Sachverhalts andererseits, ist die »Hervorhebung der Objektivität des Gesetzes in theoretischer Hinsicht überflüssig«.[78]

Die Notwendigkeit aber ist notiert als (P) – für Allgemeinheit und Notwendigkeit – bzw. (P_w) – für *spezifisch dialektische* Abbildungsbeziehungen, die als notwendig, allgemein und *wesentlich* gelten. D.h. die Eigenschaft »dialektisch« erscheint verwandelt in die Eigenschaft »wesentlich«, was aber heißt: »wesentlich widersprüchlich«. (Herbert Hörz gibt der wesenslogischen Anleihe in seinem Buch »Materiestruktur« ebenfalls eine systemtheoretische Wendung: Mit dem Wesentlichen eines Systemkontextes werden alle invarianten inneren Beziehungen des Systems beschrieben. In vergleichbarer Weise leitet S. Paul Allgemeinheit und Notwendigkeit aus Wesentlichkeit ab.)[79]

Nun fragt sich, ob die gesetzliche Notwendigkeit eine Abbildung aus der an sich existenten Realität meint und die gesetzliche Notwendigkeit und Allgemeinheit die *dialektische Bewegung* abbildet – oder ob die dialektische Beziehung die objektive Notwendigkeit abbildet. Paul schlägt vor, die Kriterien für die Objektivität einer gesetzmäßigen Beziehung [(S_1; S_2), R und P] als Teilmengen der objektiven Realität zu werten. Was nichts anderes ist als die ursprüngliche Aussage über die Realität der Widerspiegelung. »Subjektiv« ist die subjektive Dialektik also letztlich wegen ihres Widerspiegelungscharakters; aus demselben Grund, aus dem sie wesentlich »objektiv« ist.

Wir kommen zurück zum nichttechnischen Gebrauch der Grundgesetze der Dialektik. Behandelt man sie als *Gesetze* allgemeinsten Typs, regeln sie alle Beziehungen im Spiegelkabinett der Reflexion. Sie sind alles und nichts erklärende Gesetze. Interpretiert man die Grundgesetze als *regulative Ideen* oder metatheoretische Ausdrücke, hängt der Nachweis der Objektivität der Dialektik, den die weltanschaulich ambitionierten Marxisten erbringen möchten, von dem Nachweis ab, daß die Unbedingtheit ihrer Prinzipien *nicht* qua Setzung gewährleistet wird.

Die Idee der Identität von Setzung und Unmittelbarkeit i.S. der Hegelschen Logik wird abgelehnt. Darum erfolgt der Versuch, das Nichtgesetztsein der Grundgesetze als *abgeleitetes* Sein auszuweisen. Abgeleitet werden darf aber nicht aus einem höherrangigen, noch allgemeineren Prinzip, sondern nur aus der Realität selbst. »Grundgesetzlichkeit« ist demnach als ein »Aus-sich-selbst-ableiten« der selbständig existierenden materiellen Welt definiert. Da als »materielle Welt« der Geist nicht in Frage kommt, gilt die Frage nach dem »Wie?« der Überlegung, wie die Figur »Spontaneität der Natur« realistisch zu bestimmen sein könnte. Wobei »Spontaneität« jenseits einer Hegelschen Lesart fürs erste als »Bewegung gemäß dialektischer Regel« notiert ist. Auch wenn Hegel lehrt, daß der Widerspruch die Wurzel aller Bewegung und Lebendigkeit ist, pointiert der materialistische Philosoph anders: Er meint die innere Widersprüchlichkeit aller objektiven und subjektiven Erscheinungen und Prozesse der Welt. Ganz im Sinne Lenins: »innerer Entwicklungsantrieb, ausgelöst durch den Widerspruch, durch den Zusammenprall verschiedener Kräfte und Tendenzen, die auf einen gegebenen Körper einwirken oder in den Grenzen einer gegebenen Erscheinung oder innerhalb einer gegebenen Gesellschaft wirksam sind; gegenseitige Abhängigkeit und engster, unzertrennlicher Zusammenhang *aller* Seiten jeder Erscheinung [...], ein Zusammenhang, der einen einheitlichen gesetzmäßigen Weltprozeß der Bewegung ergibt. [...] Bedingung der Erkenntnis aller Vorgänge in der Welt in ihrer »*Selbstbewegung*«, in ihrer spontanen Entwicklung, in ihrem lebendigen Leben, ist die Erkenntnis derselben als Einheit von Gegensätzen.«[80]

In der Selbstanwendung auf das Grundgesetz oder die Grundgesetze der Dialektik bleibt offen, wie das Gesetz den Widerspruch nicht nur ausdrücken, sondern selbst sein eigener Widerspruch auch sein kann. Auch dieses Problem wäre im Kontext marxistischer Philosophie in doppelter Weise diskutierbar: hinsichtlich seiner ontologischen wie seiner wissenschaftstheoretischen Implikationen.

Die modern anmutende Differenzierung von *Kausalität* und Gesetz scheint nicht ausreichend, um eine naturalistische Auslegung als Beweis des Materialismus in Gesetzesfragen aufrecht erhalten zu können. Nach Hörz betrifft der Gesetzesbegriff wesentliche Ursachen, notwendige Ursachen, Wirkungen und allgemeine Beziehungen. »Kausalität« bestimmt dagegen die Vermittlung von Zusammenhängen im einzelnen, zwischen *bestimmten* Objekten und Prozessen – sozusagen von Dominostein zu Dominostein, undifferenziert hinsichtlich der Beziehungspaare wesentlich/unwesentlich, zufällig/notwendig. Kausalität ist *asymetrisch* zeitlich gerichtet: Vergangenheit und Zukunft unterscheiden sich. Zwar würde nur die Abstraktion eine Trennung von »Anfangs«-Ursache und »End«-Wirkung hervorrufen, während eigentlich (so Kants Argument) die Ursachenexistenz die Wirkungsexistenz hervorbrächte, doch erweise sich die inhaltlich-zeitliche Gerichtetheit bei der Verbindung von »Vorgeschichte« und »Auswirkung«. Die Verbindung fordert offenbar einen bewußt analysierenden Eingriff!

Das Lehrbuch »über historischen und dialektischen Materialismus« spricht von einer genetischen Beziehung von Ursache und Wirkung, woraus sich die zeitliche Strukturiertheit und Gerichtetheit des Kausalzusammenhangs ergebe. Umgekehrt – vom zeitlichen Nacheinander auf die Kausalität – gilt der Schluß nicht. Im Gesetz wird von der Asymmetrie abstrahiert. Das Gesetz stellt die Verbindung von möglichen mit wirklichen Prozessen dar. Die Konkretionsstufe der von der Kausalität beherrschten Asymmetrie, die sich in den Untersuchungen von Vergangenheit und Zukunft zeigt, bleibt zunächst unberücksichtigt.

Indes hätte diese Gesetzesdefinition schwerwiegende Folgen für die materialistische Weltanschauung. »Gesetz« umfaßte keinerlei zeitlich-historisch konkretisierbare Entwicklungsdimension. Deshalb die Einführung besonderer Gesetzestypen, die diesem Anspruch genügen.

Mathematischer Konventionalismus versus Realismus

Nach marxistisch-leninistischer Auffassung wird »die philosophische Kategorie Gesetz« im Kontext des Materialismus nicht äquivok benutzt. Was, wie wir sahen, auf einem Irrtum beruht. »Gesetz« hat ganz unterschiedliche Bedeutungen. Die Bedingung, die der *dialektische* Gesetzesbegriff stellt, soweit er nicht schon vorher technisch operationalisiert wurde (wie bei Paul oder Hörz), um das nach logischem Verständnis Unlogische des Zugleich von Affirmation und Negation zu tilgen, ist, daß im »Gesetz« das gesetzmäßig Notwendige wie sein Gegenteil, das Nichtgesetzmäßige und Zufällige, ihr Recht behaupten können.

Schauen wir, ob die spekulativen Vorstellungen zur Einlösung des Anspruchs überzeugen können. Vor allem, da auch sie sich der wissenschaftlichen Prozedur anbieten. Doch der Ansatz ist mit den gehandelten Gesetzesinterpretationen kaum vereinbar. Denn wissenschaftlich gesehen, geht es um einzelne positive Gesetzesformulierungen, um dynamische und statistische Gesetze und die besondere Form ihres Algorithmus. So ist es nicht verwunderlich, daß der philosophische Anspruch in der wissenschaftlichen Praxis relativiert erscheint. Hier äußert sich die Dialektik, wie auch die Philosophen wissen, »zumeist als Aufeinanderfolge.« Aber auch dann macht die Fassung des nichtgesetzlich Zufälligen als Fall des Gesetzlichen nicht unerhebliche Schwierigkeiten. Wie soll die Bestätigungsprozedur ablaufen?

»Zuerst wird aus der Mannigfaltigkeit der Erscheinungen das Gesetz als das Allgemeine und Notwendige sozusagen ›rein‹, in seinem abstrakten Charakter herausgearbeitet.« Das beschreibt den normalen Gang der Dinge, wenn auch der Weg über Hypothesengewinn, Einzelheiten des Bestätigungsverfahrens usw. bis hin zur Gesetzesformulierung äußerst verkürzt erscheint. Danach soll, erstaunlicherweise, versucht werden, »die Erscheinungsform des jeweils ›abstrakten‹ Gesetzes, die bislang zu diesem in Gegensatz stand« – und also *kein* Ausdruck des Gesetzes war – »als Erscheinungsform dieses Gesetzes [...] zu fassen.« Damit soll das einzelne Gesetz seinen abstrakten Charakter verlieren. »Es wird Einheit von Notwendigem und Zufälligem, Wesen und Erscheinung, und erhält seinen Platz im universalen gesetzmäßigen Zusammenhang, d.h. für den bestimmten Fall, in einer Theorie, die gewisse Bereiche der objektiven Realität beschreibt.« Was ihr schwerfallen dürfte, wäre doch ein solches Gesetz nicht in der Lage zu diskriminieren. Dies wiederum scheint den philosophischen Dialektikern aufgefallen zu sein. Denn sie trösten sich, daß es mit diesem Gesetz kaum etwas zu verstehen geben dürfte: »Dieser Prozeß ist seiner Natur nach oft dialektisch widersprüchlich und oft relativ kompliziert.«[81]

Bestätigung hängt davon ab, daß konstante, und seien es statistisch konstante, Relationen ermittelt werden können. Dies ist unter den idealistischen Vorzeichen der zitierten Beschreibung nicht möglich. Ein metatheoretisches Postulat hat keine erklärende Kraft. Der Wille, gegenüber allen konkreten Ergebnissen offen zu sein, ist dem wissenschaftlichen Prozeß selbst äußerlich. Das dialektische Postulat, das sich mithin auch hier, unter der Oberfläche der Ideologisierung als intentional erweist, kann als solches nicht falsifiziert werden. Es dient der verbalen Rationalisierung. Es stützt die Mystifikation, von der das Selbstverständnis der Ideologie lebt: Absichten erscheinen darin als wissenschaftlich beglaubigte Objektivitäten. Zugleich erscheint darin der Zugriff der Ideologie auf die positive Wissenschaft als *legitim*. Als besonderes Gesetz, schwächer, als besondere Hypothese oder Bedingung ist auch eine dialektisch prozedierende Erklärung niemals prinzipiell »offen« – im Sinne von »auch das, was sie nicht erklärt, erklärend«. Auch sie geht einher mit einem spezifischen Verbindlichkeits- und Geltungscharakter. Sie steht unter bestimmten Wenn-Dann-Bedingungen und gehorcht bestimmten Folgerungen; kurz, sie unterliegt der vom jeweiligen Theoriestatus abhängigen Logik.

So gehört es zu den Problemen marxistischer Dialektik als Weltanschauung und Wissenschaft, daß sie glaubt, den unterschiedlichen Charakter erklärender und beschreibender Gesetze der Mathematik und

Logik, der Naturwissenschaft, der Geschichte und Sozialwissenschaften, der Literaturwissenschaft usw. vereinheitlichen zu müssen, um dann im Einzelfall wieder auf unterschiedlich leistungsfähige Gesetze zurückzugreifen.

In der Wissenschaftstheorie der sog. »bürgerlichen« Wissenschaften wird bekanntlich mehr oder weniger streng geschieden zwischen Axiomen der Mathematik und Gesetzen der Naturwissenschaften, zwischen gesetzmäßigen Prozessen im Bereich des Sozialen und Politischen, zwischen strukturierten Denkformen, Gleichförmigkeiten, Lebensformen und Regeln des Diskurses. Es wird zwischen deduktiv-nomologischen und hermeneutischen Ansprüchen differenziert, und es gibt eine Reihe von Zwischenformen, in denen der Gesetzesbegriff nur metaphorisch benutzt wird. Die Einheitlichkeit der oben vorgestellten Gesetzestypologie ist dem dialektischen *Grund*modell entlehnt.

Wenn die Unterscheidung von Beobachtungs- und Theoriensprache wissenschaftsrelevant wird, interessiert der ontologische Status dieser Unterscheidung. Begriffe der theoretischen Sprache haben keine unmittelbaren empirischen Korrelate. Hier wäre also selbst im wissenschaftsphilosophischen Raster des Marxismus-Leninismus eine Widerspiegelung gefragt, wie die zwischen verschiedenen *Gesetzen*, dialektischen Grundgesetzen und positiven Gesetzesaussagen etwa. In anderen Worten: man braucht Abbildungen von »Abbildungen«.

Die marxistisch-leninistische *Wissenschaft* wird diesem Umstand mit der Nutzung des mathematischen Abbildungs- und Modellbegriffs durchaus gerecht. Mathematische Abbildung spielte in der DDR-marxistischen Wissenschaft eine mindestens ebenso bedeutsame Rolle, wie die Objektivitätsbeschwörungen der Erkenntnistheoretiker. Interessanterweise unterließ man es aber nicht, auch hier ein *realistisches* Widerspiegelungspostulat einzuführen. »Mathematische Modellierung«, so ein entsprechender Vorschlag, sollte bezogen werden »auf außermathematische und außerformallogische Originale«. Es wurde betont, daß der Qualitätsbegriff der Mathematik relativ entfaltet sei, insofern sie nur von bestimmten Qualitäten (»insbesondere der spezifisch stofflichen«) absehen müsse. Als strukturelles System, Wissenschaft der strukturellen Aussagen, ist die Mathematik durchaus geeignet, außer Relationen bzw. Strukturen auch *Operationen* mathematisch abzubilden, z.B. Bewegungs- oder Entwicklungsprozesse zu simulieren. Also konnte man an mathematische Abbildungen die Hoffnung knüpfen, daß sie mit der Wirklichkeit korrespondierten. Umso eher, als die Abstraktionsleistungen des historischen und dialektischen Materialismus davon ohnehin nur dürre formale Strukturen übriggelassen hatten.

In einem mathematischen Modell »abbilden« sagt allerdings nichts darüber aus, ob für bisher nicht oder nicht hinreichend erklärte (theoretische) Sachverhalte überhaupt schon ein passendes mathematisches Modell vorliegt. Sehen wir uns den Vorschlag zur mathematischen Modellierung von Paul an, der gekennzeichnet ist von dem Versuch, die materialistischen Grundpositionen des Marxismus-Leninismus gebührend zu berücksichtigen.

Auf einer *ersten* Abstraktionsstufe werden die wesentlichen und unwesentlichen Elemente und Relationen der zu modellierenden ›Originale‹ auf der Grundlage einer außermathematischen Analyse, über die keine weiteren Angaben gemacht werden, festgestellt. Sodann werden, *zweitens*, diese Feststellungen als »Abbildung« gefaßt; womit eine ursprüngliche Abbildung entsteht, die den Zusammenhalt mit der außermathematischen Realität gewährleisten soll. *Drittens* wird diese Abbildung in einem weiteren Abstraktionssystem mathematisiert. Im *vierten* Schritt werden mit Hilfe mathematischer und formallogischer Methoden (Funktionen/statistische Berechnungen etc.) weitere Ableitungen vorgenommen, die dann *fünftens* interpretiert und als Grundlage für eine Hypothesenbildung herangezogen werden. *Diese* Hypothesen sollen geeignet sein, bisher nicht erklärbare Phänomene zu erklären. Schließlich erfolgen, *sechstens*, die Überprüfung des Wahrheitswertes und die theoretischen und experimentellen Prozeduren der Bestätigung.[82]

Die Stufen 1 bis 3 dienen der Aufdeckung und Analyse neuer Gesetze auf der Grundlage bewährter Gesetze und Theorien. Dies geht, auf der dritten Stufe, einher mit Mathematisierung. Was bedeutet, daß mathematische Modellierung keineswegs immer mit *neuer* Erkenntnis zusammenfällt. Erst auf den Stufen 4 und 5 werden bisher unbekannte Bereiche aufgetan, neue Hypothesen und Theorien entworfen. Der Geltungsbereich ist je nach Anwendungsfeld resp. Disziplin unterschiedlich zeitabhängig. Zeitindifferente Aussagen beziehen sich auf Hypothesen, die ein universelles Gesetz formulieren. Prädikative Aussagen, die sich auf vergangene Sachverhalte richten, treten insbesondere in historischen Untersuchungen auf. Einen eigenen Bereich besetzen prognostische Aussagen über Tendenzen und mögliche Entwicklungen, die nicht den Charakter von Induktionen haben, sondern ähnliche Aussagen umfassen, wie die oben zitierten zur statistischen Verteilung für bedingte Wahrscheinlichkeiten.

Ein Beispiel für die Bedeutung der Mathematisierung im Fall einer Hypothese von der ersten Art gibt die Himmelsmechanik. Folgende Schritte wären zu rekonstruieren. Die Prämissen und Antezedensbedingungen lauten:

1. Die Gesetze, nach denen sich die Bewegung der Himmelskörper vollzieht, sind bekannt.
2. Der Einfluß anderer Himmelskörper führt nicht dazu, daß der gesetzmäßige Kontext über längere Zeit entscheidend gestört wird.
3. Eine mathematische Beschreibung ist mit einem relativ einfachen mathematischen Aufwand zu bewerkstelligen.

Sind die Bedingungen erfüllt, lassen sich z.B. die Entdeckungen von Neptun und – später – von Pluto im Sinne des oben vorgeführten Sechsstufenplans erläutern:

1. Die Bahnbewegungen der Planeten genügen den Keplerschen Gesetzen und dem Gravitationsgesetz.
2. Die Besonderheiten der Bewegungen des Uranus werden nicht mit der Anziehungskraft bekannter Planeten erklärt.
3. Die Störung der Bewegung des Uranus wird mit der Anziehungskraft eines bestimmten, noch nicht bekannten Planeten erklärt, dessen Verhalten hypothetisch auch den bekannten Gesetzen genügen soll.
4. Es folgt die Formulierung eines relevanten Rasters zur
5. erfolgenden Hypothesenbildung. Es wird die Existenz von weiteren Himmelskörpern (Neptun/Pluto) postuliert, die dann
6. auch experimentell (1846 bzw. 1930) bestätigt werden konnte.

Daß das zugrundeliegende wissenschaftstheoretische Modell wenig mit der realistischen Widerspiegelungsidee zu tun hat, zeigen die Kriterien, die für die mathematische Modellierung aufgestellt wurden. Danach gilt, daß neue Fakten erklärt werden können, daß das Aussagensystem in sich logisch widerspruchsfrei sein muß und keine logischen Widersprüche zu geltenden Theorien enthalten darf, daß ein heuristischer Gewinn zu erwarten steht, bisher nicht Beobachtetes also antizipiert werden kann, daß alle Aussagen prinzipiell überprüfbar sind, und daß alle Hypothesen mit dem bisherigen Wissen zumindest in der Form korrespondieren müssen, daß sie dieses als Grenzfall einbeziehen.

Daß es sich selbst bei diesem Rahmenprogramm zur Hypothesenbildung nicht auch schon um die Anleitung zur Gesetzesformulierung handelt – obwohl erinnert bleiben muß, daß Gesetze hypothetische, »Wenn … dann …«-Kontexte formalisieren – , belegt folgender Test: Es seien das System der Ausgangsgleichungen $P_1, P_2, \ldots P_n$ zusammengefaßt in P und die aus P abgeleiteten und verifizierten Folgerungen $Q_1, Q_2 \ldots Q_m$ zusammengefaßt zu Q.

Es ergibt sich folgendes Schlußschema:

$$\begin{array}{l} P \supset Q \\ Q \\ \hline P \end{array}$$

In diesem Fall ergibt die konjunktive Verknüpfung der Prämissen und der Multiplikation [P) Q ; Q] mit der Schlußfolgerung P keinen allgemeingültigen (Gesetzes-) Ausdruck, wie man an der Wahrheitstafel sehen kann:

[(P	$\supset$	Q)	$\wedge$	Q]	$\supset$	P
w	w	w	w	w	w	w
w	f	f	*f*	f	w	w
f	w	w	w	w	*f*	f
f	w	f	*f*	f	w	f

Daß Q in der zweiten und vierten Zeile als falsch indiziert wird, ist unerheblich, da wir voraussetzen, daß Q bereits experimentell bestätigt wurde (also den Wahrheitswert »w« besitzt). Im übrigen könnten über die bereits experimentell bestätigten Zustände Q_1, Q_2 ... Q_m hinaus Zustände Q_{m+1}, Q_{m+2} ... zwar abgeleitet, aber, insofern sie über den Abbildungsbereich hinausreichen, nicht bestätigt werden. In der dritten Zeile sind nun beide Prämissen »impliziert« bzw »und« [$\supset$;$\wedge$] als »wahr« gesetzt, und trotzdem wird auf Falsches geschlossen: P_1, P_2, ... P_n als Gleichungssystem braucht nicht insgesamt den Wahrheitswert »w« zu besitzen, wenn P $\supset$ Q zutrifft und die Aussagen Q verifiziert sind.

Bei mathematischen Hypothesen im Feld historischer Erklärungen sind schon die Ausgangsgleichungen nicht mehr als grobe Vorstellungen von demjenigen Typ des Wissens, der in der Hypothese zur Anwendung gelangen sollte. Ob es eine methodisch befriedigende Lösung dieser Schwierigkeit ist, besonders einfache Gleichungen zum Ausgangspunkt zu nehmen und zu überprüfen, »wie genau die nun bereits bekannten Fakten des abzubildenden historischen Prozesses mit Hilfe dieser Gleichungen widergespiegelt werden«, wie Paul in seiner Arbeit über »Objektive Gesetze« vorschlägt, ist mehr als fraglich. Woher stammen diese Fakten? — Gemeint sind offensichtlich Wissenschaften von der Art der Demographie, die auf der Grundlage von Zahlenmaterial Hochrechnungen auf weiteres Zahlenmaterial anstellen.

Dem wissenschaftlichen Zugang gegenüber, der sich hier deutlich fern von den Vorstellungen dialektischer und materialistischer Gesetzlichkeit und Notwendigkeit zeigt, steht der philosophisch-ideologische Anspruch. Er hält die Einschränkung auf eine äußerliche, nachträgliche Zusammenfassung, d.h. eine vereinheitlichende *Interpretation wissenschaftlicher Resultate*, die singuläre Gegenstände unter bestimmten Beschreibungen zu Klassen bündelt, für unzumutbar. Er will, daß »das Wesen der Sache selbst« ans Licht gebracht wird.

Die Dialektik, die hier gefordert wird, wäre nun aber nicht deshalb dialektisch, weil sie einen dialektischen Prozeß an einem »Gegenstand« realisiert, sondern weil sie als Darstellungsform selbst widersprüchlich ist und daher, so die Voraussetzung, von der Art des Stoffs, dessen Wahrheit sie enthüllen will.

G. Richter schlägt scheinbar in diesem Sinne folgende Definition vor: »Das Gesetz ist der in sich, in seine Einheit zurückgenommene Widerspruch. Der Widerspruch ist die Bewegung, die Realisierung des Gesetzes.« [83] Nur ist dies eine Formulierung, die mit der Bestimmung der Grundgesetze, die das dialektische Modell insgesamt beschreiben, in völliger Übereinstimmung steht – und auch mit deren Abstraktheit. Wie wir sahen, handelt es sich dabei aber um eine metaphorische Redeweise, um ein Vorstellungsbild – vielleicht mit heuristischem Wert. Was aber soll dies heißen beispielsweise im Blick auf die Energieerhaltungssätze? Angesichts der Probleme der Naturwissenschaften gilt denn auch die »Theorie« der Objektiven Dialektik als »philosophische Verallgemeinerung der jeweiligen physikalischen Erkenntnisse und ihrer Geschichte«, als »heuristisches Mittel zur Förderung des weiteren Theorienfortschritts.« Einseitigkeiten der Forschungsentwicklung sollen von hier aus kritisiert werden können. Angesichts der Mathematisierung der Physik und anderer Naturwissenschaften wurde dann auch in der *philosophischen* Diskussion zunehmend weniger von »Identität« (Identität mathematischer Strukturen und physikalischer Prozesse etwa) geredet, sondern von »zunehmend adäquatere(r) Widerspiegelung.«

Die Zeichen standen auf Theorienpluralismus: »Die objektive Dialektik der Natur fände dann auf der Ebene mathematisierter physikalischer Theorien ihren Niederschlag primär nicht innerhalb eines einheitlichen mathematischen Formalismus *einer* physikalischen Theorie, sondern in den einander widersprechenden Annahmen unterschiedlicher mathematischer Formalismen verschiedener physikalischer Theorien mit *gleichem* Gültigkeitsbereich.« [84] Die aber in der Praxis, wie die Bewertung der Konkurrenz zwischen Atomismus und Holismus (zwischen nuklearphysikalisch-atomistischer und feldtheoretischer Hypothese) in der Hochenergiephysik z.B. demonstriert, keineswegs auch als gleich gültig anerkannt werden müssen. Bestenfalls sorgt ein außerwissenschaftlich begründeter Theorienvorzug dafür, konkurrierende Theorien für »aufhebungswürdig« zu erklären. Hörz: »Eine einheitliche, die Totalität der Zusammenhänge der objektiven Realität erfassende physikalische Theorie wäre demnach ausgeschlossen. Der Theorienentwicklungsprozeß der Physik könnte nicht in einer Theorie konvergieren.«

Selbst derartig klare Aussagen erhielten im System der sozialistischen Wissenschaft ihre realistisch spekulative Wendung. Daß der nicht nur »in der neopositivistischen Tradition«, sondern in der sogenannten »marxistischen Wissenschaft« ebenfalls »immer wieder auftretende formallogische Widerspruch zwischen objektiver Dialektik und mathematisierten wissenschaftlichen Theorien«, sich alsbald als »Fiktion« erweise, das hofften einige der Naturphilosophen und Wissenschaftstheoretiker in der DDR. Schließlich würde der Mathematisierungsprozeß selbst »von einem dialektischen Widerspruch vorwärts getrieben, der darin besteht, daß die Zusammenhänge in der objektiven Realität durch mathematische Strukturen repräsentiert werden können, die nicht mit ihnen identisch sind.«[85] Womit *alle* Wissenschaft schon allein aufgrund ihrer Veranlassung – daß nämlich Phänomene angetroffen werden, die uns nicht unmittelbar zugänglich sind, und deshalb einer Erklärung (»Repräsentation«) bedürfen – dialektisch wäre.

Sollte damit nicht mehr gemeint sein, als daß die fortschreitende Mathematisierung sich selbst fortschreibt, wird man nichts dagegen einwenden wollen. Was aber die erkenntnistheoretische Formel der fortgeschrittenen Philosophie in der DDR besagt, das wird hier ebenfalls sehr deutlich. Widerspiegelung im Sinne geistiger Repräsentation erfolgt auf der Grundlage von Modellen; in der Regel codiert in Theoriesprache und in mathematisierten Kontexten. Für den Widerspiegelungscharakter der Modelle muß dabei stets unterstellt werden, daß nur in bestimmter Hinsicht und unter bestimmten ausgesuchten Bedingungen herausgegriffen wird – »Abbild des Objekts, aber nicht mit diesem identisch«.

Nun wurde dieser, durchaus positiv(istisch)e Wissenschaftsbegriff in der DDR aber nicht nur im Hinblick auf die Naturwissenschaften favorisiert, sondern ebenfalls »für andere spezifische Erkenntnisprozesse oder allgemeine Erkenntnisstrukturen beschreibende Theorien« empfohlen[86], beispielsweise für Psychologie, Soziologie oder Ökonomie.[87] Und auf diesen Feldern des Wissens scheint es nun keineswegs in einer vergleichbaren Art zwingend, das Ideal deduktiv-nomologischer Gesetzeserkenntnis zu strapazieren. Es sei denn, man berücksichtigt die an diese Vorstellung gebundenen Machbarkeitsphantasien. Ein Grund, die marxistisch-leninistischen Optionen in dieser Hinsicht genauer noch zu konfrontieren mit dem klassischen Vorschlag zur Interpretation der Naturdialektik, den Marx vorlegte. Allerdings war der nicht auf die physikalische, vom Menschen unabhängige Natur gemünzt, sondern wollte ausdrücklich mit der »Natur für uns« zu tun haben.

Gesellschaftliche Universalien – Das Marxsche Modell

Marx berief sich zur Hebung des genannten Problems auf die Hegelsche Dialektik von Wesen und Erscheinung. Die Anwendung auf die kapitalistische Ökonomie illustriert die verwickelten Verhältnisse.

Wesen und Erscheinung, Marxsch

Die Differenz von Wesen und Erscheinung, sowohl der wirklichen ökonomischen Verhältnisse als auch der Theorie der politischen Ökonomie, die den rationalen Diskurs dieser Praktiken darstellt, ist selbst vom Widerspruch gekennzeichnet.

Hören wir Marx: »*Es erscheint also in der Konkurrenz alles verkehrt.* Die fertige Gestalt der ökonomischen Verhältnisse, wie sie sich auf der Oberfläche zeigt, in ihrer realen Existenz, und daher auch in den Vorstellungen, worin die Träger und Agenten dieser Verhältnisse sich über dieselben klarzuwerden suchen, sind verschieden von, und in der Tat verkehrt, gegensätzlich zu ihrer innern, wesentlichen, aber verhüllten Kerngestalt und dem ihr entsprechenden Begriff.« Und selbstverständlich muß in diesem Modell auch das verborgene und der Erscheinungsebene entgegengesetzte »Wesen« zur Sprache finden. Was die Konkurrenz *nicht* zeigt, sind die »Wertbestimmung«, die die Bewegung der Produktion beherrscht, und die »Werte, die hinter den Produktionspreisen stehen« und sie letztlich bestimmen.[88]

In der Konkurrenz erscheint alles verkehrt; und doch erscheint »das Wesen«. Was *nicht per se* gleichbedeutend ist mit der gesetzmäßigen, die wesentlichen Beziehungen analysierenden und darstellenden Theoriearbeit. Für Lenin scheint die Sache klar: »Die Erscheinung ist wesentlich«[89], interpretiert er. Nun zerfällt geistige Arbeit aber in zufällige, »bloß« Erscheinungen abspiegelnde Verbindungen von Hypothesen, Bestätigung bzw. Falsifikation (z.B. in der bürgerlichen Ökonomie) und – *Kritik*. Jedenfalls bei Marx. Anders der positive

Wissenschaftsbegriff im Marxismus-Leninismus, der die Kritik in die ideologische Kritik am Denken anderer verlegt hat. Kritik ist die Form der materialistischen Ontologie, die den wesentlichen Zusammenhang, die »Gesetzmäßigkeit« im Zufall theoretischer und praktischer Phänomene stiftet oder rekonstruiert. Die Standardform der *kritischen* Vermittlung von Wesen und Erscheinung auf der Grundlage ihrer Differenz nennt auch Marx »wissenschaftlich«. »Wissenschaftliche Wahrheit ist immer paradox vom Standpunkt der alltäglichen Erfahrung, die nur den täuschenden Schein der Dinge wahrnimmt.«[90]

Die Erscheinungsformen sind reicher als das Wesen, das das Gesetz spiegelt. Auch diese Wahrheit gilt in der dialektischen Konstellation. Nicht nur ist die Erscheinung aber dem Wesen gesetzmäßig widersprüchlich – insgesamt, metaphysisch betrachtet im Raster der Grundfrage und ihres methodischen Pendants, sogar entgegengesetzt –, so daß es gar nichts ausmacht, ob die Welt formal im ganzen als Original oder als Abbild aufgefaßt wird. Die Erscheinungen sind tatsächlich Manifestationen des Wesens und insofern nicht »bloßer Schein«. Solch bloßer Schein – selbst dann notwendig und keineswegs nichts, wie Marx gegen Hegel einwirft – bleibt die Erscheinungsebene allerdings in der isolierten Betrachtung.

Dies definiert die Ablösung der Erscheinung vom Wesen als spezifische Rezeptionsform, als besondere Art der Lektüre, die nichtsdestotrotz auf dem Boden der Wirklichkeit steht. – Ein fruchtbares Modell, scheint es, wenn man es beispielsweise für die Analyse isolierter Betrachtung nutzbar macht, wie sie die DDR-marxistische Philosophie übte, die sich einer Perspektive aus der Sicht der Macht verschrieben hatte.

Ein gutes Beispiel für eine komplexe Betrachtungsweise gibt Marx mit der Entzifferung der Wertabstraktion: Im Begriff »Wert der Arbeit« ist »Wert« in sein »Gegenteil« verkehrt. Der Begriff ist »imaginärer Ausdruck«. In realistischer Diktion: Ausdruck für etwas Imaginäres, d.i. eine Erscheinung anders, nämlich »wesentlich« geprägter Verhältnisse.

Die dem Alltagsleben entlehnte Vorstellung »Wert der Arbeit« sieht den Wert im Preis der Arbeit realisiert. Was die Arbeit bringt an Geld oder was sie kostet, so die Vorstellung, drückt ihren Wert aus. Die Arbeit ist aber als Funktion der Arbeitskraft verschieden von ihr. So erscheint in der Vorstellung die folgende imaginäre Gleichung: Wert der Arbeit = Kosten der Arbeit= Preis der Arbeit = Preis der Arbeitskraft = Kosten = Wert der Arbeitskraft. Nun ist der Wert der Arbeitskraft aber von ihrem Preis wohl unterschieden. Eben durch den Wert der Arbeit. D.h. die Produktivität eines Arbeiters, die jemand einkauft, bestimmt den Wert der Arbeit, während der ursprüngliche »Wert der Arbeit« in Wahrheit nur eine Vorstellung des Verhältnisses »Preis der Ware Arbeitskraft« gewesen ist. Derjenige Wertteil, der über den Preis der Arbeitskraft hinaus geschaffen (*Mehr*-Wert) ist, wurde in dieser Vorstellung für irrelevant erklärt, in dem der Kritik entlehnten nichtmystifizierenden Wesensausdruck allerdings rationalisiert. In der Vorstellung erscheint alle Arbeit als bezahlte Arbeit. Im begriffenen »Preis der Arbeitskraft« wird gezeigt, daß es nur der Reproduktionsanteil des Wertes ist (Lohn), der zunächst als Wert der Arbeit reklamiert wurde. Um den Gesamtkontext aufzuhellen, fehlt der Mehrwertanteil, der Profit. Diesem wesentlichen, nichtsdestoweniger wirklichen Zusammenhang gegenüber ist die Erscheinung auf der Oberfläche sozialen Austauschs im Arbeitsleben nur »Erscheinungsbild«. Daß alle Arbeit als bezahlte Arbeit erscheint, ist eine Mystifikation.[91]

Dieses Exempel wissenschaftlicher Analyse als Kritik wird in der marxistisch-leninistischen Wissenschaft verdichtet, um dann positiviert zu werden. Die »Notwendigkeit«, mit der Marxens Analyse Stringenz erzeugt, wird als »Gesetz« definiert. Und zwar als »Wertgesetz«. Der materielle Kontext der Ökonomie will beherrscht werden. »Steuerung wird aber nur möglich, wenn die den Prozeß bestimmenden allgemeinen Gesetzmäßigkeiten nicht nur qualitativ ausgedrückt sind, sondern wenn auch eine exakte quantitative Beschreibung der diesem Prozeß eigenen Beziehungen, Zusammenhänge usw. vorliegt«[92], sagt der sozialistische Ökonom.

Die Forderung schlägt sich nieder in einem Kalkül, das Gleichheitsbeziehungen zwischen quantitativen Größen aktiviert. Soweit es sich um Durchschnittsarbeitszeit und Durchschnittswert handelt, die beide keine Verteilung aufweisen sollen, ist ein Zusammenhang zwischen statistischen gesellschaftlichen Durchschnittsgrößen gefragt, worin die Wahrscheinlichkeitsverteilungen berücksichtigt werden, nach denen sich *unter bestimmten Bedingungen* (möglicherweise in der Zukunft) Waren usw. austauschen. Diese Forderung ist die theoretische Formulierung der Notwendigkeit, *das Wertgesetz im Sozialismus* zu realisieren!

Für Marx ist die Mystifikation »notwendig« in dem Sinne, daß eine dem Wesen gemäße, d.h. unverschleierte Darstellung der schließlich *kritikwürdigen* gesellschaftlichen Verhältnisse diese in allen Bereichen überfordern würde. Mithin handelt es sich um ein Wahrheitsproblem und zugleich ein Praxisproblem.

»Notwendig« ist nach Marxscher Überzeugung eine gesellschaftsrelative Eigenschaft von *Darstellungen*, die mehr sind als bloße Vorstellungen. Die Grundlagen des Wirtschaftens und der politischen Ordnung, das Einverständnis mit den Sinnkonzepten, mit der symbolischen Codierung der Arbeits-, Kommunikations- und Konsumverhältnisse, all das würde ohne diese Mystifikation nicht aufrecht erhalten werden können. Dieser Zwang, so der materialistische Zug der *Marxschen* Argumentation, scheint nicht nur deshalb unverzichtbar, weil die Menschen sich sonst nicht freiwillig unterwerfen würden, sondern weil eine wesensgerechte, rationale Einrichtung der Sozialverhältnisse mit der gegebenen Verfassung kapitalistischer Gesellschaften – darüber sprach Marx – nicht vereinbar schien. Marx dachte an die bürgerliche Gesellschaft des 19. Jahrhunderts und hoffte, daß mit ihrem Ende, mit der Zerstörung des Scheins, eine Zeit der Klarheit anbrechen werde. Man muß annehmen, daß der Zwang zur Mystifikation, zur Ideologieproduktion, nicht auf die bürgerliche Welt beschränkt ist. Daß die bürgerliche Welt nur in der Differenz von Wesen und Erscheinung, ideologischem Schein und wahrer Sozialgrundlage Bestand haben könnte, diese These ist uns mittlerweile zweifelhaft geworden.

Marx führt im genannten Kontext verschiedene Argumente für die real existierende Mystifikation in der bürgerlichen Gesellschaft an.

Erstens erscheint dem normalen Rechtsbewußtsein der Austausch von Kapital und Arbeit wie eine Form des allgemeinen, sonst auch gebräuchlichen Warenkaufs und -verkaufs.

Zweitens scheint der Ausdruck »Wert – oder Preis – der Arbeit« nicht weniger rational als der Ausdruck »Wert – oder Preis – der Baumwolle«. Durch vergleichbare Prozeduren, Vorschuß oder Zahlung nach Erhalt, Kreditierung etc. werden Wert und Preis in Geld realisiert. Zudem stellt sich die Arbeit in ihrem Gebrauchswert für den Käufer nicht schlechthin als Arbeitskraft dar, sondern als Individualität, als Schreiner, Polizist, Automechaniker oder Lehrer.

Drittens kann die Bezahlung bestimmter Leistung, die einen Teil des erwirtschafteten Produkts repräsentiert, fallen oder steigen. Dieser Wechsel der Entlohnung erscheint als Wert- oder Preiswechsel der Gesamtarbeit. Andersherum stellt sich die Gesamtarbeit in mehr oder weniger Geld dar, in einer entsprechend veränderten Kaufkraft, die mittels der zum Kauf von »Lebensmitteln« aufzuwendenden Arbeitszeit resp. durch ein entsprechendes Äquivalent definiert wird.

Viertens weist Marx darauf hin, daß im Prozeß der Entlohnung Phänomene auftauchen, die der Vorstellung Vorschub leisten, daß der Wert der Arbeit, nicht etwa der Preis der Arbeitskraft bezahlt würde. Beispielsweise eine Entlohnung in Relation zur Länge des Arbeitstags, unterschiedliche Entlohnung für dieselbe Funktion aufgrund von Wirkungen der Mystifikation, durch die die Sicht auf die Struktur notwendiger Selbstausbeutung verstellt wird.

Schließlich bemerkt Marx, daß denjenigen, der den Preis der Ware Arbeitskraft vorschießt oder zu investieren bereit ist, nur der über die Kosten hinaus wertschaffende Teil der Produktivität interessiert. Der aber ruft starken individuellen Appetit hervor. Sollte der Wert der Arbeit als das gezahlt werden, als was er in der Vorstellung gilt, eine Mystifikation des realen Sozialismus, könnte kein Kapital existieren, könnte Geld sich nicht in Kapital verwandeln.[93]

Das Beispiel der Marxschen Kapitalanalyse erhellt, inwieweit das »Gesetzmäßige«, das auf die wesentlichen Verbindungen geht, zugleich einzelne Phänomene erreicht, »konkret« wird, insofern es kontextuell verzahnt in den Zusammenhang des »konkret Allgemeinen« gehört. Während das Allgemeine *als solches*, d.i. als Wesen eines Nur-Allgemeinen, keinen oder nur als leere Abstraktion Bestand hat. So nimmt es als konkret Allgemeines eine reichere Gestalt als ein isoliertes Einzelnes an, das, vom eigenen Kontext getrennt, notgedrungen ebenfalls nur abstrakt dargestellt werden kann.

Diese Argumentation Marxens folgt der Hegelschen Logik. Die wissenschaftliche Prozedur, unter Bedingungen dialektischer Definition »wesentliche« oder »gesetzmäßige« Zusammenhänge zu formulieren, bedeutet, dem sowohl relativen als auch absoluten, dem sowohl abstrakten als auch konkreten, dem sowohl besonderen als auch allgemeinen Charakter der Phänomene Rechnung zu tragen, heißt, zugleich synthetisch und analytisch zu verfahren. Zugleich wird aber auch einsichtig, daß hier keine deduktiv-nomologische Orientierung vorherrscht.

Die Kriterien der Gesetzmäßigkeit, die der Neomarxismus in der DDR ventilierte, sind für die Marxsche Methode irrelevant. Sie hat mehr mit dem zu tun, was uns etwa Sartre in seinen Flaubert-Analysen als »progressiv-regressive Analyse« vorbuchstabiert hat. Auf *einer* Untersuchungsebene isolieren wir eine Hierarchie heterogener Bedeutungen, die nicht weiter zurückzuführen sind. Wir schaffen Diskontinuitäten und finden allererst *Spuren* der Dialektik. »Die eingeschlossene Bedeutung ist aber reicher als die einschließende Bedeutung.« Und so müssen wir *jetzt* – auf einer weiteren Untersuchungsebene – »progressiv« arbeiten, »denn es gilt nun wieder zur vervollständigenden Bewegung zurückzufinden, die jeden Moment vom vorherigen Moment aus hervorbringt, zu dem Schwung, der von den erlebten Dunkelheiten aus zur endgültigen Objektivierung führt.«[94] Wobei »Objektivierung« nicht mehr als den Sinn meint, der produziert wird, wenn Verständnis nicht auf das voraussetzungslose Spiegeln eines Faktums geht, sondern auf die praxis- und erfahrungsbeladene Intention.

Naturdialektik, reflexiv

Die Bewegungsformen der Welt der Dinge, der »Materie«, sind für den Menschen allein durch vermittelnde Praktiken erkennbar. Schon deshalb ist eine Trennung in gegenständliche und soziale Determinanten unsinnig. Vorzugsweise ist mit vermittelnder Praktik wissenschaftliche Aktivität gemeint, aber nicht ausschließlich. Die materialistische Dialektik verheißt gegenüber vereinseitigenden Entweder-Oder-Standpunkten der Metaphysik und Sowohl-als-auch-Standpunkten des positivistischen Relativismus eine mögliche Begründung des erkenntnistheoretischen Naturalismus aus einem Seinsverhältnis. Die Beschreibung erfolgt auf der Folie der allgemeinen Struktur der Repräsentation: Ein objektiv Seiendes *wird* nicht repräsentiert, sondern repräsentiert sich selbst in seiner Repräsentation.

Erst die *ontologische* Fundierung erlaubt, die reduzierte transzendentale Subjektivität des Descartschen *cogitos* oder der Kantischen Vernunftkritik, die beide eine nur subjektive Konstitution der objektiven Welt ermöglichten, zu überwinden, und auf die wirklich existierende Welt der Dinge, der Verhältnisse und des Handelns zurückzugehen. Eine Konsequenz daraus, die in der simplifizierenden philosophischen Literatur des öfteren unterschlagen wird oder in teils idealismuskritischen, teils affirmativ materialistisch rekonstruierenden Ansätzen[95] hängenbleibt, ist, daß die Teilung in Erkenntnistheorie und Ontologie im dialektischen Philosophieren keine Berechtigung hat. Die Isolierung eines erkennenden Subjekts aus der Einheit der Subjekt-Objekt-Dialektik – zu der auch die Naturdialektik gehören muß – verfehlt in jedem Fall die Möglichkeit, den Reflexionsprozeß (das »Subjekt«) sowohl als weltkonstituierend als auch als Resultat komplex vernetzter Weltverhältnisse zu verstehen. Der Zwang zur Beantwortung der »Grundfrage« provoziert notwendig eine metaphysische Einseitigkeit, die schon Kant im »Streit der Fakultäten« hinreichend kommentiert hat. »Natur« kann also nicht in die Schellingsche Dialektik von sichtbarem Geist und unsichtbarer Natur eingespannt werden. Die Frage ist nur, wie man sich vorstellen soll, in einem nicht trivialen Sinn derart hinter die Grenzen der eigenen Sprache, der eigenen theoretischen Überzeugungen, des eigenen Denkens zu treten, daß sich dieses alles als Resultat eines anderen offenbart.

Nichtsdestotrotz: Erkenntnistheorie wurde schon bei Hegel für die

Dialektik überflüssig – »indem sie«, wie Bloch bemerkte, »im Weltprozeß materialiter enthalten ist und erledigt wird.«[96] Doch bleibt der denkende Philosoph bei sich. Philosophie ist nicht Natur. Oder, wie Hegel meint, die Dinge denken – vorerst, muß man heute einschränken – nicht, sondern müssen gedacht werden. »So ist die Natur die Braut, mit der der Geist sich versöhnt.«[97]

Die Problemexposition des Materialismus ist indes in der Hegelschen Naturphilosophie enthalten. Der Versuch der objektiv logischen Entfaltung von »Natur« bei Hegel, einer Darstellung des dialektisch qualifizierten Übergangs von einer Daseinsweise der Materie zu einer anderen, erlaubt, das materialistische Konzept zu umreißen: Der Satz über den Geist als die existierende Wahrheit der Materie, die selbst keine Wahrheit hat, muß von hinten entziffert werden. Was »dialektisch« als einfache Übung erscheint: Die Natur, als das wahrhaft und »wirklich« Wirkliche, ist das Sein der Wahrheit. Lenin meinte, Hegel habe in der Bewegung der Begriffe die *gleiche* Beziehung der Dinge, der Natur, genial erraten.[98]

Vor diesem Hintergrund wird deutlich, daß der Übergang zur materialistischen Dialektik eigentlich nicht erreicht ist, wenn das Erkenntnissubjekt lediglich kollektiviert, aus dem Individuum »der arbeitende Mensch« oder »die Gesellschaft« wird. »Gegenständliche Tätigkeit« muß vielmehr die sogenannten »materiellen Verhältnisse« insgesamt als theorieumgreifende Praxis umfassen. Subjektivität im engeren Sinne wäre von daher als Resultat eines »Reflexionsprozesses der materiellen Natur« selbst konturierbar.[99] »Reflexionsprozeß der materiellen Natur« kann nicht die Umkehrung des traditionellen Schemas bedeuten, als ob nun, reichlich seltsam, die Natur, das Objekt, als Subjekt, Subjekt der Reflexion vorzustellen sei.

Gemeint ist ein Prozeß der Reflexion im Medium, besser: in den Medien der materiellen Natur. Wobei auch »materielle Natur« andere Konnotationen als die im Marxismus-Leninismus gebräuchlichen aufweist. Der Objektivitätsgedanke verlagert sich vom traditionellen Garanten fest gefügter Wirklichkeit, von der physischen Natur in ihrer Unabhängigkeit, zur konkreten Welt des historisch, gesellschaftlich und symbolisch eingebundenen Menschen. Also ist, wie bei Hegel, Tätigkeit gemeint, freilich gesellschaftliche. Zu ihr gehört der Austausch von Mensch und physischer Natur, wie sich nicht nur am Menschen selbst, »dem Wirbeltier, in dem die Natur das Bewußtsein ihrer selbst erlangt« (Engels), zeigt.

»Das Bewußtsein ihrer selbst erlangt«, heißt es; keineswegs: »Sein und Bewußtsein erlangt«. Von einem Dualismus ist hier keine Rede.

Kann auch keine Rede sein, wenn »bewußtes Sein« als Zuschreibung von Zuständen relationalen Charakters verstanden werden soll. »Bewußtsein haben« ist intentional, heißt soviel wie: »in Kenntnis von [...], im Bewußtsein, im Wissen, *daß* [...]«. Und in diesem Daß-Satz wird formuliert, worauf es ankommen soll. Ebenso ist damit auf der »Seinsseite« eine nur gegenständliche Beschreibung obsolet geworden. Anstelle der Erkenntnisverhältnisse der Anschauung stehen die Praktiken und Diskurse, worin Individuen und Welt in Einheit sind. In dieser Einheit übergreifen die Verhältnisse das Subjekt und umgreift das Subjekt die Verhältnisse, was in der Dopplung von »Produktions- und Reflexionsverhältnissen« gefaßt ist.

Noch einmal wollen wir die marxistisch-leninistische Dialektik mit dem Marxschen Universalienmodell konfrontieren, das wir schon am Beispiel des einfachen Wertausdrucks beobachteten. Es scheint das zentrale Problem, wie Handlungs- und Reflexionsbereich nicht bloß in Analogie strukturiert, sondern als integrierter Wirklichkeitszusammenhang gestiftet und gehandhabt werden können. Dazu scheint unabdingbar, daß einerseits demonstriert wird, wie »Realabstraktionen«, Dinglichkeiten, ans Denken kommen, wie andererseits Abstraktionen die Dinglichkeit der realen Verhältnisse beherrschen. Mit anderen Worten und in Thesenform: Bewußtseinsbildung aus dem Bodensatz gesellschaftlichen Seins impliziert insgesamt einen Arbeitsprozeß, der Teil des sozialen Daseins ist. »Realabstraktion« bezeichnet, daß eine traditionell dem Bewußtsein, der Reflexion vorbehaltene Eigenschaft, nämlich die, Abstraktionen zu leisten, der Realität, besser: den Handlungskontexten und Praktiken des sozialen Lebens zugeschrieben wird. Aufgrund der dort herrschenden Verdinglichung geht Bewußtseinsbildung mit der Erzeugung von Mystifikationen einher. Nach Marxens Vorstellung müßte die Aufdeckung dieser Zusammenhänge, die mehr ist als theoretische Kritik und das Übel an der gesellschaftlichen Wurzel faßt, freies Bewußtsein zugleich mit freier Praxis ermöglichen können. Wir interessieren uns für den analytischen Teil.

Kernabstraktion in der Marxschen Kritik der politischen Ökonomie ist die Tauschabstraktion. In der Tauschhandlung wird die Gebrauchshandlung ausgeschlossen. Insofern die Tauschenden aber mit der Stofflichkeit der Produkte befaßt scheinen — Bedürfnisbefriedigung, Lebensmittelerwerb etc. —, ist die Abstraktheit den Handlungen inhärent. Nicht aber dem Bewußtsein der Käufer und Verkäufer, also den gesellschaftlich Handelnden. Die Proportionen, zu denen sich Waren tauschen, reifen mit der Zeit »zu einer gewissen gewohnheitsmäßigen Festigkeit.«[100] Gleichzeitig geht es im Tauschakt um die konkrete Verschiebung inhaltlich bestimmter Gegenstände. Die *Tausch*bewegung erhält gleichwohl ihr Leben nicht aus der inhaltlichen Bestimmung durch diese oder jene Ware, sondern gerade dadurch, daß Käufer und Verkäufer von diesen, für sie gewöhnlich interessanten Eigenschaften der Ware *absehen*.

Anders im Herstellungsprozeß oder beim Konsum. Die Widersprüchlichkeit gehört somit einem gesellschaftlichen Verhältnis an, das – verrückterweise – eine gesellschaftliche Besonderheit als allgemeines Äquivalentdasein auszeichnet. An jedem einzelnen Warenkörper ist der Wert ohne Ausdruck; er verlangt eine »Reflexion« in eine *äquivalente* Ware und damit überhaupt erst in Ware. Dies sind also nach Marx Formen von Abstraktionen, die nicht einem separaten Geist, sondern der »äußeren« Realität zuzurechnen sind. Es ist eine Zerrissenheit der Dinge, die in den Handlungen aktiv wird.

Die Bewußtlosigkeit gegenüber der Tatsache, daß die Dinge im Verborgenen miteinander in Äquivalenzbeziehungen leben, wird offensichtlich im Geldfetischismus. An der sichtbaren Existenz der Geldformen gibt es nichts mehr über die Herkunft der Ware zu erfahren. Und die Naturalgestalt der Äquivalentware schlechthin, des Geldes, wird zur »natürlichen« Erscheinungsform des Wertes. Austauschbarkeit liegt also nicht darin beschlossen, daß man von der Individualität einzelner Gegenstände abstrahiert zugunsten eines Allgemeinen, sondern hat zu tun mit der Zirkulation der Geldware, deren Macht besonders erfährt, wer nicht darüber verfügt. Die Verantwortlichen des DDR-Sozialismus wußten es nur zu gut. Geld wird also im Resultat als besonderer, isolierter Gegenstand behandelt, der Mittelcharakter hat, um die unterschiedlichsten Zwecke zu erreichen; unter anderem den, der sich aufs Geld selbst richtet. Der Wert verschwindet im natürlichen Gegenstand, wobei aber gerade diese Natürlichkeit *Schein* indiziert – Schein eines gesellschaftlichen Verhältnisses.

»Warum die Arbeit im Wert und das Maß der Arbeit durch ihre Zeitdauer in der Wertgröße des Arbeitsproduktes dar[ge]stellt« wird [101], ist aus der Formbestimmtheit der Arbeit ersichtlich, weil sonst keine Gegenstände mit Warencharakteristik im Sinne der bürgerlich-kapitalistischen Verhältnisse entstünden. »Nur eine historisch-bestimmte Entwicklungsepoche, welche die in der Produktion eines Gebrauchsdings verausgabte Arbeit als seine »gegenständliche« Eigenschaft darstellt, d. h. als seinen Wert, verwandelt das Arbeitsprodukt in Ware.« [102] Diese Gegenständlichkeit ist das an der Ware, was sie zur Ware macht und das, was sie mit allen Waren gemeinsam hat. Sie ist »dinglich verschieden und zugleich mit allen anderen Waren gemeinsam.« [103] Qua Gegenständlichkeit existiert der Wert in der *Natural*form einer Ware; in dieser verschwindet aber der Wert als Wert. Nicht allgemein »Arbeitszeit«, sondern *individuelle* Arbeitszeit erscheint als gesellschaftliche Arbeit. So ist auf der Erscheinungsebene der Wert offenbar immer an eine besondere Naturalgestalt von Äquivalentware gekoppelt. Im Wert *dieser* bestimmten Arbeitszeit, im Wert *dieser* Arbeitszeit entsprechenden Äquivalente, letztlich im Wert dieses bestimmten Geldausdrucks der allgemeinen und gleichzeitig besonderen Äquivalentware Geld.

Konkretes erweist sich als Schein des Allgemeinen. Wie das Geld konkrete Gegenständlichkeit zeigt, so die Waren auf ihrer stofflichen Seite. Von beidem wird in der Tauschhandlung abgesehen: von der Herkunft der Waren aus abstrakt menschlicher Arbeit, die, wo immer geleistet, vergleichbar gemacht wird, und von der Materialität der Münze oder der Leiblichkeit der Geldware. Praktisch interessieren allein die Proportionen, zu denen sich Waren und Geld tauschen. Diese Verteilungen scheinen den Produkten selbst innewohnend. [104] Ganz »natürlich« zu sein, ist an Waren und Geld also eine Eigenschaft, die sich darin offenbart, daß beide Tauschmittel sind.

In der Tat eine objektive Dialektik der Vergesellschaftung. Sie besteht darin, daß die Subjekte unter der Kontrolle der eigenen Produkte stehen, deren gemeinsame Verdinglichung die wirkliche »Abstraktheit« der zugrunde liegenden Sozialität verbürgt.

»Das Geld«, sagt Marx, »indem es die Eigenschaft besitzt, alle Gegenstände sich anzueignen, ist also der Gegenstand, im eminenten Sinne. Die Universalität seiner Eigenschaften ist die Allmacht seines Wesens; es gilt daher als allmächtiges Wesen.« [105]

Der Gedanke ist klar – auch wenn wir die symbolische Codierung von Gegenständen angesichts der Medialisierungstendenzen unserer Welt nicht mehr derartig »zentristisch« einschränken würden. Das Verhältnis zu einem ursprünglichen Mittel verändert sich durch Auffassungen, die zur Eigenschaft des Mittels werden und dieses verallgemeinern, verstärken und stabilisieren.

Hinsichtlich einer Analyse dialektischer Bewegung ist die Entwicklung der inneren Konsequenz, die Marx im Anschluß an die Darstellung des qualitativen Schlusses bei Hegel in der Analyse der entwickelten Geldform darstellt, besonders interessant. [106]

Das Problem ist das benannte der Vermittlung von Denkform und Sozial-, d.h. hier: Wertform. Exempel der Denkform ist das qualitative Schließen. Angesichts vorschneller Versuche, die Genese der Denkform zu historisieren, entgegen der Auffassung also, die z.B. auch ein undogmatischer marxistischer Theoretiker wie Alfred Sohn-Rethel vertrat, daß sich die Denkformen nur in Ansehung des Geldes bilden konnten[107], ist darauf hinzuweisen, daß Marx diese Interpretation kaum irgendwo unterstützt. In den Überlegungen »Zur Kritik der politischen Ökonomie« [108] findet sich indes eine Analogisierung der Hegelschen Schlußform des qualitativen Schlusses – vom Besonderen aufs Allgemeine aufs Einzelne – mit der Ware-Geld-Ware-Verwandlung.

Die entwickelte Geldform steht am Ende einer Entwicklung der inhaltlichen Wertbestimmung zur »blendenden Oberfläche«. Als das Allgemeine vermittelt diese Geldform die beiden Extreme Besonderes und Einzelnes. Der Schlußform $E - B - A$ (Einzelnes, Besonderes, Allgemeines) müßte folglich eine logisch frühere Stufe der Wertformentwicklung entsprechen, sollte die Analogie triftig sein. Obgleich unmittelbar in der Ware vereinigt, fielen Gebrauchswert und Tauschwert ebenso unmittelbar auseinander.[109] In der Naturalform *einzelner* Waren ist dieses Moment des Widerspruchs von Allgemeinem und Besonderem unmittelbar irrelevant. Es wird erst attraktiv im Austausch, der notwendig ist, insofern eine Ware Ware ist. Wie Marx im »Kapital« zeigt, reflektieren sich die gegensätzlichen Bestimmungen der Ware ineinander. Diese Reflexion kann die Ware nicht an sich selbst leisten, sondern nur an anderen »Gebrauchswert[en] oder Warenkörper[n] als unmittelbares Wertdasein.« »Der Wert der Ware Leinwand [...] wird ausgedrückt im Körper der Ware Rock, der Wert einer Ware im Gebrauchswert einer anderen.« [110]

Es erscheint in dieser Darstellung der fundamentalen Handlungsform die vergleichbare Denkform: Eine einzelne Ware (Subjekt) wird ihrer Bestimmung, Wert zu sein (Allgemeines), damit gerecht, daß sie sich auf eine qualitative Bestimmtheit außer ihr bezieht (Besonderes), den Warenkörper eines anderen Subjekts. Der Mangel an dieser Darstellung ist nur, daß eine einzelne Ware (Subjekt oder Substanz) durch ihre Angewiesenheit auf das Besondere eines anderen Warenkörpers noch nicht die *Gleichgültigkeit* des Wertbegriffs besitzt. Gegen jede *besondere* Warenbestimmung ist der Wertbegriff in der entwickelten Wertform, im Unterschied zur einfachen Wertform, gleichgültig. Also muß der vereinzelte Wertausdruck einer Ware »in die stets verlängerte Reihe ihrer verschiedenen einfachen Wertausdrücke« verwandelt werden.[111] Was nichts anderes heißt, als daß sich das Einzelne selbst als ein Allgemeines herausstellt.

Daraus ergibt sich die Parallele zur zweiten Figur des qualitativen Schlusses bei Hegel: $A - E - B$. »Diese drückt die Wahrheit der ersten aus, daß die Vermittlung in der Einzelheit geschehe, hiermit etwas

Zufälliges ist«.[112] Die Zufälligkeit erscheint als Mangel, da eine *einzelne* Ware mit einem *besonderen* Warenkörper einer anderen Ware zur Allgemeinheit verbunden ist. Der Mangel wird kompensiert, wenn die Allgemeinheit mit dem Besonderen, d.h. der Qualität verbunden wird, wenn in der zweiten Figur an der einzelnen Ware das Moment der Einheit von Wert und Gebrauchswert dominiert. Daß die Zufälligkeit der Vermittlung aufgehoben wird (Figur II), ist gleichbedeutend mit der Tendenz des Gleichgültigwerdens gegen die besondere Form des Gebrauchswertes. Aber der entfaltete Wertausdruck weist die Schwäche auf, daß sich die *besonderen Äquivalente* (Gebrauchswert gegen Gebrauchswert) wechselseitig ausschließen. Es bedarf deshalb eines besonderen Äquivalents auf der Stufe eines allgemeinen Äquivalents, das sich in die unendliche Reihe des »Warenpöbels« einreihen könnte. Der der Ware immanente Widerspruch würde praktisch, mittels ständiger Bewegung, ständigen Tauschverkehrs, »aufgehoben« werden können. Nur deshalb muß das Kapital akkumulieren. Indem alle Waren ihren Tauschwert in einer besonderen Ware messen (Bedingung der Figur I: daß die Qualität des Besonderen die Zufälligkeit ablegen muß, denn – Figur II – der dann aufbrechende Widerspruch zwischen besonderen Äquivalenten muß aufgehoben werden), wird die ausgeschlossene Ware, d.i. die ausgeschlossene besondere Qualität, »adäquates Dasein des Tauschwertes, sein Dasein als allgemeines Äquivalent.«[113]

Resultat: »Die Waren stellen ihre Werte jetzt 1.) einfach dar, weil in einer einzigen Ware und 2.) einheitlich, weil in derselben Ware. Ihre Wertform ist einfach und gemeinschaftlich, daher allgemein.«[114] Die allgemeine Wertform ist durch gesellschaftliche Konvention in die feste Geldform überführt worden. Durch den Schlußsatz der zweiten Figur ist »das Allgemeine [...] als Besonderes gesetzt, also als das Vermittelnde der Extreme.«[115] Geld ist also das allgemeine Äquivalent, das die Eigenschaft hat, die Ware mit sich selbst zu vermitteln. Als selbst besondere Ware verwandelt es andere besondere Waren in besondere andere Waren, wobei das Wertdasein Eigenschaft beider (aller) Waren sein muß. Eine Eigenschaft, die den individuellen Charakter löscht und das Besondere im geldwerten Äquivalent zum Ausdruck bringt.

Der beschriebene gesellschaftliche Zusammenhang kann somit als dialektischer *Prozeß* identifiziert werden, in dem sich die Herausbildung vollzieht. An *Gegenständen*, einzelnen Waren, an Geldstücken erscheint dieser Prozeß nicht. Der Handlungscharakter, die strukturelle Vernetzung, die geschichtliche Dimension lassen mithin die Hoffnung der *Widerspiegelungs*theoretiker als aussichtslos erscheinen. Es sei denn, sie machten aus der Realität, die sie gerade als solche, unabhängig, wollen, schon vor der Hand ein *Bild*; ein Bild, das es dann abzuspiegeln gelte.[116]

Die Kluft zwischen Wort und Gegenstand kann mit Ähnlichkeitskonstruktionen nicht geschlossen werden. Dieser Ausschluß verweist auf das Spiel der Repräsentationen. Eine ihrer spezifischen Formen betrifft die Formabstraktion des Geldes, die an bestimmte ursprüngliche Taufakte gebunden ist. Identifizieren und unterscheiden, Allgemeines, Besonderes und Einzelnes positionieren, all das bedeutet, daß in den Bewegungsmomenten der Dialektik die Varianten der Repräsentation erscheinen, die sich selbst repräsentiert. Daß dies ein gesellschaftliches Verhältnis beinhaltet, möglicherweise ein historisch ablösbares und in früherer Zeit anders geregeltes, macht die Dialektik nicht »universaler« oder weniger universal. In der vorgestellten Analyse wird die objektive Dialektik als »Naturdialektik« relativiert, indem sie sich als Kritik decouvriert. Aber die universellen Ableitungen erkenntnistheoretisch affirmativer Art, wie sie die offizielle DDR-marxistische Philosophie intendierte, erscheinen nicht geeignet, der objektiven Dialektik eine aufklärend kritische Funktion zuzusprechen. Die Kritik leistet hier mehr, wenn sie sich auch nicht der Repräsentation entzieht. Der Unterschied zwischen Kritikkonzept und affirmativer Dialektik betrifft den Universalienbegriff. Auf dialektische *Repräsentation* kann aber auch das Kritikkonzept nicht verzichten.

Eine neue Mystifikation?
Herrschaftswissen und Fortschritt ohne Ende

Die Natur ist »gesellschaftliche Natur«. Doch ist sie in schlechter Verfassung. Denn wenn »die Quelle des gesellschaftlichen Reichtums«, unter verschleiert-verschleiernden Machtbeziehungen verborgen, das Dasein einer verdrängten Substanz führt, dann weist der Geist auf einen bedürftigen Körper. Es sind dies zwangsläufige Implikationen der marxistisch-leninistischen Maschinerie, die man im Auge behalten sollte. Die Ausbeutung der Arbeit, die Militarisierung aller gesellschaftlichen Sphären, die Zerstörung von Natur und Umwelt im großen Maßstab, dies alles war keine unglückliche Fehlentwicklung, die auf das Konto einer unbefriedigenden Umsetzung theoretischen Wissens in politisches Handeln zu buchen ist. Dies alles wurde vierzig Jahre lang als gesetzmäßiger Fortschritt des real existierenden Sozialismus gefeiert. Und *das* stand völlig in Einklang mit den geistigen

Grundlagen des Marxismus-Leninismus in der DDR. Deshalb sind seine Ideologen verantwortlich.

Die Dialektik ist mit der Rationalisierung der Naturdialektik, wie sie Marx beispielhaft vorführt, längst nicht an ihr Ende gekommen. Das Vernünftige bestimmt sich in seiner weiteren Entwicklung vom *Wunsch* her. Denn dies indiziert »Natur« als das Fremde. Die Welt des Geistes als Funktion von Handlungen und Praktiken zu erweisen, betraf *einen* Schritt der Dialektik. Einer derartig entfalteten Subjekt-Objekt-Dialektik gegenüber stellt die DDR-marxistische Fassung von Objektivität tatsächlich einen Rückfall in *prima philosophia* dar. Daß Objektivität dieser Machart schlecht trägt, kann man gegenwärtig in jeder Zeitung lesen. Aber die Differenzen materialistischer Dialektik besagen nichts über die Grenzen der Repräsentation überhaupt, besagen nicht, daß ein Ende der Repräsentation nicht denkbar wäre und damit auch ein Ende dialektischer Repräsentation und der Philosophie der Identitäten. Nicht nur der Poststrukturalismus sieht den Zeitpunkt erreicht: »*incipit philosophia differentiae*«.[117]

Es muß also als sibyllinische Auskunft gelten, wenn »fortschrittliche« DDR-Marxisten und solche, die ihnen nahestehen, die Auskunft geben, daß sich »in der Durchführung der Widerspiegelungstheorie [...] die wirkliche Dialektik des Gesellschaftlichen als Seinsvoraussetzung der Dialektik i.S. der philosophischen Methode« erweise.[118] Ob mit der Reflexionsstruktur der Naturdialektik eine neue Mystifikation geschaffen wird, hängt davon ab, inwieweit »Widerspiegelung« prozessualdialektisch und praktisch gesellschaftlich faßbar ist. Die gesamte Tradition der Widerspiegelung spricht gegen ein Gelingen. Die Autoren deuten an, daß die Reflexion natürlich-vergesellschafteter Natur in der Theorie erscheine. Dort wird sie als Seinsvoraussetzung der Dialektik methodisch etabliert — worin nichts Mystisches zu sehen ist.

Wird »Menschheits- bzw. Gesellschaftsgeschichte«, gedacht als in Einheit und auch in Widerspruch mit »Naturgeschichte«, so ist die Form streng dialektisch. Schließlich befinden wir uns seit den ersten Schritten zur — begrenzten — Aufhebung der natürlichen Selektion durch Werkzeug-und Wissenschaftsentwicklung in einem Widerspruch, der zugleich unsere Art der »Einheit«, unsere Vergesellschaftung indiziert. Logisch finden wir wiederum die Figur des übergreifenden Allgemeinen, worin Hegel die Bewegung faßt, Gattung seiner selbst und seines Gegenteils zu sein.

Nach marxistisch-leninistischem Verständnis ist nun die Philosophie aber aufgrund dieser ontologischen, erkenntnis- und wissenschaftstheoretischen wie auch geschichtsphilosophischen Problemexposition am ehesten an positive Wissenschaft verwiesen. Was umgekehrt die Aufgaben der Philosophie leicht auf Metaphysisches eingrenzt. Nicht weil die Naturwissenschaften die paradigmatischen Gesetzeswissenschaften sind, wie die neukantianische Einteilung lehrt, blickt die Philosophie, die sich mit der Dialektik auskennt, auf die Wissenschaft. Denn dialektische Nomothetik versteht sich, wie wir sahen, selbst als Korrektiv eines Dualismus von strengen und weniger strengen Gesetzeswissenschaften, von Natur- und Sozialwissenschaften. Wenn überhaupt eine Orientierung auf »Naturwissenschaft« sinnvoll sein kann, dann nur, insoweit »Natur« darin für einen viel weiteren Naturbegriff steht. Er meint die Einheit der natürlichen und angeeigneten Natur, die Einheit dessen, was gemeinhin insgesamt von uns und für uns als Wirklichkeit beansprucht wird. Es gibt Anzeichen, daß diesem Gedanken auch in der Wissenschaftstheorie der klassischen Naturwissenschaften zunehmend mehr Gewicht beigemessen wird.

Sieht man auf die Wissenschaft und die Dynamik ihrer Forschungsmethoden in herkömmlicher Formierung, müssen sich theoretische und praktisch gesellschaftliche Gesichtspunkte zusammenfügen. Das ist empirisch, wissenschaftstheoretisch und wissenschaftsgeschichtlich leicht zu untermauern. Wissenschaftliche »Abbildungen« der Welt sind nach letzten Einsichten des Marxismus-Leninismus von verschiedenen miteinander korrespondierenden Momenten gekennzeichnet.

Von der Idealität oder dem Modellcharakter, denen entsprechend der Kontext von »Gegenständen« resp. »Realallgemeinem« organisiert wird; von der Historizität dieses Sachkontextes – wie in der Kosmologie und der Evolutionsgeschichte sehr deutlich, nicht minder aber auch für gesellschaftliche Bereiche erkennbar. Schließlich von der Relativität, der Geschichtlichkeit der Theorienproduktion selbst, d.h. der erkannten Gegenstandswelt.

In der Konstellation dieser drei Momente ist das *Problem der Naturdialektik* formuliert. Punkt zwei ist ambivalent auslegbar. Je nach Betonung in der Verbindung von Sache und Subjekt. »Wenn die Wissenschaftsgeschichte sich dem Relationenfeld von Geschichte des Naturgegenstands, Wahrheitsanspruch von Theorien über den Naturgegenstand und Geschichte der Theorien über den Naturgegenstand entfaltet, und die Natur selbst als ganze dieses Relationenfeld in sich schließt, dann kann ebenso sehr gesagt werden, der theoretische Gegenstand sei durch das Subjekt konstituiert (nämlich innerhalb der Feldbeziehungen) wie auch umgekehrt, das Subjekt sei nichts anderes als der Ausdruck des Naturprozesses in seinem Verhältnis zu sich selbst. Die Natur hat dann nicht nur ihre eigene Geschichte, sondern auch noch [!] eine gesellschaftliche.« [119]

Was soll das mehr bedeuten, als daß die Selbständigkeit der Natur, wenn überhaupt, jenseits unserer intellektuellen Bemühungen liegen mag, für uns aber keine entscheidende Rolle spielen kann. Auch ist nicht vorstellbar, daß die Natur, bestimmte Weisen, sie für uns einsehbar und verfügbar zu machen, privilegieren sollte. Wie auch immer, »Natur« ist »Natur für uns«. Der Naturbegriff steht mithin für die vielfältigen Bemühungen, uns im Feld zwischen Natur und Kultur menschlich einzurichten.

Die dialektische Entwicklungskonzeption des Ineins von subjektiver und objektiver Dialektik, integrierter philosophischer wie wissenschaftlicher, soziologischer wie politischer Strategie, ist, vom philosophischen Standpunkt betrachtet, keineswegs wegen theoretischer Dürftigkeit oder geringer philosophischer Reflexionskraft obsolet. Ebenso ist sie nicht widerlegbar. Was die kritisch materialistische Version angeht, die natürlich ebenfalls nicht beweisfähig ist, gibt es nichtsdestotrotz gute Gründe, an einer naturalistischen Version der wirklichen Welt festzuhalten. Wir sind gut beraten, den Skeptiker schmoren zu lassen. Wir werden seine Herausforderung, alle unsere gut gestützten Ansichten über die Realität der Welt und insbesondere diese selbst zu beweisen, nicht annehmen müssen. Wir können vielmehr davon ausgehen, daß die große Zahl unserer Überzeugungen in Ordnung geht. Das Modell der Dialektik zeigt zudem eine Denkform, die es ermöglicht, mit Wandel und Widersprüchlichkeiten, Inkonsistenzen und Diskontinuitäten undogmatisch umzugehen. – Allerdings gibt es andere Modelle, die dies auch leisten.

Nun ist es die Stärke der Dialektik, die ihr Probleme schafft. Ihr Umgang ist nicht zu stornieren. Alles und jedes muß die Dialektik integrieren. Und daß Hegel sie an einer bestimmten Stelle zum Stillstand bringen wollte, übrigens nicht ganz unähnlich den Ambitionen des Marxismus-Leninismus [120], haben ihm die Kritiker gleich als Inkonsequenz angekreidet. Die Dialektik zwingt zum Progreß, zum Wissen und Machen, schließlich zu einem beängstigenden Aufwand an Rechtfertigung. Von daher ist verständlich, wenn die Dialektik als Herrschaftstheorie apostrophiert wird. Weniger im Sinne bestimmter Kompetenzen, eines bestimmten Machteinflusses oder konkreter Gewaltpotentiale als vielmehr bezogen auf eine Bemächtigung der Realität schlechthin. Nichts vermag sich der dialektischen Maschinerie zu entziehen, nichts darf unentdeckt, Geheimnis bleiben. Der dialektischen Vernunft ist ein Akkumulationsmodell unterlegt – weswegen sie als

Vernunft der Akkumulation so gut zu überzeugen weiß. Wo der Marxismus-Leninismus sich dieser, für seine eigenen Verhältnisse »modernen« Denkweise bediente, zeigte er sein Interesse gerade an diesem Modell.

»Eine progressive Entwicklung liegt dann vor, wenn das Objekt infolge von Strukturveränderungen (Kompliziertwerden, Einfacherwerden) seine Funktionen, insbesondere die Grundfunktionen, effektiver erfüllt.«[121] Die Menschheit und namentlich der DDR-Bürger stand in dieser Perspektive stets vor irgendwelchen *Aufgaben*. Man mußte lernen zu »lenken«, zu »leiten« und schließlich zu »beherrschen«.[122] Die Intention, eine für den einzelnen sichere Verankerung in einer verläßlichen Realität zu schaffen, wird vereitelt von der Durchführung dieser Absichten. Die Maßnahmen der Einverleibung von Wirklichkeit vernichten diese oft genug in ihrer Individualität und Einmaligkeit. Der Zwang zur Aufhebung von Differenzen steht unter der Drohung des Gesetzes.

Adorno hat in seiner »Negativen Dialektik« darauf hingewiesen und sich gegen die Subsumtion unter die Herrschaft des Begriffs verwahrt. Das Besondere sollte den Vorrang vor der Totalität behalten. Zwar würde das Nichtidentische im Widerspruch offenbar, aber – die historische Lektüre dieses Gedankens sei empfohlen – nur als Identität.[123] Nun gehört der Widerspruch aber nicht den Dingen an und auch nicht einer ihnen innewohnenden Mechanik. Nichtidentität steht, wie Adorno sagt, unter dem Bann des Gesetzes, ihre historische Existenz gehört zu einer nach dem Identitätsprinzip organisierten Gesellschaft. Solche Betonung des negierenden Charakters des Denkens in einer dem Identitätsprinzip verbundenen Gesellschaft provozierte die heftigste Kritik der positiv denkenden DDR-marxistischen Philosophie.

Eine philosophische Methode, die gleichzeitig mit dem Höhepunkt bürgerlichen Selbstbewußtseins auf den Schlachtfeldern Europas, in den Kolonien Amerikas und Afrikas, in den Fabriken, Banken und Kontors des *bourgeois*, als Bewußtsein der Identität seines Daseins, seines Wirkens und seiner Welt entwickelt wurde – eine philosophische Methode, deren rationaler Kern nicht viel später schon kritisch gegen die Verklärung der Bürgerklasse zur Menschheit und der Kalkulation zur Vernunft schlechthin gewendet wurde –, eine solche Philosophie sollte auf dem Boden der Deutschen Demokratischen Republik noch einmal eine universale affirmative und politische Vernunft repräsentieren, die glaubte, ihre bürgerliche Abkunft hinter der selbstgestalteten historischen »Aufhebung« der eigenen Genese verstecken zu können.

Erst Jahre nach der theoretischen Kritik am Meisterdenken gleich welcher Provenienz wurde seiner staatsideologischen Gestalt auf deutschem Boden schließlich derselbe entzogen. Die Logik der Dialektik bleibt wesentlich der Hegels verbunden. Der Sozialismus in der Form, in der er von den Philosophen der DDR als weltanschaulicher Materialismus traktiert wurde, glich nur noch dem Gefrierzustand bürgerlicher Verhältnisse. Und das nicht zuletzt dank des dialektischen Instrumentariums.

Einzig die »undialektische« Politik, die auch in der Philosophie keinen schlechten Platz hatte, opponierte dagegen. Wenn auch unter dem wenig zwingenden Diktat des moralischen Besserwissens. Die am Ende der vierzigjährigen Bemühungen durchaus subtil verfeinerte dialektische Argumentation in Fragen der »Aneignung« der Vergangenheit spricht für sich. Es gab nichts mehr, was der Sozialismus nicht hätte aneignen können – im Sinne von »aufheben, negieren und auf eine höhere Stufe heben«. Wofür hätte er also seine Besonderheit bewahren sollen?

Teil II

Der real existierende Sozialismus – zur Geschichte des Materialismus in der DDR

Der folgende Teil wird sich mit dem real existierenden Sozialismus befassen. In drei Etappen werden wir durch die Geschichte des DDR-Sozialismus eilen, um einige entscheidende gesellschaftliche Entwicklungen zu skizzieren, die mehr als den Hintergrund dessen ausmachen, was unser Thema ist.

1. Erneuerung und Abgrenzung

Das erste Kapitel beschäftigt sich mit der Nachkriegszeit und den fünfziger Jahren. Vorweg rekapitulieren wir, wie es kam, daß der Philosophie in einem Staat wie der Deutschen Demokratischen Republik ein solches Gewicht beigemessen wurde. Wo doch der Marxismus das Ende der Philosophie verkündet hatte.

Das Ende der Philosophie?

Es ist unzweifelhaft, schon in der sowjetischen Besatzungszone, nicht minder in der jungen Deutschen Demokratischen Republik spielte Philosophie eine überragende Rolle.

Bedenkt man die Grundzüge des Marxismus-Leninismus, die wir skizziert haben, mag das nicht verwundern. Überrascht mögen diejenigen sein, die sich an die Marxsche These vom »Ende der Philosophie« erinnern. Nicht auf Philosophie und Interpretation der Welt komme es an, sondern auf die revolutionär verändernde Praxis des Marxismus, hieß es in den Feuerbachthesen. Doch wenn es auch berechtigt ist anzunehmen, daß Marx mit der Abschaffung einer Ideologie vom Schlage des Marxismus-Leninismus – mit dessen Hilfe eine keineswegs revolutionär veränderte Wirklichkeit lediglich verbalradikal uminterpretiert wurde – sehr einverstanden gewesen wäre, die Rede vom Ende der Philosophie ist keineswegs als Plädoyer für die Abschaffung der philosophischen Reflexion überhaupt mißzuverstehen. »Auch ein Idiot kann Marx so verstehen, daß es die Philosophie nicht mehr gebe, weil sie in der Aufhebung des Proletariats verwirklicht sei, zu verwirklichen sei«, kommentiert Ernst Bloch drastisch.[1]

»Aufhebung der Philosophie« war im Hegelschen Verständnis gebraucht. »Aufhebung« unterstreicht den Totalisierungseffekt, bedeutet Negation des alten Zustandes einer Einschränkung auf die Welt des Geistes und der Ideen, bedeutet Transformation und »Höherentwicklung« im Sinne eines ursprünglich umfänglichen, theoretischen *und* praktischen Anspruchs. Philosophie sollte übergreifen auf die Gebiete der gesellschaftlichen und politisch-moralischen Praxis. Intendiert war die gleichzeitige Durchdringung der Sphären des Denkens und theoretischen Vernunft und der Bereiche des Handelns und der praktischen Vernunft. Daß diese Idee der *Totalisierung* der Philosophie – die im Verlauf dieses Prozesses ihren überkommenen philosophischen Charakter verlieren sollte – auf mehr basierte als auf dem bloßen Anspruch, Theorie und Praxis vermitteln zu wollen, läßt sich bei Marx nachlesen. Die »Totalisierung« der Philosophie im Sinne des Marxismus-Leninismus, der diese Vorstellung in die Version der »Einheit von Weltanschauung, Ideologie, Wissenschaft und Politik« ummünzte, und, seinem Plädoyer für den Waffencharakter der Philosophie folgend, eher von »Totalitarisierung« als von Totalisierung hätte sprechen sollen, ist nur äußerlich mit dem »Ende der Philosophie« im Marxschen Verständnis vereinbar. Denn die Rechtfertigung für das Weiterbestehen der Philosophie unter sozialistischen Bedingungen ist selbst nur »philosophischer«, d.h. ideologischer Natur – im Marxschen Sinne.

Die *Praxis* des real vegetierenden Sozialismus begnügte sich damit, den Prozeß der Verwirklichung und gleichzeitigen Aufhebung der Philosophie pragmatisch zu lösen: traditionelles Philosophieverständnis und ideologischer Anspruch des Marxismus-Leninismus verstanden sich zudem, formal vor allem, sehr gut. Die geläufige Einteilung in Disziplinen, die Verwendung bewährter »bürgerlicher« Methoden – von der Übernahme historistischer und hermeneutischer Interpretationswege bis zur Auszeichnung positivistischer und szientistischer Verfahrensweisen – verband sich ausgezeichnet mit der sogenannten Neuen Philosophie, wenn sie sich nur der Form und dem Inhalt der Politik des Sozialismus unterordnen ließ. Das Praktischwerden der Philosophie, von dem die Feuerbachthesen handeln, hatte einen sehr profanen Sinn. Nicht daß die Philosophie aus sich heraus zum Handeln gedrängt hätte; die praktische Demonstration geriet simpler: Die Philosophie ließ sich politisch instrumentalisieren.

So waren es auch die Wissenschaftler, die in den Instituten des Marxismus-Leninismus schafften, die sich im Wortsinn als praktizierende Philosophen exponieren mußten. Konsequent wurden sie eingesetzt als »erfahrene Propagandisten«. Sie besorgten die notwendige »theoretische Vereinheitlichung« in Agitation, Propaganda und Leitung nach Maßgabe des jeweiligen Staatszwecks und schlugen sich herum mit den »falschen«, hauptsächlich »bürgerlichen« Interpretationen der Welt, von denen sie sich noch nach vierzig Jahren obligatorischer Marxismus-Leninismus-Schulung ununterbrochen provozieren ließen.

Spricht man heute – wohlwollend – von Verengungen, Vereinseitigungen, unzulässigen Verallgemeinerungen, die der Materialismus aufgrund seines Charakters als Politiksubstitut zu verantworten habe, so ist dies eine berechtigte aber doch unzureichende Kritik. Der Marxismus-Leninismus war keine Ad-hoc-Theorie für den Bedarfsfall einer politisch-militärischen Konstellation wie zum Ende des Weltkrieges. Er war mehr als eine spontane politische und programmatische Antwort, die die Kommunisten angesichts einer möglichen Konkurrenz zwischen marktwirtschaftlich-demokratischen und sozialistischen Verhältnissen nach 1945 als Strategie der Auseinandersetzung aufgriffen. So sehr er früher mehr war als die Antwort der Bolschewiki und der siegreichen Oktoberrevolution auf die Herausforderungen der Kontras, der Weißen und der wirtschaftlich miserablen Verhältnisse.

Tatsächlich ist der Marxismus-Leninismus, das Lehrgebäude des historischen und dialektischen Materialismus, einer philosophischen Tradition verbunden, die von der Philosophie nicht und von den Marxisten nur aus Opportunitätsgründen geleugnet wurde.

Gerade die historische Dimension des Marxismus machte ihn für die, die ihn strapazierten, so wertvoll. Als Methode der geschichtlichen Beglaubigung war er selbst durch seine Wurzeln historisch beglaubigt. Jenseits der philosophischen Kontexte, der sachlichen Argumentation im einzelnen, jenseits der Differenzen zwischen einzelnen Denkern, eine Tradition erlaubt es stets, mit bewährten Autoritäten aufzuwarten. Darin allein schon liegt die Versuchung zu diktieren: »So soll es gemacht werden.« Daß es angesichts der Auswahl zwischen hunderten, wenn nicht tausenden von Bänden marxistischer Literatur nicht schwerfallen kann, auch inhaltlich ein Stück vergangener Meinung zu isolieren, das im Sinne gegenwärtiger politischer Absichten zitiert und gedeutet werden kann, ist leicht einzusehen. Der historische Materialismus Leninscher, Stalinscher, neuerdings Gorbatschowscher Prägung hat sich vom Marxschen, auch vom neomarxistischen Philosophieverständnis des Westens, von der Abarbeitung an und der Auseinandersetzung mit der Hegelschen und nachhegelschen »bürgerlichen« Philosophie »emanzipiert«.

Dabei werden hier neuere, zu späte Tendenzen einer Rückbesinnung vernachlässigt. Betrachtet man allein diese *philosophischen* Quellen, mag es darin hier und da Verweise auf philosophische Positionen geben, die dem Leser die Existenz eines idealismuskritischen, materialistischen Denkens verbürgen könnten. Doch kann man dies nicht verstehen als Hinweis auf eine antibürgerliche und nichtidealistische, in großen Teilen kryptische Philosophie- und Geistesgeschichte. Und sollte ein Philosophiehistoriker Gefallen daran finden, den Durchgang durch die Denkgeschichte mit Hilfe eines vergleichbaren Oppositionsschemas intelligibel zu machen, so bleibt verbindlich, daß solche Darstellung vernünftigerweise keinen historisch realistischen Anspruch stellt. Immer würde man verständige Alternativen zu dieser Art der Geschichtsschreibung finden, die nicht deshalb, weil sie das vorgeschlagene Oppositionsschema ablehnen, als »falsch« beurteilt werden könnten.

Anders die Philosophiegeschichte, die sich aktueller politischer und ökonomischer Konkurrenz verdankt. Nicht von ungefähr finden wir erste überschlägige Arbeiten zum »guten« materialistischen und zum »bösen« idealistischen Weg des Denkens seit Mitte der fünfziger Jahre. Diese Arbeiten zeigen deutlich ihre Veranlassung. Keineswegs entfalten sie den philosophischen Streit zwischen materialistischen und idealistischen Positionen aus dem Fundus der *Philosophie*geschichte. So dringlich erscheint das Bedürfnis der Abgrenzung gegen eine etablierte philosophische Tradition, daß allein auf dem noch dürftigen Fundament marxistischer Werke und philosophisch brauchbarer Schriften aus dem Repertoire der kommunistischen und sozialdemokratischen Bewegung materialistisch gehandwerkelt wird. Was darüber hinaus ging, schien verdächtig.

Die Auseinandersetzung zwischen Marxismus und »bürgerlicher Ideologie« nach dem Zweiten Weltkrieg in Deutschland war der erste Fall einer großangelegten nationalen Ideologiedebatte, die nicht auf das institutionalisierte Schema einer *internen* Opposition zwischen politisch Verantwortlichen und ihren Kritikern beschränkt blieb. Vor 1949 hatte es auf deutschem Boden keine vergleichbar ausgedehnte philosophische Diskussion, keine derartig intensive ideologische Kontroverse gegeben, welche die Überzeugungskraft des darin vertretenen politischen Standpunktes gleichzeitig auf den Souveränitätsanspruch und die Selbständigkeit einer zugehörigen, im staatlichen Rahmen abgesicherten Gesellschaftsformation hätte beziehen können.

Soweit es unter dem Faschismus dazu kam, blieb die Auseinandersetzung, was bedeutsam ist, ebenfalls im wesentlichen *intern*. In der Geschichte der Philosophie in Deutschland, in der politischen Geschichte Deutschlands zwischen 1848 und 1945, selbst in der engeren Geschichte der deutschen Arbeiterbewegung und ihrer Theorie, stets war der Marxismus in der Opposition. Sein auf Veränderung bedachter revolutionärer Anspruch bezog sich *positiv* immer auf zukünftig erst herzustellende Sozialverhältnisse am Ort gegenwärtiger Kritik. Aktuell waren bestenfalls die Überlegungen zu Strategie und Taktik des politischen *Kampfes*, dessen glücklicher Ausgang dann die

Bedingung für den Aufbau einer neuen Gesellschaft sein sollte – nicht aber für die Fortführung des Kampfes. Erst wo die positive, die »organisierende Tätigkeit beginnt«, wo der »Selbstzweck« des Sozialismus, »seine Seele hervortritt, da schleudert [er] die politische Hülle weg«, da kann der neue Gesellschaftszustand sich »*sozial*« entfalten. Dann erst steht nicht mehr der *politische* Kampf als erster Punkt auf der Tagesordnung.[2] So hoffte noch Marx.

Die Bedingungen nach Gründung des demokratisch-sozialistischen Staates östlich der Elbe, auch schon die Lage in der sowjetischen Besatzungszone, waren nun grundlegend andere als vor der sogenannten »demokratischen Revolution«. Ich meine die von 1945.

Probleme einer gemeinsamen philosophischen Tradition (in der, was die deutschen Verhältnisse betrifft, fürs erste die Philosophie der Aufklärung, die kritische und idealistische Philosophie, die Linkshegelianer und der Marxismus, die Theorie der Arbeiterbewegung und der Leninismus eine Rolle spielten[3]) mußten Marxisten und Kommunisten trotz aller abgrenzenden Kritik und trotz aller ideologischen Autonomie in unmittelbarer, hautnaher Auseinandersetzung um Traditionen, Legitimität, Macht und Legitimation austragen. Stets im Wissen, daß die Entscheidung für Alternativen Ausschlüsse nach sich ziehen würde, wenn die politische Macht neu verteilt werden sollte. Alles spielte sich in den Grenzen, auf dem Territorium *einer* geltenden Ordnung ab, vor *einer* nationalen Öffentlichkeit, auf Wegen der Kommunikation und Information, die für alle gewohnt, zumindest eine Zeit für alle öffentlich zugänglich waren. Erst im Verlauf eines politischen Kampfes, in dem sich die deutsche Linke eben *nicht* zu behaupten vermochte, vollends dann unter dem Faschismus, wurde die marxistische Opposition gewaltsam aus der nationalen Öffentlichkeit ausgeschlossen. Aber selbst diese Unterdrückung brachte nur bedingt eine Sonderstellung für die Kommunisten, wenn man bedenkt, daß auch sozialdemokratische und christliche Überzeugungen mit ähnlichen Mitteln bekämpft wurden.

Dies änderten die Bajonette der Roten Armee, die den deutschen Kommunisten nach 1945 einen eigenen Herrschaftsraum sicherten. Der Neubeginn bedeutete Neubestimmung, grundsätzliche und beispielhafte Fixierung der ideologischen Gegnerschaft, erneutes Überdenken, unter Umständen Revision überkommener Haltungen zur deutschen Denk- und Kulturtradition, zum historischen Kontext philosophischer und politischer Kontroversen. Dies alles jetzt aus der Distanz formell gesicherter, »kategorischer« Legitimität, d.h. Rechtlichkeit und Anerkennungswürdigkeit der neuen politischen Ordnung. Ihre Darstellung mußte Einwände nicht mehr berücksichtigen, weil die Machtfrage entschieden war. Ihre Legitimation durch die geschichtsmächtigen Volksmassen war allerdings noch äußerst spärlich. So galten alle Abgrenzungs- und Einordnungsbemühungen in erster Linie der Legitimationssteigerung. Legitimationsnachweis und Kontinuitätszeugnis wiederum bildeten den Bodensatz der Legitimität, welche die demokratisch-sozialistische Alternative, als die sich die Linke im Osten verstand, nun unaufhörlich dem aus dem Westen schallenden Vorwurf illegitimer Herrschaft entgegenhalten würde.

Die Reihenfolge der Bemühungen richtete sich nach der Dringlichkeit. Intern war die Versorgung mit dem Rüstzeug, das die Auseinandersetzung zu führen überhaupt möglich machte, die Propagierung des historischen und dialektischen Materialismus, von erstrangiger Bedeutung. Da der eigene Traditionsrahmen der politischen Elite begrenzt war, zudem nicht nur professionelle Philosophen aufgefordert waren, sich der marxistisch-leninistischen Ideologie zu versichern, sondern das »schöpferische Subjekt« der neuen Gesellschaft zur Gänze, mußte dieser allgemeine Lernprozeß vor »Diversionsversuchen« durch das bürgerliche Lager geschützt werden. Gemeint waren keineswegs nur die Aktivitäten hinter den Demarkationslinien, sondern ungute intellektuelle und politische Einflüsse, die die noch nicht umerzogenen »bürgerliche Schichten« im eigenen Land zu fördern drohten, um das Rad der Geschichte zurückzudrehen.

Erst auf der Grundlage dieser unverzichtbaren, massenweisen Aneignung der marxistisch-leninistischen Dogmatik und der mit Hilfe dieses Instruments möglichen ideologischen Abgrenzung wurde der Aufbau einer spezifisch DDR-sozialistischen geistesgeschichtlichen Tradition und Geschichte ins Auge gefaßt. Die idealtypische Aufgabenstellung, im Nachhinein formuliert, behauptete eine frühe Orientierung auf das politikökonomische und philosophische Werk von Marx und Engels, sodann eine Aufarbeitung des Verhältnisses der marxistischen Philosophie zur Philosophie Hegels und zur klassischen deutschen Philosophie zwischen Aufklärung und Idealismus.

Später dann erst – so die Rekonstruktion – soll eine genauere Positionierung der gesamten Philosophiegeschichte entsprechend der Schematik der »Grundfrage«, d.h. im Raster von Materialismus und Idealismus erfolgt sein.

Es stimmt, daß die historische Entwicklung der Philosophie in der DDR dieser Logik in gewisser Weise tatsächlich folgte. Allerdings gibt es bedeutsame Auslassungen, die für die Fixierung der philosophischen Tradition in den fünfziger Jahren eine gewichtige Rolle spielte. Ich meine beispielsweise den sogenannten »Klassikzentrismus« der frühen Jahre, der die Arbeiter weit eher als um Marx um Goethe und Schiller scharte[4] und auch in der Philosophie seine Spuren hinterließ, wie sich in den Arbeiten über die enge Verbindung zwischen Marxismus und kritischer und idealistischer Philosophie zeigte. Und es gab einen vergleichbaren Politik- und Realismuszentrismus, der die Marxisten weit eher an Engels, an Lenin und an Stalin heranführte als an Marxens philosophisches, politik- und ökonomiekritisches Werk. Daß es sich bei den Legitimationsversuchen, die schließlich angestellt wurden, um zu zeigen, *wie* die wissenschaftlich-philosophische Entwicklung den Plan erfüllte, teilweise um fragwürdige Extrapolationen[5] handelte, die dem Interesse der Selbstdarstellung dienten, steht auf einem anderen Blatt. Wir werden auf einige verwischte Stellen im Selbstbildnis der DDR-Philosophie zu sprechen kommen, wenn wir nun in einer Skizze zum historischen Werdegang des Sozialismus in der DDR versuchen, die für die Ideologie- und Philosophiegeschichte relevanten gesellschaftlichen Verwicklungen aufzuzeigen.

Die demokratische Revolution zu Ende führen

Der in der programmatischen Erklärung der KPD nach Kriegsende formulierte Auftrag, »die bürgerlich-demokratische Revolution unter Führung der Arbeiterklasse zu Ende zu führen«[6], lenkte die Anstrengungen, die in der Folge in der DDR auf ideologisch-bewußtseinsbildendem, kultur- und wissenschaftspolitischem Gebiet unternommen wurden.

Diese Stoßrichtung äußerte ihre bestimmende Kraft nicht allein in der von der Partei entsprechend fixierten Etappe des antifaschistisch-demokratischen Aufbaus. Sie machte ihren Einfluß darüber hinaus bis in die sechziger Jahre geltend. Im Rückgriff auf die Volksfrontpolitik der dreißiger Jahre und in Erinnerung der demokratischen Revolutionen von 1848 und 1919 glaubte man, diese Revolutionen stellvertretend für ganz Deutschland zu ihrem Ziel führen und die progressiven Forderungen der deutschen Bourgeoisie der Vergangenheit einlösen zu müssen. – Eine Idee, die etliche westdeutsche Intellektuelle nach den Ereignissen des Herbstes und Winters 1989/90 erneut in die Diskussion einbrachten, weil sie glaubten, nun endlich sei für ganz Deutschland der Zeitpunkt gekommen, die Vorgaben der Geschichte – den Übergang zur Demokratie – zu vollziehen.

Nach dem Krieg war es die Ostzone, unter deren Führung der Weg von 1789, 1848 und 1919 zu Ende gegangen werden sollte. In Frontstellung gegen die politischen und ideologischen Kräfte in Westdeutschland, die unter amerikanischem Druck bereit waren, nationale Unabhängigkeit und deutsche Kulturtradition erneut, wie es hieß, militaristischen und imperialistischen Interessen zu unterwerfen, sollten auf dem Boden der DDR Voraussetzungen dafür geschaffen werden, daß sich volksdemokratische und in der Folge sozialistische Verhältnisse in ganz Deutschland etablieren konnten. Die SED setzte auf Wiedervereinigung unter linken Vorzeichen. Der »Kulturrevolution«, der Bewußtseinsveränderung der Bevölkerung im humanistischen und demokratischen Geist, wurde, um dies zu erreichen, zentrale Bedeutung zugemessen.

Eine erstaunliche, doppelte Zurücknahme revolutionärer Ambitionen kommunistischer Politik, die mit den Verwirrungen der Formationslehre des Marxismus-Leninismus zu tun hat. Gesetzlich wird dort die historische Abfolge von kapitalistischen und sozialistischen Verhältnissen gefordert. Weswegen sich die Kommunisten jenseits der Elbe, die die Demokratie wollten, konsequent hätten daran machen müssen, mit der politischen Form seiner Gesellschaftsordnung auch den Kapitalismus zu restaurieren. Doch sollte die Arbeiterklasse führen. An Restauration war deshalb nicht zu denken, es sei denn, daß sie mit sozialem Gewissen, »wirklich demokratisch« – und »unecht kapitalistisch« – durchgeführt wurde. Erst heute sind in der DDR die Stimmen laut, die immer schon zu wissen glaubten, daß es keine Demokratie ohne (soziale) Marktwirtschaft geben kann. Da es zwar nach 1945 auch im Osten theoretisch denkbar war, demokratischen Verhältnissen ein entsprechend entwickeltes marktwirtschaftliches System an die Seite zu stellen, dies den aus den Lagern der Nazis und dem sowjetischen Exil zurückgekehrten kommunistischen Kadern, die nun endlich mit der Vergangenheit Schluß machen wollten, aber unmöglich erschien, kam es zu einer Mischform aus halb-demokratischen politischen Formen und einem für fundamental erachteten ökonomischen Planungssystem. Während sich auf wirtschaftlichem Sektor, beherrscht von der Politik, von vornherein die »Diktatur des Proletariats« breitmachte, konzentrierte sich die demokratische Revolution für Deutschland auf die Kulturrevolution.

Der Traditionsboden, der für die ideologische Erneuerung ausgewählt wurde, setzte sich in erster Linie zusammen aus dem »bürgerlichen Humanismus« des 18. Jahrhunderts, dem »Widerstandspotential aus den fortschrittlichen Quellen von Dichtung und Kunst«, d.h. der deutschen Klassik und der idealistischen Philosophie vor allem.[7] Darüber hinaus reklamierte man summarisch alle demokratischen, humanistischen und sozialistischen Traditionen für sich. Die Erneuerung, so der Tenor aller ostdeutschen Verlautbarungen, »kann sich nur auf der Grundlage des großen deutschen Kulturerbes, der freiheitlichen und fortschrittlichen Kulturtradition des deutschen Volkes vollziehen.«[8] Während das Schicksal der Nation bei den Politikern und Militärs der Alliierten in festen Händen lag, sollte die kulturelle Vergangenheit über den Gräben der Weltkriege, jenseits der »Fehlentwicklungen« des deutschen Imperialismus und des Nationalsozialismus, das Band einer nationalen Einheit in Unabhängigkeit knüpfen helfen.

Die damalige Kritik am »Kosmopolitismus« (frühen Tendenzen im Westen, die Forderung nach nationaler Einheit und Selbständigkeit mit Blick auf eine mögliche westeuropäisch-atlantische Integration aufzugeben) und am »Formalismus« (vergleichbaren separatistischen Neigungen in Kultur und Kunst[9]) galt indes nicht nur nach außen, sondern auch ähnlichen Erscheinungen in der DDR unter umgekehrten Vorzeichen.

Im Rückblick auf diese Zeit wurde später in der DDR notorisch behauptet, daß die damals exponierte Traditionslinie das Ineins von humanistisch-klassischem und volksdemokratisch-klassenkämpferischem Erbe nie vernachlässigt habe. Weder die soziale Analyse noch die Dialektik von bürgerlicher Fortschrittlichkeit und klassenspezifischer Beschränkung aller bürgerlichen Vergangenheit seien zu kurz gekommen. Die frühen Dokumente belegen indes, daß die dominierende Richtung der Kultur-, Wissenschafts- und Nationalpolitik solche Differenzierung weder beförderte noch angesichts des damaligen Kräfteverhältnisses im eigenen Land befördern konnte. Nicht nur die bürgerlichen Schichten, sondern nicht minder die Massen des sogenannten Proletariats waren auch im Osten Deutschlands gerade »zusammengebrochen«.

Unbeschadet der Kritik an kosmopolitischer Geisteshaltung, standen im Mittelpunkt der Orientierung auf die als »progressiv« in Anspruch genommenen Strömungen vergangener Geschichte die universalen, die allgemein menschlichen Ideen und Ideale, welche die klassische Philosophie und Literatur formuliert haben sollte. Beliebt war eine allgemein aufklärende, politisch eher freischwebende Kritik an Theoremen früherer Herrschaftslegitimation, beliebt war das Zitat bürgerlicher Revolutionspostulate auf Freiheit und Gleichheit, beliebt waren die Geschichten vom praktischen Widerstand gegen Unterdrükkung und Ausbeutung, die Programme radikaler Demokraten, so sie denn auch auf deutschem Boden »wiederentdeckt« werden konnten. Dies alles hieß damals »progressives bürgerliches Erbe«.

Wenn in der Zeit des »Aufbaus von Demokratie und Sozialismus« in der DDR vereinzelt prinzipielle Klarheit darüber geherrscht haben mag, daß die Verwirklichung solcher historischer Ansprüche über die reduzierte Form ihrer bürgerlichen Realisierung, insbesondere über die generelle Beschränkung bürgerlichen Privateigentums hinausgehen mußte, so war die *konkrete* Hinwendung zur Tradition doch weitgehend idealistisch motiviert und mit moralischen Antrieben verbunden. Während mit der tatsächlichen »Befreiung des Eigentums« in der DDR nicht etwa seine »bürgerliche Beschränkung« aufgebrochen, sondern die Organisation des gesellschaftlichen Reichtums nur in die restriktive Hand eines realen Gesamtkapitalisten gelegt wurde. Den Produzenten, denen von dieser Organisation weit weniger materielle Freiheiten geboten werden konnten als von einem echten kapitalistischen System, konnte diese moralische Unterstützung nur recht sein.

Nicht anders als mit den wirtschaftlichen verhielt es sich mit den politischen Freiheiten, die nicht nur idealiter nach Maßgabe eines konsequenten Demokratismus hätten ausgelegt sein sollen. Man war überzeugt: »Die demokratischen und sozialistischen Elemente der Arbeiterbewegung zielen von Anbeginn auf die radikale Verwirklichung der von den bürgerlichen Demokraten geforderten Menschenrechte.« [10]

Weder eine radikale noch eine auch nur gemäßigte Realisierung der Menschen- und Bürgerrechte war bis zum Ende der achtziger Jahre erreicht. Zur Gänze oder in wesentlichen Teilen waren sie faktisch außer Kraft gesetzt. Auch wenn sich die DDR am Ende ihrer SED-geführten Existenz noch als »sozialistischer Rechtsstaat« etikettieren ließ.[11] Die realen Verhältnisse bezeugen, daß auch der Demokratismus in erster Linie ideologischer Natur war, zur verbalen Abgrenzung gegen ein vermeintlich zurückgebliebenes Rechts- und Freiheitssystem im anderen Deutschland taugen und die eigene Bevölkerung über die wahren politischen und gesellschaftlichen, vor allem ökonomischen Verhältnisse hinwegtäuschen, einen Vorsprung politischer Kultur in der DDR vortäuschen sollte.

Tatsächlich zeigt die schnelle Egalisierung der Gewaltenteilung, daß ökonomischer und politischer Zwang von Beginn an zusammengekoppelt werden sollten. Dies widerspricht eindeutig dem Demokratisierungspostulat — und auch der neuerlichen Geschichtsklitterung, die sich auf eine vermeintlich echt demokratische und antifaschistische Frühphase der DDR-Geschichte eingelesen hat. Das kommunistische Verlangen nach der demokratisch-parlamentarischen Republik, ausdrücklich verbunden mit dem Verzicht auf die Einführung des Sowjetsystems für Deutschland, unterstellte die Trennung zwischen gesellschaftlicher Interessensphäre, in der insbesondere auch der wirtschaftliche Verkehr abgewickelt zu werden pflegt, und staatlicher Gewalt, legitimiert von der Gesellschaft durch demokratische Wahl- und Kontrollverfahren. Statt dessen etablierte sich faktisch schon bald eine politisch führende Klasse, die die Prozeduren der Demokratie im abgetrennten Raum der Bürokratie nur noch simulierte bzw. simulieren ließ. Was der nur ideellen Repräsentanz der Demokratie in den Sprechblasen der Ideologie gut vergleichbar ist. Ein möglicher Aufbruch dieser sich verfestigenden Strukturen auf Wegen eines unabhängigen Rechtes war bald unterbunden, die Verwaltungsgerichtsbarkeit wurde aus Gründen der Immunisierung und Konzentration staatlich bürokratischer Schlagkraft schon zu Beginn der fünfziger Jahre, endgültig dann 1958 (auf der Konferenz von Babelsberg), ausgeschaltet. Die Gesetzlichkeit der Verwaltung, ein Grundsatz aller demokratischer Programme der Vergangenheit, auf die sich die Traditionsfindung kaprizierte, wurde damit negiert.

Erst im Verlauf der Gorbatschowschen Reformen wurde erstmals wieder die Kontrolle bürokratischer Maßnahmen auf Rechtswegen im Sozialismus vorgesehen. Und erst nach der Wende gab es auch in der DDR die Forderung, baldmöglichst die Verwaltungsgerichtsbarkeit, die es nach dem Krieg nur kurze Zeit in einigen Ländern der DDR gegeben hatte, wiederherzustellen und ein Verfassungsgericht zu gründen.

Keineswegs sollten die gesellschaftlichen Verhältnisse auf politischem Gebiet also anders geregelt werden als auf ökonomischem, auf dem ebenfalls, spätestens seit Gründung der Deutschen Demokratischen Republik, vorgegeben aber schon in den Anweisungen der sowjetischen Besatzer, die Befehlsstruktur von oben nach unten maßgebend wurde. Die einzig Verfügungsberechtigten über die Produktion im Arbeiter- und Bauernstaat, in dem der Theorie zufolge die Produzenten selbst die Eigentümer der Produktionsmittel sein sollten, waren und blieben die Direktoren. Demokratisch legitimierte Planungs- und Kontrollorgane, die anfangs existierten, Verwaltungsräte, in denen die Arbeitnehmerinteressen zur Sprache gebracht werden sollten, wurden schon bald abgeschafft. »Demokratie« beschränkte sich auf die Interpretation der vergangenen bürgerlichen Demokratie, der mißlungenen Revolutionen von 1848 und 1919. Selbst die Anknüpfung an die sozialistische und Arbeiterbewegung verlief fast uneingeschränkt auf der Deutungsfolie geistiger Emanzipation des Bürgertums im Aufklärungsjahrhundert, der Revolution des Selbstbewußtseins in den Ideen von Kant und Fichte, Schiller und Goethe.

Dogmatisch galt der Sozialismus, der seit 1952 offiziell als »im Aufbau« begriffen behauptet wurde, als die »wahrhaft humanistische Gesellschaftsordnung«, in der sich »eine demokratische Umwälzung auf allen Gebieten vollzieht.«[12]

Wohlgemerkt: weniger ist am Widerspruch zwischen Anspruch und Realität gelegen. Die inhaltliche, aber vor allem die formale Konzeption des Marxismus-Leninismus selbst ist es, die als bedingendes Bewußtsein der Realität insgesamt, der politischen und gesellschaftlichen Wirklichkeit im besonderen, in Frage zu stellen ist. Dem Mechanismus dieser Konzeption wäre keineswegs verständnisvoller zu begegnen, hätten die im Einflußbereich der Sowjets politisch Verantwortlichen auf der Grundlage der geschichtsphilosophischen Aussagen ihrer Formationslehre Ernst damit gemacht, demokratische Verhältnisse zu etablieren. Was allerdings kaum vorstellbar ist.

Natürlich lagen die Programme und Maßnahmen der kulturellen und ideologischen Ausrichtung auf die Demokratie in den ökonomischen Problemen und Optionen der Kommunisten begründet. Schon im Gründungsjahr der DDR wurde die unmittelbare Funktionalisierung der kulturellen Tradition im Dienste der Steigerung der Produktion offensichtlich. Und es wurde auch nicht verheimlicht, daß das notorische Gesellschaftsziel »Produktionssteigerung« hieß. Die kulturpädagogische Transformation lautete auf »Bildung des neuen Menschen«. In der Tat ist diese Formel nicht von der Hand zu weisen, schaut man auf ihren materialen Hintergrund. Wenn man bedenkt, daß das so oft gerühmte Recht auf Arbeit praktisch von vornherein als Arbeitspflicht gegenüber dem sozialistischen Staat gedacht war, kann man sich die Konkretionen des neuen Bildungsziels vorstellen.

Gegenüber der umfänglichen Freisetzung im Prozeß der großen demokratischen Revolutionen, die dem einzelnen die allgemeine Freiheit einerseits als individuelle politische Freiheit, Freiheit des Staatsbürgers und des Rechtssubjekts, einbrachte und andererseits als Freiheit der Lohnarbeit, war die Verpflichtung auf eine Arbeitsexistenz im Staatsdienst etwas neues. Zumindest für die Mitte des zwanzigsten Jahrhunderts, erinnert sie doch eher an feudale Abhängigkeiten als an kapitalismustranszendierende Freiheitsverhältnisse. Der *Arbeitsbegriff* wurde in diesem Zusammenhang bis zuletzt keineswegs marxistisch definiert, als grundgelegt in ganz konkreten gesellschaftlichen Produktions- und Verkehrsverhältnissen. Vielmehr dominierte eine ideologische Interpretation, in der universell anthropologische Momente bestimmend waren.

Das von den Parteiideologen sanktionierte Motto lautete: »Die

Arbeit ist die Quelle allen Reichtums und aller Kultur.« Ein Satz, den Marx in seiner »Kritik des Gothaer Programms« als Lesebuchweisheit und bürgerliche Redensart abfertigte, sollte, endlich, unter sozialistischen Bedingungen Wahrheit erlangt haben.[13]

Die Begründung für die Existenz derartiger Positionen in den Führungsschichten der SED wirft ein Licht auf die theoretische Verfassung, in der sich die sozialistische Bewegung nach dem Aderlaß des Faschismus — und den Verfolgungen durch den Stalinismus — befand. Sie demonstriert aber auch, daß sich das politikökonomische Kommando keineswegs von irgendwelchen Theorien stören läßt, wenn bestimmte Ziele erreicht werden sollen — im wesentlichen und anhaltend die ökonomische Konkurrenzfähigkeit mit dem System im Westen. Umgekehrt wird eher die Theorie politikkonform gestaltet.

Nun verband sich der positivistisch universalistische Arbeitsbegriff zu dieser Zeit noch nicht durchgängig mit dem Diktum von der schöpferischen und geschichtsmächtigen Kraft der Massen. »Die Massen« waren ohnehin schon vorher gewohnt zu arbeiten und brauchten dafür nicht die Ideale der Klassik vor Augen geführt zu bekommen. Weit unmittelbarer wirkte die Notwendigkeit, die Intelligenz für den Aufbau der Republik zu gewinnen. Die klassikzentrierte Kulturpolitik, verbunden mit einer entsprechenden ideologischen Marschroute, diente — sozusagen — als Bündnisangebot, auf dessen Grundlage diese Teile der Bevölkerung an die Arbeiterklasse herangeführt werden sollten. Neben technischen Fachkräften waren insbesondere die kulturproduzierenden Teile der Intelligenz gefragt sowie Pädagogen, Wissenschaftler, Forscher. Die zentrale Stellung der Intelligenz drängte sich spätestens zu dem Zeitpunkt auf, da Forderungen zu weiterer Produktionssteigerung im Interesse des Arbeiter- und Bauernstaates an die Grenzen eines kaum entwickelten revolutionären Bewußtseins der arbeitenden Bevölkerung stießen.

»Wenn auch auf ideologisch-kulturellem Gebiet neue Positionen erobert werden konnten, ist doch im ganzen ein merkliches Zurückbleiben hinter den Erfordernissen des sozialistischen Aufbaus zu verzeichnen«, vermerkte der Bericht an den V. Parteitag 1958. Und über die Stellung des Bürgertums im Sozialismus hieß es: »Je höher die sozialistische Bewußtheit aller Werktätigen, desto rascher das Tempo der sozialistischen Entwicklung und desto größer die Erfolge in Wirtschaft, Wissenschaft und Kultur. Deshalb muß die Partei der Erziehung der Menschen viel größere Aufmerksamkeit widmen als bisher.«

Allerdings bestand die Schwierigkeit, daß das staatliche Interesse an den progressiven Überlieferungen des Bürgertums den angesprochenen

Schichten der Intelligenz offenbar nur schwer begreifbar machen konnte, daß sie nicht aufgrund ihrer *vorhandenen* Qualifikationen in die Pflicht genommen werden sollten, sondern ihre Führungsqualitäten im Prozeß ideologischer Festigung und »Umerziehung« erst noch erwerben mußten.

Tatsächlich blieb dieser Widerspruch vierzig Jahre lang erhalten. Die – mit Ausnahmen – tatsächlich funktionierenden Mittel hießen Bestechung durch Machtpositionen und wirtschaftliche Privilegien. Als erste lösten dann auch Mediziner, Rechtsanwälte, Lehrer, Künstler, Wissenschaftler, technische Spezialisten, Wirtschaftsfachleute das Arbeitsverhältnis mit dem DDR-Staat, wenn dieser es nicht mehr erzwingen konnte oder wollte.

Eine Beschreibung des vermeintlichen »Bündnisses« von Arbeitern und Intelligenz mit der beschönigenden dialektischen Formel von der »Einheit von Widersprüchen« kann nicht den Sachverhalt verdecken, den Brecht schon 1953 beispielhaft und treffend an den Beziehungen zwischen Arbeitern und Künstlern offenlegte: »Die Arbeiter drängte man, die Produktion zu steigern, die Künstler, dies schmackhaft zu machen. Man gewährte den Künstlern einen hohen Lebensstandard und versprach ihn den Arbeitern.«[14] Was für die Künstler galt, galt in ähnlicher Weise für die Fachleute für Ideologieproduktion und alle diejenigen, die nicht unmittelbar zur Produktionssteigerung beitragen konnten, aber als »mittelbare Produktivkraft« sehr wohl unentbehrlich waren. Eine allgemeine Verpflichtung auf die theoretischen Grundlagen des Marxismus-Leninismus und das sowjetische Vorbild war jedenfalls niemals geeignet, »die Intelligenz der DDR« an den sozialistischen Staat zu binden. Die immer wieder von der Partei formulierte Kritik *beschrieb* wohl die Disproportionalität zwischen staatlich-institutionellem, ökonomischem Aufbau und bewußtseinsmäßiger Entwicklung, konnte aber den Grund dafür nicht *erklären*. Die wiederkehrende Kritik der Partei blieb völlig abstrakt und verstärkte nur die Tendenzen, jeder Reglementierung weitmöglichst aus dem Weg zu gehen. Da die Arbeit kein Bereich war, der gesellschaftlich zur Privatsache gehörte, blieb nur noch der Rückzug auf den kleinen Kreis ums eigene Zuhause.

Die Ereignisse des 17. Juni 1953 belegen auch diese sozialen Widersprüche als früh angelegt. Ähnlich wie im Anschluß an die klassischen, halbherzigen Revisionen und selbstkritischen Tendenzen des XX. Parteitages der KPdSU 1956 förderten die notorischen Überprüfungen der Strategien staatlicher Lenkung aber immer wieder nur neuerliche »bürgerliche Strömungen« zutage, die man dann wiederum im Sinne von Partei und Staat glaubte kritisieren und bekämpfen zu müssen.

Die Klärung der innerdeutschen und internationalen Fronten im Verhältnis zwischen Ost und West, Pariser Verträge, Gründung von Montanunion und EWG, vor allem der Beitritt Westdeutschlands zur NATO und die Einbindung der DDR in den Warschauer Pakt, die damit einhergehenden Veränderungen im Kräfteverhältnis zwischen DDR und BRD, brachten einschneidende Wandlungen der nationalen Konzeption in Deutschland mit sich. Der Ton wurde schärfer. Die Propagierung der einheitlichen deutschen Kulturnation, die vordem auch der Westpolitik der DDR – und den Wünschen Stalins – entsprach, die Forderung, ein wiedervereinigtes Deutschland unter demokratischen und sozialistischen Vorzeichen, jedoch in Unabhängigkeit von den großen politischen Machtblöcken, zu schaffen, wurden einer einschneidenden Korrektur unterworfen. Wenn auch innenpolitisch, für die Bildungs- und Bündnispolitik, nach dieser Kurskorrektur noch genügend Grund bestand, die fortschrittlichen Traditionen der deutschen Geschichte »ganz« anzueignen, so bot sich durch die definitive Gegnerschaft zum westdeutschen System doch Gelegenheit, das humanistische Erbe nicht mehr für alle Deutschen, sondern einseitig für den DDR-Staat zu reklamieren. Soweit man noch Partner hinter der Demarkationslinie im Westen vermutete, wurden diese nun nicht mehr als Teil einer erhofften gemeinsamen Nation adressiert, sondern individuell als »friedliebende und fortschrittliche Kräfte«. Angesichts des »Aggressions- und Annexionsprogramms des westdeutschen Imperialismus und Militarismus«[15], hieß es, müsse man von der Existenz zweier deutscher Staaten mit gegensätzlicher sozialer Ordnung ausgehen. Möglicher Verkehr miteinander beschränke sich auf das Mögliche nach Prinzipien der friedlichen Koexistenz, der Friedenssicherung und der Nichteinmischung.

Wiedervereinigung – man vermerke die historische Quelle eines Gedankens, der mehr als dreißig Jahre später von Stefan Heym und Günter Grass, schließlich von der SED-Nachfolgepartei wieder aktualisiert wurde –, Wiedervereinigung in Zukunft könne nur noch auf dem Weg über normale zwischenstaatliche Beziehungen und eine Konföderation, über die »schöpferische Anwendung der Grundsätze friedlicher Koexistenz auf deutsche Bedingungen«, erfolgen.

Die vom Westen vorgeschlagenen freien Wahlen wurden aber damals schon mit dem Argument abgelehnt, daß sie mit den Beziehungen zweier Staaten mit unterschiedlicher Gesellschaftsordnung nicht vereinbar seien. Zum Hauptinhalt der Deutschlandfrage avancierte die »Sicherung des Friedens«, d.h. der Erhalt des Blockgleichgewichts.

Auch das eine programmatische Festlegung, deren Niederschlag in der Philosophie zu realisieren ist.[16]

Im Rahmen der Kultur- und Wissenschaftspolitik fand die Erklärung der problematischen DDR-Zustände zu einer eigenständigen Gesellschaftsformation ihren Widerhall. Die einschlägigen Vermittlungsinstanzen beeilten sich anzudeuten, daß die bisherige Lesart des Zusammenhangs von Nationaler und Sozialer Frage auch hinsichtlich der Bewertung des bürgerlichen Erbes der Differenzierung bedürfe. »Humanismus« als nationales *und* soziales Kriterium erschien nun unzureichend. Alexander Abusch sprach schon 1955 vom »Kampf *zweier* Tendenzen im bürgerlichen Humanismus am Ende des 18. Jahrhunderts.«[17] Die Kulturkonferenz der SED 1957 signalisierte die Notwendigkeit einer massiven Revisionismuskritik nach innen. Aufgeschreckt durch die Ereignisse in Ungarn und Polen, die von der Politbürokratie der DDR streng stalinistisch behandelt und von den Ideologen in Philosophie und Wissenschaft entsprechend kommentiert wurden, erhob die Führung die Auseinandersetzung mit liberalem Gedankengut und vermeintlich »abstrakt philosophischen Positionen des Marxismus«, die man in der Republik auch verbreitet glaubte, zu einer Hauptforderung im ideologischen Kampf.

Eine zukunftsgerichtete Koordinierung dieser Auseinandersetzungen versuchte der Parteitag von 1958 zu leisten. Im Kontext der generellen Abrechnung mit der Vergangenheit des »reaktionären und imperialistischen Deutschland«, bei der Umerziehung der Bevölkerung im humanistischen und demokratischen Geist und bei der Verankerung eines entsprechend gegründeten Nationalbewußtseins, gab es »vorrangige Aufgaben«, die von der Philosophie – nicht minder übrigens von der Geschichtswissenschaft – übernommen werden sollten. Gemeint war selbstverständlich nicht die institutionell noch existierende traditionelle Philosophie, die den Faschismus ohne freiwilliges oder erzwungenes Exil überdauert hatte, sondern die Neue Philosophie des Marxismus-Leninismus.

Gleichviel, in der Anfangsphase der DDR-Geschichte blieb zunächst nicht viel mehr als die Neuinterpretation und Interpolation schon vorliegender Forschungsergebnisse, um der »bürgerlichen Philosophie« entgegenzutreten. Man konnte auf nur wenige Arbeiten kommunistischer und antifaschistischer Autoren zur deutschen Geschichte, Literatur und Philosophie aufbauen. Mit Resultaten sozialistischer Forschung aus dem Ausland, aus der UdSSR vor allem, wurde zum großen Teil erstmals bekannt gemacht. Erst mit der Zeit wurden verschiedene organisatorische, institutionelle und editorische Projekte in Angriff genommen, um dem erfolgreichen Aufbau des Sozialismus ideologische Schützenhilfe zu leisten.[18]

Selbstverständlich vollzog die marxistisch-leninistische Philosophie, Waffe in der Hand der Arbeiterpartei, die nationalen und kulturpolitischen Wendungen mit. Schon die selbstkritischen Betrachtungen, die die »Deutsche Zeitschrift für Philosophie«, das Zentralorgan der DDR-Philosophie, 1955/1956 anstrengte, reflektieren die veränderte innen- und außenpolitische Lage.[19] Für die gesamten Kritikanstrengungen, die auf eine Revision des Programms der bis dahin relativ liberalen Zeitschrift drängten – sich aber nicht auf die Auseinandersetzung mit Worten beschränken sollten – galt, daß nun eine »marxistische Konzeption« der Philosophie postuliert wurde. Das bedeutete die Gleichschaltung noch bestehender undogmatisch marxistischer Positionen im Sinne des Marxismus-Leninismus und der Parteidoktrin. Kritisiert wurden vor allem die verbreitete subjektive Geschichtsbetrachtung, die ungenügende Darstellung der objektiven Gesetzmäßigkeiten gesellschaftlicher Evolution und die mangelnde Betonung der Rolle der Volksmassen in der Geschichte.

Die kämpferische revolutionäre und demokratische Vergangenheit, deren ausdrückliche Tradierung mit der Revisionismuskritik am Ende der fünfziger Jahre zum ersten Mal zum besonderen Anliegen gedieh, um dem verbreiteten Kulturzentrismus entgegenzuwirken, wurde später gern als »notwendige Ergänzung« beschrieben. Antithetisches Entgegensetzen von kämpferischer und »hoher« Literatur, hieß es da, habe nie eine bestimmende Rolle gespielt; eine national bornierte oder sogar nationalistisch überhebliche Betrachtungsweise habe es nie gegeben.[20] Den Fakten wird damit kaum Genüge getan. Zumindest kommt es auf die Betonung an, um zu entscheiden, ob diese Beurteilung mehr als Geschichtsklitterung ist. Die Auszeichnung des bürgerlich-fortschrittlichen Erbes, das innere Verhältnis zwischen klassischer und revolutionär-demokratischer Tradition, die Beziehungen zwischen bürgerlichem und proletarischem Kultur- und Literaturerbe, die Frage des Stellenwerts der unterschiedlichen Traditionsstränge für die Kulturgemeinschaft DDR schließlich, diese Themen führten damals schon, und in den kommenden Jahrzehnten immer wieder zu harten Auseinandersetzungen. Eine letztverbindliche Klärung, die spätere Kontroversen hätte entbehrlich machen können, erfuhren sie verständlicherweise nicht. Auch wenn sich die jeweilige Prioritätenliste, weil wissenschaftlich begründet und mit den objektiven Tendenzen des Klassenkampfes übereinstimmend, als jeweils endgültig präsentierte, blieb der Streit über das Erbe der politischen Konjunktur verbunden.

Die Kritiken und Konsolidierungsbemühungen der späten fünfziger Jahre hatten durchaus nicht zur Folge, daß die Rezeption des nationalen und Kulturerbes, die zehn Jahre lang dominiert hatte, ohne weiteres aufgegeben wurde. Die Betonung der revolutionären Überlieferung entzog der Orientierung auf die Klassik keineswegs den Boden. Vielmehr stand die Konzentration auf die revolutionäre Demokratie der Vergangenheit, die für ostdeutsche Verhältnisse ohnehin mehr dem *Geist* der Revolution als ihr selbst zugetan sein mußte, dem politischen Bemühen nahe, mittels historischer Zeugnisse den schwierigen Beweis anzutreten, daß die Revolutionierung der Gesellschaft eigentlich der Revolutionierung des Geistes vorausgehen müsse. Aus historischen wie politischen Gründen geriet dieser Beweis äußerst zweifelhaft. Die »Vollstreckertheorie« – die sozialistische Nation vollstreckt alle progressiven Tendenzen der bürgerlichen Vergangenheit – blieb davon unberührt: Sie blieb auch weiterhin im Kurs. – Assoziiert man den angestammten Kontext der Vokabel, möchte man glauben, bis zum bitteren Ende. Der real existierende Sozialismus mußte die Vollstreckertheorie letztendlich auf sich selbst anwenden.

Fundamente

Die Abgrenzung gegenüber der bürgerlichen Philosophie war – und blieb – integraler Bestandteil der Konsolidierungsbemühungen der marxistisch-leninistischen Philosophie in der DDR. Diesem »negativen« Engagement der Abgrenzung entsprach ein »positives« zur schnellen Aneignung marxistischen Gedankenguts auf breiter Front. Wobei zum wichtigsten Kriterium der Auswahl unglücklicherweise wiederum die Verwendbarkeit in der Konkurrenzsituation wurde – gegenüber den Gegnern jenseits der Grenzen, aber zu dieser Zeit auch noch gegenüber den Kritikern im eigenen Lager. Im gleichen Prozeß mußten die kommunistischen Kader, die in Zukunft die Auseinandersetzung führen sollten, geschult und für diese Aufgabe bereit gemacht werden. Dies erforderte die vielfältigsten organisatorischen, administrativen, institutionellen und personellen Anstrengungen. Der Marxismus-Leninismus mußte an den Universitäten und Hochschulen, im Schulwesen und in der beruflichen Bildung etabliert, die Führungsschicht, die die theoretische und ideologische Ausbildung übernehmen sollte, mußte herangezogen werden. Man brauchte Menschen, aber man brauchte auch den Apparat, der die Menschen verbinden sollte, »die Organe der marxistisch-leninistischen Philosophie«. Und man brauchte Quellentexte, Nachschlagewerke, Lehrbücher, Publikationsorgane. – Wir werden uns darauf beschränken, einiges über die Bücher zu sagen und über die Zeitschriften, allen voran die »Deutsche Zeitschrift für Philosophie«.

Im Juni 1946 schon wurde die Parteihochschule »Karl Marx« gegründet. Seit dieser Zeit war sie im wesentlichen für die Ausbildung der Parteiarbeiter in Fragen des Marxismus-Leninismus verantwortlich. Im April desselben Jahres etablierte sich der Dietz-Verlag, spezialisiert auf die Herausgabe marxistischer und sozialistischer Literatur. Als erstes plante man die Edition einzelner Werke von Marx und Engels, von Lenin und Stalin, die selbstverständlich allesamt als philosophische Literatur galten.

Zum ersten Mal nach zwanzig Jahren erschien im Jahr 1947 Lenins »Materialismus und Empiriokritizismus« auf deutsch.[21] In allen ideologisch relevanten Kontroversen der Zeit nahm diese Schrift eine herausragende Stellung ein. Hier fanden die Marxisten der sowjetisch besetzten Zone bzw. der DDR die Argumente, um gegen die erkenntnistheoretischen Positionen des »philosophischen Revisionismus« vorzugehen.

Die Kontroverse Lenins mit dem Machismus hatte exemplarischen Charakter. Machs »Analyse der Empfindungen und das Verhältnis des Psychischen zum Physischen« war 1907 ins Russische übertragen worden und hatte zu einer Grundsatzdiskussion über materialistisches Denken geführt. So war nicht nur die als idealistische Philosophie abgetane Theorie des österreichischen Physikers gemeint, wenn von Machismus und Neomachismus die Rede war. Nicht weniger ging es um die Einstellung sozialdemokratischer Intellektueller, die schon in den zwanziger Jahren eine Verbindung von Marxismus und zeitgenössischer Naturwissenschaft angestrebt hatten. Gemeint waren Leute wie Lunatscharski und Bogdanow, die das Denken von Mach und Avenarius[22] in Rußland hatten verbreiten wollen, und ihre Nachfolger im Geiste und in der Politik.

Der Revisionismus des Machismus – oder Empiriokritizismus – setzte auf eine Erneuerung des Marxismus im Geiste der Naturwissenschaften; erkenntnistheoretisch auf einen naturwissenschaftlichen Sensualismus. Dagegen verwahrte sich der Hegelschüler Lenin. Sein Widerspruch wurde freilich auch deshalb notwendig, weil politisch der Eindruck entstehen konnte, daß die *praxis*philosophische Interpretation des Marxismus durch Sozialdemokraten wie Lunatscharski und Bogdanow *die* verbindliche Marx-Engels-Exegese der russischen Bolschewiki sei.

Wie die Rezeption Lenins in der DDR der achtziger Jahre betont, wiederholte sich in der Nachkriegszeit in manchem die unter politischen Vorzeichen stehende Aneignung der zwanziger Jahre: »Wiederum erwies sich die Existenz einer revolutionären Arbeiterpartei [...] als die wichtigste Voraussetzung dafür, daß auf dieses Leninsche Buch in der marxistisch-leninistischen Propaganda und deshalb [!] auch in der theoretischen Arbeit nachdrücklich orientiert wurde.«[23] Und weiter heißt es zum Schicksal einer Schrift, die den Parteiinteressen ansonsten ähnlich fern gelegen hätte wie die Arbeiten von Avenarius und Mach: »»Materialismus und Empiriokritizismus« wurde in der gesamten Geschichte der DDR in die Auseinandersetzung mit der spätbürgerlichen Ideologie einbezogen. Ob es sich um die Kritik des Neothomismus, des Neopositivismus oder um die Kritik von neugestaltetem Revisionismus handelte, stets diente dabei auch das Werk [...] Lenins als Beispiel und Ratgeber. Die weite Kompetenz, die dieses Buch für die Kritik der bürgerlichen Ideologie offenbarte, vertiefte zugleich sein Verständnis. Die erwähnte Kompetenz zeigte, daß Lenin bei seiner Auseinandersetzung mit dem Machismus und dem machistischen Revisionismus offenbar auf Zusammenhänge gestoßen war, die für die spätbürgerliche Philosophie überhaupt zutreffen. Das gilt namentlich für deren idealistischen Trend und die geradezu dogmatische Orientierung des Revisionismus an demselben.«[24]

Ähnliche Bedeutung wie die Lenin-Schrift hatte Engels' »Ludwig Feuerbach und der Ausgang der klassischen Deutschen Philosophie«, ein Werk, das ebenfalls bald neu herausgegeben wurde. 1888 schrieb Engels über die Veranlassung dieser Arbeit, daß es sich um die zusammenfassende Kritik der Hegelschen Philosophie, »unseres Ausgangs wie unserer Trennung von ihr«, sowie eine Einschätzung des Feuerbachschen Materialismus am Ende der Epoche klassischer, d.h. idealistischer Philosophie handele.

Philosophiekritische Reflexionen verbinden sich mit dem Versuch zu bestimmen, wie sich die Marxsche Lehre in die Tradition der deutschen Philosophie einfügt. Mit dieser Thematik konnte die Feuerbachschrift von Engels ebenfalls exemplarischen Charakter für die Situation nach 1945 im Osten Deutschlands beanspruchen: Kritik und Neuaneignung waren auch hier die Aufgaben. Die Engelssche Arbeit, selbst aus einem Zusammenhang kritischer Absetzung entstanden, eignete sich ausgezeichnet für den Einsatz in der ideologischen Auseinandersetzung der Gegenwart. Im engeren Kontext der Parteischulung wurde allerdings auf die »Weiterentwicklung« des Marxismus in den Arbeiten *Lenins* relativ mehr Wert gelegt. Die Arbeiten von Engels spielten eher eine Vermittlerrolle zwischen den Auffassungen Marxens und Lenins.

Wichtige Grundlagentexte, deren Publikation ebenfalls nicht lange auf sich warten ließ, waren Engels' »Dialektik der Natur«, der Basistext für die Interpretation der marxistischen Dialektik durch Lenin, und – für die ideologische, philosophische und wissenschaftliche Kontroverse mit der westlichen Philosophie und Wissenschaftstheorie unverzichtbar – der »Anti-Dühring«, dessen Verfasser ebenfalls Friedrich Engels ist. Ein weiterer früh edierter, philosophisch relevanter Text Lenins gibt die Notizen seiner kritischen Hegellektüre wieder. Allerdings wurden die sogenannten »Philosophischen Hefte« zunächst nur auszugsweise herausgegeben.[25]

Was die Veröffentlichung Marxscher Schriften betrifft, sind die im Jubiläumsjahr 1953 stattfindende Edition der »Grundzüge der Kritik der Politischen Ökonomie«, des Rohentwurfs für das »Kapital«, bemerkenswert; ebenso die Wiederherausgabe eines Frühwerkes, der von Engels miterarbeiteten »Deutschen Ideologie«. Man stützte sich auf die zuletzt in den dreißiger Jahren erfolgte Publikation deutscher Ausgaben durch die sowjetischen Kommunisten. Tatsächlich handelte es sich bei diesen Büchern um politisch unmittelbar weniger effektiv zu verwertende Schriften – was sich beispielsweise in der Marxismus-Leninismus-Schulung niederschlug, für die diese Texte nicht vorgesehen wurden. Weite Verbreitung dagegen fanden, neben dem »Kurzen Lehrgang« mit seinen Grundsatzergüssen zum Materialismus, die beiden weiteren Arbeiten Stalins »Der Marxismus und die Frage der Sprachwissenschaft« und »Ökonomische Probleme des Sozialismus in der UdSSR.«[26] Initiiert von der SED, fanden, wie schon 1949 zum Thema »Materialismus und Empiriokritizismus«, in den Jahren 1951 und 1952 wissenschaftliche Konferenzen zu den damit verbundenen Fragen statt.

Zur Institutionalisierung der Neuen Philosophie gehörte, daß sie sich eigener Medien bemächtigte, u.a. Zeitungen, Zeitschriften, Schriftenreihen u.ä.. In den Gründerjahren der DDR-Geschichte blieb den politisch motivierten Wissenschaftlern wenig Zeit für die Abfassung umfangreicher, auf gründlicher Forschungsarbeit beruhender philosophischer Darstellungen. Fachmonographien aus dieser Zeit sind die Ausnahme. Die philosophisch relevanten Debatten wurden in Zeitschriften geführt, nicht nur in philosophischen, sondern auch in politischen und literaturwissenschaftlichen Zeitschriften, in Kulturblättern und Feuilletons von Wochenschriften; in den »Weimarer Beiträgen« z.B., in »Sinn und Form«, in »Neue deutsche Literatur« und »Kulturelles Leben«, in »Staat und Recht«, »Sozialistische Demokratie« oder in der Wochenschrift »Der Sonntag«. – Der Doppelakzentuierung von Marxismus-Leninismus und Philosophie, die sich an den Hochschulen in der Zusammenfassung der philosophischen mit den rechts- und staatswissenschaftlichen Fächern spiegelte, entsprach eine Weile das Verhältnis der beiden für die Entwicklung der Philosophie wichtigsten Zeitschriften, der »Einheit« und der »Deutschen Zeitschrift für Philosophie«. »Die Einheit. Zeitschrift für Theorie und Praxis des wissenschaftlichen Sozialismus« erschien seit 1946. Sie fungierte als eine Art theoretisches Zentralorgan des Partei. Philosophische Originalität und Reflexionsniveau waren hier schon früh ideologischer Linientreue, theoretischer Übereinstimmung und politischer Gleichschaltung gewichen. Editionspolitisch galten seit der Gründung die Prinzipien der kollektiven Autorenschaft, und die sprachlich-begriffliche Standardisierung war verbindlich. Man legte Wert auf Argumentation in den Grenzen eines gesicherten Erkenntnisstandes. »Die Einheit« war und blieb eine durch und durch orthodoxe Zeitschrift unter unmittelbarem Parteieinfluß.

Die »Deutsche Zeitschrift für Philosophie« wurde als Fachorgan der Philosophie gegründet. Die Philosophie brauchte ein ständiges Diskussionsorgan. Die Gründung geht zurück auf Beschlüsse des ZK der SED aus dem Jahr 1950, die der Verbesserung der ideologischen Arbeit der Partei dienen sollten. Nicht zuletzt verdankt sie sich der Initiative Kurt Hagers, der auch weiterhin sein wachsames Auge auf diese Zeitschrift lenkte. Sie erschien zum ersten Mal 1953. Bis 1957, während der ersten größeren Säuberungswelle, konnte sie ihren relativ offenen, relativ unorthodoxen Ton wahren. Bis dahin galt sie als Forum, auf dem marxistische wie nichtmarxistische Stimmen zu Wort kommen konnten. Wie die Revisionismuskritiker bald beanstanden sollten, glich die Zeitschrift in den ersten Jahren trotz der Absichten der Parteileitung eher einer philosophischen Revue liberalen Zuschnitts. Nichtsdestotrotz – oder gerade deswegen – fanden einige der wenigen bemerkenswerten Debatten der Philosophie in der DDR in der noch jungen »Deutschen Zeitschrift für Philosophie« statt. Insbesondere zu nennen sind die sogenannte Logikdiskussion, die Diskussion über philosophische Fragen der modernen Naturwissenschaften und die Hegeldebatte.

Die Initiative zur Gründung der Zeitschrift hing selbst mit einer dieser Debatten zusammen. Der von der im November 1951 tagenden Konferenz »Über Fragen der Logik« autorisierte Ausschuß, der die Möglichkeit, eine philosophische Zeitschrift zu gründen, prüfen sollte, beauftragte 1952 die Philosophen Wolfgang Harich, Ernst Bloch, den

Rechtswissenschaftler Arthur Baumgarten sowie den Logiker Karl Schröter mit der Redaktion. Seit 1961 erschien die Zeitschrift — bis zur Gegenwart — monatlich.

Ein einziges Mal brachte die Zeitschrift statt der vorgesehenen Jahreslieferung ein zusätzliches Heft heraus. Als sich die Partei zum eigenen Vorteil dazu entschloß, den im Programm des Blattes von 1953 geforderten »echten wissenschaftlichen Meinungskampf auf allen Gebieten der Philosophie« mit direkt politischen Maßnahmen zu bestreiten, fiel eine unliebsame Nummer dem Reißwolf zum Opfer. Der nach dem Tode Stalins, vollends dann im Anschluß an den XX. Parteitag der KPdSU erwartete Öffnungs- und Liberalisierungskurs hatte zwar auch in der DDR zu Tauwettertendenzen geführt. Aber die orthodoxe Ulbricht-Gruppe konnte schließlich über reformistische Bestrebungen die Oberhand behalten, weil die Ereignisse in Polen und Ungarn die Ziele der Revisionisten im kommunistischen Lager diskreditierten. Wie noch jüngst demonstriert in der Bereitschaft, die Reformwelle in den Ostblockstaaten, wenn nötig und möglich, mit Waffengewalt zum Stehen zu bringen, schritten die Führer der ostdeutschen Arbeiterklasse ihren Verbündeten schon damals auf dem Weg dogmatischer Linientreue voran. Der Revisionismuskritik und Säuberungswelle der Jahre 1957/58 fielen neben dem Chefredakteur der »Deutschen Zeitschrift für Philosophie«, Wolfgang Harich, und der mit seinen Anschauungen sympathisierenden »Harich-Gruppe« (Steinberger und Hertwig) unter anderen auch der Leiter des Aufbauverlags Walter Janka zum Opfer. Ihm wurde wie Harich vorgeworfen, die Regierung Ulbricht stürzen und »das Haupt der Konterrevolution, Georg Lukács in die DDR schmuggeln« zu wollen. Als Konspirateure und Staatsfeinde wurden sie zu hohen Zuchthausstrafen verurteilt, um fast ein halbes Jahrhundert später unter dem Beifall mancher, die Jahre vorher ihrer Entfernung applaudiert hatten, wieder rehabilitiert zu werden und zu hören, daß die damaligen Urteile unbegründet gewesen seien.

Dic Stalinisten bemühten sich in der Folge, auch auf dem Gebiet der Philosophie bürgerliche und liberale Residuen aufzuspüren und zu säubern. Mit der Entfernung Harichs aus der Redaktion wurde die nächste Ausgabe der Zeitschrift, für die Diskussionsbeiträge und Stellungnahmen zur Hegeldiskussion von Bloch und Harich angekündigt waren, eingezogen. Stattdessen erschien vier Monate später ein seitengleiches Heft (Nr. 4/5 des Jahrgangs 1956), in dem der *Abschluß* der bisherigen philosophischen Debatten über Fragen der Logik, der Naturwissenschaft und der philosophischen Tradition angekündigt wurde. Für die Zukunft versprach man eine straffe Leitung und die Formierung des

Organs der Zeitschrift in marxistisch-leninistischem Geist. Neuer Chefredakteur wurde Mattäus Klein, sein Stellvertreter Alfred Kosing, der sich schon 1955 in der »Einheit« mit einer Kritik an der Redaktionspolitik der »Deutschen Zeitschrift für Philosophie« hervorgetan hatte.[27] Der seit 1952 bestallte Dozent für Philosophie am Institut für Gesellschaftswissenschaften beim ZK der SED, der in den sechziger Jahren Professor für Philosophie in Leipzig wurde, war seit 1955 selbst Mitglied der Redaktion der » Deutschen Zeitschrift für Philosophie« und gehörte dort zum parteiloyalen Flügel. Die Selbstkritik, die die alte Redaktion Anfang 1956 der Öffentlichkeit unterbreitete, sozusagen ein letzter Versuch, interne Korrekturmechanismen wirksam werden zu lassen, wurde wesentlich von Kosing beeinflußt. Für die Herausgeber kam diese Selbstkritik indes zu spät. Zusammen mit Harich wurden auch Bloch und Schröter abgelöst.

Die neue Redaktion versuchte sich sofort in den Sprechübungen der SED. Sie verurteilte die Neutralität der alten Leitung in Fragen des Klassenkampfs, forderte die Konzentration auf Probleme der marxistischen Weltanschauung, des dialektischen und historischen Materialismus und auf Fragen der sozialistischen Moral und Ethik. Nicht mehr nur die geistigen Bedürfnisse einer kleinen Gruppe philosophisch interessierter Intellektueller sollten in Zukunft befriedigt werden, sondern die Bedürfnisse der Arbeiterklasse und ihrer Partei.

Seit 1957 dominierte so auch in der »Deutschen Zeitschrift für Philosophie« die politisch-ideologische Perspektive, in der von nun an als Gütekriterium der Arbeit »die Verbindung mit der gesellschaftlichen Praxis« favorisiert werden sollte.

»Die Zeitschrift will in Zukunft«, hieß es programmatisch, »vor allem dem großen Kreis der Dozenten, Lehrer, Propagandisten, die an den verschiedensten Hoch- und Fachschulen, in den Schulen der Partei und Massenorganisationen, in der Gesellschaft zur Verbreitung wissenschaftlicher Kenntnisse usw. auf philosophischem Gebiet tätig sind, Hilfe und Anregung geben. Zu diesem Zweck werden in den künftigen Heften der Zeitschrift die Probleme der marxistisch-leninistischen Weltanschauung, des dialektischen und historischen Materialismus und insbesondere auch die Fragen der sozialistischen Moral und Ethik einen breiteren Raum einnehmen als bisher. Neben der positiven Behandlung dieser Probleme soll zugleich auch in verstärktem Maße eine *sehr konkrete* Auseinandersetzung mit den verschiedenen Auffassungen und Richtungen der bürgerlichen Philosophie in Westdeutschland und ihren Vertretern bzw. Einflüssen in der Deutschen Demokratischen Republik geführt werden.«[28]

In der Tat begann damit für die Geschichte der »Deutschen Zeitschrift für Philosophie« eine »neue Etappe«.[29] Erst für das Märzheft des Jahrgangs 1990 war eine den gegenwärtigen Umwälzungen gerecht werdende Kurskorrektur angekündigt.[30] Daß sie der Bedeutung der geschilderten, nun im positiven Sinn, gleichen könnte, steht bisher nicht zu erwarten. Vorerst hat sich die Zeitschrift ihrer roten Bauchbinde entledigt und den ostdeutschen Philosophen Bedenkzeit verordnet, um nach »neuen gesellschaftlichen Aufgaben« zu suchen.

Die sogenannte neue Qualität des Verhältnisses von Philosophie und Politik sollte sich alsbald in der Anleitungsfunktion des Philosophieorgans bemerkbar machen. Die Zeitschrift versuchte, mehr und mehr Einfluß darauf zu nehmen, daß die Philosophen in der DDR Forschungs- und Lehrtätigkeit an den von der SED vorgegebenen Erfordernissen der gesellschaftlichen Entwicklung ausrichteten. Die immer wieder, noch Ende 1989 betonte Förderung moralisch-ethischer Reflexion und Orientierung spricht für sich. Die Philosophen mußten nun lernen, wie es Kosing formulierte, »ihre philosophische Arbeit als eine Form des *politischen Kampfes* zu begreifen und durchzuführen.«[31]

Die »Deutsche Zeitschrift für Philosophie« ist ein Spiegel der Philosophie in der DDR. Alle wichtigen Diskussionen fanden hier ihren Niederschlag. Neben den genannten Höhepunkten galt dies für die unterschiedlichste Thematik: für die Formulierung und Präzisierung eines materialistischen Entwicklungs- und Gesetzesbegriffs, für die Ausarbeitung einer Theorie gesellschaftlicher Entwicklung, für die Begründung einer marxistisch-leninistischen Kulturtheorie, für die wiederkehrende Ethikdiskussion, für die Theorie-Praxis-Diskussion und die erkenntnistheoretische Debatte seit den sechziger Jahren, für die Kontroversen um weltanschauliche und philosophische Fragen der modernen Naturwissenschaft, für die durchgehende Bemühung um eine Präzisierung des philosophischen Erbes, für die Klärung von Fragen der Differenzierung von sozialistischer und bürgerlicher Tradition, für die erkenntnis- und wissenschaftstheoretischen Auseinandersetzungen um den marxistischen Wahrheitsbegriff und methodologisch eindeutige Positionen der Wissenschaft, vor allem akut seit den siebziger Jahren.[32] Begleitet stets vom kritischen Blick auf die Philosophie hinter dem Zaun, von der jeweiligen Auseinandersetzung mit der bürgerlichen Philosophie im Westen.

Auf dem Boden der Richtlinienkompetenz der Partei konsolidierte sich die Zeitschrift zunehmend. Nicht zuletzt wegen ihrer Verbindungen zu den Universitäten und Instituten der Republik, aber auch im

Rahmen ihrer schnell wachsenden internationalen Beziehungen, die sich in den Beiträgen niederschlagen.

Die erste internationale Beratung der Redaktionen philosophischer und soziologischer Zeitschriften, die in den nachfolgenden Jahren ihre Fortsetzung fand, wurde 1962 in Leipzig durchgeführt. Der Austausch mit ausländischer Philosophie, insbesondere der Sowjetunion, intensivierte sich auf Dauer – parallel zur internationalen Akzeptanz, die die DDR in den kommenden Jahren finden sollte. Als wichtigste internationale Bühne für die Repräsentanz der DDR-Philosophie gilt gegenwärtig die Internationale Föderation philosophischer Gesellschaften (FISP), deren Vizepräsident gerade jetzt Alfred Kosing ist. Mit den Jahren wuchsen auch engere Kontakte zu marxistischen Philosophen, die in Westdeutschland wirkten und zu westdeutschen Verlagen, die in der Regel der DKP und der SEW nahestanden.

Daß in der Fülle der Beiträge und Themen, welche die »Deutsche Zeitschrift für Philosophie« mittlerweile behandelt – rund fünfzehnhundert Seiten enthält ein Jahrgang –, auch solche erscheinen, die trotz des politischen Auftrags als relativ politik- und ideologiefern zu betrachten sind, versteht sich von selbst. Aber noch bis zuletzt wurde diese Art der »Arbeitsteilung«, wie die offizielle Sprachregelung vorgab, nicht gern gesehen. Daß diejenigen, »die sich mit internationalen philosophischen Entwicklungstrends, einschließlich des philosophischen Lebens in der nichtsozialistischen Welt beschäftigen«, es dabei auch bewenden ließen, solche Freiheiten gingen »zu weit«. Philosophie zu betreiben sollte auch im Revolutionsjahr nur erlaubt sein, wenn die Philosophen »unsere Lösung« einbrachten und bereit waren, sich mit den »falschen Positionen der anderen Seite der Barrikade« ernsthaft und dauerhaft auseinanderzusetzen. [33]

Noch ein Wort zur philosophischen Ausbildung. Man wird gut daran tun, sich zu erinnern, daß die Intelligenz der DDR – und nicht nur sie – gezwungen war, ein Studium des Marxismus-Leninismus zu absolvieren. Hier wurden die grundlegenden Begriffe zur Beschreibung der Realität, des Bewußtseins, der Geschichte, der Gesellschaft usw., die Methoden der Weltaneignung, vermittelt. Wer diese Begriffe und Methoden nicht anderweitig kritisch zu sehen und zu behandeln lernte, blieb dem Niveau dieses Grundstudiums oft genug verhaftet. Keineswegs beruhigt die Auskunft, daß diese Pflichtschulung nicht erwähnenswert, schon gar nicht von Bedeutung sei, weil sie keiner ernstgenommen, weil sie keinerlei praktischen Effekt gehabt habe.

Man muß bedenken, daß der Marxismus-Leninismus in der DDR eine Sprache etablierte, deren Vokabular und intellektueller Hintergrund für jede Art der öffentlichen, besser: offiziellen Kommunikation geläufig wurde. Daß die mit dieser Sprache verbundene Welt gerade da, wo sie neutral erschien, auf Gebieten, die unmittelbar keine ideologische Indoktrination vermuten ließen, Wirkungen zeitigte und auch Einfluß nehmen mußte auf die im privaten Bereich gepflegte Alltagssprache, scheint evident. Wer hört, mit welcher Nonchalance auch partei- und staatskritische DDR-Bürger, deren Äußerungen uns die Medien nun ja nicht mehr vorenthalten, mit Kategorien wie »subjektiv« und »objektiv«, »historisch« und »notwendig«, »gesellschaftlich« und »dialektisch« umzugehen gewohnt sind, zu schweigen vom Jonglieren mit politischen Ordnungskategorien, muß vermuten, daß sich die Spuren des Marxismus-Leninismus tiefer in die Köpfe der Menschen eingegraben haben, als die beruhigenden Räsonnements über die Irrelevanz ideologischer Ertüchtigung im DDR-Staat es wahrhaben möchten.

Was hat man sich unter dieser Schulung vorzustellen? Nicht nur wer Philosophie studieren wollte, mußte selbstverständlich die Klassiker des Marxismus-Leninismus studieren — in der jeweils verbindlichen Lesart und in der je nach politischer Konjunktur opportunen Auswahl. Im Parteijargon formuliert, ging es bei jeder Art des Studiums stets um die »schöpferische Aneignung bei der Gestaltung der entwickelten sozialistischen Gesellschaft in der DDR« und um die Aneignung und Gestaltung der »in den anderen sozialistischen Ländern gewonnenen, in den Parteidokumenten niedergelegten Erfahrungen.«

Die Ergebnisse der Sowjetphilosophie und der Wissenschaften der UdSSR, die Erfahrungen mit dem sozialistischen Aufbau im eigenen Land und in anderen sozialistischen Staaten galten als exponierter Lehr- und Lernstoff für das Philosophiestudium. Nicht zuletzt sollten »philosophische Verallgemeinerungen« wissenschaftlicher Einzelergebnisse und empirischer Resultate aus dem Kampf der sozialistischen Bewegung nachvollzogen werden. Schließlich galt die gesamte Politik und Geschichte als »philosophiefähig«. Formal wurde Wert auf eine breite, interdisziplinäre Ausbildung gelegt. Ein wichtiges Lernziel lautete, die Fähigkeit zum selbständigen Arbeiten zu erwerben; dem diente der Nachweis einschlägiger praktischer Kompetenzen und Kenntnisse. Das »Studium der Dialektik von Ökonomie, Politik, Ideologie und Kultur« im Rahmen der Philosophieausbildung verlangte die Beschäftigung mit dem Verhältnis von Materie und Bewußtsein bzw. gesellschaftlichen »Real-« und Bewußtseinsverhältnissen — entsprechend der Basis-Überbau-Matrix.

Das »bewußte Beherrschen« von Gesetzmäßigkeiten und Triebkräften der sozialistischen Gesellschaft, inklusive der Lenkung und Beeinflussung des sozialistischen Bewußtseins der Werktätigen, glaubte man in dieser Ausbildung vermitteln zu können.

Unter praktischem Aspekt stand ebenfalls der Studienschwerpunkt »sozialistische Moral und sozialistische Ethik« – auch eine Besonderheit, die mit dem »westlichen« Verständnis von Moralphilosophie und Ethik nicht zu verwechseln ist. Großen Raum nahm die Befassung mit philosophischen Fragen der Naturwissenschaft und Technik ein. Da die Empfehlung lautete, das geisteswissenschaftliche Studium mit einer praxisorientierten naturwissenschaftlichen oder technischen Ausbildung zu verbinden, glaubte man, insbesondere auf diesem Gebiet Philosophie als Wissenschaft vermitteln und anwenden zu können. Andere philosophische Disziplinen kamen entsprechend den politisch begründeten Prioritäten im Laufe der Ausbildung zu ihrem Recht. Das Studium sollte die Studenten schließlich befähigen, »als Propagandisten der marxistisch-leninistischen Philosophie zu arbeiten, in der sozialistischen Bewußtseinsbildung und in der Erziehung sozialistischer Persönlichkeiten mitzuwirken und die Entwicklung der marxistisch-leninistischen Theorie in Forschung und Lehre zu fördern.«[34]

Der letzte »Studienplan für die Grundstudienrichtung marxistisch-leninistische Philosophie zur Ausbildung an Universitäten und Hochschulen« war seit 1982 in Kraft. Er wurde von einer Arbeitsgruppe an der Berliner Humboldt-Universität unter Leitung von G. Stiehler erarbeitet. Bevor er in Kraft treten durfte – wurde er vom wissenschaftlichen Beirat für marxistisch-leninistische Philosophie beim Ministerium für das Hoch- und Fachschulwesen zur öffentlichen Diskussion gestellt, dann vor dem Ministerium verteidigt, um schließlich von diesem gebilligt und in Kraft gesetzt zu werden.

Auf welcher Ebene der fertige Propagandist die sozialistische Bewußtseinsbildung dann fördern durfte – ob als kaum mit Sozialprestige verwöhnter Aktivist, dessen Aufgabe es war, in allen möglichen Institutionen der sozialistischen Gesellschaft das »ideologische Niveau« zu heben, ob als Philosoph an den Instituten und Sektionen der Universitäten und der zentralen Parteieinrichtungen oder, Gipfel des Wissenschaftlerdaseins in der DDR, als »Akademiker« im Rahmen einer Tätigkeit bei der Akademie der Wissenschaften der DDR – , dies hing allein vom Parteientscheid ab.

Neben der Karriere im philosophischen oder gesellschaftstheoretischen Bereich der Fach- und Hochschulen war ein Einsatz in den Sektionen, Instituten, Abteilungen und Fachgruppen für Marxismus-Leninismus möglich, in wissenschaftlichen und volkshochschulähnlichen

Einrichtungen, in den politisch leitenden Organen der Wirtschaft, in den Betrieben und Kombinaten, in den Medien und auf kulturellem Feld; schließlich in der Akademie und ihren Einrichtungen. Der im Bewährungsfall garantierte Berufseinsatz als Philosoph oder Propagandist erfolgte nach bestimmten Regelungen und Quoten, die nach Kriterien des gesellschaftlichen Bedarfs und der persönlichen Voraussetzungen der Bewerber zentral festgelegt wurden.

2. Konsolidierung und Reformismus

Der Mauerbau 1961 vollzog die vollständige territoriale Abgrenzung der DDR. Ein Ereignis, das deutliches Indiz dafür war, daß es bis zum Ende der fünfziger Jahre nicht gelungen war, die soziale, ökonomische und staatliche Konsolidierung zu erreichen, die man sich vorgenommen hatte. Insbesondere die selbstauferlegte Konkurrenz zur Bundesrepublik Deutschland, so schien es, war auf demokratischem Weg offenbar nicht zu bewerkstelligen. Allerdings hatte man eigene Vorstellungen von Demokratie.

Mit den sechziger Jahren begann der groß angelegte Versuch, dem westdeutschen Wirtschaftswunder Vergleichbares auch für die sozialistische Gesellschaft aus dem Boden zu stampfen. Es ist nicht verwunderlich, daß diese gesamtgesellschaftliche Anstrengung tatsächlich zu Erfolgen führte. Auch wenn an manchen Stellen nach Vorstellung der Parteioberen übers Ziel hinaus geschossen wurde. Mit dem Ende der Ulbricht-Ära war diese Zeit der Experimente vorbei.

Produktionskampf und Klassenkampf

Die dem Mauerbau folgenden Jahre der DDR-Geschichte waren wesentlich geprägt von den einschneidenden Maßnahmen und Veränderungen, die im Gefolge des »Neuen Ökonomischen Systems der Planung und Leitung der Volkswirtschaft« (NÖSPL) durchgesetzt wurden. Prinzipien des NÖSPL fanden schon vor der offiziellen Verabschiedung auf dem VI. Parteitag Eingang in die öffentliche Diskussion. Mit der Einführung dieser, auf Dauer alle gesellschaftlichen Sphären durchdringenden Regelung für den umfassenden Aufbau des Sozialismus – das NÖSPL wurde später überführt in das »Ökonomische System des Sozialismus« (ÖSS) – und unter Voraussetzung der relativen Vorteile, welche »die Sicherung der Staatsgrenzen« mit sich zu bringen schien (Verhinderung weiterer Abwanderung von Arbeitskräften, Blockierung westlicher Einflußmöglichkeiten, Zwang zum Arrangement mit dem herrschenden System), begann ein Versuch umfassender sozialökonomischer Stabilisierung, der trotz aller Rückschläge und Widersprüche gewisse Erfolge zeitigte. Nicht zuletzt datiert aus dieser

Zeit die – zumindest formale – »offizielle Anerkennung und Aufwertung des Leistungsprinzips in allen Bereichen der DDR-Gesellschaft.«[35]

Gegenüber der bis dahin favorisierten und eher orthodox legitimierten Vorrangstellung praktisch administrativer Entscheidung und Ausrichtung, verbunden mit dem »Primat der Politik«, aber grundsätzlich gekoppelt mit »ökonomistischen« Auffassungen, bedeutete die neue Perspektive eine Kurskorrektur.

Allerdings ist zu bedenken, das solche Korrekturen immer nur relativ ausfallen konnten, da die Ökonomie niemals aus dem Korsett, das die Politbürokratie ihr anlegte, befreit wurde. Daß die Politik *ökonomistisch* war, ist nur die Umkehrung der Tatsache, daß die Ökonomie stets *politisch* gemaßregelt wurde. Insofern meint »ökonomistisch« nicht die Reduktion politischen Handelns auf Produktionssteigerung. Vielmehr soll der Ausdruck darauf hinweisen, daß die ökonomischen Entscheidungen in Form von »Ableitungen« aus dem determinierenden »objektiven« Prozeß der gesellschaftlichen Produktion im Sozialismus legitimiert wurden. Dieser Prozeß wurde, wie gesehen, einfach unterstellt. Im jeweiligen Gesamtplan sollten die konkreten Ergebnisse aktueller Ableitungsleistung zum Ausdruck kommen. Daß behauptet wurde, daß sich darin ein »gesamtgesellschaftlicher Wille« artikuliere, belegt den Zusammenhang von ökonomisch relevanter politischer Entscheidung und moralisch-politischem bzw. ideologischem Diktat.

Mit der neuen Entwicklung entfernte sich die technisch-wissenschaftliche und wirtschaftstheoretische Begründung für ökonomisches Handeln, der Sinn für das Machbare, von den ideologischen Vorgaben, von denen die Sprache der Politik beherrscht blieb. Und auch die Befehlsstrukturen blieben. Die neue Perspektive des NÖSPL ist vornehmlich vor dem Hintergrund der bis dahin mäßigen Erfolge der Planwirtschaft im Systemvergleich zu interpretieren. Zudem war man darauf bedacht, vergleichbaren Optionen des großen Bruders in der UdSSR nachzukommen. Das neue Ziel einer verbesserten Wirtschafts- und Gesellschaftspolitik wurde bewußt von den bisherigen Prioritäten der DDR-Politik abgegrenzt, die der Nationalen Frage gegolten hatten.

Programmatisch erläuterte Ulbricht den neuen Weg in einer Rede von 1962: »Selbstverständlich«, hieß es, »führen wir den politischen Kampf um die friedliche Regelung der deutschen Frage [...] weiter. Aber in der Tat haben jetzt die ökonomischen Aufgaben Vorrang. Die Voraussetzung für die friedliche Lösung der deutschen Frage ist die ökonomische Stärkung der DDR und die Lösung der Aufgaben, die in der Periode des umfassenden Aufbaus des Sozialismus gestellt sind.

Die These vom Vorrang der Politik hat zeitweise auch bei uns dazu geführt, daß die politische Zielsetzung und bestimmte Wünsche bei der Festlegung der ökonomischen Aufgaben vorherrschten, daß die Pläne nicht immer ausreichend technisch und ökonomisch begründet waren [!], daß sie nicht immer den materiellen Möglichkeiten entsprachen. [...] Heute fragen wir nicht mehr danach, was in Westdeutschland gesagt werden könnte, sondern gehen davon aus: Was entspricht den Interessen der DDR?

Was den Interessen der ökonomischen und politischen Stärkung der DDR dient, dient auch der Sache des deutschen Volkes, der Sache des Friedens und der nationalen Zukunft. Unsere Konzeption hat sich also in den letzten Jahren etwas verändert.« [36]

Im selben Jahr legte das sogenannte Nationale Dokument diese Auffassung umfassend dar und suchte sie zu begründen.[37] Die hierin vorgenommene Unterscheidung zwischen der zurückgebliebenen gesellschaftlichen Entwicklung in Westdeutschland und dem fortgeschrittenen Stand des historischen Prozesses beim Aufbau des Sozialismus in der DDR wurde aus den verschiedenen Herrschafts- und Sozialstrukturen hier und dort erklärt und als notwendiges Resultat wie als Lehre des Klassenkampfs hingestellt, getreu den Mustern des Marxismus-Leninismus.

Die »soziale Differenzierung«, die vorzunehmen für DDR-sozialistische Verhältnisse man sich zutraute, blieb, wie immer schon, dabei stehen, die Arbeiterklasse als »führende Klasse« bei der Bewältigung von Produktionsaufgaben zu definieren. Dies allerdings ein materialistischer Zug der Sozialanalyse. Nach wie vor erhielt vornehmlich die Intelligenz – zunehmend die wissenschaftlich-technischen Kader – Leitungsfunktionen in Partei, Staat, Wirtschaft und gesellschaftlichen Institutionen übertragen. Die Bedeutung der »Bündnispolitik«, immerhin Indiz für die Existenz *unterschiedlicher* sozialer Gruppierungen und Interessen im DDR-Staat, nahm im Laufe der sechziger Jahre ab. Tempobestimmend war, daß sich die Intelligenz nicht mehr nur aus den Kreisen der älteren Eliten rekrutierte. Zunehmend konnte man auf Gruppen zurückgreifen, die, traditionell unterprivilegiert, schon durch die neu geschaffenen Ausbildungsstätten der Republik gegangen waren. Und alte wie neue Intelligenz waren bereit, sich im Zuge der Veränderungen mit einem System zu arrangieren, das ihnen Führungspositionen und gewisse Privilegien einräumte.

Daß die relative Konsolidierung, die sich einstellte, eher aus dem Zwang rührte, die gesellschaftliche Produktion und Reproduktion auf ein befriedigendes Maß zu steigern, daß diese Konsolidierung von der materiellen Seite her also eher *negativ* definiert war, steht nicht im Widerspruch dazu, daß die ideologische und politische Begutachtung des bisher Erreichten bzw. Nichterreichten diesen Dauermangel im Staatswirtschaftssystem bis zuletzt umfänglich positivierte und immer wieder zum Anlaß nehmen konnte, zu noch größeren Anstrengungen aufzurufen. Die damit gegebenen Probleme, daß sich bei ständiger Forcierung von Produktivität und Effektivität Schwierigkeiten mit dem Niveau der kanonisierten »wissenschaftlichen Weltanschauung der Arbeiterklasse« einstellten, und zwar im kulturellen wie im wissenschaftlichen und technischen »Produktionsbereich«, bestimmten auf Dauer das Bild vom Wechselspiel gesellschaftlicher Bewegung und staatlicher Lenkung.

Abgrenzung gegen den Westen und Anspruch auf staatliche Autonomie entsprachen der ökonomischen Konkurrenz, die ebenfalls nur auf Ansprüchen beruhte.

Womit sich erklären läßt, daß der Systemgegensatz zwischen Ost und West im allgemeinen, der zwischen der DDR und der Bundesrepublik im besonderen, soweit er sich *auf Konkurrenz* gründete, wesentlich diskursiv ausgetragen wurde – in Politik, Wissenschaft und Kultur. Ansonsten war der Wettbewerb immer schon entschieden. Nur scheinbar also bedeutete die verbale Art der Abgrenzung gegenüber dem Westen auch schon eine eindeutige Option für einen einzigen Weg der Gestaltung innerdeutscher Beziehungen. Bei näherem Hinsehen waren diese Beziehungen immer abhängig vom jeweiligen Stand der *de facto* existierenden wirtschaftlichen Potenz und der *daraus* hervorgehenden politischen Macht. *Auf diesem Boden* spielten dann die Veränderungen im Westen selbst, die weitergehende Integration der DDR in den Ostblock, ihre zunehmende Anerkennung auf der größeren Bühne internationaler Politik, sicher eine wichtige Rolle.

Zu erinnern ist an die Unterzeichnung des Moskauer Abkommens von 1963 über das Verbot von Kernwaffen durch die DDR und die Bundesrepublik; den Vertrag über Freundschaft, Beistand und Zusammenarbeit mit der Sowjetunion 1964; den Beginn der KSZE-Initiativen 1966; die Koordinierungsversuche von Wirtschaft, Planung und Forschung im Rahmen der RGW und auch die Bemühungen um Anerkennung auf sportlichem Gebiet.

Die Dynamik im ökonomischen und sozialen Entwicklungsprozeß der DDR in den sechziger Jahren, deren wichtigster Begleitumstand wohl in der fortschreitenden »sozialistischen Integration« lag und der damit einhergehenden Anerkennung des Juniorpartners der zweiten Supermacht, führte gesellschaftspolitisch, staats- und verfassungsrechtlich zu Stabilisierungsmaßnahmen, die ihre Legitimität aus der tatsächlichen Produktivität des »real existierenden Sozialismus« – »Produktivität« nicht nur im ökonomischen Sinne – bezogen.

Die historische Legitimation aus der behaupteten Gesetzmäßigkeit der geschichtlich-ökonomischen Genese des Sozialismus im universalhistorischen Maßstab erschien davon abgehoben. Außerdem hatte sich ja keineswegs die Überlegenheit der sozialistischen Produktionsweise gegenüber dem Kapitalismus bewahrheitet. Die wirtschaftlichen und gesellschaftlichen Veränderungen wurden in der neuen sozialistischen Verfassung von 1968 berücksichtigt und kodifiziert. Hier wurde die arbeitende Bevölkerung als Staatsvolk und »Bürger« angesprochen.

Blieb der Bürger als Bürger in seiner Freiheit eingeschränkt, so durfte er als Werktätiger dem Recht auf Arbeit exzessiv frönen. Die Kombination von konkreter politischer Maßnahme, ökonomischer Aufgabenstellung, Definition der sozialistischen Gesellschaft und des sozialistischen Menschen mit der historisch-ökonomischen Gesetzmäßigkeit der Formationslehre erhellt in der Auskunft zum Stichwort »Ökonomisches Grundgesetz des Sozialismus«. Nicht nur wurde der Zusammenhang von ökonomischem Grundgesetz, Gesamtplan und politischer Entscheidung hervorgehoben, sondern zugleich »die wirksame Verbindung der materiellen *und moralischen* Interessiertheit der Werktätigen an der Steigerung der Produktion und ihrer Effektivität« betont.[38]

Unter diesen Voraussetzungen oszillierte die Einstellung zur Nationalen Frage zwischen verschiedenen, nebeneinander existierenden Standpunkten und politischen Optionen in bezug auf das deutsch-deutsche Verhältnis. Auf der einen Seite stand der »Produktionskampf«. Als »Moment des Klassenkampfs zwischen Sozialismus und Kapitalismus« ideologisiert, diente er im politischen Schlagabtausch als Argument. Trotz der politischen Aufwertung taugte der Produktionskampf als Argument aber letztlich nicht mehr als das, was mit Zahlen zu belegen und mit Produktivitätsquoten vorzurechnen war. Also mußte der Produktionskampf zugleich als ernsthafter – wenn auch letztlich aussichtsloser – wirtschaftlicher Wettbewerb, zunehmend im Weltmarktmaßstab, vorangetrieben werden. Auf politische Sensibilitäten in den deutsch-deutschen Beziehungen wurde dabei keine übertriebene Rücksicht genommen. – Tatsächlich wurden die Bilanzen im Rahmen der abgeschotteten sozialistischen Blockverhältnisse mit der Zeit durchaus zufriedenstellend – wenn auch weder als ernsthaft konkurrenzfähig mit denen der Bundesrepublik interpretierbar noch gar vergleichbar mit dem Bild, das die kommunistische Propaganda davon entwarf.

Im Welthandel brachte es die DDR immerhin auf einen Anteil von 1,5 Prozent – inklusive des innerdeutschen Handels –, womit sie sich international auf dem sechzehnten Rang plazierte. Im RGW-Rahmen wuchs die DDR nach der Sowjetunion gar zum exportstärksten Staat.[39] Wenn die Ausfuhr seit den siebziger Jahren auch auf verschiedenen Gebieten stagnierte, und eine geregelte Wirtschaftspolitik seit den letzten Monaten des Revolutionsjahrs nicht mehr gewährleistet werden konnte, sind die Daten immerhin geeignet klarzumachen, daß es in der Frage der Vereinigung zwischen DDR und Bundesrepublik nicht um den Anschluß einer pleite gegangenen Bananenrepublik gehen konnte.

Neben »Produktionskampf« und volkswirtschaftlichen Interessen stand der unverzichtbare Anspruch der DDR auf staatliche Souveränität. Er war gekoppelt sowohl mit der Politik der strikten Abgrenzung, womöglich mit einer Obstruktionspolitik gegenüber der Bundesrepublik, als auch mit den Implikationen der »friedlichen Koexistenz«. Man denke an die Versuche schon Mitte der sechziger Jahre, den »innerdeutschen Dialog« zu eröffnen, an die späteren vertraglichen Regelungen, an die »menschlichen Erleichterungen« und die innerdeutschen Handels- und Wirtschaftsabkommen. Ein weiteres Moment betraf die Zielprojektion eines einigen *sozialistischen* Deutschlands, die man nicht vergessen darf. Auch wenn sie politisch überhaupt nicht akut war, mußte sie sich prinzipiell berechtigt glauben aufgrund der Einsicht in den gesetzlichen Gang der Weltgeschichte. Diese Zielprojektion hatte wohl die unmittelbar geringsten Auswirkungen auf die Beziehungen zwischen den deutschen Staaten und blieb vornehmlich theoretischen Überlegungen überlassen. Insbesondere nachdem die Zwei-Staaten-Theorie zur politischen Grundüberzeugung der DDR-Politbürokratie gewachsen war.

Alles in allem ist nicht zu verkennen, daß die verschiedenen Momente sich gegenseitig behindern mußten. Insbesondere die Verwandlung schlechter Erfahrungen mit der sozialistischen Realität in positivierende Ideologeme sowie die strikte Orientierung an der für deutsch-deutsche Verhältnisse konkretisierten Systemkonkurrenz, die zugleich, weil längst entschieden, keine sein konnte, waren massive Hindernisse für eine Weichenstellung hin zu einer rationalen, wirtschaftlich erfolgreichen Politik. So ist es nicht verwunderlich, daß die Wende genau diese verdrehten Verhältnisse als erstes vom Kopf auf die Füße stellte. Die Systemkonkurrenz ist für Deutschland tatsächlich entschieden, die Bundesrepublik hat obsiegt. Es gibt zur Freiheit in Demokratie, Pluralismus und sozialer Marktwirtschaft offenbar keine Alternative. Die Verschleierung der tatsächlichen Zustände in den

Sprachhülsen überkommener sozialistischer Codes kann entfallen im Maße der neorealistischen Einrichtung in den wirklich produktiven Verhältnissen der sozialen Marktwirtschaft und der sie repräsentierenden Medien. Auch hier ein Sieg echt materialistischer Weltanschauung, die auf Metaphysik keinen Wert legt.

Natürlich waren die Bemühungen um die Schulung des proletarischen Bewußtseins und den Ausbau der sozialistischen Kultur verbunden mit der Wirtschaftsplanung und als »Systemplanung« angelegt. Dies erscheint verständlich, wenn man davon ausgeht, daß die in der Praxis kaum nachvollziehbare Vereinheitlichung von Erfahrungen mit der DDR-Realität und Vorstellungen von einer ausbeutungsfreien Gesellschaft, wenn überhaupt, nur über Anstrengungen auf dem Feld des »Geistes« gelingen konnte. Dabei war allerdings die Bedingung, daß der Geist nicht allzu kritisch war und eher der Welt des guten Glaubens und der Phantasie angehörte als des Nachdenkens und der Kritik.

Das »einheitliche Bildungssystem« hatte folglich zweierlei Forderungen Rechnung zu tragen: Es sollte gewährleisten, daß wirtschaftliche, technische und technologische Höchstleistungen erbracht und eine dafür notwendige Administration auf allen Ebenen aufgebaut werden konnte. Und zugleich sollte mittels der Bildungseinrichtungen eine allgemeine Verbreitung des Marxismus-Leninismus erfolgen. Sozusagen als Grundlage, die Realität des Sozialismus auch als solche und nicht nur als schlechte Wirklichkeit zu verstehen. Das entsprechende Gesetz formulierte die Ziele wie folgt: eine »hohe Bildung des ganzen Volkes« erreichen, die »Bildung und Erziehung allseitig harmonisch entwickelter sozialistischer Persönlichkeiten« durchsetzen; die sozialistische Gesellschaft gestalten, die technische Revolution meistern; an der Entwicklung der sozialistischen Demokratie mitwirken; den Arbeiter- und Bauernstaat im Zuge der wissenschaftlich technischen Revolution in einen Volksstaat transformieren; die SED zur Volkspartei weiterentwickeln.[40]

Diesen Kategorien politischer und soziologischer Harmonisierung von sozial Disparatem – eine Harmonisierung, deren zweifelhaften Charakter oberflächlich schon die Herausbildung technischer, wissenschaftlicher und bürokratischer *Eliten* anschaulich belegt –, diesen Harmonisierungskategorien entsprach die Überhöhung der »sozialistischen Persönlichkeit« zum Kultur- und Bildungsideal. Parallel dazu wurde der Begriff des »sozialistischen Menschenbildes« geschaffen, von dem es zu Beginn der siebziger Jahre hieß, daß er mit die wichtigste Kategorie sozialistischer Kultur darstelle.

Ihre Ergänzung fand diese einerseits individualistisch, andererseits anthropologisch gerichtete Bestimmung in der gesellschaftspolitischen

Definition der »sozialistischen Menschengemeinschaft«. Diese Definition, in die Verfassung von 1968 aufgenommen, wurde dann aber im Zusammenhang der Kritik am VI. Parteitag und an den Vorstellungen vom Sozialismus als relativ eigenständiger Gesellschaftsformation wieder zurückgenommen. Die Affinitäten der Prägung »sozialistische Menschengemeinschaft« zur Erbetheorie, die seit den fünfziger Jahren kursierte, liegen auf der Hand. Trotz engagierter Versuche von wissenschaftlicher Seite, den Besonderheiten *marxistischer* Ansprüche zu genügen und der sozialistischen Rezeption ein differenziertes Verständnis für die Gebrochenheit auch zukunftsträchtiger bürgerlicher Überlieferung zu eröffnen, blieb die Propaganda des »sozialistischen Humanismus« insgesamt dabei, in diesem die kontinuierliche Verlängerung seiner bürgerlichen Vorformen zu sehen. Formen, die von der historisch notwendigen Auszeichnung des großen bürgerlichen Individuums gekennzeichnet waren, und folglich nun das große sozialistische Individuum erwecken mußten. Die »Sozialistische Menschengemeinschaft« mußte so der Beschreibung des humanistischen Ideals früherer Tage entsprechen. Freilich: eine Ansprache des »großen Individuums«, die sich in der sozialistischen Endphase in die Anspornung der kleinen Leute zu vermehrter Leistung und zur *gegenseitigen* Konkurrenz im Produktionskampf »aufhob«.

Die differenziertere Betrachtung der Dinge blieb den Parteiideologen und den beamteten Nachdenkern in Kultur, Wissenschaft und Philosophie überlassen. Was die Bildungspolitik betraf, war die Konsequenz, daß in der angestrebten Synthese zwischen dem schreibenden Proleten aus dem verseuchten Bitterfeld und dem Ideal bleibenden Menschheitsversprechen der toten Helden von Weimar tatsächlich nachhaltig die bürgerliche Vergangenheit dominierte. Erst die erneute, ausdrücklich kritische Sichtung der Traditionsverhältnisse in den siebziger Jahren brachte hier eine leichte Korrektur. Nicht der verseuchten Umwelt. Und auch nicht des Geschichts- oder Kulturbewußtseins der großen Menge. Aber der optimistischen Einschätzungen einerseits, die auf proletarische Kultur gesetzt hatten, und der kleinbürgerlichen Kulturverbundenheit kommunistischer Intellektueller vergangener Tage andererseits.

Produktivkraft Wissenschaft

Kritik in einem anderen, allerdings auch schon geläufigen Sinne, übte die Politbürokratie im Laufe der sechziger und siebziger Jahre besonders dort, wo sie Veranlassung sah, der Emanzipation des Überbaus Einhalt zu gebieten. In Gestalt der Wissenschaften glaubte der nämlich, nun, da alle Zeichen auf Erhöhung der Produktivität standen, der Basis programmatisch und konzeptionell voraneilen zu müssen. In Fragen der Produktion und Wirtschaftslenkung wurden Methoden der Effektivierung und Rationalisierung erwogen, die mit der Übernahme kybernetischer, system- und operationstheoretischer, betriebswirtschaftlicher, soziologischer und anderer — zutiefst »bürgerlicher« — Modelle aus dem Westen verbunden waren. Daß die, die sich damit beschäftigten, auf den Gedanken kamen, diese Steuerungswissenschaften auch zur Effektivierung des Gesamtsystems des Sozialismus zu nutzen, konnte nicht verwundern. Folglich mußten sich die modernen Konzepte bald vor Ideologie und Weltanschauung verantworten — als diverse Formen des Revisionismus, die sich vom Standard des historischen und dialektischen Materialismus entfernt hätten.

Das betraf nicht nur den Aufbruch zu bürgerlichen Ufern in Soziologie, Ökonomie und den Grundlagenwissenschaften sozialökonomischer Steuerung, sondern auch in Literatur und Kunst. Hier mußten sich »überzogene literatursoziologische Überlegungen«, informations- und zeichentheoretische Theoriekonzepte u.ä. gefallen lassen, daß man sie auf ihr Klassenbewußtsein hin befragte. Es bezeichnet den staatlich gelenkten Kritikprozeß, daß die Auseinandersetzungen, selbst mit Positionen, die ihre Effektivität durchaus unter Beweis stellen konnten und die vom Standpunkt der SED am Ende der achtziger Jahre aus unbedingt hätten gefördert werden müssen, daß diese Auseinandersetzungen damals der Unterordnung unter die traditionalistisch ideologische Sprachregelung und die zugehörige Politikvorstellung gehorchten. Außerdem verliefen solche Kontroversen meist personalistisch fixiert. Das Beispiel des Falls Havemann ist kein vereinzeltes. Den immanenten gesellschaftlichen Problemen, die diese, keineswegs unsolidarisch gemeinten Versuche zur Modernisierung signalisierten, ging die SED weder zu dieser Zeit noch später nach. Die Folgen sind bekannt.

In den verbindlichen Geschichtsbüchern der DDR heißt es zu diesen sozialen Konflikten, die auf die Kernproblematik des administrativen Sozialismus hinwiesen, lapidar, daß sie Indikator des sich verschärfenden Klassenkampfes zwischen Imperialismus und Kapitalismus gewesen seien. An den damals entwickelten theoretischen und programmatischen Positionen interessierte die parteilichen Geschichtsschreiber lediglich, daß sie bekannten schädlichen Strömungen zuzurechnen waren: dem »Liberalismus«, dem »Individualismus« oder dem »Skeptizismus«. Insgesamt sollte es sich auch hier wieder um »Diversionsversuche« des Westens gehandelt haben. Von denen konnte der staatstreue »Grundriß der deutschen Geschichte« in den siebziger Jahren noch behaupten, daß sie erfolgreich zurückgedrängt worden seien. In ihrer letzten Version des Spätherbstes 1989 erwiesen sie sich dann endgültig nicht mehr als solche der Bundesrepublik, sondern als solche der SED-Gesellschaft selbst.[41] Die Avantgarde der Arbeiterklasse war nicht mehr in der Lage, die gesellschaftlichen Widersprüche zu vermitteln.

Daß die faktischen Tendenzen zur Autonomisierung der Wissenschaften, soweit sie ein Mindestmaß der ideologischen Sprachregelung akzeptierten, unter dem neuen Kurs durchaus gelitten wurden, und daß dies auch so blieb, obwohl unter Honecker Einfluß und Kontrolle der Staatsorgane anwuchsen, ist nicht das unwichtigste Resultat der Entwicklung in den sechziger Jahren. Denn die Kooperation mit der Wissenschaft bot kurzfristig quantitativ, langfristig gar qualitativ die Chance, den Aufbau des Sozialismus unter Bedingungen des Systemvergleichs, ökonomisch, politisch und gesellschaftlich zum Erfolg zu führen. So glaubte man. Und hatte in gewisser Weise recht damit. Nur daß der erfolgreiche Abschluß diese Prozesses nicht mehr unter der programmatischen Überschrift des real existierenden Sozialismus stand.

Bezeichnend eine Äußerung des Direktors des Zentralinstituts für sozialistische Wirtschaftsführung beim ZK, Helmut Koziolek, die er bei einem Expertengespräch Ende 1989 tat. Auf den Vorhalt, daß man in den Wirtschaftsinstituten der Universitäten immer schon weiter gedacht habe als im ZK der SED, meinte Koziolek, daß er *als Wirtschaftsprofi* oft genug vor dem Kurs gewarnt habe, an dem die Partei in der Vergangenheit festgehalten habe. Das einzige, was er sich vorwerfe, sei, daß er seiner Auffassung nicht mit der Pistole Nachdruck verliehen habe. – Jeder weiß, wer die Waffen in dieser Zeit kontrollierte.

Dieser Hintergrund erhellt die politische Doppelmoral der früheren Macher und ihrer Apologeten: Sie kritisierten ein Engagement, von dem sie in Ermangelung eigener alternativer Konzepte zur zukunftsträchtigen Reproduktion des sozialistischen Systems annehmen mußten bzw. bewußt erwarteten, daß es geeignet sei, diese Reproduktion zu sichern oder zu verbessern. Gleichzeitig beschränkten sie sich aber nicht auf die Verordnung einer sozialistischen Verpackung dieses Engagements, sondern vereitelten seinen Erfolg auch systematisch, insofern sie den unpassenden Systemrahmen jahrzehntelang festzementierten.

Obwohl man auch hier skeptisch sein sollte. Wie hatte doch Honekker beim Westbesuch 1987 in Bonn spekuliert? »Ich glaube, wenn wir [...] eine friedliche Zusammenarbeit erreichen, dann wird auch der Tag kommen, an dem Grenzen uns nicht mehr trennen, sondern vereinen.«[42] Allerdings stellt sich heute die Frage, ob die obersten Ränge der DDR-Führung die manifesten und latenten Konflikte im Lande überhaupt überblickten.

Bemerkenswert ist das zunehmende Interesse an Fragen und Problemen der Steuerung und des Systems, der Funktion, der Funktionsbestimmung oder Funktionalisierung in diesen Jahren. In den diesbezüglichen Erörterungen, in den Anwendungsversuchen, die der Erprobung der »Dialektik von Funktion und Inhalt« dienen sollten, deuteten sich reformistische Vorstellungen an. Weit *umfassender* als bisher – leider nicht in der Art einer »apriorischen Tendenzwende im theoretisch-ideologischen Grundverhältnis zur gesellschaftlichen Wirklichkeit«, wie zuweilen in der Literatur suggeriert wird[43] – versuchte man nun der Gegenwart mit Antworten zu begegnen, die sich offenbar im Westen schon seit längerer Zeit besser bewährten als die Ideologeme von gestern.

Dieses Ziel erforderte eine *wissenschaftlich begründete Analyse der aktuellen Verhältnisse*. Und zwar eine, die sich nicht nur so nannte, sondern eine, die empirisch überprüfbar war. Hier lag der Grund, warum sich trotz anhaltender Gegenströmung methodologische Fragen, die Nutzung quantitativer und diagnostischer Methoden, die empirische Ausrichtung, überhaupt eine Soziologisierung, auch der philosophischen Forschung, durchzusetzen begannen.

Nur die Politik wurde noch nicht nachhaltig in diesen Reformprozeß verwickelt. Ihre – positive wie negative – Tragweite entfalteten die Veränderungen erst seit dem VIII. Parteitag, in den siebziger und achtziger Jahren. Und an ihrem Ende erreichte die Anpassungsreform die sozialistische Politik selbst: Noch bevor sie abgeschafft wurde, wurde der »Marxismus-Leninismus« nicht mehr als »Staatsbürgerkunde«, sondern als »Politikwissenschaft« gelehrt.

3. Geschlossene Gesellschaft — Nach dem VIII. Parteitag

Die Eckdaten der Mentalitäts- und Ideologiegeschichte der *Bundesrepublik* sind bekannt: Adenauers Kanzler-Demokratie und Wiederbewaffnung, Wirtschaftswunder und Stabilisierung, Große Koalition und Studentenbewegung, Ostpolitik, Brandts Programm sozialer Demokratie und Schmidts Deutsches Modell, der Deutsche Herbst und die Wende, grüne Politik, Friedensbewegung und Einzug der Postmoderne, erneuter Aufschwung und Wiedervereinigungseuphorie.

Die Bilanz der politischen Konstellation am Beginn: Ungeübt in den Spielen der parlamentarischen Demokratie, wurden die Deutschen im Westen von den Siegern darauf verpflichtet, ihre überkommenen Wertvorstellungen den neuen Instituten demokratischer Politik zu adaptieren; die einen, geübt in der Verwaltung der Macht, reagierten eher usurpierend, die anderen, die Unerfahrenen in der politischen Verantwortung, skeptisch und mit Abstand. Nichtsdestotrotz: Am Ende der sechziger Jahre geriet die bisherige Ordnung in Turbulenzen. Die Wandlungen der politischen Landschaft, die sich mit der Bildung der Großen Koalition andeuteten und in der Übernahme der Regierungsverantwortung durch SPD und FDP ihren Ausdruck fanden, blieben nicht ohne Einfluß auf die politischen Entscheidungen in der Deutschen Demokratischen Republik.

Zudem war es mehr und mehr die internationale Konstellation, die einwirkte auf die Stellung der DDR und das deutsch-deutsche Verhältnis. Man denke an die Verträge mit der Sowjetunion, Polen und der ČSSR, an das Viermächteabkommen über Berlin und das Transitabkommen, auch an den Nixon-Besuch in Moskau, bei dem die Anerkennung der Prinzipien friedlicher Koexistenz vereinbart wurde, an die KSZE-Verhandlungen, die ab 1973 liefen, an die Aufnahme beider deutscher Staaten in die UNO.

Alle diese Daten spiegeln die fortschreitende Defacto-Anerkennung der Souveränität des DDR-Staates in dieser Zeit. Das offizielle Geschichtsbuch der DDR vermerkt die damit gegebenen, »günstigeren Möglichkeiten« für die Fortsetzung des sozialistischen Aufbaus.

Mit dem Ende der Ära Ulbricht setzte sich das Primat der Détente durch. Es waren die Prinzipien der friedlichen Koexistenz, die auch von

DDR und BRD umso eher zur Grundlage ihrer Politik gemacht wurden, als sich faktische Veränderungen einzustellen begannen und das Thema der Nationalen Frage, das mit Honecker als »erledigt« galt, im Rahmen globaler Entspannungspolitik in den Hintergrund trat. Zugleich aber sahen die Machthaber darin das Gebot, den *ideologischen* Klassenkampf zu verschärfen[44], um möglicher Destabilisierung im Inneren vorzubeugen. Sie schien zu drohen, wenn die Menschen in der DDR allzu große Hoffnungen auf Wandlungen zum Positiven setzten – Wandlungen allerdings, die vorerst nur dem sozialistischen *Staat* zugute kamen.

Staatsziele

Die realpolitisch-pragmatisch begründeten, faktischen Veränderungen, die das deutsch-deutsche Verhältnis im Zuge der Entspannungspolitik erlebte, bedurften nicht nur den westlichen Vertragspartnern gegenüber begleitender »Interpretation«. Auch die eigene Bevölkerung mußte mit dem Kurs des theoretischen Klassenkampfes vertraut gemacht werden. Vornehmlich, da nun jede Art der Annäherung beider deutscher Systeme auf der Grundlage völkerrechtlich verbindlicher, zwischenstaatlicher Beziehungen stattfinden sollte. »Verschärfung des Klassenkampfes« ist folglich auch in der Richtung zu lesen, daß er *gegen* die eigene Bevölkerung geführt werden mußte.

Der VIII. Parteitag rechnete mit dem Ulbricht-System ab. Die Form war indes die alte. Versäumnisse wurden angemahnt, die nicht neu waren. Angesichts der Führungsrolle der Sowjetunion im Entspannungsprozeß auf östlicher Seite, angesichts der wachsenden wirtschaftlichen Potenz der DDR im Rahmen des RGW, angesichts der sozialökonomischen und ideologischen Entwicklung im eigenen Land – die zwar in den sechziger Jahren schon einen gewissen Aufschwung erlebt hatte, aber letztlich, auch aufgrund der bundesrepublikanischen Offensive im Gewand der Neuen Ostpolitik, den hochgesteckten Zielen nicht nachkommen konnte –, angesichts solcher Tatsachen gab es gute Gründe für die Revision einer Reihe strategischer Fixierungen der letzten Phase der Ulbricht-Ära.

Im Zentrum der Revision stand die Zurücknahme der Doktrin vom »Sozialismus als relativ eigenständiger Gesellschaftsformation«. »Relativ selbständig« bezog sich auf den in der historischen Formationslehre festgelegten »notwendigen« Übergang vom Feudalismus zum Kapitalismus, vom Kapitalismus zum Kommunismus. Dem »Sozialismus«

war innerhalb dieses Schemas nur die Rolle einer Übergangsgesellschaft zuerkannt. Eine Schwierigkeit, die umgekehrt ebenfalls zu Problemen mit der korrekten Linie führen konnte, wie das Beispiel Chruschtschows zeigt, der sich schon im Kommunismus glaubte, und deshalb zur Rückkehr bewegt werden mußte. Ulbrichts Theorie vom selbständigen Sozialismus, hieß nun die Parteiposition, ließe sich nicht mit der marxistisch-leninistischen Theorie des Übergangs vom Sozialismus zum Kommunismus in Übereinstimmung bringen. Nicht nur die anhaltenden Auseinandersetzungen mit der Bundesrepublik wurden als Indiz genannt, sondern auch die mannigfaltigen anstehenden Aufgaben, die gelöst werden müßten, bis vom »umfassend entwickelten Sozialismus« die Rede sein könnte. Für die Bewältigung sei eine längere Zeitspanne anzusetzen.[45]

Gleichzeitig mit dieser harmonistischen Auffassung der Verhältnisse im relativ stabilisierten Sozialismus hatte Ulbricht die Losung von der »sozialistischen Menschengemeinschaft« vertreten. Ebenfalls eine für die Partei unerwünschte populistische Rechtsabweichung, die die Lehre von der führenden Rolle der Partei mißachtete und die Gefahr heraufbeschwor, daß die Avantgarde in der »Menschengemeinschaft« unterging. Schon vor Honeckers offizieller Machtübernahme war unter seiner Federführung eine Überprüfung der Parteidokumente durchgeführt worden; neuntausend Mitglieder wurden wegen Inaktivität ausgeschlossen. »Wo ein Genosse ist, ist die Partei«, hieß nun die unmißverständliche Adresse an die Parteimitglieder.

Es deutete sich an, daß die Politbürokratie bereit war, den staatlichen Machteinfluß auf alle gesellschaftlichen Sphären unbedingt zu verstärken. Die Gründe, die Honecker programmatisch umriß und die u.a. auch vom ideologischen Cheftrainer Hager propagiert wurden, waren bekannt. Jetzt wurden sie in bewußter Orientierung auf die Sowjetunion formuliert — den Prioritäten folgend, die Breshnew vorgegeben hatte.[46] Es galt, als »Grundbedingung« der Lebensverhältnisse im deutschen Sozialismus, die feste Verankerung der DDR in der sozialistischen Staatengemeinschaft zu erreichen. Im Blick auf den internationalen Rahmen und den Weltmarkt hieß es, noch größeres wirtschaftliches Wachstum zu erzielen; überhaupt sollte sich die gesamte Politik auf dieses Ziel ausrichten. Wachstum der Produktion, Effektivierung von Planung und Leitung, Aufbau der sozialistischen Ordnung — die damit einhergehende Erweiterung von Staatsfunktionen —, alles sollte ausdrücklich nicht dem »Standpunkt des Konsumenten« dienen, sondern der Autorität und Souveränität des sozialistischen Staates.

Sozialistisches Bewußtsein zu »verankern«, bedeutete für die Ideologen und Propagandisten, den Menschen eben diese Staatsziele nahezubringen und ihnen die »wichtigen moralischen, philosophischen und kulturellen Werte, die die kulturelle Seite des Lebens beeinflussen«, zu empfehlen.

Von den professionellen Vermittlern in Philosophie und Wissenschaft verlangte Hager, wieder einmal, daß sie das humanistische Erbe »in seiner ganzen Breite und in seinem ganzen Reichtum« aneigneten, dazu die »großen revolutionären Traditionen« und das »nicht ausgeschöpfte Reservoir junger Traditionen, die im Kampf der Arbeiterklasse und ihrer Verbündeten für die Beseitigung der Macht des Imperialismus für den Aufbau der neuen Gesellschaft« entstanden seien – im Kampf »sowohl der deutschen wie der internationalen Arbeiterklasse«. Zudem sollte man sich um die Bildung der sozialistischen Persönlichkeit kümmern und eine Angleichung im Bildungsstand der Gesamtbevölkerung anstreben. Denn, dies wurde eingestanden, deren ideologisches und kulturelles Niveau sei doch »noch recht unterschiedlich«. Schließlich – ein Kernpunkt der damaligen Perspektivaussagen – sei darauf hinzuwirken, daß die Nationale Frage gemäß der geschichtlichen Entwicklung zugunsten der »sozialistischen Nation« entschieden werde.

War damit das bisher nie endgültig aufgegebene Endziel einer Vereinigung in Demokratie und Sozialismus obsolet geworden, so konnte die politische Führung mit dem Integrationsprojekt in Richtung Osten schon »Ersatzvereinigungen« in Aussicht stellen: Nationale Abgeschlossenheit sei nicht der »Wesenszug« der sozialistischen deutschen Nation, lautete die Erklärung. So sei man auch jetzt aus auf eine »immer engere Zusammenarbeit und Wechselwirkung mit den anderen sozialistischen Nationen«, vor allem der UdSSR. Dies als Gegenpart und konkrete Abwehr jeglicher *westlicher* »Integrationsideologie«.

Insgesamt wurde diese Aufgabenbestimmung im Anschluß an den Parteitag von 1971 in eine vermeintlich empirisch zuverlässige Beurteilung der weltgeschichtlichen Gesamtlage eingebettet, die feststellte, daß der revolutionäre Weltprozeß und die Stärkung des sozialistischen Weltsystems voranschritten, während der Imperialismus international seine Krisenanfälligkeit weiterhin unter Beweis stelle.[47] Eine bemerkenswert unrealistische Beurteilung.

Alle wesentlichen Aufgaben, derer sich die einzelnen Disziplinen der Gesellschaftswissenschaften in den siebziger und achtziger Jahren annahmen, waren im Honecker-Hager-Programm enthalten. Ebenso die Ansätze der staatlichen Kritik an früheren, gegenwärtigen und künftigen Abweichungen.

Wenn die Rede von der »sozialistischen Menschengemeinschaft« die »vorhandenen Klassenunterschiede« in der DDR verwischt »und den tatsächlich erreichten Stand der Annäherung der Klassen und Schichten überschätzt«[48] hatte, so konnten entsprechende Bestandsaufnahmen als relativ offenes Geständnis über den tatsächlichen Stand der sozialistischen Verhältnisse in der DDR betrachtet werden. Und doch bezeichneten sie auch – und deshalb – den Boden einer Analyse, mit deren Hilfe die Notwendigkeit intensiverer staatlicher Gleichschaltungsbemühungen begründet werden konnte.

Die Widersprüche des ideologischen Reinheitsgebots traten ans Licht, wenn die Bereitschaft zur Anerkennung eines existierenden »Klassenkampfes« im eigenen Land auf die wissenschaftlich-technologischen und wirtschaftlichen Aufgabenstellungen übertragen wurde. Hier eben mußte aus *staatlicher Perspektive* gedacht und gehandelt werden. Aus der Perspektive, die bekanntlich die ideelle Einheit des Staatsvolkes als eigenes Lebensprinzip unterstellt. Kritiken, die sich auf gesellschaftstheoretische Positionen einschossen, die mit dem Begriff des »entwickelten gesellschaftlichen Systems des Sozialismus« in ökonomischen und Systemfragen systemtheoretische Erklärungsversuche anboten und zur – möglicherweise zentralismusfeindlichen – Konstruktion von Teil- und Subsystemen des Sozialismus gelangten, mußten kontraproduktiv wirken. Denn wenn der »sozialökonomische und klassenmäßige Inhalt des Sozialismus positivistisch« ausgehöhlt werden konnte, wie Hager inkriminierte, lag das am politökonomischen Positivismus des DDR-Sozialismus. Trotz aller Anstrengungen von seiten der Partei, die Steuerung der gesellschaftlichen Entwicklung im Sinne friedlicher Koexistenz und fortschreitender sozialistischer Integration in der Hand zu halten – offizielle Version: »den subjektiven Faktor zu stärken« –, konnte also kein Interesse daran bestehen, Forschung und Methodik zu beschneiden, wo sie zur Erreichung der selbstgesetzten Ziele Verwertung finden konnten.

Man begnügte sich also damit, *Tendenzen* zurückzuweisen, die den Marxismus-Leninismus insgesamt hätten substituieren können. Historische und sprachliche Relativierungen halfen, die Formen zu wahren. Die jüngeren Manager des Establishment gewöhnten sich daran, die Machbarkeitsprobleme des real existierenden Sozialismus von seinen weltanschaulichen Grundsätzen abzutrennen. Es reichte aus, den erfolgversprechenden Techniken und Strategien des Westens überall da, wo Systemgrenzen berührt wurden, ein »sozialistisch« als Epitheton beizugeben. Entgegen trat man nur denen, die die »bürgerlichen Wissenschaften« »*verabsolutierten*«, denen, die »die Sprache einer Spezialwissenschaft die politische *Sprache* der Partei« verdrängen lassen wollten.[49] Die Sprachhoheit wollte die Partei vorerst behalten. Auf diesem Fechtboden hatte sie schließlich den Hauptteil der Konkurrenz, die sie nicht gewinnen konnte, auch bisher bestritten.

Anders verhielt sich die Exekutive da, wo sie ihre Zwangsmittel einsetzen konnte. In der Systemform des administrativen deutschen Sozialismus war es dem arbeitenden Volk nur gleichgeschaltet erlaubt, seiner Arbeit nachzugehen und seine Bedürfnisse zu befriedigen. Die neuerlich festgestellte faktische Ungleichheit, die bedauert wurde und korrekturbedürftig erschien, weil sie der einheitlichen Ausrichtung am Staatszweck nicht entsprach, wäre nichtsdestoweniger die einzige Voraussetzung gewesen, an der sich das ökonomische Interesse der Produzenten hätte entzünden lassen. Davor standen die Systemgrenzen, innerhalb derer noch »Plan statt Markt« galt.

Ein echtes Dilemma: Nach innen brauchte man Diversifikation und Pluralismus, erzeugte beides auch tatsächlich in Ansätzen aus Überlebenszwecken und wegen der Konkurrenzhaltung gegenüber dem Westen – und durfte doch nur »Einheit« produzieren; nach außen mußte man Geschlossenheit, Souveränität und Konkurrenzfähigkeit demonstrieren – und konnte die entsprechend konsolidierten Verhältnisse doch nicht realiter vorzeigen. Dialektische Kategorien hatten Konjunktur.

Am Ende der vierzigjährigen DDR-Geschichte demonstrierte die Philosophie noch einmal, welches Zutrauen sie zu soziologisch systemtheoretischen Entwürfen der westlichen Wissenschaft hatte. Wieder ging die Welt der Vorstellungen mit den engagierten Sozialphilosophen durch, die kurz vor Tores Schluß die Selbstorganisationstheorie entdeckten, um dem System Sozialismus in der Hoffnung auf weiteres Florieren noch einmal eine neue Richtung vorzugeben. Vorerst war am Selbstorganisationsmodell wohl die generelle *Unvorhersehbarkeit* der endgültigen Gestalt theoretisch antizipierter Entitäten interessant, sozialer Gebilde z.B. wie der »sozialistischen Gesellschaft«.[50]

Daß es grundsätzlich an der ungenügenden »Meisterung der wissenschaftlich-technischen Revolution« gelegen haben mußte, wenn der Sozialismus so versagt hatte – so sehr, daß nun gar die Epochenbestimmung (Untergang des Kapitalismus und Imperialismus, Sieg des Sozialismus im Weltmaßstab[51]) als korrekturbedürftig erschien –, war eine theoretische Grundüberzeugung der letzten Sozialismusreformer, denen in der DDR die Probe aufs Exempel nicht mehr erlaubt wurde[52], und die nun als verkannte Kritiker des real existierenden Sozialismus den Neuanfang versuchen mußten.

Aufschwung und Krise

Der Systembegriff wurde Anfang der siebziger Jahre aus der politischen Etappenbezeichnung gestrichen. Von nun an hieß es nur noch »entwickelte sozialistische Gesellschaft«. Und tatsächlich gab es vorübergehende Verbesserungen auf der Grundlage fortschreitender Zentralisierung und Konzentration. Die Versorgung mit Industrieprodukten, Konsumartikeln und Lebensmitteln wurde verbessert; der Wohnungsbau wurde mit Macht vorangetrieben.

In anderen Bereichen kam es Ende der siebziger Jahre zu Einbrüchen. Rohstoffe verteuerten sich, der Weltmarkt erlebte eine Krise, steigende Rüstungsausgaben führten nicht zu Zuwächsen bei den sozialen Leistungen. Im Westhandel und im Handel mit der Sowjetunion kam es für die DDR am Ende der siebziger, Anfang der achtziger Jahre zu großen Defiziten, was zur Forderung nach Exportsteigerung führte. Die »Ökonomische Strategie der achtziger Jahre«, die der X. Parteitag verkündete, war nicht angetan, die Bedürfnisse der Bevölkerung zu befriedigen, die sich am Westen orientierten. Insbesondere die Position, mit konstanten Produktionsmitteln, dafür aber mit umso größerer Intensivierung die beabsichtigten Zuwächse zu erreichen, ließ eine eher krisenhafte Entwicklung ahnen.

Der Verlauf der »wissenschaftlich-technischen Revolution« war im Vergleich mit den Zuständen im Westen und Fernen Osten, die zu dieser Zeit der »dritten industriellen Revolution« entgegengingen, eher mäßig. Auch wenn Schlüsseltechnologien, wie Mikroelektronik, Robotertechnik oder Veredlungsmetallurgie, mit großen finanziellen Mitteln aus dem Boden gestampft und subventioniert wurden. Zwar konnte das Niveau des gesamtwirtschaftlichen Wachstums in den achtziger Jahren stabilisiert werden. Und auch das Defizit im Handel wurde in einen Überschuß verwandelt. Doch die Rückstände zum Mitbewerber in Fragen des Systemvergleichs blieben erhalten oder vergrößerten sich noch. (Während die DDR im Vergleich mit anderen, auch westlichen Staaten, wie gesagt, bis zu ihrem Ende sehr viel besser abschnitt.) Im Vergleich zur Bundesrepublik konnte die Produktivität pro Einwohner aufgrund der »Intensivierungsbemühungen« von ca. 50 Prozent 1970 auf fast 75 Prozent Mitte der achtziger Jahre erhöht werden. In der »Arbeitsproduktivität«, die die Leistung pro Beschäftigtem angibt, wurde im selben Zeitraum allerdings nur ein Zuwachs von 4 Prozent, von 46 Prozent auf 50 Prozent erreicht.

Hinter dem Schlagwort von der »sozialistischen Integration« stand der Wille zur Verstärkung der bilateralen, in der Hauptsache wirtschaftlichen Beziehungen zur UdSSR. Diese Beziehungen erhielten in der neuen Verfassung von 1974 gar Verfassungsrang (Art. 6).

1975 wurde der Freundschafts- und Beistandspakt zwischen der DDR und der Sowjetunion erneuert und erweitert. Die UdSSR garantierte darin u.a. die Grenzen der DDR zur Bundesrepublik. Es scheint die List der historischen Vernunft, daß es dann in gewisser Weise tatsächlich ein Programm der »Integration« war, das der DDR das Überleben sichern sollte. Nur eben nicht die Integration in das System des Sozialismus. Aber – wie der Außenminister der Sowjetunion Anfang 1990 bestätigen konnte, als er die anstehende Vereinigung der DDR mit der Bundesrepublik in marxistisch-leninistischer Manier kommentierte – auch diese Integration war dem echten Materialisten ein »gesetzmäßiger Prozeß«.

Die Einlassungen zum Problem der Nation seit dem VIII. Parteitag spiegeln die Ambivalenz der damals neuen Perspektive, die sowohl kritisch als auch fortschrittlich sein wollte. Der Rekurs auf die »Entscheidung der Geschichte« brachte in diesem Zusammenhang bestenfalls ideologisch etwas Neues. Man verzichtete nun auch theoretisch auf die Einheit. Die klassenstandpunktgebundenen Implikationen der hier »sozialistischen«, dort »bürgerlichen« Nation wurden erneut bemüht, um jedweden Anspruch auf eine irgendwie geartete – etwa kulturelle – Einheit Deutschlands als illegitim zurückzuweisen. In der »Nationalität«, in der »geschichtlichen Vorform der Nation«, im »Komplex der charakteristischen ethnischen Züge, Eigenschaften und Merkmale« also, wie die Diskontinuitätsdenker erläuterten[53], sollten die Deutschen hüben und drüben sich nicht unterscheiden. Beide Nationalitäten, so Kosing, seien deutsch, nicht aber beide Nationen. Denn »Nation« sollte nicht mehr als »sozialer Typ«, »soziale Qualität« besagen.

Die »historische Lösung« der Nationalen Frage korrespondierte mit der Koexistenzpolitik der SED so gut wie mit der Politik bündiger Abgrenzung. Ideologisch vorherrschend wurde nun der *internationalistische* Aspekt des Klassenkampfes. Man sah keinen Anlaß zur unmittelbaren Konfrontation und setzte auf die fortschreitende Bindung an die Sowjetunion. Abgrenzung gegenüber der BRD war nurmehr die andere Seite dieser Politik. Propagandistisch galt es zu beweisen, daß auch eine sozialliberale und sozialdemokratische Politik die Ziele des Nationalismus und Imperialismus nicht aufgegeben hatte, daß man im Westen nur dazu übergegangen war, die *innere* Auflösung des Sozialismus zu bewerkstelligen – ganz ähnlich den Versuchen, die 1968 in der ČSSR und 1970 in Polen die Sowjets und an ihrer Seite die DDR zum

Eingreifen »genötigt« hatten und an die die Führer der DDR angesichts der Ereignisse am Ende der achtziger Jahre in Ungarn und Polen schmerzlich erinnert wurden.

Nach Brandt und Schmidt mußte sich die nationale Politik der DDR mit der Wende in Westdeutschland abfinden. Die Überzeugung, daß die Nationale Frage für Deutschland entschieden sei, blieb. Noch Ende 1989, als hunderttausende von DDR-Bürgern ihr sozialistisches Vaterland verlassen hatten, und kurz bevor eine überwältigende CDU-Mehrheit in der DDR demonstrierte, was sie unter »Deutschland« verstand, schrieb der Deutschlandtheoretiker Kosing in der »Deutschen Zeitschrift für Philosophie«, daß es nach wie vor zwei, ihrem sozialen Typ nach verschiedene deutsche Nationen gebe, die nicht zusammengebracht werden könnten, weil sie untrennbar mit ihrer jeweiligen Gesellschaft verbunden seien: »Kapitalistische und sozialistische Gesellschaft aber lassen sich nicht vereinigen, und eine von den entsprechenden Gesellschaftsordnungen unabhängige Nation als neutrales Dach über beiden ist nicht möglich.«[54] Daß es mit der sozialistischen deutschen Nation trotz solcher Beschwörung nicht gut gehen konnte, schien der Theoretiker zu ahnen. Er analysierte korrekt, daß die »wichtigste historische Quelle für die Entwicklung unseres Nationalbewußtseins die Geschichte der DDR, das Werden und Wachsen des sozialistischen Staates und der sozialistischen Gesellschaft auf deutschem Boden« gewesen sei.[55] Und davon war schließlich tatsächlich nichts zu erwarten gewesen.

Daß man in der DDR gesellschaftliche Widersprüche im eigenen Land zugab, mag man als taktischen Zwischenschritt verstehen. Der funktionale Charakter dieser auf den ersten Blick relativ marxistisch orthodox anmutenden Korrektur zeigte sich in ihrem Ziel. Nicht die Aufwertung der Arbeiterklasse war intendiert, sondern eine Sensibilisierung der Bevölkerung für die im Außenkonflikt relevanten Gegner, die man jedoch auf eigenem Territorium ebenfalls, sozusagen exemplarisch, zu identifizieren gedachte: »Bürgerlich« Gesinnte, »sozialdemokratisch« Gesinnte, »revisionistisch« Gesinnte, »linkssozialistisch« Gesinnte, »maoistisch« Gesinnte usw. Die Ruhe im Lande sollte die Anhebung des ökonomischen Standards schon besorgen können. Flankiert von der Erweiterung des Systems der Staatssicherheit.

Wieder erschien in dieser Politik das nicht neue Anliegen, im Rahmen friedlicher Koexistenz selbst eigene Zugeständnisse als Ausübung des Klassenkampfs gegen den Imperialismus und somit als Tugend zu werten. Die Ambivalenzen der ideologischen Restriktion traten bald hervor. Entgegen vorstellbaren Ambitionen, in den diagnostizierten gesellschaftlichen Konflikten das »historische Subjekt«, die Arbeiterklasse, zu stärken, wurde der Intelligenz bescheinigt, daß sie als »sozialistische Werktätige« einen festen Platz in der Gesellschaft einnehme. Als arbeitende Menschen wurden sie der Einheit einverleibt, der sie als Staatsbürger schon angehörten. Gleichzeitig wurde keineswegs verschwiegen, daß es sich bei der gewünschten »Annäherung der Klassen und Schichten«, die allesamt im Dienst des Volkes standen, um *Ideale* der Arbeiterklasse handelte!

Was neben der Förderung von »sozialistischer Demokratie und Kultur« am Arbeitsplatz, in der Wohnungsfrage, materialiter zur Verbesserung der Lage der Arbeiterklasse getan werden sollte, verblieb, gleichgültig ob auf den privaten oder den staatlichen Sektor bezogen, auf dieser Ebene des Wunsches. Wie immer wurden *Postulate* formuliert; schwere körperliche Arbeit sollte zurückgedrängt, die Wohnungsfrage gelöst, eine gut funktionierende Arbeiterversorgung erreicht werden usw. usf.

Was neben der Vertröstung auf die Zukunft für die Gegenwart relevant erschien, hörte sich mehr nach Drohung an: die Durchsetzung höchster Arbeitsproduktivität, das Ringen um »sozialistische«, vermeintlich »menschenwürdige« Arbeits- und Lebensbedingungen, die »Bewältigung der technisch-wissenschaftlichen Revolution« ....

Gesellschaftliche Aufgaben der Philosophie

Die Konzentration auf Planung und Leitung des gesamtgesellschaftlichen Aufbauprozesses bedurfte nicht allein der massiven Einbeziehung der technischen und Naturwissenschaften. Die Gesellschaftswissenschaften, nicht zuletzt die »Metasoziologie« Philosophie, mußten ebenso in den Prozeß zunehmender Verwissenschaftlichung integriert werden.

Die Gesellschaftswissenschaften sollten sich insgesamt zu »Wissenschaften der Prognose, Planung, Leitung und Organisation der sozialistischen Gesellschaft sowie zu Wissenschaften von Kommunikationsvorgängen in der Gesellschaft« mausern.[56] So die staatlichen Vorgaben. Die Wahrnehmung »gesellschaftlicher Aufgaben« war in den fünfziger Jahren noch weit mehr der Entscheidungsfreiheit und dem politischen Bewußtsein einzelner Wissenschaftler überlassen gewesen. Die zu dieser Zeit wiederkehrenden Appelle an die »fortschrittlichen Kräfte« im Wissenschaftsbetrieb sind dafür ein Indiz; schließlich stand in Art. 34 der Verfassung von 1949 die Freiheit von Wissenschaft und Forschung verbürgt. Gegenüber diesem eher liberalen Wissenschaftsverständnis definierte die neue Zielprojektion den Stellenwert der Wissenschaft um. Kröber/Laitko erläuterten Art. 17 (den Artikel über den Status von Wissenschaft und Forschung) der Verfassung von 1968[57] kongenial sozialistisch: »Daher ist die Funktion, theoretische Grundlagen für die bewußte Gestaltung der sozialistischen Gesellschaft zu liefern und damit als Instrument der gesellschaftlichen Entwicklung zu dienen, unter allen gesellschaftlichen Funktionen der sozialistischen Wissenschaft die primäre.«

Wissenschaftlich und spekulationsfrei sollte sich auch die Philosophie als Produktivkraft erweisen. Das bedeutete Vereinnahmung erheblicher einzelwissenschaftlicher Potentiale. Personell, organisatorisch, institutionell, methodisch und inhaltlich.

Für die Philosophie umgekehrt wurde es nun überlebensnotwendig, sich als unentbehrlich für die Einzelwissenschaften darzustellen. So gab es etwa Absichtserklärungen wie die folgende: »Die Ausdehnung und Anwendung der materialistischen Beantwortung der Grundfrage der Philosophie auf die Gesellschaft ist die entscheidende Voraussetzung einer wissenschaftlichen Soziologie.«[58]

Die »Soziologie« – eine Wissenschaft, die von der durchgesetzten Trennung von Staats- und Gesellschaftssphäre lebt und deshalb im Sozialismus eigentlich keine Legitimationsbasis hätte haben dürfen – erzeugte, wie auch andere unverzichtbare Einzelwissenschaften, einen spekulativen marxistisch-leninistischen Wurmfortsatz, der die ideologischen Grundsätze hochhielt.

Als »allgemeine Soziologie« galt der historische Materialismus. Er beanspruchte Richtlinienkompetenzen. Aber auch dazu mußte er mehr leisten als griffige Exegese der Klassiker. So entwickelten sich bestimmte Arbeitsfelder innerhalb der Philosophie, die sich im Sog der Verwissenschaftlichung langsam konsolidierten. Es ging um die Fixierung und Beschreibung der die gesellschaftliche Entwicklung bestimmenden Gesetze. In der Konsequenz erwartete man effektive wissenschaftstheoretische Überlegungen zur Orientierung vor allem der Sozialwissenschaften, der Soziologie und der politischen Ökonomie, später auch der Psychologie. Begründung verlangte z. B. die unterstellte Objektivität der ökonomischen Gesetze des Sozialismus – in Abgrenzung gegen weniger realistisch-objektivistische Positionen. Die Differenzierung von deduktiv-nomologischen, historischen und gesellschaftlichkulturellen Gesetzlichkeiten, die Unterscheidung zwischen allgemeinen und spezifischen Gesetzen der Sozialentwicklung, eröffnete weitere Arbeitsgebiete, auf denen sich die Philosophie als allgemeine Wissenschaftstheorie engagieren konnte. Wir haben die Probleme auf diesem Feld dargelegt. Und als verantwortliche Sozialwissenschaft mußte ihr schließlich auch daran gelegen sein zu klären, wie die »Mechanismen« beherrscht und ausgenutzt werden konnten.

Angesichts des Determinismusproblems – im Rahmen der Geschichte etwa mit der Schwierigkeit verbunden, daß die Menschen nach Auffassung des Marxismus-Leninismus nur umstoßen können, was ohnehin schon fällt – sollte die Philosophie nun klären, welche Relevanz Bewußtheit, Spontaneität und Handlungseingriff für die Eigenart des historischen Prozesses beanspruchen dürften. Wobei darauf hingewiesen wurde, daß man den Aspekt sozialer Gewöhnung unter sozialistischen Verhältnissen nicht außer Acht lassen dürfe – und allzusehr auf subjektive Beweggründe für soziales und individuelles Handeln reflektiert würde.[59]

Zu den wichtigsten philosophischen Grundsatzklärungen, die in dieser Zeit programmatisch gefordert wurden, gehörte eine genaue Analyse der Beziehungen von Produktionsverhältnissen und Produktivkräften. Voraussetzung war die durch Lenin autorisierte Annahme, daß die Produktivkräfte – unter ihnen als erste die menschliche Arbeitskraft, dann die in ihrer Verfügung stehenden Mittel – die letztendlich bestimmende Grundlage des gesellschaftlichen Lebens bildeten. Die Entwicklung der menschlichen Ausbeutung als Produktivitätsfaktor, desgleichen der Produktionsinstrumente – der Werkzeuge, der Maschinen, der Medien, der Wissenschaften – definierte somit den »sozialen Fortschritt«.

Man darf an dieser Definition zweifeln. Philosophische Probleme hätten sich schon aus der Basisannahme ergeben können, daß die Produktivkräfte die Beziehungen der Menschen zur Natur verankerten, daß die Produktivkräfte – sozusagen – Naturgeschichte und Sozialgeschichte aneinanderbänden, vermittelt über die besondere Ausgestaltung und Anwendungsintensität der Produktivkräfte, d.h. durch die jeweils herrschenden Produktionsverhältnisse. Allerdings war an solchen Basisdoktrinen nicht zu deuteln.

Die Annahme, daß die groß angelegte Zerstörung der Natur und der arbeitenden Menschen, wie sie der real existierende Sozialismus in der DDR zurückgelassen hat, ganz konsequent in seiner Theorie angelegt sei, konnte nicht als zynisch gelten, weil sie keiner formulierte. Es wurde mit dieser unausgesprochenen Prämisse »gearbeitet«. Und es ist nicht schwer, den materialen Auftrag hinter der theoretischen Anstrengung, die der Philosophie abverlangt wurde, zu erkennen. Im Klartext ging es um die Beantwortung der Frage: Wie läßt sich der Mensch auf

Dauer so unter Werkzeug und Maschine subsumieren – als Produktivkraft ohnehin Stoff von gleichem Stoff –, daß dieser Prozeß als technisch-wissenschaftliche Revolution und zugleich als wahrhafte Humanisierung der Arbeitswelt und der Gesellschaft erscheinen kann? Und zwar dermaßen überzeugend, daß die Betroffenen selbst es glauben und daran mitwirken.

Es war nicht daran gedacht, daß die Philosophie in Richtung einer *Kritik* dieser globalen, gesellschaftlich durchgesetzten und weiter zur Perfektion aufgegebenen Ideologie aktiv weiterarbeiten sollte. Sie sollte sich vielmehr mit dem beschäftigen, womit sich auch andernorts diejenigen Wissenschaften beschäftigen, die an solchen Problemen laborieren. Es ging um die bestimmende Rolle der Technik, um das Verhältnis von Mensch und Maschine in einer hochindustrialisierten Gesellschaft. Und auf diesem Boden um die Schwierigkeiten, die von dieser Beziehung zu erwarten waren. Genauere Untersuchung verlangten mithin schon damals – zuletzt als dringende Aufgabe am Ende der achtziger Jahre formuliert – das »Verhältnis von Produktivkraftentwicklung und Persönlichkeitsbildung«.

Probleme des Verhältnisses von geistiger zu körperlicher Arbeit drängten sich z.B. auf im Prozeß der Freisetzung von unmittelbar produktiver Arbeit zugunsten von Steuerungs-, Kontroll- und Ordnungsfunktionen. Als ebenso schwierig zu behandeln zeichneten sich Qualifizierungsnotwendigkeiten und Dequalifizierungstendenzen ab, die im Verlauf wissenschaftlich-technischer und ökonomischer Erfolge in der Zukunft aufeinandertreffen mußten.

Das Beispiel zeigt, daß die Probleme, mit denen sich die DDR heute in gravierender Weise konfrontiert sieht – Probleme der Produktivitätssteigerung, Probleme der Qualifizierung der Arbeitskraft, Probleme der Freisetzung schlecht qualifizierter und zu kostenintensiver Arbeitskraft –, theoretisch schon im Laufe der sechziger und siebziger Jahre als Probleme einer, wenn auch staatssozialistisch bestimmten, modernen Industriegesellschaft isoliert werden konnten. Wissenschaften als Produktivkräfte zu behandeln, hing allerdings damals zuweilen noch mit der orthodoxen Vorstellung zusammen, daß Wissenschaft ein dem Überbau zugehöriges geistiges Phänomen und insofern nicht klassenneutral zu behandeln sei – was indes eine notwendige Voraussetzung der Modernisierung ist.

Auf einer allgemeineren Ebene der gestellten Aufgaben galt es, daß sich die Philosophie mit Fragen der »Gestaltung« der sozialistischen Produktionsverhältnisse auseinandersetzte. Offenbar ein philosophisches Thema, insofern es um eine Gestaltung ging, die neben die (oder »oberhalb« der) durch die materialen Verhältnisse schon erreichten, in der Tat schlechten Gestaltung der Lebensumstände zu stehen kommen sollte – wenn man nicht annimmt, daß daran gedacht war, die Philosophie *unmittelbar* im Produktionsprozeß aktiv werden zu lassen.

Tatsächlich ging es um begriffliche und moralische Aufrüstung. Hier gehörte es zu einer der wichtigsten ideologischen Aufgaben, ideologisch im schlechten Sinne, den Arbeitsbegriff sozialistisch einzugemeinden. Als »sozialistische gemeinschaftliche Arbeit« glaubte man, den »sozialistischen Begriff« dem durch Privateigentum an Produktionsmitteln und entfremdete Arbeit definierten bürgerlichen Arbeitsbegriff entgegensetzen zu können, ohne auf die hierin mitgedachten Elemente – Leistungsbereitschaft, Verdinglichung, – verzichten zu müssen.

Daß gerade die auf diesem Feld der *Philosophie* gestellten Aufgaben *faktisch* nicht erfüllt werden konnten, demonstriert der Untergang der sozialistischen Produktionsweise am Ende der achtziger Jahre. Die Aufgaben aber sind geblieben. Nur werden sie nun von den spezialisierten Einzelwissenschaften und von den Spezialisten, die das *know-how* zur Erledigung solcher Probleme haben, direkt wahrgenommen. *Philosophie* ist dafür keine mehr nötig. Und auch keine Ideologie, die Arbeit anders definiert als das, was sie im Kapitalismus scheint.

In Staats-, Rechts- und politischer Philosophie im engeren Sinne wurde es der marxistischen Philosophie überantwortet, die Legitimation der staatlichen Form der Diktatur des Proletariats theoretisch zu besorgen. Was die systematischen Grundlagen wie die historische Herleitung angeht, mußte der Staat, nicht etwa nur die Partei, als Institution des Gesamtwillens der Arbeiterklasse und ihrer Bündnispartner (des »Volkes«) prinzipiell wie in seinen Funktionen begründet werden. Dazu gehörte die äußerst schwierige Definition der »sozialistischen Demokratie«, die ja bekanntlich mehr sein sollte als nur »soziale Demokratie« – und viel mehr als das liberale Pendant im Westen.

Folglich war auf die Fassung eines Machtbegriffs nicht zu verzichten, der sowohl die Klassenherrschaft und ihre diktatorischen Formen berücksichtigte als auch die Elemente der Selbstbestimmung und Freiheit, die das Demokratiekonzept intendierte. Wiederum eine unlösbare Aufgabe. Die Marxsche Hoffnung auf ein »Absterben des Staates« unter Berücksichtigung der Verhältnisse einer sozialistischen Übergangsgesellschaft mit weiterführenden konzeptionellen Ideen zu bereichern, dies gehörte niemals zu den Aufgaben marxistischer Philosophie in der DDR. Ihre Prinzipien lauteten anders: »Sozialistische Demokratie und sozialistischer Staat bilden eine untrennbare Einheit [...], weil der sozialistische Staat zugleich Hauptinstrument der Entfaltung und Sicherung der sozialistischen Demokratie ist.«[60] — Kein Wunder, daß auch beide zugleich fallen mußten.

Der Fülle der Aufgaben wurde sich die Philosophie nicht zuletzt dadurch bewußt, daß sie massiv auf die »soziale Empirie« des real existierenden Sozialismus gestoßen wurde, sich selbst also mit den Problemen der Realität und mit den Grundproblemen *wissenschaftlicher* Lösungsstrategien im Land — und außerhalb dessen — vertraut machen mußte. Erinnert man an die ökonomische und politische Ausgangslage, die der Neuplanung der DDR-Kultur, Wirtschafts- und Sozialgemeinschaft zugrunde gelegen hatte, und berücksichtigt man die allgemein im Munde geführte »Konkurrenzsituation«, dann erscheint einleuchtend, daß die wissenschaftlichen Bemühungen, die nun zu einer realistischen Neufassung der gesellschaftlichen und kulturellen Prozesse und der sich darin spiegelnden Schwächen und Bedürfnisse in der DDR führen sollten, nicht zuletzt mitprovoziert wurden von vergleichbaren Problemexpositionen, Lösungsvorschlägen, Diskussionen in der Bundesrepublik. Sie fanden nun östlich der Elbe ein reges Echo. Unterstützung erhielt dieses Interesse darüberhinaus dadurch, daß den Entwicklungsfragen und Leistungen des sozialistischen Systems spätestens seit den Zeiten der Großen Koalition und der Studentenrevolte auch umgekehrt, von westlicher Seite, eine Aufmerksamkeit entgegengebracht wurde, der die früher vorherrschende, den verbreiteten Antikommunismus verdeckende Nichtbeachtung wich.

Der Anspruch auf Verwissenschaftlichung des Aufbauprozesses im großen Maßstab zeitigte in der Folge erneute soziale Widersprüche wie auch erneute Partei-Kritik, um diese Widersprüche auszusteuern. Als allgemeines Indiz solcher Schwierigkeiten kann man die gesellschaftliche Verteilung der Verantwortung anführen für das, was unter »Wissenschaftlichkeit« zu verstehen sein sollte. Ganz im Einklang mit den offiziellen Beschlüssen und Prinzipien der Politik des »Ökonomischen Systems des Sozialismus« wurde diese Verantwortung zunehmend an die sich spezialisierenden Einzelwissenschaften, Sozial-, Natur- und technische Wissenschaften, delegiert. Sachlich zumindest. Ihre Linientreue wurde kontrolliert. Nach der Reformeuphorie nahmen die Politbürokraten und ihre Gefolgsleute in den wissenschaftlichen Institutionen die ideologische und politische Ausrichtung wieder fest in die Hand.

Daß die in Kultur und Wissenschaft vertretenen methodologischen, methodischen und empirischen Optionen und Belange in jedem Fall mit der ebenfalls als *wissenschaftlich* behandelten »Gesamtposition des Marxismus-Leninismus« übereinstimmten, konnte schlecht vorderhand abgesichert werden. Der Einsatz der Wissenschaft zum Zweck der Förderung von Produktion und administrativer Effektivität ließ sich schlecht an der Stellung des einzelnen Wissenschaftlers zur »sozialistischen Wissenschaft« schlechthin, an den normativen Aussagen über ihren *Gesamtcharakter* orientieren – auch wenn die Ideologen es gern so darstellten: »Wir betreiben nicht Wissenschaft schlechthin unter sozialistischen Bedingungen«, meinte Honecker, »sondern sozialistische Wissenschaft.«[61] Was unterstellte, daß die Bemühung des Zusatzes »sozialistisch« auch schon die Qualität der wissenschaftlichen Arbeit geändert hätte.

Die Übernahme wissenschaftlicher Methoden und Erkenntnisse, die sich nach Effektivitäts- und Verwertungsgesichtspunkten richtete und oft genug nicht mehr als einen schlechten Abklatsch der entsprechenden »bürgerlichen Wissenschaften« abgab, brachte immer wieder Abgrenzungsschwierigkeiten mit sich. Sie wiederum belegen den Legitimationsdruck, unter dem die Wissenschaft in der DDR stand. Nicht nur mußten Effektivität und Produktivität, sondern zugleich auch mußte der »sozialistische« Charakter nachgewiesen werden. Im Detail schwenkten die Wissenschaften folglich auf eine methodenpluralistische Schiene ein, um mittels kritischer Sichtung, vornehmlich ausländischer Arbeitsweisen, optimale Strategien zu gewinnen – ganz unabhängig davon, ob die Methoden im Konkurrenzgefecht nun »marxistisch« oder »bürgerlich« hießen.

Das Auseinanderlaufen einzelwissenschaftlicher und »philosophischer« bzw. politisch-ideologischer Postulate war Indiz der Entwicklung einer mehr und mehr sich ausdifferenzierenden, hoch komplexen Gesellschaft, deren arbeitsteilig bis ins einzelne austarierte Produktions- und Verkehrsverhältnisse die Klammer DDR-kommunistischer Politik zusammenhalten sollte.

Allerdings kam es im Bereich der Kultur- und der »weicheren« Sozialwissenschaften nicht zu vergleichbar schroffen Gegensätzen, wie in naturwissenschaftlichen und technisch-formal orientierten Disziplinen.

Im Rahmen der Philosophie war es ein Zeichen latenten Auseinandertreibens einzelwissenschaftlicher und metaphilosophisch ideologischer Tätigkeit, daß sich marxistisch-leninistische Positionserklärungen und obligatorische Kritik an den Formen »bürgerlichen« Denkens sich zunehmend von der speziellen Sachforschung entfernten. Die oben zitierte, von den SED-Verantwortlichen konstatierte und kritisierte »Arbeitsteilung«.

Im Zuge dieser Arbeitsteilung traten erstmals methodisch differenziertere, mit westlichen Arbeiten vergleichbare fachwissenschaftliche Beiträge auf vielen Gebieten der Philosophie auf. Es wuchs die Befähigung, sowohl »bürgerliche« als auch »marxistische« Interpretationsversuche unvoreingenommen zu würdigen. Die Tendenz zum Pluralismus signalisierte die Unhaltbarkeit des weltanschaulichen Monismus des Materialismus. Doch blieben die »Einordnungen« in die »einheitliche sozialistische Wissenschaft« nicht aus. Sie gerieten mehr und mehr zu einer eigenen Publikationsform, die zum eigentlichen, mehr oder weniger dogmatischen *corpus* der *marxistisch-leninistischen* Philosophie gehörte.

Ausgerichtet im Koordinatensystem von Republikaufbau und sozialistischer Integration unter dem Primat der Détente konnte die marxistisch-leninistische Philosophie nicht nur Erfolge erweiterter interdisziplinärer Zusammenarbeit und eine Internationalisierung der philosophischen Forschung verbuchen. Auch bemühte man sich um Absicherung und Ausbau der Leitungs- und Koordinierungstätigkeit.

Die ersten Ergebnisse »inhaltlicher Anleitung der Gesellschaftswissenschaften« waren unbefriedigend gewesen. Als positives Beispiel der Organisation und Koordination galten die Sektionen der Geschichtswissenschaften an den Universitäten, während der Stand an den philosophischen Instituten den staatlichen Vorstellungen offensichtlich noch am Ende der sechziger Jahre nicht genügte. In »zentralen Forschungsplänen für die Gesellschaftswissenschaften« wurden seither die Schwerpunktthemen und Forschungskomplexe der interdisziplinären Arbeit ebenso festgeschrieben wie die Hauptaufgaben der einzelnen Disziplinen und die Planung der wichtigsten gesellschaftswissenschaftlichen Konferenzen, Publikationen und Lehrbücher, die Projekte zur Nachwuchsförderung und zur Kaderarbeit.

Unter Bedingungen der Krise, während manche versuchten, den Krisenerscheinungen mit innovativen Konzepten zu begegnen, wurde im Bereich der Philosophie in der Regel die »weltanschauliche Fraktion« gestärkt. Gegen die Verabsolutierung eines für die Staatsideologie durchaus angemessenen, positivistischen Philosophieverständnisses, gegen die Ausweitung wissenschaftlicher Autonomiebestrebungen, gegen Konsequenzen, die die »Verwissenschaftlichung der Ideologie« zeitigte, gegen einen Philosophiebegriff, der Philosophie gleichbedeutend mit allgemeiner Methodologie verstand, meldeten sich in der Krise die Sozialintegrations- und Wertdenker.

Philosophie sollte nun wieder gesellschaftliche und politische Praxis integrieren, sollte Werthaltungen motivieren. Alfred Kosing beispielsweise hatte schon in den sechziger Jahren gefordert, daß die Orientierung auf objektive Gesetzmäßigkeiten nicht die wesentliche Perspektive der Philosophie bestimmen dürfe. Dies bedeute eine »szientistische Einschränkung der Weltanschauung« zugunsten der Wissenschaften. Dabei gehörte Kosing mit Fiedler und Mocek zu denjenigen Philosophen, die für eine Rearrondierung der *theoretischen* Aufgaben der Philosophie plädierten; der Bereiche von Wissenschaftstheorie und Wissenschaftsphilosophie, die Klaus der *meta*theoretischen Dimension der Philosophie zugehörig erkannt und im Sprachgebrauch der Zeit als Erkenntnistheorie und -methode allgemeiner Art bestimmt hatte. »Aber« wandte Kosing ein, »ihre umfassende Bedeutung« finden selbst diese metatheoretischen Aufgaben erst, wenn sie »für die Politik der marxistisch-leninistischen Partei, für die gesellschaftliche Praxis, für die Entwicklung des gesellschaftlichen Bewußtseins, für die Formung des Menschen und für das Verhalten der Menschen« in Betracht gezogen werden.[62] Der Mensch und seine Stellung in der Welt, genauer die Funktionalisierung der Individualität im Sozialismus, galt hier als höchster Gegenstand des Philosophierens. Wissenschaftstheorie betrachtete Kosing als nur einen Zweig der philosophischen Arbeit. Im Zentrum sollten die »weltanschauliche Funktion der Philosophie«, ihre »politisch-ideologische« und ihre »ethisch-axiologische« Aufgabenstellung stehen.[63]

Die Antwort auf die Frage, welche »Strömung« zu welcher Zeit für die Philosophie in der DDR repräsentativer war, die szientistische oder die weltanschaulich praxisphilosophische, hängt nicht zuletzt ab vom Untersuchungsinteresse. Insgesamt herrschte auch hier Arbeitsteilung. Einmal wurde der Rolle der Produktivkraft »Wissenschaft« größeres Gewicht beigemessen; ein anderes Mal galt es, den »subjektiven Faktor« in angemessener Weise zu berücksichtigen und zu lancieren. Je nach Ausschlag des politischen Barometers.

Philosophie und Ideologie waren z.B. die Felder, in denen die Kritik am harmonistischen Selbstverständnis der Ulbrichtzeit ohne Probleme aktiv werden konnte. Eine Reaktivierung »gesellschaftlicher Widersprüche« – »nichtantagonistischer« Art – fand statt, mit allen Konsequenzen für Philosophiegeschichte, Erbebeziehungen und die Wunschvorstellungen vom »Zusammenwachsen des Volkes«. Alles im Dienste ökonomischer Zielprojektionen, zur »Erreichung eines höheren Lebensstandards«, von dem man wußte, daß er sich mit dem im Westen nicht werde vergleichen lassen können, so groß die Anstrengungen auch sein würden.

Also war wieder einmal die Moral gefragt. Ethik und Moral galten der politisierten Philosophie der DDR keineswegs als zwei verschiedene Schuhe. Jede theoretische, ethische oder moralphilosophische, Untersuchung hatte zugleich dem Ziel zu folgen, die »sozialistische Moral«, altruistische Verhaltensweisen also, zu entwickeln, zu stärken und zu propagieren. Und zumindest damit konnte man sich von der bundesdeutschen Ellenbogengesellschaft absetzen. Gegen die Herzlosigkeit des Kapitalismus wurden den DDR-Bürgern die Tugenden der armen Leute anempfohlen. Tugenden, deren direkte Abhängigkeit vom geistigen und materiellen Mangel offenbar so wenig durchschaut war, daß die DDR-Verantwortlichen für Fragen der Konkursverwaltung sich einig waren, daß solche »Werte des Sozialismus« unbedingt ins »einig Vaterland« eingebracht werden müßten. Vielleicht gilt dasselbe für die entsprechende Wertephilosophie. Und außerdem sieht es nicht so aus, als ob die Menschen jenseits der Elbe in Zukunft auf die moralische Aufrüstung ohne weiteres verzichten könnten.

Neben der Verfügungsgewalt über das Universalinstrument, die große Methode der Dialektik, ist es die Manipulation der Moral, die eine der wichtigsten gesellschaftlichen Funktionen der Philosophie in der DDR darstellte.

Beide Schwerpunkte ideologischen Wirkens korrespondierten aufs beste mit den bestimmenden *sozialen* Verhältnissen: die Forcierung der Moral und des guten Glaubens mit der Ausbeutung der Arbeit und dem obligatorischen Mangel, die souveräne Handhabung der großen Methode mit der universellen Hypostasierung des Gegenteils aller realen Erfahrung.

Perestrojka im deutschen Sozialismus

Werden die, die es wissen müßten, befragt, ab wann absehbar gewesen sei, daß sich der Staatssozialismus in der modifiziert stalinistischen Form des Honeckerregimes nicht mehr auf Dauer halten ließ, werden als Wendemarke oft die Jahre 1986/87 genannt.

Sollte diese Diagnose die Beurteilung der DDR-Zustände jener Zeit durch westdeutsche Politiker und Journalisten, vor allem sozialdemokratische und linke, mitumfassen, so muß man eine Trübung des Erinnerungsvermögens vermuten. Auch sie hatten sich nämlich seit den siebziger Jahren auf die »soziale Empirie« verlassen, allerdings die eigene. Die Identität der Bundesrepublik war unverwechselbar die einer ökonomischen Großmacht mit politisch kooperativen Ambitionen im westeuropäischen und atlantischen Rahmen, aber auch, durch

Ostverträge und Handelsbeziehungen abgestützt, in »gutnachbarlichen« Verhältnissen mit der DDR. Die Wohlstandsnation – vor allem die sozial-demokratische, die nicht mit den SPD-Wählern identisch ist – konnte sich mit der These, daß die Nationale Frage eine »historische Erledigung« erfahren habe, gut arrangieren. Außerdem gewöhnte man sich daran, daß Bild der symbolischen Repräsentanz der DDR für die DDR-Verhältnisse selbst zu nehmen. Unter diesem Eindruck erschien nicht mehr nur alles grau in grau; man ortete Bewegung statt Stagnation jenseits der Elbe.[64] Aber man wußte nichts Genaues. Dieselben Medien, dieselben Politiker hätten uns auch von den ökologischen Katastrophen, vom Bespitzelungssystem der Stasi oder von der Unrentabilität der volkseigenen Betriebe erzählen können.

Wer heute auf 1986 oder 1987 verweist, um zu sagen, daß sich damals die Widersprüche entschieden verschärften, hat nicht Unrecht. Doch muß man die historisch-politische Schlußfolgerung als Momentaufnahme und Ausschnittvergrößerung der Perestrojkazeiten seit 1985 von einer tiefergreifenden Analyse unterscheiden, die zeigen kann, daß es elementar angelegte Widersprüche der sozialen und politischen Verhältnisse des administrativen Sozialismus in der DDR waren, die seine Anpassung an demokratische und marktwirtschaftliche Verhältnisse auf Dauer erforderten.

Der punktuelle historische und politische Schluß führt die Blockintegration der DDR an und kommt zu dem Ergebnis, daß sich die harte Linie der DDR-Führung nicht mehr halten ließ, seitdem Gorbatschow den Weg für die Liberalisierung freigemacht und nationale Liberalisierungstendenzen in den Staaten des Ostblocks unbehindert gelassen habe. Tatsächlich beschleunigte die sowjetische Politik die deutsche Anpassungsreform, insofern sie die »chinesische Lösung« in Fällen unkontrollierter Freiheitsausbrüche in der DDR nicht zuließ.

Die »Revolution in der DDR« wandelte indes, von Ausnahmen abgesehen, nicht auf den Spuren der Perestrojka. »Von der Sowjetunion lernen, heißt siegen lernen«, war ohnehin eine Sprechblase, an die nur die Ideologen geglaubt hatten. Das Gros der Bevölkerung war nicht eben russenfreundlich, nicht zuletzt, weil es am eigenen Leib hatte erfahren müssen, was das für »Siege« waren. Man hatte sie »nachergekämpft«. Nun stand die alte kommunistische Garde selbst nicht mehr unbedingt an der Seite des großen Bruders, weil er nichts zu bieten hatte als den Anblick von Schwierigkeiten.

Die einen glaubten, daß in der Sowjetunion der Sozialismus verraten werde. Und außerdem glaubten die wahren Kommunisten, allen voran Honecker selbst, die DDR nicht in gleicher Weise gefährdet wie die

UdSSR. Man setzte auf das Wachstum, das Reformen überflüssig macht. Der Generalsekretär verwies Gorbatschow gegenüber auf die schon seit den siebziger Jahren erfolgte »Hinwendung zu den Massen, verbunden mit einer immer breiteren Entfaltung der sozialistischen Demokratie« – und auf das »hohe Wachstum des Nationaleinkommens«. Und der Chefideologe Hager fragte in der westdeutschen Presse, ob sich jemand verpflichtet fühlen müsse, seine Wohnung zu renovieren, wenn der Nachbar seine Wände tapeziert. – Reformen als neue Tapeten, die man vor alte hängt, ein Bild, das dem Chefideologen gut anstand. Der sowjetische Präsident antwortete angemessen. Perestrojka habe es mit Menschen, nicht mit Tapeten zu tun.

Die anderen, die noch den Reformkurs in der Folge der Politik des NÖSPL und des ÖSS im Kopf hatten und die rigide staatliche Bevormundung der Reformtendenzen in der Honeckerzeit für einen Fehler hielten, sahen, daß die in der Sowjetunion anstehenden gesellschaftlichen, politischen und ökonomischen Reformen strukturell denen verwandt waren, die man selbst brauchte. Aber man sah auch, daß ein Bedürftiger ein schlechtes Vorbild ist für die Abstellung der Mängel, die ihn bedrücken.

Die Innovationen, auf die man hoffte, waren *vom Westen* vorgegeben. Also vertraute man in Kreisen der Politbürokratie und in den wissenschaftlichen Stäben der DDR darauf, die notwendige Reform als »Revolution von oben« dekretieren zu können. Hierhin gehören die »Umbaupapiere«, die detaillierte Vorschläge zu »modernen Sozialismuskonzeptionen« zu erarbeiten hatten, noch bevor die von den unverläßlich gewordenen Partnern in Ungarn und in der Tschechoslowakei unterstützte Ausreisewelle die Festung DDR nicht mehr haltbar erscheinen lassen mußte. Selbst eine beschränkte Mitwirkung der gesellschaftlich aktiven Gruppen, die der SED-Politik bisher kritisch gegenüber gestanden hatten, wurde in diesen Reformpapieren vorgesehen. »Abschied vom Patriarchensozialismus«,[65] hieß die neue Losung, »ökonomische Freiheit der Persönlichkeit«, »Orientierung auf den Menschen«.

Das »Diskussionsangebot« wurde angenommen.

Teil III

Philosophie im Kampf – exemplarische Debatten der DDR-Philosophie

Im letzten Teil gehen wir auf einige Debatten der DDR-Philosophie ein, um vor dem Hintergrund unserer bisherigen Analyse und Darstellung die theoretischen Bestimmungen des Marxismus-Leninismus an seinem Diskurs zu veranschaulichen. Dabei greifen wir drei Gebiete exemplarisch heraus: den Kontext »Philosophie und Geschichte« unter dem Gesichtspunkt der Traditionsvermittlung, den Kontext »Philosophie und exakte Wissenschaften« – mit den Beispielen der Logikdebatte und der Diskussion um das Verhältnis von Philosophie und Naturwissenschaft – und den Kontext »Philosophie und Gesellschaftswissenschaften«.

Den drei systematischen Exempeln schicken wir ein Beispiel philosophischer Auseinandersetzung zwischen marxistischer und bürgerlicher Philosophie voraus. Schließlich war dieser Kampf »integraler Bestandteil einer jeden philosophischen Analyse.«

1. Der Materialismus im Kampf gegen bürgerliche Philosopheme der Nachkriegszeit

Antifaschismus – Antiirrationalismus – Antirevisionismus. Unter diese drei »Antis« kann man die Abgrenzungsanstrengungen stellen, die die materialistische Philosophie im Osten Deutschlands nach dem Krieg auf sich nahm. Die Neue Philosophie sollte den Grenzverlauf markieren gegen die Weltanschauung und die verdeckten Quellen des Faschismus, gegen die Irrationalismen des bürgerlichen Denkens und der bürgerlichen Philosophie, die jenen »totalitären Irrationalismus« erst ermöglicht haben sollten – insbesondere gegen die prä- und postfaschistischen Varianten der Lebensphilosophie –, schließlich gegen solche Vereinnahmungs- und Vermittlungsversuche, welche die wissenschaftliche Weltanschauung der Arbeiterklasse zu verbürgerlichen trachteten.

Die Situation des »nunmehr totalen geschichtlichen Zusammenbruchs unserer bisherigen geistigen Welt«, die auch im Westen der frühen Nachkriegszeit diagnostiziert wird [1], ist philosophisch von einem Denken gekennzeichnet, das die Begriffe des Einzelnen, der Existenz, der Krise in den Mittelpunkt der Reflexion rückt. Rationalismuskritik, Skepsis gegenüber Technik- und Technologieentwicklung, Politiküberdruß verbinden sich mit der Rückbesinnung auf individuelle Sinnbestimmung, mit dem Wunsch nach Geborgenheit im Zusammenhang ursprünglicher Natur.

Der schon in der Weimarer Zeit als »Krisenphilosophie« apostrophierte Existentialismus erlebt einen neuen Aufschwung in nichtsozialistischen Kreisen, aber nicht nur dort. Wichtige Schriften, die schon aus der Vorkriegszeit stammen, Schriften von Heidegger, Jaspers, Marcel, erfahren eine weite Verbreitung. Der universale Anspruch der Philosophie und Philosophiegeschichte Heideggers ist indes nicht nur zur Wiederanknüpfung an die Themen der zwanziger Jahre gut. Er disponiert die Philosophie im Westen auch für die Zukunft. Die Erneuerung der Metaphysikdiskussion hat hier ihre Wurzeln.

In Gestalt des Neothomismus, der mit den Arbeiten von de Vries, Wetter, Bochenski den Realismus des Marxismus auf dem Fundament einer eigenen realistischen Ontologie kritisiert, greift die Diskussion auf die Philosophie in der DDR über. Der Aufschwung der geisteswissenschaftlichen Hermeneutik (Gadamer) und der philosophischen Anthropologie (Plessner) ist der Heideggerschen Philosophie verbunden. Aus der Beschäftigung mit der hermeneutischen Problematik des Sinnverstehens einerseits, aus dem Kontext des Logischen Empirismus und Neopositivismus, den die Philosophen, die aus dem amerikanischen Exil kommen, der Tradition wieder zuführen wollen, andererseits, ist die Zuwendung zur Sprachphilosophie schon in dieser Zeit verständlich. Eine andere Strömung der Wissenschaftsphilosophie nimmt ihren Ausgang von grundlagentheoretischen Problemen der modernen Naturwissenschaft, insbesondere der Physik, und favorisiert auf Dauer einen empirischen, metaphysik-kritischen Philosophiebegriff.[2]

Mit allen diesen Strömungen und Tendenzen westlicher Philosophie mußte sich der historische Materialismus auseinandersetzen, wollte er in der Konkurrenz gegenüber dem anderen System bestehen und sich der DDR-Öffentlichkeit als kompetente Gegenwartsphilosophie empfehlen.

Antifaschismus und Irrationalismuskritik

Was die unmittelbare philosophische Auseinandersetzung der DDR-Ideologen mit dem Nationalsozialismus in der Zeit des sogenannten antifaschistisch-demokratischen Aufbruchs angeht, so kann man trotz der anderslautenden Selbstdarstellung weder von einer philosophisch relevanten Kritik noch von einer profunden historischen Aufarbeitung sprechen. Mittlerweile sollen die philosophischen Quellen, aus denen der Faschismus schöpfte, relativ gut ausgeleuchtet sein. Man kann daran zweifeln. Der moralische Antifaschismus der DDR-Kommunisten der frühen Zeit hat dazu jedenfalls nichts wesentliches geleistet.

Erste Arbeiten, die sich der philosophischen Faschismuskritik intensiver zuwendeten und sich nicht mehr darin erschöpften, die politische Kritik der dreißiger Jahre fortzuführen oder die Irrationalismusthese zu aktualisieren, stammen aus den sechziger Jahren.[3] Freilich blieben auch sie im Allgemeinen.[4] Eine tiefer reichende, spezifisch philosophische Aufarbeitung fehlt auch fast ein halbes Jahrhundert später; übrigens nicht anders als in der Bundesrepublik, wo es, abgesehen vom »Fall Heidegger«, gleichfalls eine Art des »kommunikativen Beschweigens« des »philosophischen Faschismus« zu geben scheint.[5]

Der Löwenanteil an den einschlägigen Publikationen zur Auseinandersetzung mit der bürgerlichen Ideologie und Wissenschaft der frühen Zeit gehört den Schriften von Georg Lukács, der in jeder Beziehung für die philosophische, ideologische und kulturelle Neubesinnung im Osten Deutschlands außerordentlich wichtig war.

Die Faschismuskritik der Nachkriegszeit verlief auf dem Boden einer kategorischen *politischen* Abgrenzung. Diese Kritik, die tatsächlich eher »Abrechnung« als Kritik war, hatte es nicht mehr nötig, etwas von der geistig-inhaltlichen und methodologischen Disposition einer Philosophie und Geisteshaltung wissen zu wollen, die sich politisch instrumentalisieren und ideologisch in Dienst nehmen läßt. Schließlich hätte diese Auseinandersetzung, schon gar in der Art einer Vergangenheitsbewältigung, die alle Schichten der Gesellschaft mit eingeschlossen hätte, unter der Hand zur Selbstkritik geraten müssen.

Statt dessen reichte es, der aktuellen Abgrenzung eine historische hinzuzufügen, die sich in Diskreditierung erschöpfte. Im Vordergrund der Abrechnung mit der jüngsten Vergangenheit stand »die moralische Verurteilung des Faschismus«.[6] Ihr analytischer Teil fußte auf der kommunistischen Kritik der dreißiger Jahre, wie sie Dimitroff formuliert hatte.[7]

Erst das Lukácssche Werk »Die Zerstörung der Vernunft«, 1953 im Aufbau-Verlag in Berlin erschienen, nahm sich vor, den »Weg Deutschlands zu Hitler auf dem Weg der Philosophie« aufzuzeigen.[8] Die Arbeit geriet zu einer großangelegten Untersuchung über den »Irrationalismus« in der gesamten deutschen Philosophie vor 1933 sowie die Konsequenzen dieser Geisteshaltung während der Hitlerdiktatur und der Nachkriegszeit. In der politischen Bewertung, die die Schrift vornimmt, steht Lukács hinter den Grundsätzen des Marxismus-Leninismus.

»Eine wirklich marxistisch-leninistische Kritik der reaktionären Philosophie«, umschrieb Lukács seine Aufgabe, muß »die philosophische Falschheit, die Verzerrung der Grundfrage der Philosophie, das Zunichtemachen ihrer Errungenschaften usw. als notwendige, sachlich-philosophische Folgen solcher Stellungnahmen konkret im philosophischen Material aufzeigen.«[9] Immerhin war damit eine philosophische Bearbeitung zumindest in Aussicht gestellt. Sie sollte eine umfassende Darstellung der Geschichte der gegenaufklärerischen Philosophie geben, von Schelling bis zu Kierkegaard, von Nietzsche bis zu Rosenberg, Spranger und Heidegger.

Ausdrücklich verweist Lukács auf das Desiderat marxistisch inspirierter, philosophischer Vorarbeit auf diesem Gebiet. Selbst Franz Mehring, dem ansonsten die Mentorenrolle deutschsprachiger Kultur- und politischer Geschichtsschreibung zugewiesen wird, galt hier nicht als Hilfe. Das einzige Werk, auf das Lukács, wenn auch kritisch, hinweist, ist Karl Löwiths »Von Hegel zu Nietzsche«; Poppers Totalitarismuskritik in »Die offene Gesellschaft und ihre Feinde«, immerhin schon 1944 erschienen, ignoriert er. Die Abgrenzungen werden an Löwiths geschichtsphilosophisch kritischem Nachdenken über eine mögliche Überwindung der Philosophie als Systemphilosophie (Hegel) durch den Marxismus und Linkshegelianismus des 19. Jahrhunderts einerseits, durch die Philosophie Kierkegaards andererseits, demonstriert.

Lukács hält Löwiths Arbeit für eine Darstellung nach Art einer philosophischen Konvergenztheorie. Rechte und linke Kritiker Hegels, Kierkegaard und Marx, würden auf eine Stufe gestellt, damit die philosophische Entwicklung dann in Nietzsches nihilistischer Philosophie gipfeln könne. Solche Verwischung der Grenzen zwischen Irrationalismus und Rationalismus weist Lukács zurück. Die Dynamik der deutschen Philosophiegeschichte – »fortschrittlicher« Provenienz – würde derart auf den Kopf gestellt.

Den von Löwith herausgearbeiteten »zwei Seiten einer gemeinsamen Destruktion der bürgerlich christlichen Welt« setzt Lukács die Konsequenzen der Rationalismus-, Aufklärungs- und Revolutionstradition der sogenannten progressiven bürgerlichen Philosophie und des Marxismus entgegen. Ein Zugang zu den Zerstörungen der Vernunft, die sich exemplarisch im Marxismus-Leninismus, in seiner Theorie wie der dazugehörigen Politik, hätten begutachten lassen können, gelingt ihm nicht. Das Gemeinsame der eschatologischen Konstruktion in der idealistischen Superspekulation, im wissenschaftlich ambitionierten Positivismus und Neopositivismus wie in der Geschichtsphilosophie des Marxismus, verkennt Lukács. Philosophie und Vernunft, qua Rationalität, sind für Lukács eins; »wahre Philosophie« glaubt er nur auf seiner Seite bzw. auf seiten der von ihm ausgezeichneten Tradition.

Die *Dialektik* von Rationalität, Aufklärung und Revolution, gerade mit Blick auf den Nationalsozialismus, nicht minder angesichts des amtierenden Stalinismus im Osten, wird nicht thematisiert. Daß die »NS-Zeit [...] das krasseste Beispiel einer Gefahr [sein könnte], die in der europäischen Aufklärung liegt« [10], war für Lukács – wie für seine philosophischen Nachfolger jenseits der Elbe – undenkbar.

Das umfangreiche Nachwort zur »Zerstörung der Vernunft« gibt eine Charakteristik der europäischen Philosophie der Nachkriegszeit. Die Kritik an der Naziphilosophie und den ideologischen »Vorläufern« des Faschismus verbindet sich mit der Abrechnung mit anderen Strömungen des »Irrationalismus«: der Lebensphilosophie der Kriegs- und

Nachkriegszeit – gemeint sind Spengler und Scheler – und des Existentialismus, womit in erster Linie Jaspers und Heidegger gemeint sind.

Lukács diagnostiziert des weiteren einen »amerikanischen Typ des Irrationalismus«, der mehr oder weniger die gesamte analytische, neopositivistische und Sprachphilosophie umfaßt: die »ganze Semantik in den USA, den Neomachismus von Wittgenstein[11] und Carnap«, schließlich »die Weiterentwicklung des Pragmatismus durch Dewey«. Die sozialen Bedingungen für den seiner Meinung nach zunehmenden Einfluß amerikanischer Philosophie in Europa und Deutschland sieht der ungarische Philosoph und Literaturwissenschaftler in einer »Rückkehr der Apologetik des Kapitalismus zur direkten Form«. Die Rekonstruktion des Kapitalismus, wie sie der Westen seit dem Ende des Zweiten Weltkriegs mit Macht betreibt, braucht nach Lukács ein Denken wie das neopositivistische, weil es die adäquate Denk- und Rechtfertigungsweise eines an Kritik und Reflexion der eigenen Bedingungen uninteressierten Systems darstellt. Unter »Neopositivismus« subsumiert Lukács – zu Unrecht – die verschiedensten Strömungen bürgerlicher Philosophie, die seine Kritik im Auge hat, systematisch, ohne den positivistischen Tendenzen des Marxismus-Leninismus auch nur eine Zeile zu widmen. Dem Existentialismus, der in den Augen des Philosophiehistorikers die lebensphilosophische und phänomenologische Traditionslinie der deutschen Philosophie fortführt, traut Lukács für Deutschland keine große Zukunft zu.

Umso erstaunlicher erscheint die philosophiegeschichtliche Konstruktion Lukács', deren globaler politischer Impetus von der politisierten Philosophie im Osten allgemein übernommen wurde, wenn man bedenkt, daß etliche der von ihm als »irrational« diskriminierten und als zum Faschismus hin tendierend beschriebenen philosophischen Strömungen in der Zeit nach 1933 in Deutschland als »Schulen der jüdisch-liberalistischen Auflösung« stigmatisiert waren.

Im einzelnen verzeichneten etwa die »Anweisungen zur Neuordnung der philosophischen Bibliotheken« im Dritten Reich darunter den »Positivismus, den südwestdeutschen Kantianismus, die Realistik, die geisteswissenschaftlichen Schulen und Kritizisten, die Kulturphilosophen und Kulturkritiker und den Existentialismus.« Die Zusammenfassung der liberalistischen Schulen ergänzte die der »jüdischen Auflösung«: »der Marburger Neukantianismus, die Phänomenologie, die Lebensphilosophie, das jüdische Rechtsdenken, die jüdische Kulturphilosophie, die jüdische Ästhetik, die jüdische Mathematik und Relativitätstheorie.«[12]

Die unmittelbar politisch vielleicht wenig virulente Auseinandersetzung mit dem aufkommenden »Neopositivismus« war für die ambitionierte linke Philosophie im Fahrwasser der Lukácsschen Kritik nichtsdestoweniger belastet von ideologischen Implikationen. Antikommunistische Einstellungen sah man insofern unterstützt, als die konzeptionellen und methodologischen Tugenden genereller Wissenschaftsorientierung und besonderer Auszeichnung funktionalistischer Erklärungen als systemkonform gewertet wurden – konform mit dem in der Restauration befindlichen liberal-demokratischen, pluralistischen System.

Lukács hatte schon bei Dewey die Fortentwicklung des Pragmatismus, d.h. der konsensorientierten Wissenschaftsphilosophie Peircens, hin zu einer Apologetik des Kapitalismus vermerkt. Gewissermaßen eine Vorwegnahme der späteren, in den siebziger und achtziger Jahren geäußerten, zu dieser Zeit aber schon sehr ambivalenten Kritik der entwickelten Systemtheorie, für die dann der Name des Bielefelder Soziologen Niklas Luhmann stand.

In den fünfziger Jahren lautete der Vorwurf, daß es *für den Westen* nur konsequent sei, wenn von bestimmten ideologischen Schulen dort auf die Aspekte praktischer Effektivität und Funktionalität im Systemkontext abgestellt werde. Schließlich sei schon die pragmatische Wahrheitskonzeption dem technisch ausgerichteten strukturellen Reformismus der kapitalistischen Ökonomie und Gesellschaftsordnung entgegengekommen. Die marxistischen Spezialisten für technisch strukturellen Reformismus späterer Tage vermißten in ihrer damaligen ideologiebeschränkten Kritik die »objektive« Untersuchung der vom Bewußtsein unabhängigen Wirklichkeit. So das angemahnte Desiderat des pragmatischen Entwurfs schon bei Lukács.[13]

In diesem Vorwurf erschöpfte sich dann auch die Würdigung von Sprachphilosophie und Positivismus in der Nachfolge des Wiener Kreises. Die Adressierung an »Semantik und Neomachismus« rührt, was den zweiten Teil angeht, aus der Leninschen Kritik am Machismus in der Schrift »Materialismus und Empiriokritizismus«. – Als »Empiriokritizismus«, d.h. einen sich nur auf Erfahrungstatsachen gründenden, darum grundsätzlich für unberechtigt erachteten Kritizismus, hatte Lenin hierin den Positivismus und die Wissenschaftsphilosophie Ernst Machs verworfen.[14] »Empiriokritizismus«, ursprünglich ein Ausdruck von Avenarius, indiziert eine philosophische Position in der Tradition des Neukantianismus, die einen sensualistischen Empirismus mit einer konventionalistischen Haltung in erkenntnistheoretischen und ontologischen Fragen verbindet. Erfahrung, schreibt Avenarius (d.h. für ihn:

die Welt der Empfindungen), sei allein im Geist eines »modernen philosophischen, nämlich metaphysikfreien, positivistischen Denkens« zu verarbeiten. Erfahrungs-Empfindungen wurden damit interessant als Daten, genauer als *sense-data*.[15]

In der möglichen Reduktion von »Empfindungsdaten« auf »Daten« lag die Möglichkeit des wissenschaftstheoretischen Übergangs vom Sensualismus zu Erkenntnisprozeduren der modernen Naturwissenschaften. Denn auch dort sind es Meßergebnisse, nicht materiale Entitäten, die »Gegenstände der Erfahrung« ausmachen.

Es ist nicht unproblematisch, Wissenschaftstheorie und Ideologie des Positivismus und des Machismus im ganzen als kompatible Theoriengefüge zu behandeln. Wenn man auch sagen muß, daß aus der Perspektive des Marxismus-Leninismus die Nähe zwischen Machismus und Neopositivismus auf der Hand zu liegen scheint. Die theoretische Konstruktion der Realität und dessen, was als objektiv gilt, macht dem Materie- und Gesetzes-Objektivismus der materialistischen Ideologie keine Probleme. Sie gilt ihm schlicht als Leugnung des Objektivitätsgehalts der Wirklichkeit unter dem Deckmantel strenger Wissenschaftlichkeit. Die Kritik sieht dabei zwei folgenreiche Reduktionen am Werk. Zunächst eine psychologische, die sodann von einer sprachphilosophischen ergänzt wird. Zunächst wird die Wirklichkeit nach Auffassung der Empirismus-Konstruktivismus-Kritiker in eine Unzahl von Empfindungsausdrücken aufgelöst, sodann, in den folgenden wissenschaftlichen Prozeduren, werden diese Ausdrücke in ein Strukturgefüge wissenschaftlicher Sätze und grammatischer Beziehungen verwandelt. Man versteht, wie es zum Subjektivismus-Vorwurf kommt. Es bleibt nach dieser Beschreibung nichts als das subjektive Dafürhalten einzelner Wissenschaftler.

Machs erkenntnistheoretische Kritik am Materialismus fand indes tatsächlich auch im sozialistischen Lager seine Fortsetzung. Es konnte nicht ausbleiben, daß sich in der Wissenschaftsphilosophie und -theorie konstruktivistische und konventionalistische Positionen durchsetzten. Sie traten auf Dauer dem Objektivismus des historischen Materialismus auf eigenem Boden entgegen.

Zu Zeiten der Lukácsschen Polemik gegen den Irrationalismus bürgerlicher Philosophie in Vergangenheit und Gegenwart war davon allerdings noch keine Rede. Wieder einmal handelte es sich im wesentlichen um eine kaum zu rechtfertigende Applikation von Argumenten, die, aus unterschiedlichen Kontexten herangezogen, mittlerweile zum Kanon der autoritätsgestützten Aussagen der marxistischen Bewegung gehörten.

Über den Leninschen Antimachismus griff die Auseinandersetzung mit bestimmten, revisionistische Positionen deckenden und als »neopositivistisch« geltenden Auffassungen auf Vorstellungen von Engels zurück. Insbesondere in der frühen Debatte um den philosophischen Stellenwert der modernen Physik und ihrer Ergebnisse wurde die Realitätskonzeption des Marxfreundes strapaziert. Wieder wurde die neopositivistische Wissenschaftstheorie mit dem Machismus gekoppelt – was, wenn überhaupt, nur mit großen Einschränkungen zu rechtfertigen sein dürfte. Wie oft, war auch hier der Wunsch der Vater des Gedankens. Der zentrale Vorbehalt, ein topischer Vorbehalt der materialistischen Philosophie auch in späterer Zeit, lautete, daß derartige Wissenschaftstheorie Beschreibungen subjektiver Wahrnehmungsinhalte legitimiere – womit, wie gesagt, *Meßergebnisse* gemeint waren –, was einer Beschreibung ohne Erklärungsfunktion gleichkomme. Wobei unter »Erklärung« eine Erklärung des kausalen Zusammenhangs »durch objektive Gesetze« verstanden wurde. Eine Substitution von postulierten objektiven Größen durch pure »Gedankensymbolik«, wie sie Mach vorschwebte[16], ist im positivistischen Programm indes nur bedingt auffindbar.

Wie erwähnt, fand Lukács derartig moderne Abarten des »Irrationalismus« nicht zuletzt in Wittgensteins »Tractatus«. Einer für Lukács methodologisch zentralen Aussage Wittgensteins, die diese Beurteilung rechtfertigen sollte, gehen wir nach, um zu dokumentieren, daß philosophische Reflexion hier kaum zu den Leitideen der Rezeption gehört haben kann.

»Die Sätze«, schreibt Wittgenstein, »können die ganze Wirklichkeit darstellen, sie können aber nicht das darstellen, was mit ihnen in der Wirklichkeit gemeint sein muß, damit diese Darstellung möglich werde – die logische Form. [...] Die Sätze können die logische Form nicht darstellen. Sie spiegelt sich in den Sätzen. Was sich in der Sprache spiegelt, kann die Sprache nicht darstellen. Was *sich* in der Sprache ausdrückt, können wir durch die Sprache nicht ausdrücken. Die Sätze zeigen die logische Form der Wirklichkeit. Sie zeigen sie auf. [...] Was man zeigen *kann,* das *kann man nicht* aussprechen.«[17]

Statt zum Vorteil der eigenen, beschränkten Erkenntnistheorie Wittgenstein zumindest in der Ontologiekritik ein Stück zu folgen, plaziert ihn Lukács in die Nachfolge Schelers. Beide, heißt es, hätten ihre Philosophie auf dem Fundament eines prinzipiellen Irrationalismus erbaut. Heute gilt die Metaphysik*kritik* Wittgensteins, wie die Heideggers, bei den meisten Philosophen der DDR als bedeutende philosophische Leistung. Die damalige Zurückweisung war von der grobschlächtigen Art der zuvor geschilderten Abrechnung mit der Philosophie des Irrationalismus. Als könnte man mit der vorkantischen Metaphysik die kantische Metaphysikkritik kritisieren.

Wenn Wittgenstein davon spricht, daß die Dimensionen der Wissenschaft und die Dimensionen des Lebens nicht ineinander aufgingen, demonstrierte das für den Marxisten-Leninisten eine agnostische Einstellung gegenüber den möglichen Leistungen der Wissenschaften. Dies vorausgesetzt ist es, wenn auch schwer, nachvollziehbar, daß die methodologische Verwandtschaft der Wittgensteinschen Tractatus-Philosophie mit dem Existentialismus, selbst wenn es eingestandenermaßen keine direkten Verbindungslinien gab, »aus gesellschaftlichen Gründen« behauptet wurde. Wittgenstein wurde zu einem Philosophen der Verzweiflung stilisiert. Die »Verzweiflung der Vernunft«, der Wittgenstein Tribut gezollt habe, schrieb Lukács, habe sich verbunden mit Jaspers Appell an den Mythos und dem »ontologisch geschichtlichen Inkognito« Heideggers. Die Vernunft habe ihre Geschichtlichkeit abgelegt und stehe in diesem Denken im Widerstreit mit der Kausalerkenntnis. Gegenüber der Realität müsse sie ohnmächtig resignieren. Was auf diese Weise als Vernunftphilosophie gefaßt werde, sei »der alte Irrationalismus in einem den heutigen amerikanischen Bedürfnissen entsprechenden Kostüm: dieselbe Philosophie der Ausweglosigkeit wie früher und, ebenso wie früher, angepaßt an den geistig moralischen Komfort einer kleinbürgerlich selbstgenügsamen Intelligenz.«

Heideggers Nähe zum agnostischen Standpunkt schien ebenso evident wie die Wittgensteins oder Schelers. Heideggers Diktum, daß das Denken erst beginnen könne, wenn die Menschen eingesehen hätten, daß die bisher verherrlichte Vernunft die hartnäckigste Widersacherin des Denkens war und ist, zitiert Lukács zum Beleg.

Tatsächlich ging es kaum um philosophische Kritik, sondern um den zweifelhaften Nachweis ideologischer Wahlverwandtschaften. Dabei durfte die Phänomenologie nicht fehlen. Zweifellos, schreibt Lukács, handle es sich bei Heideggers Distanzierung der Vernunft vom Denken um die äußerste Konsequenz der Husserlschen »Wesensschau«. Und da die Phänomenologie – die »empirische Psychologie« – in ihren Anfängen dem Machismus nahegestanden haben sollte, bereitete es keine Mühe, auch Heidegger »dem Wesen nach« in die Nähe der machistischen Semantik zu stellen. Heidegger war es, so Lukács, der »aus der Sprache eine philosophische Methode« machte; die «Krönung von Machismus, Phänomenologie und Semantik«.Hinter all diesen philosophiehistorischen Verwandtschaftsverhältnissen und wirkungsgeschichtlichen Linienführungen entdeckt Lukács leicht das gemeinsame Ziel der »bürgerlichen Philosophie«: die Niederwerfung des Marxismus-Leninismus.

Daß der Kommunist trotz des immensen Aufgebots an Gegnern – viel Feind viel Ehr – vertrauensvoll in die Zukunft blickte, lag nicht zuletzt an der Hoffnung, die der linke Kritiker der dekadenten Zerfallsphilosophie des Westens auf die politische Stärkung durch das stalinistische System setzte.

»Heute«, so die Überzeugung Lukács' nicht anders als die der Staatsphilosophie der DDR am Beginn der fünfziger Jahre, »steigt die Vernunft vom Katheder, aus dem Atelier oder dem Laboratorium auf die Straße, um ihre gute Sache vor den Massen an der Spitze der Massen zu verteidigen. Die strategische Offensive der fortschrittlichen Weltanschauung, der Verteidigung der Vernunft, ist das spezifisch Neue an der Periode nach dem zweiten Weltkrieg.« [18]

Lukács-Kritik und -Würdigung

Obwohl man sich angesichts dieses vordergründig aufklärerischen Vernunftprogramms, eingebettet in den Prozeß einer demokratischen Revolution, eher ins 18. Jahrhundert zurückversetzt glaubt, und auch die Darstellung der verschiedenen Strömungen der deutschen, französischen, angelsächsischen und amerikanischen Nachkriegsphilosophie kaum überzeugen kann, trotz der massiven Kritik, die Lukács von den deutschen Kommunisten nach den Ereignissen zur Mitte der fünfziger Jahre erfahren mußte, muß erinnert bleiben, daß die Arbeiten Lukács' zu den wenigen zählten, die tatsächlich eine Auseinandersetzung auf dem Feld der Philosophie darstellten – wenn auch verkürzt und von der Vorstellung geleitet, es gelte die Fortsetzung eines Krieges nun mit philosophischen, literarischen und hermeneutischen Mitteln.

Die Irrationalismus-Konzeption Lukács' wurde bald schon im sozialistischen Lager angegriffen. Zu einer durchschlagenden Lukács-Kritik kam es mangels intellektueller Alternative jedoch nicht. Die Kritik, der sich Lukács besonders nach dem Aufstand in Ungarn 1956 ausgesetzt sah, vereinigte Momente der schon in den vierziger Jahren in Ungarn vorgebrachten Polemik, die sich auf die als opportunistisch beurteilten theoretischen Arbeiten des Philosophen aus den dreißiger Jahren berief, mit der politischen Kritik, die ihn als maßgeblich Mitverantwortlichen für die Vorbereitungen der Erhebung von 1956 bloßstellte.

»Irrationalismus« wird von Lukács definiert als »Herabsetzung von Verstand und Vernunft, kritiklose Verherrlichung der Intuition, aristokratische Gesellschaftstheorie, Ablehnung des gesellschaftlich-geschichtlichen Fortschritts, Schaffen von Mythen usw.« [19] Der mit dieser Definition – so es denn eine ist – einhergehenden philosophie- und ideologiegeschichtlichen Konzeption wurde entgegengehalten, daß es mit ihr nicht gelingen könne, die modernen Formen des Irrationalismus von der klassisch religiösen Ausprägung irrationalen Gedankenguts »prinzipiell und theoretisch« zu unterscheiden. Der Irrationalismusbegriff, so der Kern des Vorwurfs, sei der bürgerlichen Philosophie selbst entnommen. Auch die unterstellte Entwicklungsdynamik, die den Faschismus zu einem Höhepunkt und Endpunkt irrationaler Ideologie- und Geistesbewegung geraten läßt, wird von den Kritikern angezweifelt. In der Tat ist der Irrationalismusvorwurf für sich weder klassen- noch politikspezifisch.

Aber nicht die insgesamt geschichtsmetaphysische Konzeption ist eigentlicher Stein des Anstoßes. Die Richtung der Kritik wird offensichtlich, wenn es heißt, daß die Lukácssche Entwicklungsgeschichte nicht zulasse, die *gegenwärtige* Aggressivität der bürgerlichen Ideologie, ihre anhaltend religiös weltanschauliche Form, als eigentlichen Höhepunkt des Irrationalismus zu bekämpfen.

In den Revisionismuskritiken der ausgehenden fünfziger und beginnenden sechziger Jahre zusammen mit Leuten wie Bloch auch wissenschaftlich, wegen eines letzten Endes geistes- und ideengeschichtlichen Ansatzes in der Aufarbeitung der philosophischen und literarischen Tradition des 18. und 19. Jahrhunderts scharf kritisiert, war Lukács dennoch einer der profilierten Intellektuellen, die ganz entschieden die akademische Philosophie in den Dienst des Klassenkampfs gestellt hatten. Nicht zuletzt mit *seinen* Schriften wurde die Selbstverständigung der Neuen Philosophie auf deutschem Boden, die mehr sein wollte als nur Philosophie, auf den Weg gebracht.

Ein Großteil des Verständnisses für die philosophische Tradition des Marxismus und seines Verhältnisses zur vorangegangenen Philosophie des Kritizismus und Idealismus im 18. und 19. Jahrhundert, ein Großteil der Bekanntschaft mit philosophischen Strömungen der westlichen Gegenwartsphilosophie, lief – weit über das Ende der fünfziger Jahre hinaus – über die Vermittlungsarbeit von Georg Lukács. Dies wurde, zumindest implizit, in der DDR-Rezeption des Lukácsschen Werkes anerkannt, nachdem spät, aber immerhin, eine erste Durchsicht der früher verteidigten, stalinistischen Methoden möglich wurde. Die Verurteilung Lukács', die ohnehin in den wenigsten Fällen eine sachgerechte Auseinandersetzung gewesen war[20], wich einem differenzierteren Urteil. Man mußte zugeben, was vordem geleugnet wurde, daß Lukács' Werk »lange Zeit einen tiefen Einfluß auf die Entwicklung der Philosophie, Ästhetik und Literaturwissenschaft in der Deutschen Demokratischen Republik ausgeübt [habe], einen Einfluß, der vielfach selbst noch dort spürbar ist, wo offensichtlich um die Überwindung Lukácsscher Gedankengänge gerungen wird.«[21]

Anerkannt wurde später ausdrücklich, daß Lukács in philosophischen Fragen oft genug die erste und auch »die einzige marxistische Orientierung« geboten hatte.[22] Anerkannt wurde, daß die Auseinandersetzung mit Faschismus und Nachkriegsphilosophie wesentlich unter seiner Mitwirkung geführt worden sei. Lukács' Arbeiten seien es gewesen, räumte man nun ein, die zu einem vertieften Verständnis der Krise bürgerlicher Ideologie beigetragen hätten – trotz mancher falscher Vorstellungen vom »objektiven Idealismus«.

Die nichtmarxistische Literatur spricht zu Recht von einer »kulturpolitischen und literaturtheoretischen Monopolstellung« Lukács'. Als Erklärung scheint plausibel, daß Lukács' theoretischer Zugang auf die Tradition, insbesondere des deutschen Idealismus und der deutschen Klassik, mit der parteioffiziellen Ausrichtung der frühen fünfziger Jahre auf die fortschrittliche und humanistische Überlieferung zusammenfiel.

Wenn man im Anschluß an die Brechtsche Lukács-Kritik auch zu Recht zu bedenken geben mag, daß Lukács als wesentlichen Epochenwiderspruch die Opposition zwischen Demokratie und antidemokratischen Kräften verstanden habe, die Ambivalenzen der Demokratie unter diesem Eindruck verkannt und daher die Ambitionen des sich emanzipierenden Bürgertums in der Vergangenheit als Vorstufe sozialistischer Demokratie interpretiert habe, so darf man doch nicht vergessen, daß diese Auffassung in der Etappe der antifaschistisch-demokratischen Revolution auf deutschem Boden Parteilinie war.

Die *politische* Kritik an Lukács' *theoretischen* Positionen, eine Kritik, die wesentlich motiviert war von Lukács' »konterrevolutionärer« Rolle in der ungarischen Reformbewegung, ist von diesem Widerspruch durchdrungen. Die theoretische Kritik fiel so oberflächlich und steril aus, weil sie in Wahrheit politisch war. Und deshalb war das lang anhaltende, bestenfalls modifizierte Festhalten an Lukács' rezeptionstheoretischen und philosophiehistorischen Erläuterungen nicht verwunderlich. – Übrigens auch was die über Lukács vermittelte Hegelrezeption betrifft.

So es denn zu einer Aufarbeitung auch der intellektuellen Vergangenheit der letzten vierzig Jahre kommen wird, darf man nach den Veränderungen der Gegenwart davon ausgehen, daß es auch eine neuerliche Lukács-Lektüre geben wird.

Marxismus, Existentialismus und Christentum

Was Lukács über die Chancen der verschiedenen philosophischen Strömungen im Westen sagte, dürfte sich *à la longue* kaum bewahrheitet haben. Auch ist angesichts der Lukácsschen Existentialismuskritik daran zu erinnern, daß gerade die französische Variante dieser philosophischen Strömung, vertreten durch Albert Camus, Jean Paul Sartre, Gabriel Marcel vor allem, nicht nur im konservativen Lager große Anziehung auf die Intellektuellen ausüben konnte. Hilfreich war das Bündnis zwischen Existentialismus und Resistance schon während des Faschismus gewesen. Vor allem Sartres Existentialismusbekenntnis, seine Auseinandersetzung mit dem Marxismus und sein Interesse an einer nichtstalinistischen, undogmatischen Spielart des Sozialismus, galt als die Philosophie der linken demokratischen und sozialistisch eingestellten Intelligenz im westlichen Europa.[23] Auch in der Ostzone und in der frühen DDR, wo Sartres Dramen aufgeführt und heftig diskutiert wurden.

Trotz der anerkannt »progressiven Züge in der weltanschaulichen Position Sartres« sah sich der Materialismus gezwungen, jede Form der Fusion von Existentialismus und Marxismus schon im Ansatz zu verhindern. Die Zurückweisung dieses »revisionistischen« Unterfangens plazierte man auf dem Boden einer größer angelegten Polemik gegen den philosophischen und weltanschaulichen Einfluß der deutschen Phänomenologie und Existenzphilosophie. Mit dem französischen Existentialismus wurde im Nachgang dieser Polemik abgerechnet. Dies entsprach dem Bedürfnis, die philosophische mit der ideologischen und institutionell wirksamen Zurückdrängung der traditionellen Philosophie zu verbinden.

So war jenseits der Elbe die Auseinandersetzung mit den Vertretern der akademischen Philosophie, die lebens- und existenzphilosophischen Grundüberzeugungen nahestanden und zudem Lehrstühle an Universitäten der sowjetischen Besatzungszone innehatten (Theodor Litt etwa, Eduard Spranger oder Hans Leisegang) wichtiger als der Streit um Sartre. Der neuerdings bei den Professoren verbreitete Kosmopolitismus verberge kaum ihre Vorbehalte gegen Kommunismus und Sowjetunion, die dieser prowestlichen Einstellung zugrunde lägen, hieß es. Als »Philosophie des übersteigerten Subjektivismus«, wie Alexander Abusch meinte, sei der Existentialismus nicht in der Lage, zur geistigen Klärung in Deutschland in einer Form beizutragen, wie das nach der Zerschlagung des Nationalsozialismus vonnöten sei. Eine vernunftgemäße, »wissenschaftliche« und allseitige Erkenntnis der gesellschaftlichen Entwicklung werde prinzipiell von dieser zutiefst bürgerlichen Denkungsart geleugnet. Von den objektiv gegebenen, materialen Voraussetzungen seiner Existenz werde der Mensch gerade durch die Existenzphilosophie abgelenkt. Statt dessen finde der Mythos schrankenloser Freiheit weite Verbreitung.

Wäre es so gewesen, hätte dies für den marxistischen Philosophen durchaus ein ernstzunehmendes, nicht nur abzuwiegelndes Problem darstellen können. Indessen vermerkte Lukács lediglich, wie sich zur gleichen Zeit, da sich die Menschen massenweise in ganz Europa mit dem Wiederaufbau abmühten, »Lebensangst und Massenverachtung« verbreiteten. Abstrakt indiziert er daran »die Weltanschauung der permanenten Krise.«

Die gleiche argumentative Front machen die DDR-Philosophen wenig später gegen das Sartresche Denken auf. Die spärlichen Auseinandersetzungen im Fahrwasser der Lukácsschen Kritik[24] versuchen sich am »Widerspruch« zwischen Marxismus und Existentialismus. Noch der späte Kommentar der ostdeutschen Philosophiegeschichte behauptet, daß sich dieser mit der psychologischen und phänomenologischen Analyse individueller Entscheidungen und Handlungen abgegeben habe, vermehrt um ethische Kommentare und ontologische Aufbauschungen, während es im Gegensatz dazu die Haltung des historischen Materialismus gekennzeichnet habe, herauszuarbeiten, »wie aus dem Gewirr von individuellen Handlungen ein objektiver Prozeß mit deutlicher Richtung, mit erkennbarer Gesetzmäßigkeit entsteht.«[25]

Wir wissen, daß die Zurichtungsversuche des Materialismus in umgekehrter Richtung erfolgen: vermeintlich objektive Prozesse und Gesetzmäßigkeiten werden auf die Individualität von Handlungen appliziert, um an ihnen entsprechende Tendenzen zu verifizieren. So wurde der Freiheitsphilosophie des Existentialismus ausgerechnet Inhaltslosigkeit und Verantwortungslosigkeit vorgeworfen. Die Konzentration auf die individuelle Existenz in Freiheit sei in der gegenwärtigen Nachkriegssituation eine »objektiv reaktionäre Wahl«, hieß es bei Lukács, der auch die *politisch* korrekte Diagnose stellte: »Die Freiheitsbestrebungen haben sich konkretisiert, konkretisieren sich Tag für Tag mehr und mehr, die heftigsten Kämpfe um die Auslegung der Freiheit, der Demokratie, haben die Anhänger der verschiedenen Interpretationen in einander gegenüberstehende Lager gerissen.«[26]

Über den politischen und ideologischen Frontverlauf wußte Sartre Bescheid. Was die Kritik der Sartreschen Ontologie und Sozialphilosophie betrifft, war die politisch motivierte Kritik kaum durchschlagend. »Marxismus und Existentialismus«, immerhin das Vorwort zur Methode des später folgenden sozialphilosophischen Hauptwerkes Sartres, der »Kritik der dialektischen Vernunft«, wie auch das früher, zuerst 1943 in Paris erschienene, umfangreiche Werk »Das Sein und das Nichts«, waren keine politischen, sondern philosophische Schriften. Ihr philosophischer Ertrag wurde von der Parteiphilosophie in Sowjetzone und DDR nicht zur Kenntnis genommen. Noch in den siebziger Jahren durfte sich offiziell eine Einschätzung breitmachen, die über das Oeuvre Sartres nicht anders wie vordem urteilte: Daß die dort versuchte Legitimation der individuellen Freiheit nicht nur den schwarzen Markt und sabotierende Kapitalisten in Schutz genommen, sondern gar Freiheit für Faschisten und Kriegstreiber gefordert habe, daß solcher Versuch zweifellos »objektiv reaktionär« gewesen sei.

Insgesamt präsentierte sich die Auseinandersetzung und Abgrenzung gegenüber der dominierenden Philosophie des Westens keineswegs, wie die Ideologen im Osten Deutschlands nicht aufhörten zu behaupten[27], auf hohem philosophischen Niveau.

Das gilt, mehr noch als für die Kontroverse mit der Phänomenologie[28], der Lebensphilosophie und dem Existentialismus, für die unmittelbar nach Kriegsende aufbrechende Kontroverse um den CDU-nahen »Sozialismus aus christlicher Verantwortung«.

Im Mittelpunkt seines Problembewußtseins stand die drohende »Vermassung« in der Anonymität der Industriegesellschaft. Auch empfand man die Gefahr des Materialismus, weniger in Gestalt einer Ideologie von der Art des historischen und dialektischen Materialismus als allgemein, im Sinne einer moralisch und weltanschaulich fragwürdigen Haltung, die diejenigen, die sie einnehmen, nur innerweltlich orientiert auf Geld, Konsum und Bedürfnisbefriedigung, auf den Ausgleich von Kosten und Nutzen. Der Christliche Sozialismus sah im Marxismus, verschärft durch seinen atheistischen Standpunkt, einen Garanten dieser kollektivistischen und materialistischen Weltsicht.

Jakob Kaiser, der bald den Boden der Demokratieauffassung der Christlich Demokratischen Union hinter sich lassen sollte, war einer der Protagonisten des Christlichen Sozialismus.[29] Kaiser forderte die unmittelbare Konfrontation der weltanschaulichen Bekenntnisse in Ost und West – was auch immer er sich darunter vorgestellt haben mag.

Jedenfalls war es Kaiser um die Provokation eines Kulturkampfes zwischen Demokratie und Bolschewismus zu tun, der den antifaschistisch-demokratischen Aufbruchkräften jenseits der Elbe nicht eben gelegen kam. Schließlich waren sie daran interessiert, eine mögliche Bündnisbereitschaft der großen Zahl auch christlicher Arbeitnehmer und religiös gebundener Intellektueller zu unterstützen und nicht durch einen auf Weltanschauungsniveau provozierten, radikalen Kurs vor den Kopf zu stoßen. Eine öffentlichkeitswirksame Polemik zum Thema Marxismus und Religion schien nicht opportun. In einer wenig philosophischen Debatte dominierte das politische Argument, auch wenn es mit Leuten wie Kaiser, von der Gablentz oder Tiburtius[30] zum theoretischen Schlagabtausch kam. Wichtigstes Resultat in dieser frühen Auseinandersetzung um die Frage »Marxismus oder Christentum?« waren allerdings Zeitungsartikel und von der Partei herausgegebene Flugschriften, die weite Teile der Bevölkerung erreichen sollten. Beispielsweise die »Offenen Worte eines Marxisten an alle Christen«, die 1946 unter dem bezeichnenden Titel »Religion und Politik« vom ZK der SED ediert wurden.

Der Abgrenzungsversuch gegenüber der bürgerlichen Philosophie, mehr noch gegenüber politischen und kulturellen Auffassungen, die mit den unterschiedlichen Vorstellungen vom Wiederaufbau zu tun hatten, war stets vom moralischen Räsonnement durchdrungen. Das gilt für die Polemik gegen den Christlichen Sozialismus wie für den philosophisch ergiebigeren Schlagabtausch mit dem Neothomismus, der im Kontext der Auseinandersetzung mit Existentialismus und Christentum stand.

Auf dem Philosopiekongreß in Stuttgart 1954 empfahl Eduard Spranger, angesichts einer Alternative von Katastrophen- und Restaurationsphilosophie für letztere zu optieren. Gemeint war eine der Zeitlage gemäße »umfassende Wiederaufbauphilosophie, die auf lange Zeit hinaus den Sockel für ein neues Zeitalter bilden könnte.« Dies entsprach dem einerseits generellen Schuldeingeständnis im Blick auf die Verwüstungen durch den Nationalsozialismus. Andererseits trat darin die Auffassung zutage, daß ein länger anhaltendes öffentliches Wühlen in vergangener Schuld nicht angezeigt sei, jeder einzelne seine persönliche Verantwortung zu tragen habe.[31] »Neubau über Trümmern« hieß das Motto. Der pessimistische Grundzug der unmittelbaren Nachkriegszeit begann bald vorsichtigem Optimismus zu weichen. Eine neue Orientierung auf Philosophiegeschichte, wissenschaftliche und wissenschaftstheoretische Probleme setzte auch im Westen ein.

Die Schlüsselstellungen der politisch aktiven Philosophie im Westen besetzte der Neothomismus. Er stellte ein weltanschauliches und theoretisches Sammelbecken der Apologetik des restaurationsbereiten deutschen Kapitalismus, wie es im Osten hieß. Die Überzeugungen einer realistischen Ontologie, die Würdigung naturwissenschaftlicher Erkenntnisse in der erkenntnistheoretischen Diskussion, die humanistisch freiheitliche Orientierung der katholischen Soziallehre in Fragen der politischen und wirtschaftlichen Moral und Ethik, alle diese Momente vereinigten sich in der neothomistischen Kritik und Analyse des historischen Materialismus. Dieser sah sich seinerseits herausgefordert, die idealistischen Verfälschungen zurückzuweisen, mit denen dieser neuerliche »Diversionsversuch« gegen den Marxismus aufwartete.

Berühmt – und immer wieder gern zitiert – wurde in dieser Auseinandersetzung Georg Klaus' Polemik: »Jesuiten, Gott, Materie« aus dem Jahre 1957. Klaus unterzieht darin die von staatlichen Stellen in der Bundesrepublik geförderte Monographie des Jesuiten G.H. Wetter, »Der dialektische Materialismus, seine Geschichte und sein System in der Sowjetunion«[32], einer eingehenden Kritik. Die mit Wetter, aber auch mit Bochenski oder de Vries[33] auszutragende Marxismus- und Materialismus-Exegese war zum einen unumgänglich, weil es sich in ihren Werken um direkt theoretische und philosophische Einlassungen zum Thema handelte, vorgetragen mit dem Anspruch eigentlicher Kennerschaft. Zum anderen waren diese Darstellungen des Marxismus aus christlich sozialphilosophischer Sicht äußerst einflußreich. Mit der Literatur und der wissenschaftlichen Argumentation vertraut, versuchten Wetter, Bochenski und Kombattanten handfeste Gegenargumente gegen die marxistische Ideologie als weltanschauliche und politisch relevante Gesamtorientierung in die Diskussion zu bringen.

Aufgrund kaum erreichbarer Alternativen auf dem Literaturmarkt in Westdeutschland – marxistische Schriften waren unter dem Nationalsozialismus verboten, DDR-Literatur wurde nur in kleinen Auflagen gedruckt und war bald im Westen auch nicht mehr zu bekommen – erwuchs das verbindliche Marxismusbild für weite Kreise der Bevölkerung in der Bundesrepublik aus diesen Quellen und den daraus journalistisch abgezogenen Quintessenzen.

Den DDR-Philosophen oblag es nachzuweisen, daß die Marxismuskritik der Neothomisten Schützenhilfe für die klerikal geprägte Adenauer-Politik leistete und den Antikommunismus der dreißiger und vierziger Jahre fortschrieb. Man verwies auf die Legitimation des Privateigentums und die Rechtfertigung sozialer und politischer Ungleichheit. Die kapitalismuskritischen Akzente beschränkten sich nach Auffassung der ostdeutschen Strategen auf die Vermassungsthese und den Materialismusvorbehalt des Christlichen Sozialismus. Beide Aspekte enthielten aber keine tatsächlich durchgreifende Kritik an der überkommenen Gesellschaftsordnung. Es wurde dem Neothomismus vorgehalten, daß er lediglich die Individualkultur des bürgerlich kapitalistischen Systems verteidige. Zum Beweis verwies man auf den Freiheitsbegriff der katholischen Soziallehre. An ihm zeige sich, hieß es, daß man, antimaterialistisch, in rein ideellen Vorstellungen von der Freiheit befangen bleibe. Insgesamt identifizieren die Marxisten eine Verfahrensweise, die ihnen wohl bekannt gewesen sein dürfte. Man sah sich einer massiven moralischen Aufrüstungskampagne gegenüber, freilich, im Vergleich mit der im Einflußbereich der Sowjets, mit umgekehrten Vorzeichen, im Sinne einer Restauration des durch den Faschismus angeschlagenen bürgerlich-demokratischen Systems.

Bald weitete sich die Zurückweisung des Neothomismus und der katholischen Soziallehre aus auf vergleichbare protestantische Positionen. Im Schußfeld standen darüber hinaus die verschiedensten kulturpolitischen Konzepte, die unter der wenig aussagekräftigen Bezeichnung »Rechtsopportunismus« rangierten. Jener konservativ antikommunistischen, aber auch in sozialdemokratischen Kreisen verbreiteten Geisteshaltung also, die in Intellektuellenzirkeln auch als »Kosmopolitismus« geführt wurde und von der es hieß, daß sie sich bedingungslos der Tradition und Gegenwart atlantischer Kultur und Werte verschrieben und jede nicht kommunismusfeindliche Einstellung schon als Verrat betrachtet hätte. – Vielleicht wird man an Positionen wie die Theodor Litts gedacht haben, der in »Freiheit und Lebensordnung« *seine* Maxime im Umgang mit dem anderen Teil Deutschlands formuliert hatte: »Antikommunistisch dürfen und sollen wir Bürger der westlichen Welt insofern sein, als wir jede kompromißlerische Annäherung an jene Ideenwelt als Verrat am abendländischen Geisteserbe verdammen.«[34] Erstaunlich genug war indes auch die Kritik von links, wenn man bedenkt, daß es den Kulturfunktionären der DDR zur gleichen Zeit durchaus opportun erschien, die Heldentaten der »westlichen« Geistesgeschichte im großen Stil an den Mann und die Frau zu bringen.

2. Traditionen

»Erbebeziehungen« hießen die Traditionen der demokratisch-sozialistischen Kultur und Wissenschaft in der Deutschen Demokratischen Republik. Im Laufe der DDR-Geschichte waren sie mannigfaltigen Wandlungen unterworfen.

In der philosophischen und literaturwissenschaftlichen Erberezeption der ausgehenden fünfziger und der sechziger Jahre, einer Zeit verstärkter Konsolidierungsbemühungen um die definitive Festlegung von Kontinuitäten und Diskontinuitäten deutscher Geschichte und Geistesgeschichte, lassen sich vorderhand durchaus gegensätzliche Momente voneinander abheben. *Insgesamt* aber zeigen sie das Spektrum der Traditionen, die, sein eigen zu nennen, der real existierende Sozialismus im Osten Deutschlands beanspruchte.

Kultur- und Klassenkampfzentrismus

Zunächst – und zum einen – grassierte der Kulturzentrismus auch in der Philosophie als Klassikzentrismus. Er war verbunden mit der Konzentration auf die Geistesriesen der Philosophie- und Kulturgeschichte des 18. und 19. Jahrhunderts, auf die großen Männer, die großen Geschichten und die großen Methoden. Nicht weniger setzte man auf den philosophischen Ertrag der aufklärerischen und klassischen deutschen Literatur. Charakteristisch der programmatische Titel der Idealismus- und Aufklärungsstudien von Manfred Buhr und Gerd Irrlitz, in dem die Rezeptionsprämisse wie alle wichtigen Erblasser genannt sind: »Der Anspruch der Vernunft. Die klassische deutsche Philosophie als Quelle des Marxismus. Kant, Fichte, Schelling, Lessing, Herder, Goethe, Schiller«. Nach Meinung Hans Georg Sandkühlers ein »Standardwerk der deutschen Philosophiegeschichtsschreibung«.[35]

Sodann – und zum anderen – plädierte man auf einem genuin marxistisch sich verstehenden Flügel für die Aufwertung sozial engagierter Literatur und Theorie. Man stritt dafür, die *Opposition* gegen die geistige Überhöhung von Gattungszweck und personaler Erfüllung in der großen Tradition der deutschen Geistesgeschichte nicht weniger gebührend zu würdigen als diese selbst. Historisch kamen die Zeugnisse vergangener Volksbewegungen in Frage, die Dokumente und Schriften demokratischer Intellektueller, die Theorien vergangener Revolutionen, die Traditionen des Marxismus. Auf philosophischem Gebiet dachte man an die Geschichte der vormarxschen materialistischen Linken, an eine weitgehend verschüttete, meist unterdrückte Linie aufklärerisch rationaler, materialistischer und realistischer Denkkultur jenseits der Höhen der Spitzenphilosophie.[36]

Die unterschiedlichen Momente der Erbeaneignung lassen sich oft in ein und derselben Rezeptionsleistung voneinander abschichten: Klassik- und Klassenkampfzentrismus.

Werden die revolutionären und demokratischen Ambitionen bürgerlicher Protagonisten aus ihren geschichtstheoretischen und philosophischen Ideen transparent gemacht, werden indes meist auch die Grenzen des interpretativen Zugriffs marxistischer Erbeaneignung deutlich. Die Denkentwicklung, die politische Einstellung, die Biographie der Zeugen werden aufs Streckbett des historischen Materialismus gekettet. Man verifiziert im Sinne seiner Ableitungen. Man insistiert auf dem Kontext von Humanismus und Demokratismus und würdigt den darin erscheinenden historischen Fortschritt. Und selbst in subtilen Analysen, solchen die durchaus in der Lage sind, den widersprüchlichen Prozeß zwischen Aufklärung und Klassik etwa bewußt zu machen, wirkt die Tendenz, noch das marginale und unter kontingenten historischen Umständen stehende, faktische Verhalten bürgerlicher Denker und Schriftsteller als zwingenden Entwicklungsschritt in einer sich ständig weiter emanzipierenden Fortschrittsgeschichte festzuhalten.

Tradierenswert ist das Erbe gerade um der dieser Geschichte adäquaten Absichten und moralischen Intentionen willen, kaum der ambivalenten Erlebnisse, der durchaus zweifelhaften »Erfolge« der handelnden Personen, der vielen Geschichten wegen.

Wie auch immer: In methodischer Hinsicht war auch die »alternative« Erberezeption, die sich die Wiederaneignung des vormarxistisch materialistischen, des revolutionären, entschieden demokratischen und proletarischen Erbes zur Aufgabe gemacht hatte, eher konservativ. Ähnlich wie in der traditionellen Philosophiegeschichtsschreibung, in deren Mittelpunkt die großen Namen stehen, nahmen auch hier die Bemühungen um »Person und Werk« der »Ersatzklassiker« den zentralen Platz ein. Und inhaltlich war die »Wieder- bzw. Neuentdeckung fortschrittlicher Schriftsteller und Publizisten« in der DDR trotz aller Kritik *in der Gesamtausrichtung* nie antiklassisch oder auf Distanz zum bürgerlichen Kulturbewußtsein angelegt. Im Gegenteil: Es bestimmten

Akzente die Aneignung, für die die Funktionalisierung der *Humanitätsideale* auch im Blick auf das »linke« Erbe entscheidend war. Die Betonung bisher nicht eingelöster, ehemals bürgerlicher Ideale forderte in Abgrenzung gegen die Traditionswahl im Westen die Integration dort immer noch ausgeschlossener Überlieferung in der DDR vorübergehend als Surplus. Hieraus setzte sich dann der Stoff des linken Erbes zusammen, wie entsprechende Editionsprojekte, die Veröffentlichung populärwissenschaftlicher Darstellungen »revolutionärer Lebensläufe«, die Aufbereitung von Viten und Werken einzelner demokratisch eingestellter Schriftsteller und materialistischer Philosophen, die Analyse bestimmter Gattungen politisch-operativer Literatur, die Neubestimmung der Philosophie- und Kulturgeschichtsschreibung in zusammenfassenden Geschichtswerken und Lehrbüchern unter materialistischen Vorzeichen demonstrieren.

Insgesamt wird man nicht von zwei Linien der Erbeaneignung sprechen können – im Sinne einer politisch ausgereiften Position, die ab Ende der fünfziger Jahre eine marxistisch authentische Traditionswahl propagierte und gegen die Intentionen eines eher liberalen Lagers verteidigen mußte, das sich mehr den bewährten Überlieferungen verbunden wußte. Innerhalb der Gesamtaufarbeitung des »humanistischen, klassischen und fortschrittlichen Erbes« wurden die vordergründig sich ausschließenden Momente vielmehr auf Dauer arbeitsteilig integriert.

Die Schnittstellen von Forschungsentwicklung und politischem Interesse sind evident. Die Inanspruchnahme spezifischer, DDR-*eigener* kultureller Traditionen nimmt erst zu der Zeit eine besondere Bedeutung an, da man aufgrund der Wandlungen in den innerdeutschen und internationalen Beziehungen davon Abstand zu nehmen beginnt, von einer *gemeinsamen* Kulturtradition zu sprechen.

Insofern versteht sich die Hinwendung zur demokratischen, bisher nicht rezipierten Vergangenheit besonders – und zum ersten Mal – nach 1956. Die Funktionalisierung des Erbes hatte ein Ziel: respektable Vorbilder zu erinnern, deren Ideale und Vorstellungen als aneignungswert empfohlen werden konnten angesichts der ausgegebenen Parole, den sozialistischen Aufbau auf deutschem Boden zu schaffen. Die Projektion sich aufdrängender aktueller Probleme auf die legitimierende Vergangenheit geschah nach Bedarf. Mal traf es die Verdienste klassischer Philosophie um ein einiges deutsches Nationalbewußtsein, mal die »nationale Grundkonzeption«, die sich aus der Haltung der frühen Demokraten aufdrängte, mal das Arbeitsethos in den Äußerungen Goethes, das gegenwärtigen Lösungen den Schein der Legitimation verlieh.

»DDR-*eigene* Tradition« hieß zunächst also nicht mehr, als daß man historische Lücken und Nischen aufspürte, die von der bisherigen »bürgerlichen« Geschichtsschreibung und Rezeption nur unzureichend erhellt worden waren. Wie sich später zeigen sollte, spätestens als in der Bundesrepublik diese Traditionen ebenfalls entdeckt und in der Regel weitaus leichter und organischer der nationalen Kulturtradition einverleibt werden konnten als jenseits der Mauer, gab es an dieser Vergangenheit wenig DDR- oder Sozialismusspezifisches.

Entsprechend mager fiel die historische und kulturelle Bindung der DDR-Bürger an die Besonderheit des deutschen Staatssozialismus aus. Die kulturellen Erinnerungen der DDR-Menschen waren »deutsch« in der Art, in der das »nationale Erbe« in der Bundesrepublik verwaltet wird, demokratisch und pluralistisch, für jeden die seinen. Keineswegs waren sie sozialistisch-DDR-deutsch.

Seit Mitte der sechziger Jahre versuchte man, über die Orientierung auf alternative *Geschichte* hinaus der »sozialen Empirie« der DDR-Wirklichkeit die Funktion eines »eigenständigen Erkenntnisprinzips« einzuräumen. Die sozialistische Geschichte und Gegenwart der Deutschen Demokratischen Republik sollte nun selbst traditionsbildend verwertet werden. Dieses Motiv reflektieren die der DDR-Entwicklung selbst gewidmeten historischen, sozial- und wissenschaftsgeschichtlichen Darstellungen, zu denen noch die großangelegten philosophiehistorischen Berichte der siebziger und achtziger Jahre gehören. Da diese Repräsentationskultur des deutschen Sozialismus für das historisch-kulturelle Bewußtsein der Bevölkerung kaum irgendwelche Konsequenzen zeitigen konnte, weniger noch als die Bekanntschaft mit der *Tradition* der Arbeiterbewegung, des Kommunismus und Sozialismus vor 1945, war auch hiermit keine alternative Traditionskultur zu etablieren. Allzulange schon wußten die Leute Bescheid über den Widerspruch zwischen offiziell autorisierten Feiern der eigenen Kraft und der miesen Realität der eigenen »sozialen Empirie«. Wenn überhaupt, hätten sie sich eher auf eine eigenständige bundesdeutsche Erfolgsgeschichte orientieren lassen als auf eine spezifische DDR-Tradition. Der Beweis erfolgte im Frühjahr 1990.

Es dürfte den Menschen in der DDR nicht schwer gefallen sein zu diagnostizieren, welche politischen Interessen hinter den Bemühungen der Spezialisten fürs Erbe standen. Schon die *frühen* Versuche der Neuaneignung fortschrittlicher Quellen aus Philosophie, Kunst und Literatur hatten im Zeichen der Forderung nach Leistungsbereitschaft und Pflichttreue gestanden. Die »eigentlich sittliche Epoche der Menschheit« sei mit der Schaffung des Sozialismus eingeleitet, hatte es geheißen. Hier entwickelten sich nicht nur neue gesellschaftliche Beziehungen, sondern auch eine neue Moral – man spürte bald die Drohung: Entsprechend müßten sich die Werktätigen eine »wirklich ihren Klassenzielen entsprechende Bildung von hohem Niveau aneignen« und »zur Höherentwicklung der Kultur beitragen«.

Die Ideale von gestern sollten heute in der DDR eingelöst werden. Das Pathos des Aufbruchs verband sich mit deutlichen gesellschaftspolitischen Vorgaben: »Damit knüpft die revolutionäre Arbeiterklasse an die große Überlieferung des Humanismus an, den die antike Kultur hervorbrachte und das junge Bürgertum in der Zeit der Renaissance und der Aufklärung weiterbildete, aber dann verriet. Der sozialistische Humanismus führt dieses Erbe weiter. Die revolutionäre Arbeiterbewegung hat Treue zur Idee, Vorrang des öffentlichen Wohls vor dem privaten, Disziplin in der Tat, gegenseitige Hilfe, sittliche Sauberkeit, Kritik und Selbstkritik ohne Ansehen der Person und Achtung vor den großen geistigen und materiellen Errungenschaften der Menschheitskultur zu Grundsätzen ihres Handelns gemacht.« [37]

Die Geschichte des Humanismus als Abstiegsgeschichte – und als Karikatur dazu.

Derartige Elogen konnte man noch dreißig Jahre später kaum verändert wiederhören. Auch wenn zu dieser Zeit die *Individualität* des Staatsbürgers schon verschiedentlich aus dem Ruder zu laufen drohte und man den kulturpolitischen und ideologischen Vordenkern die Aufgabe erteilen mußte, die Motivationen des Individuums im Sozialismus systematisch genauer in den Blick zu nehmen, um, gewappnet mit wissenschaftlichen Erkenntnissen, die moralische Orientierung der sozialistischen Persönlichkeit personenadäquater gewährleisten zu können. Und auch nach dem Oktober 1989 und nach der Wahl vom März 1990 wird es genügend Leute geben, die in solchen Worten ein sinnvolles sozialistisches Programm erkennen wollen. Daß sich die Realität von diesen kleinbürgerlichen Wünschen nicht hat irre machen lassen, scheint ihnen mehr als bedauerlich. Mit der Richtigkeit der Grundlinie wollen sie diese Widrigkeiten der Praxis nicht verwechseln. Vielleicht ist es ratsam, sich an die Teile der Programmatik zu erinnern, die darüber Auskunft gaben, wie in der eigentlich sittlichen Epoche der Menschheit vorgegangen werden sollte, wenn das moralische Vorbild und der Aufruf zur Pflichterfüllung nicht hinreichten: »Der sozialistische Staat«, heißt es an der gerade zitierten Stelle weiter, »übernimmt diese Formen als Regeln für das Zusammenleben der Menschen in der neuen Gesellschaft. Er hilft seinen Bürgern durch Überzeugung, aber wenn nötig auch mit den Mitteln des Gesetzes [...]. So fördert er die

Entfaltung der neuen sozialistischen Lebensweise, die auf der Grundlage einer neuen Arbeitsmoral, der Solidarität aller Werktätigen und des proletarischen Internationalismus das Gute, Schöne und Wahre in ihrer einfachen Größe wieder [!] zu Leitprinzipien der menschlichen Beziehungen macht.«[38]

Ein wichtiger Gesichtspunkt der Fixierung von Traditionen und Erbe betraf die nationale Identität und Legitimation der DDR. Die Anerkennung der marxistisch-leninistischen Grundsätze über den gesetzmäßigen Fortschritt der Gesellschaft vom Feudalismus zum Kapitalismus und von diesem zum Sozialismus beinhaltet, daß die DDR-Entwicklung im Einklang mit dieser geschichtsphilosophisch unterstellten Dynamik des historischen Prozesses interpretiert werden mußte. D.h., daß man die Aussagen zur Konstituierung des deutschen Nationalbewußtseins und die entsprechenden Leistungen der Nationalkultur des Aufklärungsjahrhunderts *zusammenfügen* mußte mit den geschichts- und revolutionstheoretischen Überzeugungen des Marxismus.

In diesem Kontext gilt die Französische Revolution als die paradigmatische Erscheinungsform der politisch und im Detail auch sozial fortschrittlichsten Entwicklung der Universalgeschichte beim Eintritt in die bürgerlich kapitalistische Epoche. Was ein Problem für die Bewertung der *deutschen* Geschichte mit sich bringt. Wie führt man diese Geschichte, der man für das ausgehende 18. und beginnende 19. Jahrhundert als *Geistes*geschichte weltgeschichtliches Format zumißt, an die politische und soziale Front des Weltgeschehens dieser Epoche heran? Die lag nämlich nicht im Wirkkreis der meisten sogenannten »deutschen Demokraten«. Und man bedenke: Nach Stalins Einschätzung hatte die Hegelsche Philosophie im Dienste der feudalen und halbfeudalen Reaktion gestanden.

Es wird klar, daß mit Klassik- und Idealismusorientierung hier, Demokratie- und Revolutionsorientierung dort, nicht alle Linien genannt sind, die zusammenlaufen. Das Modell erscheint zu simpel. Eher ist ein Gewebe historischer und systematischer Bezüge gefragt, in dem für die Deutsche Demokratische Republik sowohl die Nähe zur eigenen deutschen Geschichte als auch die formationstheoretisch zwingende Integration in den gesamthistorischen Prozeß im Zeitalter der Revolution von 1789 sichergestellt ist. Sozusagen eine Kritik der Sonderwegsthese unter Beachtung des deutschen Sonderwegs.

Der latente Widerspruch zwischen den beiden Fixpunkten, deutsche Geistesgeschichte und französische Revolution, erscheint gerade dann, wenn die nichttypischen deutschen Bedingungen des Wandels zur bürgerlichen Gesellschaft mitreflektiert werden. Deutschland war nicht das Land, in dem sich die Gesetze der bürgerlichen Revolution in klassischer Ausprägung durchsetzten. Die Hochschätzung der theoretischen Bemühungen um die deutsche Nationalkultur und das deutsche Nationalbewußtsein bei den Weimarern und den reformfreudigen Preußen war meist verbunden – die ökonomietheoretische Kritik machte diesen Punkt später virulent – mit der Geringschätzung des wirtschaftlichen Niveaus, des politischen Bewußtseins und der sozialen Verhältnisse am Ende des 18. und Beginn des 19. Jahrhunderts in den Ländern des deutschen Reiches.

Man spricht in diesem Zusammenhang von einer »Miseretheorie«, die den deutschen »Sonderweg« als von eben diesen miserablen Verhältnissen vorgezeichnet ausgibt.

Die Auszeichnung der Französischen Revolution als Angelpunkt der universalgeschichtlichen Wendung zu neuen Produktionsverhältnissen wiederum bedeutet, u.a. auch den *deutschen* Weg zur einheitlichen bürgerlichen Nation als solchen Weg im Sinne des universalgeschichtlichen Fortschritts anzuerkennen. Das brauchte Phantasie. In Gestalt des »gerechten Kampfes« gegen die napoleonische Fremdherrschaft in den nationalen Befreiungskriegen von 1813 und in Gestalt der preußischen Reformbewegung am Beginn des 19. Jahrhunderts bezogen nun die marxistischen Theoretiker diesen deutschen Weg auf die politische Revolution der Franzosen. Hier übrigens schon Ansätze einer frühen, später kritisierten, dann unter neuen Vorzeichen wieder anerkannten nationalen, propreußischen Geschichtsschreibung linker Provenienz.

In Fragen der Philosophie und Ideologie galt als entsprechendes Kriterium der Anerkennung historisch-materialistischer Verpflichtung die Einstellung der deutschen Denker zur Französischen Revolution. Problematisch für die Zeit nach 1795. Die Interessiertheit der Konstruktion wird durchsichtig, wenn man Napoleon aus der revolutionären Tradition mit nationalistischen Argumenten verdrängen muß, während man die deutsche soziale und juristische Reform- und Rechtsstaatsbewegung des frühen 19. Jahrhunderts als Treuhänder und Erben *der* Revolution interpretiert. Wo die deutschen Intellektuellen dieser Zeit mit der Großen Revolution schon längst nichts mehr zu tun haben wollten. – Folglich kamen die linken Kritiker dieser Position auf den Gedanken, das Kriterium zu verschärfen.

Die Berufung auf die besondere deutsche Tradition, fortschrittlich interpretiert, mochte zur Propagierung eines *gesamt*deutschen Erbes, das es zu bewahren und einzulösen galt, noch zureichen. Die Prinzipien des historischen Materialismus mußten zu diesem Zweck nicht gerade geleugnet werden. Es genügte, sie als abstrakte Grundsätze im Hintergrund bereitzuhalten. Die Lage änderte sich, als in den aktuellen Auseinandersetzungen mit dem westdeutschen Konkurrenten und seiner Art der historischen Legitimitätssicherung die »klassenmäßige« Differenz zweier grundsätzlich verschiedener Gesellschaftssysteme immer größere Beachtung verlangte – wie spätestens seit dem Ende der fünfziger Jahre.

Um die Leistungen der DDR im staatlichen und gesellschaftlichen Aufbau als »qualitativ neue Entwicklungsstufe« der deutschen Geschichte darzutun und gleichzeitig als Spitze der gesetzlichen Entwicklung der Weltgeschichte zu größerer sozialer Gerechtigkeit, bedurfte es der Modifikation des bisherigen globalen Traditionsbezugs: Die *sozialen* Implikationen mußten in den Vordergrund gerückt werden, wenn auch mit Einschränkungen.

Im exemplarischen Fall, der die Rezeption der »Epochenwende« betrifft, fällt also das preußisch-deutsche Erbe in seiner Bedeutung hinter das revolutionär-demokratische Erbe zurück. Dieses kann sich nun nicht mehr grob als »positiver Bezug« auf die Revolution von 1789 legitimieren, sondern muß sich spezifischer qualifizieren. Etwa mittels seiner Zustimmung zu den Inhalten der jakobinischen Verfassung von *1793* und zur Diktatur der Guillotine.

Als tatsächlich beide Aspekte vermittelnde Idealtradition wäre rein theoretisch eine Vergangenheit gefragt, die sich zugleich als deutsch *und* als revolutionär und radikaldemokratisch, als genuin materialistisch *und* zugleich als geistesgeschichtlich bedeutsam ausweisen ließe.

In der Tat fand man in der Geschichte der Mainzer Revolution und Republik und ihren intellektuellen Wortführern, an der Spitze dem Forschungsreisenden, Naturwissenschaftler und Philosophen Georg Forster, genau diesen Zusammenhang. Aus ihm erklärt sich die Bedeutung der Rezeption von Mainzer Revolution und Republik[39] und der in ihrem Umkreis entstandenen theoretischen und literarischen Schriften für die DDR-marxistische Geschichtswissenschaft, Philosophie und Literaturwissenschaft.

Angesichts des *System*konflikts zwischen Ost und West galt im theoretischen Kontext die *allgemeine* Beurteilung der Geschichte als Geschichte sich ablösender Epochen unterschiedlicher Klassenherrschaft mit dem schließlichen Resultat einer herrschaftsfreien Gesellschaft. Allerdings indizierte dies »nur« die Existenz einer bedeutenden Metaebene der Stellungnahme. Die innere, im einzelnen zu analysierende sozial- und ökonomietheoretische Differenzierung trat dahinter zurück. – Das übrigens auch eine Figur, die in der vierzigjährigen Gesamtrepräsentanz der DDR dauernd wiederkehrte. Als konkretes Sozialgebilde, das Lebensqualität für seine Bevölkerung garantiert, das die Freiheiten einer überlegenen Sozialordnung spüren läßt, sich in historisch bewußter Auseinandersetzung mit der Vergangenheit eines gegenwärtigen deutschen Staates verantwortlich um Mensch und Natur kümmert, galt der DDR-Staat sich selbst nichts im Vergleich zu seiner, Anerkennung fordernden und signalisierenden, formalen Repräsentanz in den Blockbeziehungen insgesamt. Als Sprachrohr der sowjetischen Politik, auf diplomatischem Parkett und in den internationalen Gremien, nicht zuletzt in den weltweiten Statistiken.

Das Motiv, Einfluß zu nehmen auf die Bewußtseinsbildung der eigenen Bevölkerung, um sie auf der Ebene des Systemkonflikts zu agitieren, berührt die Frage, wie weit und warum kulturkonservative und klassen- bzw. sozialanalytische Positionen koexistieren konnten und mußten.

Ein Grund für das Fortbestehen der traditionalistischen Geschichtssicht in Philosophie, Literatur- und Geschichtswissenschaft lag sicher im Forschungsdefizit der DDR. Die herkömmlichen Bezugspunkte, Befreiungskrieg, Idealismus und Klassik, konnten nicht zuletzt deshalb weiterhin ihren bestimmenden Einfluß ausüben, weil auf dem Gebiet der Wirtschaftsgeschichte, der Literaturgeschichte, der politischen Historiographie, der Philosophiegeschichte, der Wissenschaftsgeschichte neue Gegenstandsbereiche kaum erschlossen, methodisch angemessene Instrumente nicht entwickelt und methodologische Debatten, die den Marxismus-Leninismus hätten in Frage stellen können, entweder nicht geführt oder von oben entschieden wurden. Zu diesen Prämissen trat die dogmatische Einstellung, immer nur den Klassikern des Marxismus aufs Maul zu schauen, auch wo sie nichts gesagt hatten. Und so blieb bloß die Anlehnung an einen allgemeinen, eher bürgerlichen Kulturbetrieb, den schon die Arbeiterbewegung des 19. Jahrhunderts gepflegt hatte.

Bloch spricht zu Recht von unguten »Prämissen, zum Teil gar besonders erstarrten, im Marxismus selber«. Neben ökonomietheoretischen Versäumnissen war es in der Tat die »weder bei Marx noch bei Engels genügend besorgbar gewesene *Kulturtheorie*, vor allem was ästhetische Werturteile angeht.« Sie leistete der »Verhaftung wieder an solche [Werturteile] des vorigen Jahrhunderts, auch des Klassizismus« Vorschub – und damit auch der »Verhaftung an die Schmalspur im neunzehnten Jahrhundert, an eine gebliebene Mechanistik in der materialistischen Philosophie.«[40]

Ein tieferer Grund für das modifizierte, aber eindeutige Festhalten an der konservativen nationalen und kulturellen Traditionsbindung lag zweifellos im Legitimationsdefizit des DDR-Staates. Und dem war kaum beizukommen, wenn ein paar linke Intellektuelle eine alternative Kulturspur in der Vergangenheit freigruben, um sie im DDR-Sozialismus weiter auszutreten. Aus diesem Grund geht die wissenschaftsgeschichtlich sinnvolle Unterscheidung einer eher kulturkonservativen und einer eher sozialismusorientierten Richtung auch nicht auf in der hypothetischen Differenzierung von Massen- und Avantgardepolitik. Im Laufe der krisenhaften Entwicklung und nach den Erschütterungen in den fünfziger Jahren (1953 Juni-Erhebung, 1956 Ungarnaufstand) wurde der Legitimationsmangel deutlicher als noch in den Jahren zuvor, als die Antizipation einer Wiedervereinigung unter demokratisch-sozialistischen Vorzeichen gesamtdeutsche Legitimitätsbeweise hatte möglich erscheinen lassen.

Die *beibehaltene* Blickrichtung auf das Deutsche, die Befreiungskriege etwa[41] und die preußischen Reformer, später auf Friedrich den Großen und die gesamte preußische Vergangenheit, diese Blickrichtung war diktiert von den Erfordernissen der »patriotischen Erziehung«. Nimmt man etwa die Auffassungen des bekannten Historikers Joachim Streisand, die ja fast unverändert in das lange Zeit so wichtige »Lehrbuch der deutschen Geschichte« eingingen und auch noch im »Grundriß« wiederzufinden sind, so zeigt sich, daß die »linken Traditionen« – die Geschichte der Volksbewegungen, der revolutionären und demokratischen Aktivitäten in Deutschland zur Zeit der Epochenwende, ja auch der Radikalismus in der Theorie dort lange Zeit als »*Vorgeschichte* des Befreiungskampfes« des deutschen Volkes zu Beginn des 19. Jahrhunderts firmierten.

Wollte man nun obendrein auch noch eine soziale Differenzierung geltend machen, die zur Unterscheidung vom deutschen Bruderstaat taugte – der Bezug auf die Befreiungskriege konnte hier ja wahrhaftig nicht für Exklusivität sorgen –, führte dies unweigerlich zu Problemen. Jedenfalls solange man noch sachorientiert argumentieren wollte und nicht gleich zu dialektischen Interpretationen Zuflucht nahm, um alle Traditionen ohne Unterschied anzueignen. Nicht nur mußten mit der Ausweitung der Zusatzaneignung Säulen der bisherigen Geschichtsbetrachtung versetzt werden. Zu relativieren waren nicht nur die geltende Beurteilung der reformerisch halbfeudalen und kleinbürgerlichen Bewegungen auf deutschem Boden zwischen 1806 und dem Vormärz und der französischen Politik auch über den Thermidor hinaus als alles in allem fortschrittlich.[42] Relativierung tat ebenfalls not, was die Einschätzung der Progressivität der deutschen Literatur, Philosophie und Musik des 18. Jahrhunderts betraf. Schließlich war sie den Verantwortlichen im Osten »zum unvergänglichen Besitz unseres Volkes« geworden.

Tatsächlich also konnten die Revisions- oder Korrekturbemühungen keinen tiefergehenden Sinneswandel befördern, der sich im Kulturbewußtsein des DDR-Volkes bemerkbar niedergeschlagen hätte.

Sieht man von dem Glücksfall ab, daß der theoretisch postulierte Kompromiß historisch tatsächlich erhärtet werden konnte (Forsterforschung und Forschung zur Mainzer Demokratie), hatten die Bemühungen um Revision auch im Bereich der Sozial- und Kulturwissenschaften keinen durchschlagenden Erfolg. Ideologisch und wissenschaftstheoretisch konservative Positionen koexistierten also mit solchen, die den eigenen kritischen Standpunkt als den wahrhaft marxistischen identifizierten. Wenn sich Kritiker, die den *Diskontinuitätskurs* zu steuern gedachten, für eine soziale und gesellschaftstheoretische Differenzierung auf dem Boden einer Analyse von Produktivkräften und Produktionsverhältnissen stark machten, um auseinanderzusetzen, inwiefern die Volksmassen auch *historisch* als entscheidende Größe für den Wandel gesellschaftlicher Verhältnisse anzusehen sind, stabilisierten sie damit bewußt eine Position, die in den Kontroversen um Rolle und Funktion der Bevölkerungsmehrheit im Arbeiter- und Bauernstaat orthodox darauf beharrte, in eben diesen Schichten und nicht in den übrig gebliebenen bürgerlichen Eliten den objektiven und auf Dauer auch subjektiv einsichtigen Träger der sozialistischen Staatsmacht anzusprechen. Aber gegenüber der pragmatischen Orientierung auf die wissenschaftliche und technische Intelligenz hieß das, rein ideologisch zu argumentieren. Wie gesagt, konnte eine damit verbundene Agitation keinen Erfolg haben, weil die praktischen Erfahrungen im DDR-Staat die Menschen nicht glauben lassen konnten, daß die Rolle, die ihnen da angedient wurde, für sie mit Vorteilen hätte verbunden sein können. Dem *Staats*bewußtsein der DDR war diese ideologisch einwandfreie Geschichte indes recht. Wenn man damit im internationalen wissenschaftlichen Meinungsstreit reüssieren, in Sonntagsreden und auf Parteitagen die korrekten Vorfahren zitieren konnte – und ansonsten aus dieser Geschichte keine überzogenen politischen Konsequenzen ziehen mußte.

Die Avantgarde in Wissenschaften und Philosophie trug selbstverständlich eher Staatsbewußtsein als Allerweltsbewußtsein zur Schau. Schon gar, da Revolutionäres und Materialistisches zu erinnern *erstens* die wirtschafts- und sozialgeschichtliche Detailanalyse zu den in Frage stehenden Abschnitten der Geschichte nicht zwangsläufig herausforderte, sondern – besonders auf dem Gebiet der Literatur- und Philosophiegeschichte – auch das Arbeiten auf erprobten methodischen Bahnen weiterhin erlaubte; und *zweitens* keineswegs kategorisch postulierte, daß kulturell Hochstehendes verdrängt werden müsse.[43]

Die national- und kulturpolitische Konzeption, die, unbeschadet der Phraseologie, im ersten Nachkriegsjahrzehnt relativ unproblematisch von Fragen des Klassenkampfes in der Beurteilung historischer Überlieferung und aktueller gesellschaftlicher Binnen- und Außenkonflikte abgesehen hatte, bezeichnete im Augenblick ihrer »sozialen Brechung« auch den Ausgangspunkt einer »*Alternativkonzeption*« auf dem Feld der *Philosophiegeschichtsschreibung*. An ihr war es nun, ihre eigenen revolutionären und demokratischen Geister zu rehabilitieren, die genuin marxistische Denkgeschichte ins rechte Licht zu stellen und die Vergangenheit des Materialismus vor Marx aufzuarbeiten.

Formal galt in dieser Situation nach wie vor das Engels-Wort, das auch Bloch im Vorwort seines Buches »Subjekt-Objekt« zitiert: »Wir deutschen Sozialisten sind stolz darauf, daß wir abstammen nicht nur von Saint-Simon, Fourier oder Owen«, den utopischen Sozialisten also, »sondern auch von Kant, Fichte und Hegel«. Aber die linke Traditionsfindung ergänzte nun und stellte dem Engelszitat ein Feuerbachzitat zur Seite, mit dem sich trefflich auf Materialismus, Atheismus und Utopismus – insbesondere deutscher Façon – orientieren ließ.[44]

Zu Owen und Saint-Simon kamen Diderot, Helvétius, Holbach, La Mettrie (der französischen Materialismus also), Hartley und Priestley, die Erben des Lockeschen Sensualismus, und die »deistische Form des Materialismus«, wie es bei Engels heißt, Bolingbroke und Shaftesbury. Die entsprechende Nachfrage in der deutschen Philosophiegeschichte »von Jakob Böhme bis Joseph Dietzgen«, wenn irgend möglich, nach den Kriterien von Klassenkampf und materialistischer Beantwortung der »Grundfrage« sortiert, mußte die große deutsche Philosophie weitgehend auslassen. Vor Feuerbach, weniger materialistische Systeme als einzelne materialistische Ideen und Anklänge betreffend, wußte man unter denjenigen, die sich dem materialistischen Standpunkt genähert hatten, Herder und Goethe zu nennen. Adam Weishaupt, das Illuminatenhaupt, hieß es, sei Herder gefolgt und habe in seiner Schrift »Über Materialismus und Idealismus« (1786) Partei für die Weltanschauung des Volkes genommen. Den naturwissenschaftlichen Materialismus sah man intellektuell mit Lichtenberg und Alexander von Humboldt präsent, die atheistische Lehre mit den Werken von Forberg und Knebel. An prominenter Stelle zur Zeit der Französischen Revolution rangierte nun, wie erwähnt, auch in der Philosophiegeschichte Georg Forster. Für die Zeit vor dem 18. Jahrhundert glaubte man, Materialistisches bei Meister Eckhardt, Jakob Böhme und Thomas Müntzer zutage fördern zu können; bei Spinoza natürlich, dessen Programm *(deus sive natura*, Gott — oder besser gesagt die Natur) schon in der bürgerlichen Philosophiegeschichtsschreibung als »materialistisch« gegolten hatte, und bei Lessing, von dem man wußte, daß er sich selbst zu den holländischen Materialisten gezählt hatte.

Darüber hinaus schien die Überlieferung dunkler: Als einschlägig wird die Lehre von Walter Tschirnhaus im 17. Jahrhundert zitiert. Und als Spinozisten sollen sich auch die kaum bekannten, zur selben Zeit tätigen Gelehrten Kuffelaer, Staalkopf und Stocks verstanden haben. Schließlich geht es an die intellektuelle und theoretische Ausbeute des politischen, utopischen und atheistischen Erbes. Eingemeindet werden die sogenannten »deutschen Demokraten« und die »deutschen Jakobiner« — außer Forster etwa Rebmann, Wekhrlin (Weckherlin) und Knobloch. Und schließlich wird gezeigt, daß auch die Deutschen ihre utopischen Sozialisten hatten: Thomas Müntzer im 15. und 16. Jahrhundert, Christian Thomasius, Johann Conrad Dippel und Nikolaus von Zinzendorf (der Gründer der Herrnhuter Sekte) im 17. und 18. Jahrhundert.

Andere Rezipienten fanden in Heinses »Ardinghello« Spuren sozialistischer Utopie, materialistisches und atheistisches Gedankengut in Franz Heinrich Ziegenhagens »Verhältnislehre« und sozialutopische Züge im Werk Carl Wilhelm Fröhlichs. »Von der Materialität der Seele« war nach Untersuchungen Otto Fingers in der zweiten Hälfte des 18. Jahrhunderts gleich eine ganze Reihe von Theologen und Philosophen in Deutschland überzeugt. Alles in allem indes eine Auslese, die nicht von ungefähr eher zweit-, dritt-oder viertrangige Denker der Vergangenheit »wiederentdeckte«.[45]

Die »progressive Linie in der deutschen Philosophiegeschichte«, wie sie der DDR-Philosoph Gropp nennt, die so wenige geläufige Namen aufweist, reicht mit Ludwig Feuerbach endlich an den sozialistischen Fortschritt heran. An Feuerbachs Materialismus knüpften Marx und Engels an, die Hegel vom Kopf auf die Füße stellten und, wie Lenin bemerkte, dessen »feige Ausflucht vor dem Materialismus« nicht mitmachen wollten.

Und Feuerbach selbst, »der bedeutendste deutsche Materialist«, hatte sich offenbar einer Tradition des Materialismus verpflichtet gewußt, die als *deutscher* Weg alternativer Philosophiegeschichtsschreibung dienen konnte, wenn der Internationalismus in Sachen Tradition gerade eine Pause brauchte. »Der deutsche Materialist«, zitieren die Kritiker des Klassikzentrismus in Fragen der Philosophie, »ist also kein Bankert, keine Frucht der Buhlschaft deutscher Wissenschaft mit ausländischem Geiste, er ist ein echter Deutscher, der bereits im Zeitalter der Reformation das Licht der Welt erblickte, er ist sogar ein leiblicher Sohn Luthers.«[46] – Wiederum erstaunliche Wahlverwandtschaften des Sozialismus in Deutschland.

Über Hegel

Die Beurteilung der Hegelschen Philosophie, immerhin *der* Quelle des Marxschen Denkens, spiegelt die geschilderten Probleme der Traditionswahl. Von Stalin als »Ideologie der feudalen Reaktion gegen die französische Revolution« gebrandmarkt, fand die Philosophie Hegels in den professionellen Arbeiten von Lukács, Cornu und Bloch eine erste Würdigung vom marxistischen Standpunkt. Die Arbeiten, deren Einschätzungen in der Philosophie der DDR weite Verbreitung fanden, tragen die Handschrift ihrer Verfasser, vergleichsweise unorthodoxen Marxisten, die ihre Arbeit wohl in den Dienst philosophischer und kultureller Identitätsstiftung in der jungen Republik stellen wollten, gleichwohl aber auf den kultur- und geistesgeschichtlichen Fundamenten der »großen Philosophie« bauten und, was Bloch betrifft, sowohl die Vorstellung einer partikularen »Fortschrittsphilosophie« als auch die Vorstellung einer Parteiphilosophie als Absurdität verworfen hätten.

Von dieser Parteiphilosophie indes ging der Impuls aus, die Stellung zu Hegel zum Nutzen ideologischer Festigung der Philosophie in der DDR genauer zu präzisieren – und zwar zunehmend in Auseinandersetzung mit den zunächst bestimmenden Hegeldeutungen von Lukács, Cornu und Bloch. Schließlich befand man sich mit einer zu positiven Einschätzung des Meisterdenkers in offenem Widerspruch zur Quelle aller gegenwärtigen Marxismusauslegungen.

Daß der Anstoß für eine Beschäftigung mit Hegel von außen kam, wie manche meinen, ist nur bedingt richtig. Zwar war Georg Lukács Ungar, Auguste Cornu aus Frankreich eingewandert und Ernst Bloch erst aus dem amerikanischen Exil zurückgekehrt. Aber die Auseinandersetzung um Hegel mußte dem Marxismus in der DDR nicht von außen angetragen werden.

Der geschilderten Problematik, die deutsche Geschichte des 19. Jahrhunderts den epochebestimmenden revolutionären Tendenzen anzupassen, entspricht philosophisch die Problematik der ambivalenten Einschätzung der Hegelschen Philosophie. Es paßte durchaus in die damalige Erbepolitik der Partei, wenn Lukács' Hegelbuch aus den vierziger Jahren[47] 1954 unter dem Titel: »Der junge Hegel und die Probleme der kapitalistischen Gesellschaft« im neu gegründeten Aufbau-Verlag veröffentlicht wurde. Daß der Lektor damals Wolfgang Harich hieß, wurde noch nicht als vom Ausland lancierte konterrevolutionäre Kampagne zur Wiederaneignung bürgerlicher Ideen gewertet.

Trotz Stalins Diktum galt zum einen in deutscher Perspektive weniger der alles umfassende Systemrahmen als der deutsche Sonderweg mit seinen eigenen geschichtlichen Höhepunkten. Und zum anderen ging die Auseinandersetzung zwischen den bestimmenden Strömungen der Zeit – Marxismus, Existentialismus, christliche Philosophie – auch außerhalb Deutschlands mit einer erneuten Hegellektüre einher. Gerade von einer durch Hegel inspirierten Marxinterpretation erhofften sich dogmatismuskritische Marxisten der Nachkriegszeit eine Erosion der orthodox stalinistischen Auffassungen. Dieser Frontverlauf im großen erlaubt indes keine Rückschlüsse auf die Verteilung der hegelfreundlichen und hegelfeindlichen Fraktionen unter den Philosophen und Politikern in der DDR. Die Parteienbildung erfolgte keineswegs so – die mehrere Jahre in der »Deutschen Zeitschrift für Philosophie« geführte Hegeldebatte macht dies deutlich –, daß sich auf der einen Seite die mehr oder weniger stalinistisch infizierten Propagandisten des Marxismus-Leninismus zusammengetan hätten, während auf der anderen Seite die mit dem philosophischen Marxismus sympathisierenden Philosophen koalierten, die aus dem Ausland die Hegelrezeption einbrachten.

Im Vorwort seines Hegelbuchs betonte Lukács, daß seine Arbeit dem Ziel diene, die Traditionen des DDR-Staates und seiner sozialen Gruppen genauer zu fassen. Die Stellung zu Hegel sei eben deshalb so wichtig, weil ein unmittelbares und unbekümmertes Anknüpfen an die Marxsche Philosophie, die ja für breite Schichten der Bevölkerung nicht erst im Faschismus, sondern auch zuvor schon aus dem Kulturbewußtsein herausgefallen sei, kaum denkbar sei. Eine *Hegel*rezeption, von Beginn an aus Marxscher Perspektive – in der Tat ist es genau umgekehrt, Marx wird mit Hegel beleuchtet –, sei demgegenüber, so Lukács, ein Vermittlungsangebot auch an bürgerliche Schichten, die wohl demokratisch gesonnen, aber keinesfalls marxistisch geschult seien. Dies exakt das gleiche Argument, mit dem auch die anderen Lichtgestalten deutscher Kultur und Philosophie zur sozialistischen Rezeption anempfohlen wurden.

Folglich verlief auch die bald folgende Kritik in den gleichen Bahnen: Die Orthodoxen sahen idealistischen Strömungen Vorschub geleistet. Vielleicht verstehe auch Lukács die Erscheinungen der sozialen Welt korrekt als Widerspiegelung von Gesetzlichkeiten. Wenn er aber die Strukturprinzipien seiner Analyse der bürgerlichen Vorlage entnehme anstatt dem begrifflichen Instrumentarium des Marxismus (um die Kategorien »Typus« und »Totalität« ging es etwa), dann bedeute dies soviel, wie den Klassenkampf als Prinzip jeder gesellschaftlichen Bewegung zu unterschlagen. Der »objektive materialistische Gehalt« des Hegelschen Werkes, so die Kritiker, habe mit dem »letztlich« subjektiven Idealismus des Systems nichts zu tun. Solche Verrenkungen der zum Lehrbestand des Marxismus-Leninismus gehörigen Objektiven Dialektik gehörten schon in den fünfziger und sechziger Jahren zu den Künsten ideologisch linientreuer Kritik[48].

Gemeint war nicht mehr, als daß die dialektische Methode ins Pantheon des Materialismus aufgenommen bleiben müsse, während der Idealismus des Systems verworfen gehöre. Für die Parteiphilosophen der ausgehenden fünfziger Jahre, die zu dieser Zeit, entgegen dem allgemeinen Kulturgutgerede der frühen Nachkriegszeit, schon auf Klassenlage der Tradition und richtige Beantwortung der Grundfrage Wert legten, war es denn auch »wichtiger, ob Hegel die Weltgeschichte als materiellen Prozeß und ihre Gesetze als materielle Gesetze anerkennt oder nicht«. Und man gewöhnte sich daran, ein kleines Stück der Leninschen Antwort als Maßgabe der philosophiehistorischen Traditionsfindung zu zitieren: Hegel habe schließlich, so Lenin, die logische Idee, Gesetzmäßigkeit und Allgemeinheit »vergöttlicht«. Folglich lag die materialistische Schlußfolgerung – und das Urteil über den Lukácsschen Materialismus – auf der Hand: »Wenn aber Hegel die Gesetze der Geschichte nicht materiell, sondern immateriell auffaßt, dann hat er im ganzen genommen mit dem Materialismus und Atheismus nichts zu tun.«[49]

Wir wissen, daß es am Grunde dieser Kritik allein um die politischen Positionen des bald zum »Konterrevolutionär« avancierenden Intellektuellen ging. Wie im Fall der Irrationalismuskritik schwenkte die Lukács-Kritik auch hier mit der Zeit auf moderaten Kurs.

Der französische Kommunist Auguste Cornu siedelte nach dem Krieg in die DDR über. Zunächst Professor in Leipzig, dann in Berlin, arbeitete er später an der Akademie der Wissenschaften. 1934 war er an der Pariser Sorbonne mit einer Arbeit über »Karl Marx und die Entwicklung des modernen Denkens« habilitiert worden. Die Übersetzung dieser Schrift wurde als eine der ersten Monographien des neu gegründeten Dietz-Verlages ediert.[50] Die Studie über die Herausbildung des Marxismus wird, ähnlich wie die Lukács-Arbeiten, von einer ideengeschichtlichen Interpretation geprägt. Deutsch-französische Aufklärung, kritizistische und idealistische Philosophie, deutsche Klassik werden auch hier als die gemeinsame Wiege des Marxismus reklamiert. Insbesondere wird die Beziehung der großen Systemteile der Hegelschen Philosophie – der Phänomenologie, der Enzyclopädie, der Rechtsphilosophie – zum Marxschen Werk herausgestellt. Ähnlich wie Lukács und Bloch wurde auch Cornu in späteren Jahren wegen seiner idealistischen Verzeichnungen der marxistischen Philosophie und des Marxismus scharf kritisiert. Anders als den beiden Erstgenannten gelang es Cornu aber, mit späteren Veröffentlichungen seine »Fehler« zu korrigieren. An erster Stelle stand dabei die umfangreiche Marx-Engels-Biographie, deren erster Band schon 1954 erschien, die aber erst in den sechziger Jahren abgeschlossen wurde.[51]

In die Politik des Aufbau-Verlags paßte es 1951 auch, Ernst Blochs Arbeit »Subjekt-Objekt – Erläuterungen zu Hegel« zu publizieren. Die Neuherausgabe des ebenfalls schon früher – in Mexiko 1949 – erschienenen Werkes gehörte zu den editorischen Projekten, die programmatischen Charakter haben sollten.

Bloch, der bedeutendste Philosoph der DDR, war 1948 aus der amerikanischen Emigration an die Leipziger Universität zurückgekehrt, um dort 1949 den Lehrstuhl Gadamers zu übernehmen. Zu seinen damaligen Schülern gehörte neben dem im Westen als Schriftsteller bekannt gewordenen Gerhard Zwerenz z.B. Richard Lorenz, Sekretär im ZK der SED für ideologische Fragen. Und auch Kurt Hager zählte sich eine Weile zu seinen Anhängern, woran er sich derzeit sicher gern zurückerinnert.

Blochs Verhältnis zur SED war trotz seiner Zwangsemeritierung 1961, Bloch wechselte dann auf den Tübinger Lehrstuhl, kritisch loyal. Umgekehrt akzeptierte die Partei das »philosophische Urgestein« soweit es ihr möglich erschien. Auch Blochs Werk konnte damals noch zusammen mit einem strengeren marxistisch-leninistischen Geschichts- und Traditionsbewußtsein bestehen.

Weiterführend als in den beiden Hegelinterpretationen von Lukács und Cornu ging es bei Bloch nicht so sehr um den Nachweis der Fortschrittlichkeit der Hegelschen Philosophie auch im sozialen Sinne, um den von Hegel entwickelten Arbeits- und Ökonomiebegriff und die Entfaltung der Revolutionskategorie im Licht der Dialektik.

Bloch analysiert den verborgenen materialistischen Grundzug der Philosophie Hegels, hebt die ungeheure Bedeutung des Philosophen für die Entwicklung des *materialistischen* Denkens – nach Hegel! – hervor. Mit dem absoluten Idealismus wird nach Bloch der Materialismus dynamisiert. Die Dialektik zeigt, daß eine bloße Entgegensetzung von Materie und Geist, Sein und Bewußtsein völlig unzureichend ist, daß sich vermittels der Arbeits- und Aneignungsprozesse Vergeistigung der Welt und Verweltlichung des Geistes miteinander verschränken. »Wer beim Studium der historisch-materialistischen Dialektik Hegel ausläßt, hat keine Aussicht, den historisch-dialektischen Materialismus zu erobern«, schreibt Bloch im Vorwort zur Ausgabe von 1951.

Dabei berief sich Bloch auf Engels, der sich selbst in die Denktradition Kants, Fichtes und Hegels gesetzt habe.[52]

Politisch allerdings konzedierte Bloch, daß Hegel, insofern er die Vernunft im »Überliefert-Wirklichen sich wiederfinden« ließ, ein »Denker der Restauration« gewesen sei. Doch Bloch relativiert sogleich und erläutert: »das ist, des relativen Siegs der alten geschichtlichen Mächte über die Jakobiner von 1793 und über das nicht eben überlieferungsfrohe Wesen der Aufklärung.« Schließlich, meint Bloch, zeige sich darin realistischer geschichtlicher Sinn. Das abgeschlossene System einerseits – die reaktionäre Tendenz –, die dialektische Methode andererseits – als progressive Tendenz – reflektierten diesen realistischen Zug.

Das ging mit den Lehren Stalins und des Marxismus-Leninismus durchaus wieder zusammen. Denn die Methode Hegels hatte auch Stalin nicht missen wollen. Blochs Anliegen war es, die dialektischen Grundlagen des Hegelschen Systems um einer historischen Analogie willen zu vermitteln: den – fraglichen – »Widerspruch einer noch aufsteigenden Klasse gegen Restauration und Fixierung«.[53] Dennoch schien die formale Übereinstimmung mit Stalin halbherzig. In »Subjekt-Objekt« wendet Bloch Stalin gegen Stalin. Er zitiert Stalins Anarchismuskritik, um zu zeigen, daß von einer »Erledigung Hegels« keine Rede sein könne. Selbst bei Stalin nicht.[54] Die Interpretation der Phänomenologie, mit der Bloch demonstriert, wie Hegel in verschiedenen Durchgängen die Aneignung der menschlichen Geschichte bis hin zur begrifflichen Weltgeschichte entfaltet, spricht dafür, daß der Hoffnungsphilosoph der methodischen Realistik Hegels vor dessen historischem Urteil den Vorzug gab. Dieses hatte schließlich im Terror der Jakobinerdiktatur nichts als die Furie des Verschwindens schrankenloser Freiheit sehen wollen. – Der Relativierung Hegelscher Erkenntnisse fügte sich Blochs Überzeugung, daß auch der Sozialismus erst auf dem Weg sei, keineswegs schon morgen erreicht.

1954 erschien der erste Band von »Prinzip Hoffnung«, in dem vom »aufrechten Gang« die Rede ist. Der Gang, von dem die Politiker der Wende glaubten, daß ihn die DDR-Deutschen nach vierzigjährigem »Duckmäusertum« nun lernen würden.

Im Sinne der Hoffnung auf die Zukunft war es für Bloch legitim, Hegel zu deuten, »politisch-moralische Zukunftsmusik betreffend«: »So intendierte auch die Phänomenologie, an der vorliegenden Leerstelle, eine Welt jenseits des verrotteten Adels, doch ebenso jenseits der Bourgeoisie; eine Welt, wozu freilich dem »Weltgeist« noch jede gesellschaftlich erschienene Grundlage fehlte.«[55] Das heißt, daß die »Moralität eines Sozialismus« für Hegel noch gänzlich hinter dem Horizont lag. Während sie für Bloch immerhin schon die Rationalität dieser Hegelschen »Leerstelle« ausmachte. Der Dialektiker konnte nur im Rahmen seiner Verhältnisse spekulieren. Lukács spricht in diesem Zusammenhang von der »napoleonischen Deutschlandutopie Hegels«.[56]

Später, 1818, in Hegels Antrittsvorlesungen, entsprang diese Utopie nicht mehr der Französischen Revolution und Napoleon, sondern den Befreiungskriegen. Diese Perspektive, die »Perspektive von 1813«, die Bloch in seiner Darstellung als »das Gegenteil« attackierte und sich damit weit eher als Marxist erwies als die SED-Philosophen, war für die deutschen Kommunisten im Osten zu dieser Zeit keineswegs weniger anerkennenswert als die Perspektive von 1793. – Im Reich des Geistes beginnt, wie Hegel zeigt, hinter den Grenzen der Moralität, die ihre Heimat sucht, der Himmel.

Wie sich an den Debatten um die Hegelsche Philosophie in der »Deutschen Zeitschrift für Philosophie« verfolgen läßt[57], hatten alle drei Ansätze der Hegeldeutung weitreichenden und langanhaltenden Einfluß. Zudem waren sie zunächst ohne ernstzunehmende Alternative. Mit der immanenten Zurückweisung der dogmatischen Interpretation des Kontinuitätsbruchs zwischen bürgerlichem und sozialistischem Fortschritt – »protosozialistisch« in den radikaldemokratischen Tendenzen der Französischen Revolution –, gaben die Veröffentlichungen Anlaß zu heftiger Auseinandersetzung. Besonders diejenigen Gruppen sahen sich herausgefordert, die mit dem Aufbau des Sozialismus alle überkommenen Traditionen hinter sich lassen wollten.

Die vom politischen Standpunkt *substantiell* schon kritischer zu beurteilenden *ökonomischen* Konsequenzen einer als »ideengeschichtlich« apostrophierten philosophischen Analyse waren ablesbar an den Stellungnahmen zum Kommentar des Ökonomen und Blochfreundes Friedrich Behrens, der in zwei Aufsätzen des Jahres 1953 zu zeigen beabsichtigte, daß Hegel auch die ökonomischen Auffassungen Marxens entscheidend beeinflußt hatte.[58] Auf diesem Terrain der Auseinandersetzung, die hiermit ihren philosophischen Zusammenhang *offensichtlich* überschritt, gab es tatsächlich ein revisionistisches Interesse zu befürchten. Verband sich doch die These, daß Marx nicht nur an die Erkenntnisse der bürgerlichen Ökonomie bei Ricardo und Smith angeknüpft habe, um sie zu kritisieren, sondern weit mehr noch in der Tradition ökonomischer Auffassungen Hegels stehe, der schließlich die politische Ökonomie seiner Vorgänger erst auf den Begriff gebracht habe, verband sich doch diese These mit der weitergehenden, daß die Wertgesetze der bürgerlichen Ökonomie auch *nach* Marx weiterhin in Kraft bleiben müßten. Eine zur damaligen Zeit für die orthodoxen Parteitheoretiker durchaus noch beunruhigende Vorstellung.

Konkret hatte dies zur Folge, daß Behrens – leider zu früh und ohne Erfolg – gegen den Zentralismus der Planwirtschaft, gegen die Vernachlässigung von Marktgesichtspunkten, den Verstoß gegen das Gesetz von Nachfrage und Angebot, gegen den Verzicht auf eine der Produktivität adäquate Geldwirtschaft polemisierte. An die Einführung der unabdinglichen Voraussetzung der Forderung nach mehr Markt, einer Instanz, die den Markt als ureigenes Geschäftsmittel zu handhaben weiß, dachte Behrens noch nicht. Privateigentum als Prinzip des Wirtschaftens wird erst neuerdings wieder ausprobiert.

Die politische Auseinandersetzung zwischen Orthodoxie und Revisionismus, diese Vereinfachung sei einmal erlaubt, bediente sich also philosophischer Argumente zur Begründung unterschiedlicher Strategien. Insgesamt war es aber die überkommene, theoretisch zweifelhafte Traditionsvermittlung aus der Perspektive der antifaschistisch-demokratischen Umwälzung, welche die beunruhigenden »Revisionismen« auf ideologischem Gebiet begünstigte. Ihr ging es verständlicherweise auch dann noch um die Gewinnung der breiten Masse der keineswegs nach dem Etappenwechsel von 1954 schlagartig *radikald*emokratisch oder gar *sozialistisch* eingestellten Bevölkerung, als die kommunistische Avantgarde schon ein neues Kapitel in den Annalen des deutschen Sozialismus aufgeschlagen wähnte. Politisch waren Rücksichten notwendig, die ideologisch schon überwunden schienen und gerade deshalb nochmalige ideologische Unterstützung brauchten. Vermittelnde und integrierende Kräfte gab es selbstverständlich auch in den fünfziger und sechziger Jahren. Aber auch sie versuchten, den allzuschnellen Zugang auf sozialistische Verhältnisse, wie er exemplarisch in der später zurückgenommenen Doktrin vom »Sozialismus als relativ eigenständiger Gesellschaftsformation« zum

Ausdruck kam, mit Blick auf das realsozialistische Bewußtsein der großen Menge zu bremsen.

Was die Hegeldebatte betrifft, an der neben Bloch, Lukács und Cornu, Harich, Fetscher, Albrecht, Höppner, Kuczynski, Hager und Ulbricht teilnahmen, äußerten sich die antirevisionistischen Kräfte auf philosophischem Feld erstmals in Gestalt des Bloch-Mitarbeiters und -kontrahenten am philosophischen Institut der Karl-Marx-Universität Rugard Otto Gropp.[59]

Im Frühjahr des Jahres 1954 wurde in der »Deutschen Zeitschrift für Philosophie« die Diskussion »Über das Verhältnis des Marxismus zur Philosophie Hegels« eröffnet. Wie die laufenden Debatten zu Fragen des Verhältnisses der Wissenschaften zur marxistischen Philosophie sollte auch diese Diskussion dazu beitragen, »die Selbstverständigung im Lager der fortschrittlichen deutschen Philosophie der Gegenwart zu fördern«.[60]

Vor dem Hintergrund der Bloch-, Cornu- und Lukács-Arbeiten einerseits, den folgenden Stellungnahmen von Behrens und Gropp andererseits, war es möglich, auf Grundsätze der Erbeaneignung überhaupt zu rekurrieren. Wie gesagt, konnten die nicht ein für alle Mal auf eine eher traditionelle, jetzt »revisionistische«, oder eine orthodoxe, jetzt »revisionismuskritische« Richtung fixiert werden. Auch wenn derzeit die Ulbrichtlinie Oberwasser hatte. Ähnlich wie die Strenggläubigen unter den Philosophen Forster für Fichte nahmen — den Materialisten für den Idealisten, die Perspektive von 1793 für die von 1813 —, so auch Feuerbach für Hegel.

Forster und Feuerbach waren die Ersatzklassiker einer weniger integrativ als mit Alternativen arbeitenden Philosophiegeschichtsschreibung. Die Darstellung der DDR-eigenen Philosophiegeschichte jedenfalls datiert den Einsatz der systematischen Erforschung des *progressiven* philosophischen Erbes auf den Einsatz der *Feuerbach*rezeption.[61]

In den siebziger Jahren wurden subtilere, »dialektische« Diagnosen der Philosophiegeschichte und Beurteilungen der philosophischen »Fortschrittlichkeit« eines Autors angestellt.[62]

Die Einsicht, daß auf kein Erbe verzichtet werden könne, hatte sich politisch durchgesetzt; und so wurde die Rezeptionslage entspannter. Diagnose und Urteil gingen nun mit der Auffassung einher, daß sich auch die Philosophie in der DDR mit den tatsächlichen Werken von Rang, mit den relevanten Problemstellungen der philosophischen Vergangenheit und Gegenwart auseinandersetzen konnte, ohne die von einer bestimmten Philosophiegeschichtsschreibung zu Unrecht ausmanövrierten Denker vernachlässigen zu müssen. Davon profitierte die

Hegelrezeption; und davon profitierte auch die Heimholung der als »bürgerlich« stigmatisierten Philosophie Ernst Blochs am Anfang der achtziger Jahre.

Geschlossenes Geschichtsbild

Aufgegeben seit dem Aufbruch der sechziger Jahre war die Arbeit an einem »geschlossenen Geschichtsbild« für die Zeit seit der sozialistischen Revolution und die Bemühungen um dessen philosophisch-theoretische Vertiefung. Die grundsätzlich anerkannte »bewußtseinsbildende Funktion der Philosophie« wurde seither zunehmend dahingehend verstanden, daß Erfahrungen mit der *sozialistischen* Geschichte und Gegenwart als Maßstab philosophischer Arbeit bevorzugt wurden. Als es darum ging, daß der real existierende Sozialismus der DDR aus seiner Einbindung in die Entwicklungsgeschichte des Sozialismus unter dem Aspekt der Universalgeschichte zu erklären war und die Etappen seines Aufbaus im Licht gegenwärtiger Erfolge gedeutet wurden, wurde erneut präzisiert, was die »bewußtseinsbildende Aufgabe« verlangte. Die Erforschung sozialismusspezifischer Kontinuität erforderte die erneute Überprüfung früherer Darstellung der Tradition, um, so die gern verwendete Formel, der »komplizierten historischen Dialektik« gerecht zu werden, um »Bleibendes und Bewährtes von Zeitweiligem und Zweitrangigem [zu] unterscheiden.«[63]

Der »Grundriß« aus den siebziger Jahren gibt die Akzentsetzungen wieder, die von solchen Intentionen bestimmt waren. Gegenüber der früher noch verbreiteten Auffassung, daß es ein Hinüberwachsen bürgerlich-progressiver Strömungen der deutschen Geschichte ins antifaschistisch-demokratische, dann sozialistische Deutschland gegeben habe, bestand man jetzt auf der kategorischen Grenzziehung zwischen bürgerlicher und sozialistischer Geschichte. Dies entspricht der noch zum vierzigsten Jahrestag bekräftigten Zweistaatlichkeitsthese.

Besondere Aufmerksamkeit galt den Verbindungen, die man zwischen Weltgeschichte, deutscher Geschichte – soweit als sozialistische »Vorgeschichte« zu behandeln – und DDR-Geschichte konstruieren konnte. Die Periodisierung der deutschen Geschichte des 19. Jahrhunderts erfuhr unter diesen Vorzeichen eine veränderte Gewichtung. War für die gesamte historische Vergangenheit die Orientierung auf die Entscheidungen im Klassenkampf ausschlaggebend[64], so wurde, initiiert durch wirtschaftsgeschichtliche Forschungen und die Arbeit an der Geschichte der deutschen Arbeiterbewegung, die Frage nach der sogenannten »Qualitätsscheidung zwischen bürgerlichem und sozialistischem Fortschritt« für die Bestimmung der dominanten Einflüsse in der Zeit zwischen 1815 und 1848 aktuell. Mit dem Anspruch, sowohl die »dialektische Einheit von Kontinuität und Höherentwicklung« als auch die »Dialektik von Nationalem und Internationalem« an historischen Ereignissen dieser Zeit zu erweisen, wurde die früher allgemein akzeptierte Periodisierung nun endgültig modifiziert. Die Kriterien der Modifikation erwuchsen den Studien über die Herausbildung des Industriekapitals und des Proletariats als Klasse in Deutschland um 1830. – Als Ergebnis der historischen Revision galt die »objektive Qualitätsscheidung« nun schon *vor* 1848 in Welt-und Nationalgeschichte als verbürgt.

Mit der Diskussion um die Periodisierung der deutschen Geschichte zwischen 1830 und 1848 – einer entscheidenden Zeit der deutschen Demokratie – traten Beurteilungskriterien in den Vordergrund, die in der aktuellen gesellschaftlichen Situation der DDR eine wichtige politische Rolle spielten. Die Frage nach der Stellung verschiedener sozialer Gruppen ist schließlich eine Frage an Vergangenheit und Gegenwart. In den fünfziger und sechziger Jahren wurde dieses Kriterium eher dahingehend interpretiert, daß die restaurativen und reaktionären Kräfte als Antagonisten der fortschrittlich demokratischen Bewegung zu betrachten seien, wobei in der kommunistischen und Arbeiterbewegung die Tradition der letzteren ihre Fortsetzung gefunden hätte.

Die Neuorientierung verlangte genauere Differenzierung. Es sollte nun auch *innerhalb des bürgerlichen Lagers* exakt unterschieden werden, von welchen sozialen und politischen Kräften der indizierte »sozialistische Fortschritt« getragen wurde. Eigentlich hätte man hoffen dürfen, daß damit die Voraussetzungen geschaffen waren für sozialgeschichtlich detaillierte, methodisch differenzierte Untersuchungen – mentalitätsgeschichtlicher, sozialgeschichtlicher, denkgeschichtlicher Art.

Die undifferenzierte Verwendung von Kategorien wie »Volk«, »Werktätige«, »Massen«, »Bourgeoisie«, »Kleinbürger«, um nur einige zu nennen, wurde aber nicht nur von Politik und Ideologie beibehalten, sondern, abgesehen von Absichtsbekundungen und einigen Ansätzen, auch von den zuständigen Fachwissenschaften. Die Kritik jedenfalls hatte klar gemacht, daß die Vernachlässigung von Geschichte und Sozialstruktur des Bürgertums, der politischen und Wirtschaftsgeschichte der Bourgeoisie, schließlich der bürgerlichen Ideen- und Geistesgeschichte, zu massiven Fehleinschätzungen führen mußte, selbst wenn man den scheinbar methodisch schon legitimierenden Ansatz beim »Klassenkampf«, bei sozialen Unterschieden also, wählte. Dennoch blieb das Forschungsprogramm im wesentlichen eingeschworen auf das Hin und Her zwischen der Orientierung auf das »humanistische Erbe«, das sich selbstverständlich als das eigentlich philosophische Erbe auch der DDR-Philosophie anbot, und der Kritik an dieser Orientierung, die mit einer überzogenen Hochschätzung der »Philosophie von unten« und der demokratischen und sozialistischen Ideengeschichte verbunden war.

Programmatisch schlägt die *dialektische* Lesart dieser Traditionsstränge nach dem VIII. Parteitag durch. Die Waage neigt sich zugunsten der Kritik an nationalkultureller Vereinnahmung, die nicht in der Lage ist, das *Sozialistische* der Rezeption herauszubringen. Die Diskussion in der »Deutschen Zeitschrift für Philosophie« wie auch in den »Weimarer Beiträgen« belegt, daß man von nun an bevorzugt auf die »Dialektik zwischen bürgerlicher und sozialistischer Fortschrittlichkeit« verweist und vor diesem Hintergrund auf die revolutionäre Tradition sowohl vorsozialistischer, plebejisch radikaler als auch proletarisch sozialistischer Provenienz. Der erneuten Öffnung gegenüber den kämpferischen Traditionen des bürgerlichen und sozialistischen Erbes, »kritisch« voneinander geschieden, nichtsdestoweniger »in ganzer Breite« angeeignet, entspricht eine philosophie- und literaturgeschichtliche Epocheneinteilung, die der historischen folgt und von der ideologischen Neuverteilung geleitet ist. Die Debatten um gewisse »›harmonisierende‹ und ›kanonisierende‹ Auffassungen vom Erbe« fördern diese dialektische Lesart. Ihr wird »größte Aktualität« zugebilligt, um den »vereinfachende(n) Vorstellungen von einer konfliktlosen Entwicklung« gegenzusteuern.

Ausführlich wird am Forschungsbereich Gesellschaftswissenschaften bei der Akademie der Wissenschaften der »Dialog über Tradition und Erbe«[65] geführt. Die Prinzipien, auf die man zurückgeht, sind vom ersten Sekretär der SED selbst beglaubigt.[66] Verbindlich ist die Aneignung des Erbes vom Standpunkt »sozialistischer Ideologie und Weltanschauung«. Immer soll die Bedeutung der aufbereiteten Vergangenheit für die Formung des »sozialistischen Weltbildes« der Gegenwart deutlich werden. Die »sozialistische Lebensweise« bedarf dieser Erbeaneignung als unverzichtbares Element, und die »sozialistische Persönlichkeit« beruht auf entsprechenden Vorbildern. Das Selbstbewußtsein der »sozialistischen Nation« – man weiß, daß dies ein gravierender Irrtum war – soll sich am »sozialistischen Erbe« stärken. Man hoffte auf eine Festigung der »sozialistischen Vaterlandsliebe« und des »sozialistischen Internationalismus«. Schließlich erwartete man angesichts der kulturpolitischen Forcierung des Geschichtsbewußtseins der Bevölkerung ein entsprechendes »geistig-kulturelles und praktisches Verhalten«.[67]

Die Vereinigung solcher Ziele mit der Neubewertung einzelner Perioden der deutschen Geschichte des 19. Jahrhunderts in den einschlägigen Kompendien zur Philosophie- und Literaturgeschichte lenkte die Aufmerksamkeit auf den Kontext von internationaler und nationaler Geistesgeschichte, gleichzeitig auf die ideologische Brechung, die Funktionsbestimmung des vergangenen Schaffens (»Wer schrieb für wen?«) und strukturelle Eigenschaften der überkommenen Texte (Operative Literatur, Politische Philosophie, Programmschriften etc.). Dies führte zu einer Beurteilung, die je nach »gesellschaftlicher Ausgangslage« entschied, ob ein Erbe *im Sinne* oder *gegen* den historischen Fortschritt zu werten sei.

Zuweilen gab es Komplikationen. Fichte z. B. war ein Kandidat, der nie genau lokalisiert werden konnte, einmal als reaktionär, einmal als fortschrittlich gehandelt wurde. »In dieser idealistischen Überhöhung der deutschen Nation«, schrieb Kosing 1976 über Fichte im Zusammenhang der Klärung des Nationen- und Nationalitätenbegriffs, »die der ideologische Widerschein der materiellen Misere war, finden wir geistige Wurzeln des späteren reaktionären Chauvinismus [...].«[68]

Gleichzeitig wurde Fichte durchaus als Revolutionär gehandelt. In Buhrs im selben Jahr wiederaufgelegter Arbeit über die klassische deutsche Philosophie heißt es über Fichtes Philosophie: »Nicht nur als eine Revolution im Reiche der Gedanken, sondern zugleich darüber hinaus als ein Stück Glauben an die Menschheit und der Hoffnungen auf deren große Anlagen, als revolutionär-demokratische Gesellschafts- und Zeitkritik – eben als eine Philosophie der Freiheit – führt Fichte seine Wissenschaftslehre aus.«[69] Ganz in diesem Tenor hatten sich schon die Festschriftartikel anläßlich des zweihundertsten Geburtstages von Fichte 1962 geäußert, die sich um das »Bild eines aufrechten und unerbittlichen Streiters gegen die reaktionären feudalabsolutistischen Gewalten seiner Zeit«[70] bemühten. – Was Wunder, daß sich angesichts dieser unterschiedlichen Deutungen die »dialektische« Rezeption geradezu aufdrängte, vor allem als man zunehmend auch die Geschichte der Rezeption selbst bis in die jüngste Zeit zu rezipieren hatte. »Dialektisch« hielt man tunlichst nicht nur die Widersprüche der Vergangenheit zueinander, sondern auch die gegensätzlichen Ansätze historischer und systematischer Selbstverständigung der Gegenwart. Der »historische Fortschritt« galt im real existierenden Sozialismus der DDR schließlich neuerdings als »objektiv sozialistisch« seit den dreißiger Jahren des 19. Jahrhunderts!

Nun waren es nicht nur die Philosophiegeschichte im engeren Sinne und das materialistische Traditionsverständnis gemäß der Einteilung im Idealismus-Materialismus-Schema, die im Laufe der immer wieder aktualisierten Erbediskussionen in der DDR korrekturbedürftig erschienen. Die Philosophie wendete die Prinzipien des Marxismus-Leninismus im Umgang mit der Tradition nicht nur an, sondern war im weiten Umfang verantwortlich für deren Entwicklung; insbesondere für die Aktivierung dialektischer Maßstäbe bei der Beantwortung der brisanten Frage: Was gilt uns als Erbe? Allgemeiner: Was nützt dem Sozialismus in der DDR?

Das bedeutete »in diesem Kontext vor allen Dingen, in bezug auf die zur Debatte stehenden Gebiete Fragen zu stellen, die auf die Art und Weise der Einheit des Logischen und Historischen, die Art und Weise der Negation zielen.«[71] Es waren – und sind – philosophische Maßstäbe, die von einzelnen Wissenschaften, von den Ideologieproduzenten und den Politikern »in Gebrauch genommen« wurden. Es wurde deutlich, daß sich die Philosophie in besonderer Weise für jedwede Art von Rezeption verantwortlich erklärte, insofern sie es war, die über das Instrumentarium der Dialektik verfügte. So plädierte sie *expressis verbis* für dialektische Erbe- und Sozialbeziehungen, »in der die gegenstandsbedingten Besonderheiten nicht in einer ›toten‹, undialektischen Identität nivelliert werden, sondern ihre Spezifik in dieser Einheit bewahren.« – Im Klartext: Bestenfalls sorgt die Dialektik dafür, daß Sachangemessenheit als *Moment* der Aufarbeitung von Diskursen und Dispositiven der Vergangenheit und Gegenwart erscheinen darf; während die Funktionalisierung nach Utilitätsgesichtspunkten weiterhin die hauptsächliche Leistung der Interpretation darstellt. Denn die dialektische Bewältigung erfordert das Bewußtsein, daß das Erbe »nicht als etwas Starres, ein für allemal Fixiertes«, sondern »abhängig von den jeweiligen Bedingungen, die die Akzente setzen«[72], akzeptiert werden muß.

Die dialektische Exposition greift zwangsläufig weit aus: Die »Dialektik von Historischem und Logischem« – gebräuchlicher: von Historischem und Systematischem – gibt je nach »Bedingungen«, kontingenten geschichtlichen Daten, entsprechenden »Geschichten« oder der Systematik kohärent gesetzter Argumente, den Zuschlag, wobei sie zeigt, daß die einen nicht ohne die Existenz der anderen denkbar wären. Das Moment der Negation, das der dialektischen Bewegung angehört, kann stark gemacht werden als Verneinung oder als »Aufhebung« im Sinne einer Bewahrung in »höherer Form«. Ganz nach Opportunität. Kumulative Aspekte können die entscheidenden sein oder zyklische, je nach dem, ob Anreicherung die Dynamik der Fortschrittlichkeit bestimmt oder Wiederholung. In der gleichen Weise funktioniert die »Dialektik von Diskontinuität und Kontinuität«. Offensichtlich diskontinuierliche Entwicklungen, Brüche in der Sozial- oder Denkgeschichte, können »dialektisch« gerade als Garanten der Tradierung des Wichtigen und Richtigen gedeutet werden – oder umgekehrt.

Die Theorie der Geschichtsschreibung und die Hermeneutik selbst, die Wissenschaftstheorie also, orientierten sich am Ende der DDR-Geschichte nicht weniger dialektisch. Dem primitiven Realismus früherer Tage stand nun die skeptische Frage nach den Produktionsbedingungen von »Rückgriffen auf die Vergangenheit« und Interpretationen der Gegenwart gegenüber. »Ideologische und wissenschaftslogische Gründe« wurden in Betracht gezogen, wenn es hieß zu erklären, wie Geschichten und Fakten gemacht werden. Aber: dieser »Konstruktivismus« war selbst nur ein dialektisches *Moment*, aufgehoben im »objektiv historischen Prozeß«, der dann leicht doch das letzte Wort behalten konnte.[73]

Vergleichbar der Rezeption des Materialismus in der Naturwissenschaft, ließ sich die DDR-marxistische Rezeption der Überlieferung von inhaltlichen Positionen des Erbes jedenfalls nicht mehr irre machen. Entscheidend sollten nur noch die Verwendung und die Deutung der Geschichte sein. Im Zeichen der Dialektik und des Pluralismus stand beispielsweise das Konzept des Philosophie- und Wissenschaftshistorikers Hermann Ley zum Zusammenhang von »Erbe, Rezeption und ideologischem Klassenkampf«. Es gibt die innere Auszehrung dialektischer Rezeption bestens wieder.

»Sind Ideen«, heißt es, »hinsichtlich ihres Entstehens abhängig von der vorherrschenden Produktionsweise, so können sie auf andere Produktionsweisen aufgrund der inneren Stringenz des Problembewußtseins übertragen werden [...]. Für spätere Relevanz gilt der aus der Entwicklung der Ideen bezogene Nutzen in theoretischer und praktischer Hinsicht, nicht utilitaristisch verstanden, sondern [!] als Erkenntnisgewinn, wobei der konkrete Nutzen durchaus nachzufolgen vermag. Zu unterscheiden ist in der Entwicklung des Wissens, verstanden als absoluter und relativer, objektiver Gewinn an Wissen, der tatsächliche Fortschritt, getrennt von den subjektiven Beweggründen.«[74]

Natürlich mußte er klug gewesen sein, der Ahnherr, der etwas derartiges wie den »objektiven Gewinn an Wissen« in seinen Taschen verborgen hielt. Es herrscht das Gesetz. »*Ohne* Rücksicht auf den unmittelbaren Anlaß« oder eventuell vorhandene gute Absichten gewinnen nur »wesentliche Beziehungen«, »Gesetze und Gesetzmäßigkeiten die Geltung der Objektivität«. Das ist, was sich in »Experiment und Industrie wiederholbar bewährt«, was »logische Stringenz besitzt, die gleiche theoretische Verwendbarkeit« an sich hat – »ohne Rücksicht auf Zweck und Anlaß« über Leichen geht, wenn das »Denken als solches bereichert« wird.[75]

Als ein frühes, unbewußtes und deshalb umso offeneres Bekenntnis eines marxistisch-leninistischen Philosophen zum Anschluß der DDR an die Bundesrepublik war dies nicht gemeint. Welche Überraschung, als sich herausstellte, daß hier nicht nur die Vergangenheit vor 1945 gemeint war, daß sich dieses Programm in Wahrheit nicht mehr nur auf die Geschichte, sondern auf die vermeintlich konkurrierende, tatsächlich dominierende Gegenwart dieser Vergangenheit im wahren Deutschland richtete. Und so wird deutlich, wer hier von welcher Warte aus sprach, als die endlich erreichbare »Objektivität der Kategorien« proklamiert wurde. Man versteht, daß es sich für die materialistische *Objektivität* – von Naturgesetzen und sozialen Mustern, von Kausalitätserwägungen und Prognostik, von ökonomischen und Bewußtseinsstrukturen, von Beschreibungen und Erklärungen – als »irrelevant« erweist, ob diese nun als mystische Eingebung, Glaubenswahrheit, physikalisches Gesetz oder psychologische Einsicht formuliert sind. »Dialektisch« ist immer genügend Spielraum.

Für den engen Kreis der Geschichte der Philosophie scheint es indes gegenwärtig wenig interessant, was an ihr sich eventuell noch »in Marxismus umsetzen« ließe. Heute werden wir es als Beschwörung werten, wenn jemand in den achtziger Jahren in der DDR untersagen wollte, »nachträglich umzukehren, was bereits in seiner Welt historische Wirksamkeit hinreichend belegt« hatte. In dialektischer Sicht war es nicht einmal ein Interpretationsfehler, historische Wirksamkeit so falsch zu verorten. Denn trotz des geforderten, aber nicht mehr erlassenen Gesetzes gegen fahrlässiges Umkehren der Geschichte war es mit dialektischem Denken leicht vereinbar, daß »hinsichtlich der deutschen klassischen Philosophie, aus deren Umkehrung die Philosophie von Marx entstand«[76], eine weitere Umkehrung vorgenommen wurde. Allemal schließlich war die marxistisch-leninistische Philosophie doch schon zuvor bürgerliche – eben umgekehrte.

3. Logik und Naturwissenschaften

Die skizzierte Entwicklung vor allem der letzten drei Jahrzehnte der DDR-Geschichte erhellt, daß neben der stets virulenten Problematik der Identitätssicherung zunehmend Probleme der gesellschaftlichen Reproduktion in den Vordergrund rückten. Als weiteres Exempel für die im engeren Verständnis philosophischen Aktivitäten in der Deutschen Demokratischen Republik wollen wir darum den Komplex »Philosophie und exakte Wissenschaften« herausgreifen. Als leitender Gesellschaftstheorie war es schließlich der Philosophie überlassen, ein akzeptables Interpretationsmodell für den ökonomisch und sozial dringend erforderlichen »Modernisierungsprozeß« zu entwerfen. Eines Modernisierungsprozesses, der der Autonomisierung der Wissenschaften schrittweise Vorschub leisten mußte, freilich unter dem Deckmantel der »sozialistischen Wissenschaft«. — Vor kurzem fand dieser Prozeß zu einem vorläufigen Ende. Die Akademie der Wissenschaften der DDR hatte noch vor der Volkskammerwahl vom März 1990 die völlige Unabhängigkeit von politischer Einflußnahme gefordert. Mittlerweile wurde sie ihr zugestanden — wenn man von ihrer möglichen Auflösung im vereinten demokratischen Deutschland absieht.

Von früh an war die Philosophie unter den alten Bedingungen gezwungen, ihr Verhältnis zur Wissenschaft zu reflektieren. Zum einen um den Ansprüchen Leninscher Vorstellungen vom Marxismus zu genügen, zum anderen um sich nicht von der Dynamik und Effizienz wissenschaftlicher Forschung überrollen zu lassen und vor der faktischen Führungsrolle der Wissenschaften kapitulieren zu müssen.

Zunächst — der Implikationen des Materialismus wegen — galt das Verhältnis zu den Naturwissenschaften als problematisch, besonders zur Physik, dann — wegen der Dialektik — das Verhältnis zur Logik. Schließlich entwickelte sich die Konkurrenz zu den speziellen Gesellschaftswissenschaften, vor allem der neu etablierten Soziologie. Die Schwierigkeiten der Philosophie bestanden auf Dauer darin, daß sie ihre Selbstverständigung und ihre Empfehlungen zugleich aus der Perspektive einer übergreifenden Weltanschauung und »Superwissenschaft« und aus der Sicht einer Leitungswissenschaft der SED betreiben und geben zu müssen glaubte — und am Rande auch noch als Philosophie in den Traditionen des Fachs präsent sein sollte.

Insofern sich auseinandertreibende gesellschaftliche Tendenzen nicht mit der Klammer eines zweifelhaften, mehr oder weniger metaphysischen Orientierungswissens zusammenhalten lassen, mußte der Marxismus-Leninismus an dieser Mehrfachaufgabe scheitern. Schon gar auf dem Boden krisenhafter Verhältnisse. Wo gerade die *interne Konkurrenz* um Problemstratifikation und Lösungsangebote den wirtschaftlichen und sozialen Fortschritt beflügeln soll, ist ein einheitliches Interpretationsmodell nicht gefragt. In dem Maße, in dem sich der Pluralismus *faktisch* durchsetzte, verlor der Leninismus seine staatstragende Funktion. *Einheit* auf seiner Grundlage erschöpfte sich darin, postuliert zu werden. Insofern betrieb nicht zuletzt die kommunistische *Politik selbst* ihre Aufhebung. Ein Prozeß, der beispielsweise in der Sowjetunion noch zu beobachten ist. Der Verlust der institutionalisierten öffentlichen Funktionen bedeutete indes nicht zugleich, daß die Denk-, Überzeugungs- und Handlungsmuster des historischen Materialismus ebenfalls schon obsolet geworden wären.

Die Debatten, die wir vorstellen, dienen als Beispiel für eine Entwicklung, die mit dem Streit zwischen »Gesamtposition« und einzelwissenschaftlicher Emanzipation die Geschichte einer stetig unhaltbarer werdenden dogmatischen Politikauffassung spiegelt. Mit der Orientierung der DDR auf ökonomische Stabilisierung in Maßen, die den westlichen Wirtschaftsverhältnissen vergleichbar sein sollten, verschärfte sich die Situation seit den sechziger Jahren politisch spürbar. – Es handelt sich also durchaus um Fragen von *praktischer* Relevanz, auch wenn sie auf den Gebieten von Theorie und Ideologie ausgefochten wurden. Und sie wurden als derartig praktisch und politisch sensibel schon in den fünfziger Jahren erkannt. Diese Einsicht in die Tragweite theoretischer Kontroversen ist es, die schon den Auseinandersetzungen um die Anerkennung der mathematischen Logik durch die Philosophie exemplarischen Charakter verlieh.

Beispiel Logik

Die sogenannte Logikdiskussion zwischen 1951/52 und 1957 »Über Philosophische Fragen der Logik« stand insgesamt unter ähnlichen Vorzeichen wie die Hegeldebatte. Einerseits war sie motiviert von der erkenntnistheoretischen Frontstellung, in der sich der Marxismus-Leninismus befand. Und zwar aufgrund der Lehrmeinung, daß alle Erkenntnis gegenständlich determiniert sei, daß Begriffe, Theorien, Bewußtseinsinhalte – Geistiges schlechthin – ideelle Resultate eines

Widerspiegelungsprozesses seien, der als Abbildung »materieller« Weltprozesse vonstatten gehe, daß deswegen als »wirklich« und »objektiv wahr« nur das jeweilige Sosein der materiellen Verhältnisse zu gelten habe. Andererseits stand schon damals das Verhältnis des Marxismus zur einzelwissenschaftlichen Erkenntnis und Forschungspraxis auf dem Prüfstand.

Die Diskussion in der »Deutschen Zeitschrift für Philosophie« entwickelte sich im Anschluß an eine vergleichbare Diskussion über philosophische Fragen der Logik in der UdSSR. Allerdings war man in der DDR-Debatte zunächst und eingeschränkter daran interessiert, inwieweit *formale* Erkenntnisstrukturen, trotz eventuell unterschiedlicher Grundüberzeugungen in der Erkenntnistheorie, eben *nicht* als »voll und ganz mit der Metaphysik gleichzusetzen« und deshalb zu verwerfen seien, wie es von einigen sowjetischen Philosophen gefordert worden war. Die DDR-Debatte unterstellte von Beginn an die mögliche Klassen*un*abhängigkeit bestimmter Strukturen geistiger Tätigkeit. Erst im Laufe der mehrjährigen Diskussion ergab sich eine Erweiterung der Thematik auf Gegenstände der Ontologie resp. eine Erweiterung um eine ontologische Dimension. Im ersten Fall handelte es sich um das Seins- und Wirklichkeitsverständnis des Materialismus im ganzen[77], im zweiten eher um die Erweiterung der Fragestellung im Sinne einer Klärung des ontologischen Status bestimmter *Aussagen*.

Was den ersten Teil dieser thematischen Ausweitung betraf, verband sie sich mit der andauernden, schon Mitte der vierziger Jahre aufbrandenden Debatte um die korrekte Interpretation des Materialismus und der materialistischen Dialektik.[78] Gleichzeitig knüpfte die Logikdebatte damit auch an Probleme der Diskussion über Philosophie und Naturwissenschaften an. Ironischerweise konnte man zur Rettung der formalen Logik – vor den damaligen »Dialektikern«, denjenigen, die die Dialektik als Logikersatz und besondere marxistisch-materialistische Methode formaler Wissenschaftstheorie verstehen wollten – auf den Genossen Stalin verweisen. In seiner Arbeit »Über einige Fragen der Sprachwissenschaft« hatte Stalin auf einem anderen Feld, aber beispielgebend, darauf bestanden, sprachliche und namentlich grammatische Strukturen als klasseninvariant, nicht einem bestimmten Überbau zugehörig, sondern als – sozusagen – »allgemeintheoretisch« zu charakterisieren. Und Stalin hatte auch darauf hingewiesen, daß diese Strukturen den formallogischen ähnlich seien. Methodisch konnten sich die Verteidiger der formalen Logik an diesem autorisierten Exempel entlanghangeln, um zu zeigen, daß nicht zwangsläufig alle kulturellen, wissenschaftlichen und theoretischen Phänomene aufgrund ihrer

Funktionalität im Dienste fortschrittlicher oder reaktionärer Kräfte beurteilt werden müßten. So auch in Fragen der Logik. Die Gesamtargumentation, die der Anerkennung der formalen Logik als wissenschaftlicher Spezialdisziplin zugute kam, hatte entscheidende Konsequenzen auch für den Autonomie- bzw. Abhängigkeitsstatus anderer Einzelwissenschaften im DDR-Sozialismus. Ob die Diskussion anders verlaufen wäre, wenn das Stalinsche Beispiel nicht hätte herangezogen werden können oder zur alternativen Auffassung Veranlassung gegeben hätte, ist nicht zu sagen. Allerdings wissen wir, wie die Wissenschaft im Fall der Biologie in der Sowjetunion geschuriegelt wurde.

Eine konservativ »praktizistische« Antwort hätte auf Dauer kontraproduktiv werden müssen. Nichtsdestotrotz konnte sich diese Antwort auf den marxistischen Standpunkt stellen, daß das entscheidende Kriterium zur Beurteilung gesellschaftlich relevanter Erscheinungen in letzter Instanz die Parteilichkeit im Klassenkampf darstelle. Und in der Tat wurde auch so diskutiert. Mit vermeintlich fortschrittlichen Argumenten (man vergleiche die Erbediskussion) wurde versucht, den Klassencharakter der formalen Logik nachzuweisen. Es wurde argumentiert, daß der Denktyp der alten »metaphysischen« Logik von der formal »dialektischen« Logik abgelöst worden sei – denn das Gegenteil von Dialektik hieß, ebenfalls von Stalin autorisiert, »Metaphysik«. Zum wenigsten hielt man für erwiesen, daß die traditionelle Logik auf dem Gebiet der mathematischen Logik mit marxismusfeindlichen, idealistischen Grundannahmen einhergehe.

Im Blick auf den Stalinschen *Materialismus* mag es vielleicht merkwürdig erscheinen, daß er eine dritte Ebene invarianter Entitäten akzeptiert, zu denen bestimmte Regeln, Strukturen, Funktionen und theoretische Entitäten gehören sollen. Trotz dieser Sanktion fand diese Überzeugung nun aber keinen direkten Niederschlag in einer entsprechenden Stalinexegese als Plädoyer für die formale Logik. Den Weg bereiteten die als Logiker tätigen Mathematiker.

Mathematiker wußten Wahrheiten zu sagen, die auch kein Marxist in Frage stellte. Diese Eisbrecherfunktion hatten die Mathematiker in der Debatte in der Sowjetunion wahrgenommen und jetzt auch in der DDR, wo die anerkannten Fachleute, Linke und Schröter, den Philosophen die Wege ebneten. Vorteilhafterweise darunter Leuten wie Georg Klaus, der selbst Mathematiker war. Schröter und Linke waren direkte oder mittelbare Schüler des Philosophen, Logikers und Mathematikers Gottlob Frege gewesen, der als Begründer der mathematischen Logik gilt. Die damit wirksam werdende wissenschaftsgeschichtliche Tradition begünstigte zusammen mit dem von Klaus favorisierten

Materialismusbegriff die Erweiterung der Diskussion um eine ontologische Dimension – durchaus nicht im metaphysischen Sinne. In Frage stand nämlich bald der Status von formalen Aussagen, wie denen der Mathematik und Logik. Was bildeten sie ab nach der Vorstellung derer, die der Überzeugung waren, daß theoretische Entitäten Widerspiegelungen realer, gesellschaftlicher und geschichtlicher Prozesse seien?

Die Entscheidung »für oder gegen die Integration der formalen Logik ins Wissenschaftsgebäude des Marxismus-Leninismus« war darüber hinaus von dem wichtigen Argument beeinflußt, daß die Anwendungsbereiche der Logik im Rahmen kommender technologischer Entwicklung (System-, Regler-, Computertechnologie) nicht verstellt werden durften. Da der wesentliche Teil der Logikdiskussion nach der Konferenz von 1952 in der »Deutschen Zeitschrift für Philosophie« geführt wurde, die noch bis 1956 unter dem Einfluß der »Revisionisten« stand, konnte ihr nicht durch übergroßen politischen Druck geschadet werden. Die wichtigsten Protagonisten der Diskussion waren überdies als Wissenschaftler unverdächtig und hatten mit den politischen Ambitionen der Harich-Gruppe nichts zu tun.

Mit der allgemeinen Akzeptanz der formalen Logik im Kreis der Philosophie, mit dem Zugeständnis, daß sich die Logik als Spezialdisziplin insgesamt der philosophischen Rechtfertigung entziehe, entfernte sich die in den fünfziger Jahren noch mehrdeutig – als »neue Logik«, als »allgemeine Methodologie«, als »allgemeine Strukturgesetzlichkeit« – beschriebene »Dialektik« vom Konfrontationsfeld mit der Logik.

Erst in den siebziger Jahren wurde der Gedanke der philosophischen Rechtfertigung der Logik von dem führenden Logiker in der DDR, Horst Wessel[79], reaktiviert. Nach Wessels Verständnis – die Fregetradition wiederaufnehmend – steht Logik in einem funktionalen Verhältnis zur menschlichen Kommunikation. Die Logik gibt eine Theorie sprachlicher, allerdings nicht nur *sprachlich ausgedrückter* Strukturen. Der ebenfalls in diesem Kontext aktualisierten Dialektik weist Wessel die Aufgabe zu, die Rechtfertigungsprobleme der Logik zu behandeln. Dialektik ist Philosophie der Logik, während Logik selbst Einzelwissenschaft bleibt. Von da aus ist es berechtigt, eine Befreiung aus den Umklammerungen durch den Marxismus-Leninismus im Fall der Logik schon relativ früh anzusetzen. »Unabhängig von der philosophischen Beurteilung der pragmatischen Konzeption der Logik«, stellte Gethmann schon Anfang der achtziger Jahre fest, »wird man sagen können, daß die heute in der DDR zu beobachtende Diskussionslage sich kaum wesentlich von derjenigen anderswo auf der Welt unterscheidet.«[80]

Die weltanschauliche Wertung der mathematischen Logik ist eine wissenschaftsgeschichtliche Kuriosität, die sich der Marxismus-Leninismus zugute halten darf.

Auch die letzte offizielle Philosophiegeschichte der DDR wertete die Logikdiskussion als beispielhaft. Sie machte sich das zur Zeit der Abfassung gerade aktuelle Raster der »Dialektik von Gebrauch und Inhalt« zunutze, um die Debatte zu würdigen: Es sei die Notwendigkeit demonstriert worden, »zwischen einzelwissenschaftlichem Inhalt und idealistischer Deutung bzw. kapitalistischem Gebrauch« – der Logik, versteht sich – zu unterscheiden.[81]

Abgesehen davon, daß diese Beurteilung weder klärt, was Form, was Inhalt sein soll, noch klar wird, daß die »idealistische Deutung« in diesem Fall gerade von den materialistisch argumentierenden Klassenkämpfern kam, ist die Nutzanwendung solcher Interpretation offensichtlich. Die Logik, im Sinne ihres »einzelwissenschaftlichen Inhalts«, ist klassen-, system- und herrschaftsunspezifisch. Anders Nutzung und Interpretation. Womit es denkmöglich wird, daß ein Modell erscheint, das sich inhaltlich z. B. als komplette Kopie des demokratisch-marktwirtschaftlichen Systems erweist, während es vermittels entsprechender Interpretation und Nutzung z.B. als »sozialistisch« gelten könnte. Man lese unter diesem Gesichtspunkt die neuerlichen Äußerungen der alten SED-Eliten.

Als entscheidendes Kriterium zur Beurteilung der Relevanz einzelwissenschaftlicher Forschung wird »Bedeutung für den Aufbau des Sozialismus« schon in den fünfziger Jahren *in diesem Sinne* interpretiert. Möglichen inhaltlichen Kontroversen darüber, *was es heißt,* der Förderung des sozialistischen Aufbaus zu dienen, wird vorgebaut durch Relativierung: Zwar muß jegliches Denken und Tun im Interesse des Sozialismus liegen, aber inwiefern und wann es das tut – »heute oder in Zukunft«, wie die kanonische Formel heißt –, hängt von völlig kontingenten Umständen, von den jeweiligen politischen Entscheidungen ab. – Der Hinweis auf die Vita Georg Klaus', den die Philosophiegeschichte in diesem Zusammenhang gibt, illustriert den Opportunismus. Ausdrücklich wird darauf hingewiesen, daß der Logiker und Wissenschaftstheoretiker »die während der Logikdiskussion zuerst praktizierten methodischen Verfahren« in späteren Jahren am Gegenstand verschiedener Einzelwissenschaften – Semiotik, Kybernetik – »erfolgreich wiederholt habe.«[82] Kein Zweifel, daß eine »erfolgreiche Wiederholung« auch einen wiederholten Erfolg beim Aufbau des Sozialismus mit sich bringen mußte. Nichtsdestotrotz wurde Klaus *im historischen Kontext* der Beurteilung, d.h. zu einem Zeitpunkt, da die antirevisionistische Kritik in entsprechender Weise politisch opportun wurde, scharf kritisiert, weil er die formale Logik zunächst als der marxistisch-leninistischen Erkenntnistheorie zugehörig und nicht als Einzelwissenschaft interpretiert hatte; was durchaus im Einklang mit dem damaligen Anspruch der materialistischen Philosophie stand. Ganz wie Klaus Jahre vorher kritisiert worden wäre, wenn er die dialektische Logik als Alternative zur formalen verfochten oder die Selbständigkeit der formalen Logik *nicht* als in Übereinstimmung mit den Gesetzen des Marxismus-Leninismus dargetan hätte.

Beispiel Naturwissenschaften

Das Aufeinandertreffen wissenschaftlich professionellen Theoriewissens und weltanschaulichen Haltungswissens charakterisierte auch die Debatte um philosophische Fragen der modernen Naturwissenschaft, der physikalischen Grundlagentheorie vor allem, wie sie sich in Relativitäts- und Quantentheorie dem marxistischen Materialismus präsentierte. Auch hier hatte es eine vergleichbare Auseinandersetzung in der Sowjetunion gegeben. Obwohl in die ostdeutsche Diskussion auch Wissenschaftler aus der UdSSR eingriffen, hatte die russische Kontroverse allerdings keinen unmittelbaren Einfluß mehr auf die Debatte in der DDR, deren erste Runde in den Jahren 1953 bis 1957 stattfand.

Die Diskussion wurde eröffnet von einer Arbeit Victor Sterns, die 1952 im Aufbau-Verlag erschien: »Erkenntnistheoretische Probleme der modernen Physik«. Schon 1947 hatte es eine Polemik zwischen Stern und Klaus Zweiling, dem späteren Chefredakteur der »Einheit« gegeben. Stern hatte dabei, die zu dieser Zeit keineswegs geläufige Differenzierung zwischen einzelwissenschaftlichem und philosophischem Materiebegriff mißachtend, auf einer substantialistisch atomistischen Materieauffassung bestanden, während Zweiling auf der Grundlage der Einsteinschen Theorie argumentierte.

Keineswegs so schlau wie die Autoren der dreißig Jahre später erschienenen Philosophiegeschichte, die im Nachhinein beide Parteien lobten, die Sterns für den Erhalt des Kerngedankens Leninscher Materieauffassung, die Zweilings wegen der Demonstration eines dialektischen »Grundgesetzes«[83], waren die unterschiedlichen Auffassungen den damaligen Kommunisten wert, diskutiert zu werden. In offizieller Form geschah das schon 1949 am Institut für wissenschaftlichen Sozialismus beim Parteivorstand der SED im Rahmen eines Dozentenlehrgangs. Man war den Argumenten Sterns keineswegs abgeneigt. Insgesamt waren die Selbstverständigungsversuche eingebunden in die Auseinandersetzung mit der westlichen Philosophie. Insbesondere die auf naturwissenschaftliche Argumente setzende antimarxistische Philosophie des Westens vertrat nach Auffassung ihrer kommunistischen Kritiker verschiedene Spielarten des »physikalischen Idealismus«, wie die beibehaltene, ursprünglich Leninsche Formulierung lautete. Die Kritik am physikalischen Idealismus wurde zunächst von marxistischen Wissenschaftlern des Auslands entfaltet. Neben Beiträgen sowjetischer Wissenschaftler (1955 wurde die Übersetzung von Nikolai Owtschinnikows »Die Materialität der Welt und die gesetzmäßige Entwicklung der sich bewegenden Materie« in der DDR veröffentlicht) sind zu nennen die Arbeiten der Engländer John Bernal und Maurice Cornforth sowie die des ungarischen Philosophen Béla Fogarasi, der auch in der Logikdiskussion engagiert war. Als prinzipienfeste Kritiker subjektivistischer und idealistischer Auffassungen in der Physik traten in der DDR neben Victor Stern, Helmut Korch und Gerhard Harig in Erscheinung. Klaus Zweilings differenzierte Überlegungen, später gelobt, waren eher verdächtig, selbst »idealistischer Natur« zu sein, waren sie doch keineswegs mit Stalins mechanistischer Materie- und Materialismusdefinition völlig zur Deckung zu bringen.

Ein gewichtiges, nicht untypisches Argument hatte schon in den Materialismusdebatten im Zusammenhang mit der Rezeption von Lenins »Materialismus und Empiriokritizismus« am Ende der vierziger Jahre gelautet, daß materialistische Positionen, gleich welcher Provenienz und Beschaffenheit, prinzipiell immer idealistischen Auffassungen überlegen seien. Ein Versuch, den Gordischen Knoten politisch zu zerschlagen. Von daher galt es als zwingend, daß mechanistische Irrtümer dem naturwissenschaftlichen Materialismus keinen Abbruch tun könnten.

Gemeint war die Materialismuskonzeption in Biologie und Physik, die die Stalinisten in der Sowjetunion mit der Unterstützung der philosophischen Ansichten Lyssenkos gutgeheißen hatten.[84] Zugleich war dies aber auch eine Stellungnahme, die bemüht war, die Wissenschaftler in der DDR für den Marxismus einzunehmen. Eine äußerst zwiespältige Position. Schließlich war die Anerkennung bestimmter Forschungsmethoden der Naturwissenschaft in der Sowjetunion nicht nur inhaltlich problematisch, sondern zugleich mit dem Wissen verbunden, daß alternative wissenschaftliche Betätigung, z.B. auf dem Feld der Genetik, mit staatlichen Verboten belegt war, deren Verletzung leicht in Sibirien geahndet werden konnte. Wenn die Altmeister der DDR-Philosophie in ihrem begütigenden Rückblick zur Feier des Jahrestags der Republik noch Ende 1989 behaupteten, es habe vierzig Jahre zuvor in der DDR eine »harte Auseinandersetzung« mit dem »Lyssenkoismus« gegeben, alles in den Grenzen eines »ungeheuren Meinungsstreites«, so sollte man erstens, der Gerechtigkeit halber, den stalinistischen Oktroi in diesen Prinzipienfragen nicht vergessen und sich, zweitens, daran erinnern, daß die Diskussion über den Materialismus für manch einen mit dem Meinungsstreit nicht erledigt war. Es angesichts dieser Schicksale für »normal« auszugeben, »daß man sich in solchen Auseinandersetzungen Narben holt«, ist mehr als zynisch.[85]

Natürlich hatten philosophische Probleme der Naturwissenschaften am Ende der vierziger Jahre nicht zufällig im Mittelpunkt des Interesses gestanden. Zum einen wurden die Kompetenzen und Grenzen der Naturwissenschaft zum Gegenstand öffentlicher Debatten, als mit der Produktion und dem Einsatz der Atombombe ein breites internationales Interesse auf die Physik und die Verantwortung der Physiker gelenkt wurde. Die sozialistische Linke fand sich hier auf seiten der Friedensbewegung und der Atomwaffengegner der Nachkriegszeit. Zum anderen war es für die selbst als Wissenschaft und wissenschaftsfreundlich auftretende Gesellschaftstheorie des Marxismus-Leninismus von Anfang an wichtig, daß sie sich hinsichtlich der Grundlagenforschung der modernen Naturwissenschaft im Einklang mit ihren Ergebnissen befand. Das fiel ihr schwer. Besonders galt dies hinsichtlich der Relativitäts- und Quantentheorie und einer entsprechend relativistischen und statistischen Kosmologie.

Wie die damalige Diskussion im einzelnen demonstriert, gab es bei etlichen Marxisten, auch solchen, die selbst wissenschaftlich tätig waren, erhebliche Schwierigkeiten, wenn es darum ging, die Wissenschaftstheorie der modernen Physik zu akzeptieren. Ideologische Optionen des Materialismus Leninscher und Stalinscher Provenienz wurden vermischt mit Fragen, die zur Anwendungsproblematik gehören. Zwar stand die Auffassung Lenins, daß man mit einer vom menschlichen Geist unabhängigen Materie zu rechnen habe, nicht im unmittelbaren Widerspruch zur Quantenmechanik. Was daran liegt, daß die »Grundfrage der Philosophie« mit den Grundlagen der Physik nicht viel zu tun hat. Aber schon damals war den Kennern der Materie[86] klar, daß Aussagen über die physikalische Realität selbstverständlich immer als abhängig von Aussagen über Meßergebnisse betrachtet wurden. Heisenberg z.B. hatte erläutert, daß Quantenbahnen nur dann und nur in dem Maße existent seien, wenn bzw. insoweit sie aufgrund wissenschaftlicher Prozeduren beschrieben werden könnten. Zuschreibung von Existenz allein für einen Zeitpunkt der Messung aber hielten die harten Materialisten noch kaum vereinbar mit den erkenntnistheoretischen Implikationen der Materieauffassung von Engels, Lenin oder Stalin.[87]

Pragmatische Entscheidungen auf Grundlage eines Arguments, das — wie später üblich — schlicht vom »immanenten Materialismus« effektiver Naturforschung ausging, schienen damals noch schwierig. Auch der Materialismus des Lyssenkoismus wurde nicht einfach postuliert, sondern, vermeintlich, an seinen Essentials verifiziert. Gegen Einwände argumentierte man stalintreu prinzipialistisch. Die wesentlichen Grundsätze des Marxismus-Leninismus seien anerkannt und gewährleistet: die Realität der Außenwelt, das Prinzip der Kausalität, Entwicklung auf der Grundlage allgemeiner Gesetzmäßigkeit. Die Naturwissenschaft wurde so schon früh auch in der DDR als »potentieller Verbündeter« des Materialismus hofiert.

Umso mehr kümmerte man sich um die Kritik an sogenannten »subjektivistischen Einstellungen«, »idealistischen Positionen« usw. im Denken einzelner Naturwissenschaftler. Insgesamt ging der Trend dahin, die Naturwissenschaft — oder das, was man dafür hielt — gegen einzelne Naturwissenschaftler in Schutz zu nehmen. Im Zusammenhang einer positiven Beantwortung der Bündnisfrage — Wie gewinnen wir die wissenschaftlich-technische Intelligenz für die Partei der Arbeiterklasse? — eine sicher nicht unproblematische Strategie. Schließlich wetteiferte man mit der Wissenschaftstheorie des Neopositivismus und den neukantianischen und neuplatonischen Überzeugungen einer, allerdings nicht homogenen, Gruppe führender Physiker, zu denen Bohr, Heisenberg, Jordan und Fr. von Weizsäcker gehörten. Sie alle wurden dem »physikalischen Idealismus« zugeschlagen. In der neuerlichen Diskussion stand nun wie in der Logikdebatte das Problem im Hintergrund, daß Fortschritte der Einzelwissenschaft, die, wie man an der bisherigen Technologie- und Technikgeschichte ablesen konnte, für die ökonomische Weiterentwicklung sehr wichtig werden konnten, nicht in Widerspruch zur Gesamtposition des Marxismus-Leninismus gerieten. Soweit also der »Idealismus« in der Theorie der Physik lag, mußte folglich ein Weg gefunden werden, diesen zu »rematerialisieren«. Die letztendlich sich durchsetzende Empfehlung lautete hier wie angesichts der mathematischen Logik, zwischen Deutung, Interpretation, Anwendung und »korrekter Widerspiegelung« zu unterscheiden!

Für jede Art von Fehlern — d.h. von Widersprüchen gegenüber der materialistischen Erkenntnis- und Widerspiegelungstheorie — ist demnach eine *Interpretation* oder eine bestimmte *Anwendung* physikalischer Erkenntnisse verantwortlich. Während die Übereinstimmung der naturwissenschaftlichen Erkenntnisse mit sich selbst (was im marxistisch-leninistischen Verständnis als Übereinstimmung von naturwissenschaftlichem Gesetz mit dem Gesetz der Natur zu betrachten ist) als »richtige Widerspiegelung« keinerlei Anfechtungen ausgesetzt ist. Das ist überhaupt der Grund, warum erst »Interpretationen« gefährlich werden können, während es an den ansonsten »objektiven« Tatbeständen überhaupt nichts zu deuteln gibt.

Die Aufspaltung in subjektive Deutung und objektiven Sachverhalt erklärt auch, warum in diesen Diskussionen so disparate Abteilungen geistiger Arbeit miteinander ins Gespräch verwickelt wurden: Physiker – die wohlgemerkt in wesentlichen Teilen mit der Analyse der *Mikro*physik und mit *Wahrscheinlichkeits*aussagen über physikalische Zustandsgrößen zu tun hatten – und marxistisch-leninistische Philosophen – die in großer Zahl einen auch philosophisch schon längst überholten metaphysischen Materiebegriff strapazierten.

Die Texte zeigen, daß das Thema Interpretation und Objektivität unabhängig von der Profession beiderseits gleich Interessierte an einen Tisch brachte: politisierende Philosophen und »philosophierende« Wissenschaftler. Mit der politischen Antwort, daß *der Materialismus der Naturwissenschaft immanent* sei, und nur Interpretationen oder Anwendungen inadäquat, weil unmarxistisch sein könnten, wurde die inhaltliche Seite der Debatte prinzipiell für irrelevant erklärt. So lag denn auch die Beschränktheit damaliger materialistischer Argumentation, z.B. der Sterns oder Fogarasis, nach Meinung der rückblickenden Philosophiegeschichtsschreibung in der ungenügenden Berücksichtigung des Umstands, »daß – insofern die physikalischen Theorien richtige Widerspiegelungen der Gesetze der objektiven Realität darstellen – sie keine idealistischen Voraussetzungen beinhalten können!« Weil nicht sein kann, was nicht sein darf.[88]

Die realitätsgerechte, wahre Philosophie der Gegenwart immunisiert sich auf diese Weise gegenüber der Möglichkeit, in Fragen der realistischen Beschreibung der Welt (Physik/Kosmologie) irren zu können. Der Marxismus-Leninismus steht immer in Übereinstimmung mit der wirklichen Welt, den in ihr herrschenden Gesetzen und der ihnen eigenen Entwicklungsdynamik. »Entwicklungsdynamik« heißt dabei die »Parteinahme«, die sich auf die »wissenschaftlich abgesicherte Weltanschauung« beruft. Wie gesagt ein klassischer Zirkelschluß. Wer sich aber über gesicherte naturwissenschaftliche Ergebnisse hinwegsetzt – wobei natürlich für jeden außer dem Dogmatiker gerade in Frage steht, *was* gesichert ist und *was nicht* – muß »den Marxismus-Leninismus ungewollt kompromittieren.«[89] Folglich ist es zwar Aufgabe der Naturwissenschaft zu bestimmen, was *tatsächlich* als Übereinstimmung mit den Naturgesetzen zum gegenwärtigen Zeitpunkt der Forschungsentwicklung gilt. Sollte sich aber in der Theoriebildung, in den Experimenten oder in den Meßergebnissen der Wissenschaften einmal ein solch gravierender Fehler einschleichen, daß man von den Ergebnissen nicht mehr als von »Tatsachen« sprechen könnte – nach DDR-marxistischer Vorstellung eigentlich unmöglich, weil ja Fehler wesentlich der Interpretation anzulasten sind, »Tatsachen« aber stets Tatsachen, verbürgte Realität darstellen, und man eher bestreiten müßte, überhaupt Meßergebnisse zu besitzen –, sollte es also doch einmal Anlaß zum Widerspruch geben, dann gilt die Legitimationsbasis des historischen Materialismus als gesicherter als die der Einzelwissenschaft. Weniger aufgrund der argumentativen Rechtfertigungskapazität als wegen des politischen Durchsetzungsvermögens des ersteren, versteht sich. Fehlt die Gewalt zur Durchsetzung, sieht die Welt auch wieder anders aus.

Die *Materie*-Diskussion, die sich bis in die sechziger Jahre erstreckte, gehört in den Kontext der weitergreifenden *Materialismus*-Kontroversen. Auch hier mußten mechanistische Vorstellungen im Lichte physikalischer Erkenntnisse überdacht werden. Die durch alle Klassiker beglaubigte Kategorie der *Bewegung* wurde nun interpretationsleitend. Was aber nichts an der Verpflichtung auf materialistische Metaphysik, am Zugang zum Seienden als solchem – als materieller Totalität –, änderte.[90]

Die »dialektischen« Bewegungsgesetze waren von Engels festgelegt worden; das Gesetz des »Umschlags von der Quantität in die Qualität«; das Gesetz der »Einheit und des ›Kampfes‹ der Gegensätze« sowie das Gesetz von der »Negation der Negation«. Doch damit war dem tief verwurzelten mechanistischen Denken nicht beizukommen. – Wenn man davon absieht, daß bei Berücksichtigung des ersten Gesetzes eine Chance bestand, mechanistische Interpretationen in Dingen der Evolution (Entwicklung vom tierischen Hirn zum menschlichen Geist etwa) zu durchbrechen. – Eine metaphysisch-monistische Auffassung ließ sich mit den dialektischen »Gesetzen« leicht vereinbaren. Sicher, Welt und Geschichte waren im Fluß, und kategorial mußte man dieser »Verflüssigung« Rechnung tragen; aber die materielle Grundbeschaffenheit der Realität oder des Seienden, monistisch verstanden, stand nicht zur Disposition. Die Prinzipien der Philosophie, so die Überzeugung der materialistischen Philosophen, gründen sich auf diese Materialität der Wirklichkeit, nicht etwa auf das Denken oder den Geist; dafür stand schon Engels' Überzeugung im »Anti-Dühring«.

Man erkannte später, daß es im Kontext der Diskussion um das Verhältnis von Naturwissenschaft und Philosophie unterlassen worden sei, Fragen der sozialen Praxis und der Gesellschaftswissenschaft mitzuberücksichtigen, um dem Dogmatismus zu entgehen. Aber man muß sagen, daß die Ausweitung auf Fragen der Praxis und des Gesellschaftlichen keine Revision oder Kritik der Grundfragenaxiomatik brachte. Als moderne, zeitgemäße Analyse des Materiebegriffs auf dem Niveau des dialektischen Materialismus *und* der Relativitätstheorie, galt am Ende der Debatten über Philosophie und Naturwissenschaften – und noch in der Rückschau am Ende der achtziger Jahre – die Zweiling-Schrift über den Leninschen Materiebegriff.[91] Mehr ein Programm als eine philosophisch befriedigende Positionsklärung. Die Frage der Integration moderner physikalischer Theorien in das Lehrgebäude des Marxismus-Leninismus bzw. die Fragen der Abgrenzung waren nicht gelöst. Ein Unterfangen übrigens, das, wäre die schönfärbende Sicht der Dinge *ex post* überzeugend, von Anfang an völlig überflüssig gewesen wäre. Dann hätte sich nämlich der Marxismus auf philosophische Aufgaben beschränkt und die Erläuterungen der Grundstrukturen der physikalischen Welt der Physik als Einzelwissenschaft überlassen.

Gewisse Schwierigkeiten, die sich an den Argumenten der Diskussionspartner der frühen Debatte erhärten lassen, rührten aus der verbreiteten *Zurückweisung* relativitäts- und quantentheoretischer Erkenntnisse. Der Grund war, daß man – völlig zu Recht[92] – befürchtete, daß die geltende Theorie des philosophischen Materialismus insgesamt vom Zusammenbruch vorrelativistischer, mechanistischer Vorstellungen in der Physik beeinträchtigt werden könnte.

Die Ansichten des »physikalischen Idealismus« – der Anhänger derjenigen Auffassung also, die, unpolemisch betrachtet, nicht mehr besagt, als daß auch die grundlegenden Aussagen über die Verfassung der physikalischen Realität theorie- und experimentabhängig sind –, diese Ansichten waren selbstverständlich auch unter der wissenschaftlichen Intelligenz in der DDR weit verbreitet. So weit verbreitet, daß sich sogar ein Parteitag der SED (1954) dazu herausgefordert sah, die einschlägigen Fragen von kommunistischen Physikern und materialistischen Philosophen behandeln zu lassen. Der »Naturalismus« der Naturwissenschaft, der darin besteht, die Konstruktionen der physikalischen Wirklichkeit auch für »wirklich«, also zutreffend zu halten, konnte offenbar mit dem Materialismus der marxistischen Weltanschauung nicht *ohne weiteres* identifiziert werden. Die Erkenntnisse der modernen Physik waren andererseits als Standards physikalischer Grundlagentheorie mittlerweile anerkannt. Also *mußten* sie – nach

Lenin — auch kompatibel sein mit dem Materialismus der Kommunisten.

Die *physikalischen* Probleme, die damals zur Verhandlung zu stehen schienen, aber nur bei wenigen der politisch Engagierten einen fruchtbaren Reflexionsprozeß in Gang setzen konnten, seien der Vollständigkeit halber benannt. Sie betrafen die Definition des absoluten Raums und der absoluten Bewegung bzw. die Relativität aller beschleunigten Bezugssysteme im Verständnis der Allgemeinen Relativitätstheorie. Hinsichtlich der Quantentheorie, der physikalischen Erkenntnis im Mikrobereich, stand die Unbestimmtheitsrelation zur Debatte, die Frage also, welcher Objektivitätsstatus der Beschreibung mikrophysikalischer Größen durch die Zuschreibung von Zustandsgrößen zukomme.

In diesen Zusammenhang gehört die wissenschaftstheoretisch interessante Position von Georg Klaus, die auch für die Beschreibung des Status logischer Aussagen relevant war.

Verbunden mit diesen Problemen wurden solche der Beobachter-Gegenstands-Relation und des Determinismus unter Voraussetzung der relativistischen Realitätsbeschreibung. Von philosophischer Seite wurden meist fundamentalphilosophische Fragestellungen herangetragen, die der innerwissenschaftlichen Diskussion nicht besonders dienlich waren — ähnlich wie in der Logikdiskussion. Um den produktiven Einsatz der Wissenschaft ging es in den damaligen Debatten nur mittelbar — soweit die Autonomie der Einzelwissenschaft in Frage stand und die Politik tätig wurde, um, wo sie konnte, der ökonomischen Entwicklung auf Dauer ideologische Blockierungen zu ersparen.

»Naturwissenschaft und Philosophie« im Materialismus. Grundsätzlich ließen sich zwei Möglichkeiten des Verhältnisses denken: Integration der theoretisch-methodologischen Basisaussagen einzelwissenschaftlicher Erkenntnis in die Erkenntnistheorie des Marxismus, wie es Georg Klaus vorschwebte, der dies später mit der Kybernetik versuchte, und was zur Folge hatte, daß die DDR-Großphilosophen rückblickend erklärten, eine Weile wäre Kybernetik zum Philosophieersatz geworden.[93] Oder Koexistenz von wissenschaftlichen und philosophischen Aussagensystemen — wie im Fall von Logik und Philosophie der Logik. Im zweiten Fall müssen die theoretischen Grund- oder »Objektaussagen« mehr oder weniger klassenindifferent gehandelt werden. Deutlich im Fall rein formaler und naturwissenschaftlicher Aussagen, weniger deutlich in den »faktengebundenen« historischen Wissenschaften.

Dem Marxismus-Leninismus wurde nicht erspart, den Weg der

Koexistenz zu gehen. Erreichbar schienen den materialistischen Philosophen allerdings im Prinzip beide Lösungen. Wenn auch die erste, weil im Sinne einer Integration tatsächlich unmöglich, zu Einschränkungen der wissenschaftlichen Entwicklung führen mußte, wie z.B. die *Reaktion* auf eine systemtheoretische Amalgamierung des Marxismus zeigte. Man befürchtete die Substitution der wissenschaftlichen Weltanschauung durch einzelne Systemwissenschaften – der Königsweg, den die massenweise zur Disposition stehenden Spezialisten für Marxismus-Leninismus heute theoretisch gehen könnten – und kehrte ideologisch zurück zu orthodox marxistischer Linientreue.

Den Mittelweg, den die Partei so gern eingeschlagen hätte, konnte es in der DDR nicht geben. Die vollendete Integration von Marxismus und Wissenschaft war ein Traum, der sich in Ideologie und Metaphysik auflösen mußte. Eine nur formale Adaption der (natur)wissenschaftlichen Standards der Zeit konnte nie überzeugen. Schnell schlug hier die naiv-realistische Weltanschauung durch, die, ideologisch abgesegnet durch einschlägige Erläuterungen aus Engels' »Dialektik der Natur« oder Lenins »Materialismus und Empiriokritizismus«, auch der Wissenschaftler als Privatmann teilen konnte und teilte; die aber, wenn überhaupt, nur im Maße positiver Resultate politischer Dezision Anerkennung finden konnte.

Die Version selbst war schlicht: Die Wirklichkeit ist materialiter existent vor allem Bewußtsein. Dieses macht sich erkennend ein Bild von jener, einen Begriff. Damit wird dem Bewußtsein klar, daß Bild und Begriff etwas anderes als es selbst sein müssen. Objektivität entsteht.

Aber die Leute schätzen als Wirklichkeit vor allem, was ihnen gut tut. Die konkurrierende Lösung faktischer Koexistenz von Wissenschaft und Philosophie, die der sich durchsetzenden Empfehlung entsprach, erschien auch im Kontext der hier zur Verhandlung stehenden Debatte *à la longue* die elegantere: Der objektive Materialismus der Naturwissenschaft (die Übereinstimmung der Naturgesetze und naturwissenschaftlichen Aussagen mit ihrer Formulierung) harmoniert mit den Lehren des Marxismus-Leninismus, ganz unabhängig von irgendwelchen subjektiven Idealismen der Wissenschaftler. An Ideale darf der Forscher im übrigen glauben, wenn er sie nicht als »Interpretation« seines professionellen Tuns weiterverbreitet. *Das* scheint der Fehler der Kybernetiker und Systemtheoretiker der sechziger und siebziger Jahre gewesen zu sein. *Und dies* hätte auch leicht der Fehler der Sozialismusreformer am Ende der achtziger Jahre werden können.

Tatsächlich war die damalige Diskussion in weiten Teilen von unzureichender Kompetenz auf beiden Seiten gekennzeichnet, bei den Philosophen nicht anders als bei den Naturwissenschaftlern. Aus entsprechenden Eingeständnissen zog die Hochschulkonferenz 1958 die Konsequenz. Vorerst, indem sie die Philosophen *und* die Wissenschaftler auf Trab brachte. Die Philosophen sollten Physik studieren. Die Wissenschaftler sollten sich den Marxismus-Leninismus aneignen. Noch glaubte man, daß dies zur »schnelleren Entwicklung der Naturwissenschaften, insbesondere der theoretisch-experimentellen Disziplinen« führen würde. Und soweit dies nicht mehr beinhalten konnte, als die Aufforderung, sich mit dem herrschenden System anzufreunden, mochte die Hoffnung sogar berechtigt sein. Auch wurde mit der Zeit eine Anpassung der Diskussion an wissenschaftliche Standards erreicht. Die erste sowjetische Konferenz zu philosophischen Fragen der Naturwissenschaft 1958 in Moskau, das internationale Symposion zum Thema »Philosophie und Naturwissenschaften« in Leipzig im selben Jahr und die in der Folge erscheinenden zahlreichen Veröffentlichungen machten deutlich, daß hier tatsächlich etwas geschah. Insbesondere in den einzelwissenschaftlichen Bemühungen um eine Präzisierung der grundlegenden Kategorien (Kausalität und Gesetzlichkeit z.B.) zeigte sich mit der Zeit, daß die »Determinismus«-Konzeption, mit der die *Wissenschaften* in vielen Fällen arbeiteten, in Wahrheit *In*determinismus-Konzepte beinhaltete.[94] Allemal im engeren Zusammenhang der Diskussion: denn dies bestimmte die Abgrenzung gegen mechanistisches Denken nicht nur in Quantenmechanik und statistischer Physik, sondern ebenso in der von der statistischen Thermodynamik und der Quantentheorie beeinflußten Chemie, in der in die Molekulargenetik eindringenden Biologie, in den »systemischen« Wissenschaften – wie Kybernetik, Informations-, Spiel- und Entscheidungstheorie.

Der wissenschaftliche Materialismus hatte die Beweislast, daß es sich bei den wissenschaftstheoretischen Grundannahmen dieser Wissenschaften nicht um eine Falsifizierung der von ihm behaupteten allgemeinen Gesetzlichkeiten handelte, sondern lediglich um eine Differenzierung der allgemeinen, objektiv gesetzmäßigen Zusammenhänge. Dieser Beweis konnte nicht gelingen.

Wenn auf Dauer ein Abhängigkeitsverhältnis zwischen Philosophie und Wissenschaft entstand, dann ein umgekehrtes als das von den Ideologen erhoffte. Schon in den Diskussionen der fünfziger und sechziger Jahre wurde klar, daß sich die Philosophie mit der Naturwissenschaft zu arrangieren hatte, nicht umgekehrt. Und eigentlich war dies nichts Neues. Wie hatte doch Lenin gesagt: »Die moderne Physik liegt in Geburtswehen. Sie ist dabei, den dialektischen Materialismus zu gebären.«[95] Dieses Leninsche Diktum von der Mutterrolle der modernen Physik für den Materialismus verweist auf die wahre Beziehung. Naturphilosophie, Erkenntnistheorie und Ontologie müssen sich mit den naturwissenschaftlichen Theorien, den speziellen und den allgemeinen wissenschaftstheoretischen Ansätzen arrangieren. – Doch leider lernte die stalinistische Dogmatik nicht viel. Mit der Dialektik »als Waffe« glaubte sich der Materialismus in jedem Fall als überlegene Theorie. Als die gesäuberte Redaktion der »Deutschen Zeitschrift für Philosophie« die erste Runde der Debatte um den Status des Materialismus abschloß, empfahl sie, die »Ausarbeitung jener dialektischen Kategorien zu fördern, die sich als wesentliche Eigenschaften der Mikrotheorie ergeben.«[96] Die Wissenschaftler sollten weiterforschen – und den dialektischen und historischen Materialismus dabei nicht ganz vergessen. Daß die *Ideologen und die Politiker* mit der Dialektik umzugehen wußten, stand nicht in Zweifel.

Natürlich verstummte die Kritik am subjektiven Idealismus, am Neopositivismus, Szientismus und anderen, vermeintlich »bürgerlichen« Eigenarten in Sachen Theorie nicht. Auch wurden organisatorische Maßnahmen ergriffen, um die Kooperation von Naturwissenschaften und Philosophie auf Dauer zu ermöglichen. In Berlin wurde ein besonderer Lehrstuhl für philosophische Fragen der Naturwissenschaften gegründet, den ab 1959 Hermann Ley besetzte. Auch an den anderen Universitäten kam es zur Bildung von Arbeitsgruppen und Aspiraturen, die mit der Zeit zu Zentren für Wissenschaftstheorie und Wissenschaftsgeschichte heranreiften und sich im einen oder anderen Fall durchaus von den Maximen des herkömmlichen Materialismus lösten. Nichtsdestotrotz hatten viele Philosophen auch dreißig Jahre später noch Probleme damit, daß schon »terminologisch zwischen der *Kategorie Materie* und dem, was sie reflektiert – *der objektiven Realität* –, nicht unterschieden« werden konnte.[97]

In der Philosophie ging man daran, von sich aus die Grenzen des Einflußbereichs von Wissenschaft und Philosophie abzustecken – zunächst in der Form prinzipieller erkenntnistheoretischer und methodologischer Argumentation, dann aber zunehmend mit dem Akzent auf praktisch-politischen Hinsichten, auf der »Anwendungsdimension«.

Im philosophischen Anspruch, das »Verhältnis von Allgemeinem zu Besonderem« bestimmen zu wollen, schlug sich nach wie vor ein metatheoretisches Philosophieverständnis nieder. Während die Einzelwissenschaften »das spezifische Allgemeine des die qualitative Mannigfaltigkeit bildenden Besonderen« zu erforschen hätten, habe es die Philosophie mit dem »Allgemeinen alles Besonderen und Einzelnen«, zu tun, erläuterte Georg Klaus. Die Spezifik *philosophischer* Verallgemeinerung gegenüber den von den Wissenschaften vorgenommenen Verallgemeinerungen war freilich in dieser an Hegel angelehnten Bestimmung nur unzureichend herausgearbeitet. So stand nicht von ungefähr am Beginn einer erneuten langjährigen Diskussion zu Fragen des Verhältnisses von Philosophie und Wissenschaften die Frage, wie weit der Einfluß der marxistisch-leninistischen Philosophie *genau* reiche. Selbstverständlich wurde diese Frage nicht beantwortet.

Der Einsatz einer zweiten Runde der Debatte wird datiert auf das Erscheinen eines Aufsatzes von Max Steenbeck. Ausdrücklich sollte auch dieser neuerliche Anlauf beitragen zur Klärung der Abgrenzungsprobleme. Und wieder zur Überwindung des »physikalischen Idealismus.«[98] Soweit die Anerkennung der Autonomie einzelwissenschaftlichen Erkenntnisgewinns durchgesetzt war, und dasselbe für die wissenschaftlich irrelevante Anerkennung des philosophischen Materialismus in Weltanschauungs- und ideologischen Fragen galt, blieb der Philosophie tatsächlich nur die Aufgabe, »den philosophischen Verallgemeinerungsprozeß selbst detailliert zu erforschen.« Wofür es eigentlich keiner Fortsetzung der Auseinandersetzung mit der Naturwissenschaft bedurft hätte. Doch waren wiederum nicht innerphilosophische Probleme, der Erkenntnistheorie, der Logik oder der Wissenschaftstheorie gemeint, sondern methodologische Grundfragen der Wissenschaften im allgemeinen, vor allem der Nomologik. Daß die Diskussionen im einzelnen *auf Dauer* tatsächlich zur Erörterung wissenschaftstheoretisch relevanter Einzelprobleme führte, ändert nichts an der Tatsache, daß es im Selbstverständnis wieder um die »Ausarbeitung von Grundfragen des Materialismus« ging, d.h. um eine Arbeit im Rahmen der Konventionen des Marxismus-Leninismus und seiner Politik. Daran hatte sich auch vor Toresschluß nichts geändert. Das Eingeständnis im Dezember '89: »Bei Analyse der verschiedenen Positionen [fällt] auf, daß sie [...] ähnliche Probleme aufwerfen, wie sie bereits in den verschiedenen Materiediskussionen der DDR von Ende der vierziger bis zu Beginn der sechziger Jahre den Meinungsstreit bestimmten.«[99]

4. Philosophie und Gesellschaftswissenschaften

Die Schwierigkeiten, die Philosophie in der DDR gerecht zu beurteilen, liegen in ihrem Proteusdasein. Als *affirmative Ideologie* stellt sie sich in der Hauptsache als ein normorientiertes, handlungsorientierendes, über die Tradition legitimiertes und Legitimation schaffendes Aussagensystem dar.

Als *Wissenschaft* muß sie den Postulaten des Hypothesengewinns, den Techniken der Überprüfung, der empirischen Einlösung eventueller Gesetzesaussagen und der Möglichkeit der Falsifizierung genügen. Diese »Buhr-Klaus-Grenze« – das Wörterbuch der Philosophie realisiert mit der Zweiteilung in wissenschaftlich/wissenschaftsphilosophische (Klaus) und ideologisch-philosophische und historische Lemmata (Buhr) diese Trennung geradezu beispielhaft – , diese Grenze ist nicht zu verwechseln mit der Trennung von historischem und dialektischem Materialismus, weil die Aussagen beider Systemteile den Kriterien der Wissenschaftlichkeit kaum entsprechen. Außerdem hat man mit der ersten Differenzierung der Unterscheidung zwischen Metaebene und Objektebene noch gar nicht Rechnung getragen. Wollte man eine idealtypische Abbildung der relevanten Unterschiede auf die Philosophiegeschichte der DDR versuchen, so würde man spontan die gesamte Behandlung der Fragen von »Theorie und Praxis«, die gesamte Diskussion um den *gesellschaftlichen* Status der Erkenntnis, um Moral und Ethik, auf seiten der »Philosophie als Weltanschauung« sehen, die einschlägigen Debatten und Kontroversen um Kybernetik und Dialektik, um Systemtheorie, Informations-, Entscheidungs- und Spieltheorie, neuerdings um Probleme der Selbstorganisation, um ökonomische und ökologische Dinge, als charakteristisch betrachten für den wissenschaftlichen Strang der Philosophie in der DDR.

Zwischen oder neben Weltanschauung und Wissenschaft erschiene dann tatsächlich ein Bereich, der als »philosophisch« auch im nichtmarxistischen Sinne angesprochen werden könnte. *Meta*theoretisch der Bereich genuin erkenntnistheoretischer oder wissenschaftstheoretischer und wissenschaftsgeschichtlicher Arbeit (zu konkretisieren etwa an der Diskussion um die Frage der Theorienentwicklung und der »Paradigmaproblematik«, veranlaßt von den philosophischen Rundgängen im Westen.) Auf *objekt*theoretischer Ebene entfaltete sich die

Arbeit an philosophischen Einzelproblemen. Ein Beispiel gibt die philosophische Aufbereitung technischer und technologischer Entwicklungen; wobei die Technikphilosophie in der DDR, wie sich empirisch zeigen läßt, die weltanschaulich-ideologische mit der wissenschaftlichen Seite vermittelte.

Theorie-Praxis-Diskussion

Die Theorie-Praxis-Diskussion und die Kybernetik-Dialektik-Diskussion der sechziger Jahre entsprangen beide aus der Behandlung erkenntnistheoretischer und methodologischer Probleme, die mit der sogenannten »Grundfrage der Philosophie« zusammenhingen. Nach der Meinung von Engels, der die Einheit von Theorie und Praxis mit dem Erkenntnisproblem gekoppelt hatte, weiß über den Pudding bekanntlich Bescheid, wer weiß, ob er schmeckt oder nicht schmeckt. In der Zurückweisung »bürgerlicher« Marxkritik, gleichviel ob von Neothomisten, von den »Revisionisten« der Frankfurter Schule (Horkheimer, Adorno u.a.) oder den jugoslawischen Reformkommunisten um die Zeitschrift »Praxis« geäußert, wollten die DDR-Philosophen die reine Lehre marxistischer Praxisauffassung, bewußt in »propagandistischer Absicht«, deutlich machen.

Georg Klaus und Dieter Wittich, die die sogenannte Theorie-Praxis-Debatte im engeren Kontext der »Deutschen Zeitschrift für Philosophie« schon 1961 eröffneten, gehörten zu den Vertretern des »szientistischen Flügels« im Lager der DDR-Philosophen — auch in Fragen der Praxiskonzeption. Sie polemisierten gegen ein reduziertes Praxisverständnis, dem gemäß Praxis nurmehr als Produktionstätigkeit verstanden wird. Demgegenüber betonten beiden Kritiker, daß Praxis nicht einmal notwendig an materielle Arbeit gebunden sei. »Nach unserer Auffassung« erklärten Klaus und Wittich, »ist Praxis jede materielle oder ideelle Tätigkeit, die unmittelbare Grundlage, unmittelbares Ziel und unmittelbares Wahrheitskriterium von Erkenntnissen ist!«[100] Insofern theoretische und namentlich wissenschaftliche Tätigkeit diesem Kriterium genügen, sind sie nach dieser Auffassung in eminentem Sinne »Praxis«. Eine wichtige politische Aussage. Die Kritik der Ideologen an den Anschauungen von Klaus und Wittich gab sofort zu bedenken, daß hier eine Revision des Marxschen Praxisbegriffs vorgenommen worden sei. Er sei — was stimmt — erkenntnistheoretischen Kategorien untergeordnet worden. Man habe die Funktionen der Praxis im Erkenntnisprozeß nicht von den Verfahren geschieden, die überhaupt beim Erkennen eine Rolle spielten; Fragen nach der »ursprünglichen Grundlage« des Erkennens seien indes zu unterscheiden von Fragen, die den Erkenntnis*prozeß* beträfen. »Praxis« sei eine philosophisch-ideologische Kategorie des dialektischen und historischen Materialismus insgesamt, nicht allein der materialistischen Erkenntnistheorie.[101]

Spätere Arbeiten (z.B. die geschilderten Versuche Gößlers), die sich dieser Problematik annahmen, bemühten sich um eine Präzisierung im Rahmen systematischer Darstellungen der »klassischen« Auffassungen in den Werken von Marx, Engels und Lenin. Als Grenze erwies sich aber auch in diesen Versuchen immer wieder die beibehaltene Theorie-Praxis-*Differenz*; eine Grenze, die zu überwinden im übrigen ein zentrales Anliegen des Marxschen Denkens war.

Die Kritik am Praxisbegriff im Sinne seiner Verwendung als Determinante menschlicher Erkenntnis, die demgegenüber favorisierte anthropologische Definition von »Praxis« als »Grundlage des menschlichen Lebensprozesses« schlechthin, beides stand zweifellos unter politischen und ökonomischen Vorbedingungen. Die parallele Bestimmung des Arbeitsbegriffs gibt Auskunft. Als positives Ergebnis der Diskussion wurde verbucht, daß »materielle Tätigkeit« notwendiges Merkmal von Praxis sei. Gegen den Vorwurf der Vulgarisierung verwahrte man sich, wie immer, mit dem Hinweis auf die »dialektische Bewegung« des Zugleichs, der »praktischen Einheit« von materieller und ideeller Tätigkeit. Praxis sei nicht in diese oder jene Tätigkeit zu zergliedern, jede Einzeltätigkeit im Sozialismus sei Teil der gesellschaftlichen Praxis als ganzes, lautete das verbale Bekenntnis. Nur als solche erhalte Praxis einen bestimmten Charakter, nur als solche sei sie durch ein einheitliches Subjekt, die Werktätigen, bestimmt.

Aber der Sinn war klar. Wo nicht richtig gearbeitet wurde, gab es im real existierenden Sozialismus auch keine Praxis. Folglich war es nur konsequent, daß auch die Verbindung, die die marxistisch-leninistische Philosophie mit der Praxis einging, »gesamtgesellschaftlich orientiert« werden mußte.[102]

Die Philosophen zeigten, daß sie verstanden hatten, wie die sozialistische Praxis zugerichtet werden sollte. Immer schärfer versuchte man zuletzt, die »sozialistischen« Modalitäten des Praxisverhaltens herauszuarbeiten. Um der Erfüllung der historischen Ziele des Sozialismus willen erinnerte Gottfried Stiehler noch Anfang 1990 nachdrücklich daran, daß Arbeitsverhalten nur als »Leistungsverhalten« akzeptiert werden könne. Das forderten die sozialistischen Eigentumsverhältnisse selbst. Sie hätten ihre »reale Existenz« schließlich »im massenhaften praktischen Arbeitsverhalten, womit *jeder* Arbeitende unmittelbar Subjekt der Eigentumsverhältnisse« sei. Insofern dieses Arbeitsverhalten aber auch zugleich als »Reflex der Entwicklungserfordernisse moderner Produktivkräfte« betrachtet werden müsse, zwinge die Arbeit im Sozialismus selbst zum »Leistungsverhalten« »im Massenumfang«. Arbeit als Zentrum gesellschaftlicher Praxis zu beschreiben, ist nicht genug, wo sich an solcher Arbeit ständig die Grenze unzureichender Produktivität erweist; statt Arbeit muß es da heißen: Mehrarbeit.[103] Eine Einsicht, die sich auf dem Boden der DDR noch eine Weile halten wird.

Die Hervorhebung der materiellen Tätigkeit – eingestandenermaßen im gesellschaftlichen Rahmen oft genug symbolisch codiert – verwies auf die äußerst wichtige kommunistische Konvention, der zufolge im theoretischen Bereich selbst *kein* Wahrheitskriterium für theoretische Aussagen zur Verfügung steht. Jedenfalls kein endgültiges. *Separate* Theoriearbeit galt von daher auch nicht als legitime Praxisform, wie Klaus und Wittich glaubten. Alleiniges und letztgültiges Kriterium für Wahrheit stellt nur die »gesellschaftliche Praxis« insgesamt. Konkret die Bindung der Theorie an die Instanzen, die sagen, was gesellschaftlich anerkannte Praxis ist. Und da sich die gesellschaftliche Praxis nicht selbst äußert, ist klar, daß die für diese Gesamtpraxis verantwortliche Instanz, die Partei, im Zweifelsfall auch für wissenschaftliche Gegenstände bestimmt, was als Wahrheitskriterium gilt.

Im Vorwort zu der in den achtziger Jahren erstellten Dokumentation des wissenschaftlichen Symposions der gemeinsamen Kommission von Philosophen der UdSSR und der DDR zu Themen der marxistischen Wahrheitstheorie wird hervorgehoben, daß seit Mitte der sechziger Jahre in der philosophischen Literatur der DDR kontroverse Standpunkte zur Wahrheitsproblematik existiert hätten. Unter anderem sei davon die Frage des Wahrheitskriteriums berührt gewesen. Die Form, in der diese Frage in der Dokumentation vorgestellt wird, demonstriert indes, daß bestimmte Prämissen marxistischer Philosophie auch in den achtziger Jahren nach wie vor in Geltung waren. Die nun zeitgemäße Fragestellung sollte lauten: Auf welche Formen der »geistigen Widerspiegelung der objektiven Realität« kann die »wahr«-»falsch«-Zuschreibung angewendet werden? Kann »wahr« nur angesichts von Aussagen und Aussagensystemen zugesprochen werden, wie die nicht materialistische Wahrheitstheorie postuliert, oder auch angesichts »komplexer Gebilde«, angesichts von Werten, Handlungsweisen, Normen usw.? So lautete die Alternative. Die Beantwortung im Sinne ihres zweiten Teils entsprach selbstverständlich der früheren, nun operationalisierten Auffassung, daß das entscheidende Wahrheitskriterium »gesellschaftliche Praxis« heißt. Die Fachleute schlossen sich mehrheitlich dieser Auffassung an.

Allerdings schien nun Klarheit zu herrschen über die *Drei*stelligkeit der Relation im Erkenntnisprozeß. Nicht nur erkennendes Subjekt und zu erkennendes Objekt stünden sich gegenüber, wurde versichert. Vielmehr vollzöge sich Erkennen im Dreieck zwischen dem Gegenstand der Erkenntnis, dem Praxisprozeß und der sich herausbildenden Erkenntnis. Wobei zum »Praxisprozeß« durchaus die wissenschaftliche oder theoretische Tätigkeit gehören sollte; freilich nur jene »im gesellschaftlichen Rahmen« und *deshalb* »praktische«. Also erhielt auch hier wesentlich der politische Diskurs die Weihen der gesellschaftlichen Praxis. — Allerdings sieht man auch, daß in diesem Zugeständnis an die Dreistelligkeit der Relation zumindest der Kern einer Kritik am »Wahrheitskriterium Praxis« schon enthalten war.

Kybernetik und Systemtheorie

Auf die Zwischenstellung der Wissenschaft zwischen Kopf- und Handarbeit deutet die Definition von Wissenschaft als Produktivkraft, verlängertes Werkzeug. In den fünfziger Jahren noch diffamiert, wurde die Kybernetik in den sechziger Jahren als »Produktivkraft allerersten Ranges« anerkannt. Die funktionalistischen und systemtheoretischen Überlegungen konkurrierten freilich mit den essentialistischen Postulaten des Materialismus. Der Versuch von Klaus, das Systemwissen des historischen und dialektischen Materialismus insgesamt kybernetisch zu interpretieren, wollte als Integrationsbemühung verstanden werden. Die Systemrationalität kybernetischer Modelle sollte dem dialektischen Rationalitätsmodell implantiert werden. Was Lenin über die Physik gesagt hatte, wendete Klaus auf die Kybernetik an.[104] Zwar mußte Klaus auf Dauer, im loyalen Bemühen, die Kybernetik dem Materialismus zu substituieren, den system- und informationstheoretischen Ansatz ontologisieren, wenn er darauf bestand, daß auch kybernetische Regelstrukturen der vom historischen Materialismus geforderten Nomologie *aller sozialen Bewegung* unterlägen. Aber zugleich stellte der Versuch, die Gesellschaftstheorie des Marxismus systemtheoretisch zu denken, eine durchaus beachtenswerte, wissenschaftlich und wissenschaftstheoretisch relevante philosophische Aktivität dar, der Sterilität der marxistisch-leninistischen Dogmatik zu entkommen.

Der *weltanschauliche* Anspruch der Philosophie, im Einklang mit der Entwicklung der Realität deren »objektive Zielbestimmung« – über den *status quo* hinaus zur klassenlosen Gesellschaft – prognostizieren und fixieren zu können, konnte auf dieser Ebene allerdings nur schlecht eingelöst werden. Systemrationalität bezieht sich auf die Funktionen innerhalb des Systems (Homöostase) bzw. innerhalb des System-Umweltprozesses auf diejenigen Funktionen, die zur Reproduktion des Systems notwendig sind. Warum und zu welchem Ende dieses und nicht ein anderes System sein soll, wird *innerhalb* des Rahmens systemtheoretischer Erklärungen nicht begründet werden können. Wird allerdings *das gegebene System des Sozialismus* als vorgegebene Struktur auch theoretisch auf das System abgebildet, ist alle Funktionalität – also auch die Innovationsfunktionalität – auf das vorliegende Systemmodell hin gerichtet.

Die Frage »Sozialismus oder Freiheit?« war also nicht mehr innerhalb des Systems zu entscheiden, sondern war mit dem System entschieden. Dies war eine wichtige politische Prämisse, um dem Vorwurf der Indifferenz systemtheoretischer Sicht gegenüber klassenmäßiger Besonderheit unterschiedlicher Gesellschaftstypen entgegenzutreten. Die Selbstregulierungsthese andererseits war geeignet, gesellschaftlichen Subsystemen größere Autonomie, dem ganzen System einen höheren Grad der Ausdifferenzierung zuzubilligen. Da die Reglerfunktion im kybernetischen Modell nicht an bestimmte Institutionen oder bestimmte Hierarchien im DDR-Staat, die Partei und ihre Organisationen, gebunden sein *mußte*, eröffnete sich *theoretisch* eine reformistische Perspektive für die Gesellschaftspolitik.[105]

Die faktischen Ergebnisse der Funktionalisierung kybernetischen Steuerungs-und Systemwissens zeigten sich, trotz anhaltender Kritik, bürgerliches Gedankengut eingeschleppt zu haben, zeigten sich in der Wirtschafts- und Gesellschaftsplanung, die indes nicht an der politischen Führung vorbeilief, sondern, wie dann Honecker beispielhaft vormachte, von ihr kontrolliert wurde.

Für die Zusammenschau von »Kybernetik und Gesellschaft« im Sozialismus hatte die systemtheoretische und kybernetische Interpretation *insgesamt* nur heuristischen Wert. Nur in Spezialfällen konnte das kybernetische Modell in wissenschaftlich exakter Weise zur Anwendung gelangen. Bestimmte Bewegungen der politischen Ökonomie, die Marx dargestellt hatte, wurden beispielsweise in mathematischen Modellen abgebildet; ein Übergang zu Aussagen über das Gesamtsystem der sozialistischen Gesellschaft erfolgte lediglich in Analogiebildung! Was nicht bedeutet, daß sich das Systemdenken nicht auf Dauer im Denk- und Arbeitsstil des real existierenden Sozialismus verfestigt hätte. Allein ein Blick auf den verbreiteten Sprachgebrauch verdeutlicht den Umstand.

Gegen den Ersatz des Marxismus-Leninismus durch Systemtheorie, genauer eine kybernetische Strukturtheorie, erhob sich der Widerstand der Marxisten.[106] Aufgrund der Orientierung auf die Struktur von Teilsystemen – die in strukturalistischen und funktionalistischen Analysen leicht vergleichbar ausfallen konnten –, sahen die Kritiker die Gefahr einer Verbreitung konvergenztheoretischer Überzeugungen[107] und Tendenzen zur Entideologisierung. Man verwies demgegenüber kaum überzeugend auf den Ganzheitsaspekt des sozialistischen Systems – den schon die ursprüngliche Konkurrenz, die diesem System aufgegeben war, zunichte gemacht hatte – und beschwor zur Unterscheidung von anderen Sozialsystemen die »Einheit von Politik, Ökonomie und Ideologie.«

Die Herausforderung durch Kybernetik und Systemrationalität förderte alles in allem ein prozessuales und integratives Denken, wobei Integration als Voraussetzung der Differenzierung in gesellschaftliche Teilbereiche betrachtet wurde. Dieses »moderne«, gleichwohl mit der überkommenen dialektischen Rationalität verbal zumindest leicht zu vereinbarende Denken setzte sich auf Dauer gegenüber früher beherrschenden statischen Vorstellungen durch. Sowohl im Querschnitt gesellschaftlicher Gegenwart als auch im Längsschnitt der historischen Dimension sozialökonomischer Entwicklung. Allerdings war es mit dem Denken nicht getan, wenn dieses auf den gar nicht differenzierten, monistischen Machtanspruch der Politbürokratie stieß. Hier mußten die Produktionsverhältnisse erst revolutioniert werden.

Gegenüber der qualitativen Gleichgültigkeit des systemtheoretischen Ansatzes in Fragen der Gesellschaftswissenschaft und des historischen Materialismus stellten die Kritiker den normativen und im Selbstverständnis ohnehin schon »wissenschaftlichen« Charakter der marxistischen Teleologie erneut heraus. Am ehesten noch waren die Orthodoxen bereit, sich mit strukturfunktionalistischen Interpretationen des Systembegriffs zu arrangieren.

Gemeint war eine Auffassung, die zugab, daß das Verhältnis von Teilen und Ganzem von vornherein definiert war, nichtsdestotrotz aber die jeweiligen Funktionen im System von der jeweiligen Stellung im Gesamtzusammenhang von System und Subsystemen abhängig machen wollte. Im Unterschied zur Kybernetik, in der streng genommen weder organizistische noch mechanistische noch strukturfunktionale Vorstellungen Platz haben. Das Arrangement mit der funktionalen und strukturalen Erklärung erlaubte hingegen die gleichzeitige Beibehaltung normativer Zielprojektionen, an denen der politischen und ökonomischen Führung gelegen war.

Philosophiebegriff, pluralistisch

Aufgrund des besonderen Interesses, das der Marxismus-Leninismus als Leitungswissenschaft praktischen Fragen und Anwendungsproblemen entgegenbringen mußte, kümmerte sich die Philosophie mit der Zeit mehr um *wissenschaftstheoretische Probleme der Gesellschaftswissenschaften* als um solche der Naturwissenschaften. Um Fragen der Bestimmung von Gesetzesbegriffen für die Sozialwissenschaften, um die Klärung eines Erkenntnis und Handlungsbegriffs, der im Rahmen geschichtlichen und politischen Verstehens und Tuns brauchbar wäre, um die Definition von Wahrheit und Objektivität im Zusammenhang von Praktiken und Institutionen, um die Verbindung von individueller Handlung, gesellschaftlich kollektiver Aktivität und politischem Eingriff, schließlich um Fragen der Möglichkeit einer Reduktion des Rechts auf die Politik.[108]

Ob solche Aufgaben auf Wegen originär philosophischer Arbeit zu bewältigen waren, war nicht entschieden. Die sich andeutende Arbeitsteilung kam zunächst tatsächlich der Emanzipation *wissenschaftlicher* Vorhaben zugute. Auch wenn sie über die Präsenz historisch-materialistischen und dialektischen Gedankenguts die Präsenz marxistischer Philosophie imaginierten. Die Arbeitsteilung unter dem Dach *der Philosophie*, wie sie die oben skizzierten Aufgabenbereiche der Philosophie konkretisieren, deutete sich zwar hiermit für die Zukunft ebenfalls schon an, konnte sich indes erst im Laufe der siebziger und achtziger Jahre durchsetzen. Dem Gebäude des Marxismus-Leninismus selbst war zunehmend das Los eines überkommenen Kanons von Lehrsätzen beschieden, der Anspruch auf wissenschaftliche Würdigung nurmehr in Gestalt der vielfältigen Interpretationen und Extrapolationen seiner Sätze beanspruchen kann. Die Differenzierung, die den historischen und dialektischen Materialismus im gesellschaftlichen Bewußtsein *vor* den Einzelwissenschaften und *als* Einzelwissenschaft rechtfertigen sollte, war und blieb wesentlich die zwischen Weltanschauung resp. Ideologie und »Dialektik« im Sinne allgemeiner Methodologie. Aber weder in dieser noch in jener Form konnte er sich tatsächlich *wissenschaftlich* rechtfertigen. So blieb das ideologische und politische Geschäft. In diesem Sinne verstand sich »Philosophie« als »Instanz zur Aufstellung weitreichender Richtlinien für die Strategie des gesellschaftlichen Kampfes um eine sinnvolle Ordnung.« Der Marxismus-Leninismus forderte indes mit der Zuständigkeit für die weltanschauliche auch die für die *theoretische* Orientierung. Denn die Philosophie mußte wissenschaftlich, methodisch dynamisch und pragmatisch sein.[109]

Vermittelnde Positionen bei der Bestimmung und Abgrenzung *genuin* philosophischer Aufgaben gab es selbstverständlich zu jeder Zeit. Schon im Rahmen der zuletzt geschilderten Diskussionen wollten Klaus und Kosing der Philosophie im engeren Sinne – im Sinne einer gewissen Distanzierung vom Marxismus-Leninismus – keineswegs *nur meta*theoretische Aufgaben zuweisen. Die Philosophen erhoben ausdrücklich den Anspruch, Philosophie, ihrer diversen Arbeitsfelder wegen, als System objekttheoretischer Aussagen hypothetischen Charakters zu fassen. Es kam darin die für die sechziger Jahre bezeichnende, paradox anmutende Auffassung zum tragen, Philosophie *als Philosophie* nach dem Paradigma der *Wissenschaften* zu organisieren.

Gerade damit aber blieb die Philosophie dem Gesetzesfetischismus des materialistischen Monismus verbunden, war eine Emanzipation der Philosophie vom Marxismus-Leninismus kaum zu bewerkstelligen. Soweit »Metatheorie« nicht mit dem System des historischen und dialektischen Materialismus zusammenfiel, ließ sich die Idee der Metatheorie ohnehin leicht wissenschaftlichen Vorstellungen unterordnen. In den sechziger Jahren tendierte man vor dem Hintergrund dieser Vorstellung, wie skizziert, weniger zur Diversifizierung philosophischer Wissenschaftstheorie und Wissenschaftsgeschichte als zu systemtheoretischen Überlegungen und zu Vorstellungen von einer umfassenden, Natur- und Gesellschaftswissenschaften gleichermaßen betreffenden, Steuerungswissenschaft.

Der objekttheoretische Trend wiederum ging im einzelnen hin zur Skizzierung sozialtechnologischer Vorhaben und zur wissenschaftlichen Politikberatung, allgemeiner zum Aufbau spezialisierter Wissenschaften des gesellschaftlichen und politischen Verhaltens und seiner Beeinflussung.

Daß dieser Trend, hätte er sich durchgesetzt, auf Dauer nicht nur die Substituierung des Marxismus-Leninismus beinhaltet hätte, sondern auch auf eine Abschaffung der Philosophie hinausgelaufen wäre, kam in der Kritik der Partei, selbst in ihrer beschränkten Form, zum Ausdruck. Tatsächlich profitierte die Philosophie also von der Intervention der Ideologie gegen den Ersatz des Marxismus-Leninismus durch »bürgerliche Wissenschaft«.

Ich fasse zusammen: Insgesamt erscheint die Stellung der Philosophie in der DDR seit Mitte der sechziger Jahre relativiert. Sie repräsentiert die wissenschaftsimmanenten Tendenzen zur Anerkennung des methodischen Pluralismus und zur verstärkten Arbeitsteilung. Als materialistische Philosophie nimmt die Philosophie die Ehrenstellung einer Metatheorie ein, ohne aber die Möglichkeit oder das Recht, »diejenige Theorie, zu der sie Metatheorie ist, zu bevormunden.« [110]

Philosophie als Weltanschauung konkurriert mit »Philosophie als Wissenschaft«; im allgemeinen und im besonderen. Im allgemeinen *eher wissenschaftsbezogen* – als allgemeine Steuerungswissenschaft und als Metatheorie des sozialistischen Systems (Kybernetik/Systemtheorie) – oder im allgemeinen *eher philosophisch* – als Wissenschaft vom Erkenntnisgewinn und Erkenntnisverlauf und von der wissenschaftlichen Methodik im allgemeinen (Dialektik/Erkenntnistheorie/Wissenschaftstheorie).

Hier, insbesondere auf dem Feld der Dialektik, überschneiden sich Philosophie und historischer und dialektischer Materialismus. In den besonderen Kontexten *objekttheoretischer Aussagen* wird der Philosophie von der wissenschaftlichen Theorie, der sie folgt bzw. in die sie sich verwandelt, vorgegeben, welchen Anforderungen sie zu genügen hat. Als besondere *philosophische* Disziplin gewohnter Art wiederum überschneiden sich Materialismus und Philosophie, was in der Apostrophierung der einzelnen Arbeitsgebiete als »marxistisch-leninistisch« bzw. »sozialistisch« deutlich zum Ausdruck kommt. Erst am Ende des Differenzierungsprozesses kam es im einzelnen zu einer inneren Distanzierung philosophischer von ideologisch traditionellen Diskursen.

Um die Positionen zu verdeutlichen, gebe ich das folgende Diagramm, das einen Überblick der unterschiedlichen Einsatzorte von Philosophie erlaubt.

Marxistisch-leninistische Philosophie

Weltanschauung		Wissenschaft		Philosophie
Metaideologie		Metatheorie		»Metaphilosophie«
↓		↓		↓
Histomat und Diamat		Allgemeine Steuerungswissenschaft		»Wissenschaftstheorie« (»Erkenntnistheorie«)
↓	⇄	↓	⇄	↓
Einzelideologien		Einzelwissenschaften		Philosophische Einzeldisziplin
↓		↓		↓
(z.B. »Dialektik des Nationalen und Internationalen« oder »Dialektik von Objektivem und Subjektivem«)		(z.B. »Ökonomische Kybernetik« oder oder »marx.-len. Soziologie«)		(z.B. marx.-len. Ethik oder marx.-len. Rechtsphilosophie)

Das Bild entspricht der zunehmenden Arbeitsteilung im Zuge der gesellschaftlichen Reorganisation seit den sechziger Jahren. Insgesamt könnte man *die Geschichte* der Philosophie in der DDR graphisch als Entwicklung von oben nach unten und von links nach rechts verfolgen.

Im Zuge der notwendigen Anpassungsreformen einer hochtechnisierten Industriegesellschaft mußten die Ketten eines Denkrahmens des 19. Jahrhunderts Glied für Glied gelockert werden. Aufgrund der schon ideologisch vorgegebenen Fixierung des Materialismus auf Gesetz, Industrie, Experiment und Wissenschaft schien ein immanenter Anpassungsprozeß an die »bürgerlichen« Verhältnisse auf dem Weg von Technologie- und Wissenschaftsentwicklung möglich. Das politische System erwies sich als kontraproduktiv.

Die Philosophie der DDR wurde im Laufe der Jahrzehnte mit ihr wesensfremden Aufgaben überlastet und fungierte teils als politische Ideologie und Weltanschauung, teils als Wissenschaftsersatz. Nur in Nischen akademischer Arbeit konnte sie ihren traditionellen Aufgaben nachgehen. Nachdem mit dem Ende des Staatssozialismus der Zwang zur Ableitung aus den Dogmen des historischen und dialektischen Materialismus unterbrochen ist, kann sich die Philosophie auch auf dem Boden der DDR in ihre angestammten Gebiete zurückziehen. Die Hypotheken, die sie uns hinterlassen hat, werden vereinigt abgelöst.

Anhang

Anmerkungen

Einleitung

1 G. Stiehler, Sozialismus: Dialektik der Totalität, in: Deutsche Zeitschrift für Philosophie [DZfPh], 2/1990, S. 100.

2 Philosophie für eine neue Welt. Zur Geschichte der marxistisch-leninistischen Philosophie, hg. von der Akademie für Gesellschaftswissenschaften beim Zentralkomitee der SED, Berlin 1988 [PhNW 1988]

3 Diese Tendenz z.B. in dem lesenswerten Buch von Wolfgang Schlenker über die Kulturentwicklung in der DDR. W. Schlenker, Das »Kulturelle Erbe« in der DDR. Gesellschaftliche Entwicklung und Kulturpolitik 1945-1965, Stuttgart 1977; Zitat S. 7 [Schlenker 1977]

4 Vgl. den Aufsatz von C. Burrichter, Methodologische Präliminarien zeitgeschichtlicher Deutschlandforschung. Beispiel Philosophie [Burrichter 1984], in: ders. (Hrsg.), Ein kurzer Frühling der Philosophie. DDR-Philosophie in der »Aufbauphase«, Paderborn u.a. 1984, S. 7ff [FdPh 1984]

5 Vgl. W.C. Zimmerli, Die Aneignung des philosophischen Erbes, in: FdPh 1984, S. 28/67/68.

6 Wir sprachen oben von besonders ›ideologie-‹, d.h. politikanfälligen philosophischen Disziplinen.

Teil I

1 Das ist der Grund, warum wir mit Blick auf die DDR-Philosophie vom »philosophisch-wissenschaftlichen« Zusammenhang sprechen.

2 Ontologisch nach unserem Verständnis. Ich benutze den Ausdruck »ontologisch« auch im Sinne »empirischer Ontologie«; z.B. also im Sinne der Ontologie der Alltagssprache oder der Wissenschaften. Im Verständnis des Marxismus-Leninismus wird »ontologisch« gleichbedeutend mit »metaphysisch« gebraucht. Was, wie wir sehen werden, sich leicht erklären läßt.

3 Fr. Engels, Ludwig Feuerbach und der Ausgang der klassischen Philosophie, in: Marx-Engels Werke [MEW], Bd. 21, Berlin 1961, S. 275.

4 Weil es darin um die Sicht des Seienden als Ganzes geht; und zwar unter materialistischen Vorzeichen.

5 So der Artikel »Philosophie« im zitierten Wörterbuch der Philosophie: M. Buhr, G. Klaus (Hg.), Philosophisches Wörterbuch [PhW], Berlin 1985.

6 Zum Teil Wissenschaften, die sich, wie wir zeigen werden, erst langsam vom Marxismus-Leninismus emanzipieren mußten.

7 PhW, a.a.O., S. 933.

8 Dieses und die nächsten Zitate ebenda.

9 Wenn nicht eigens betont, benutzen wir den Ideologiebegriff ebenfalls in diesem positivistischen Gebrauch und entsprechen damit dem Selbstverständnis der DDR-Philosophie. Wenn wir den Ausdruck kritisch gebrauchen, versuchen wir den Doppelsinn des zugleich Vorgespiegelten und Wirklichkeitsgerechten zu vermerken. Vgl. dazu im folgenden Abschnitt These 3 und Anmerkung 15.

10 K. Marx, Kommunistisches Manifest, in: MEW, Bd. 4, S. 482 (Hervorh. – HW).

11 Zur Geschichte der marxistisch-leninistischen Philosophie in der DDR, 1949 bis zum Anfang der sechziger Jahre, hg. von der Akademie der Wissenschaften für Gesellschaftswissenschaften beim ZK der SED [MLPh 1979], Berlin 1979, S. 25.

12 PhW, a. a. O., S. 749.

13 Ebd. S. 746.

14 Wie sie den erkenntnistheoretischen Impuls, etwa bei Descartes, erst auslösen. Erst wenn nicht genügend klar ist, was es zu erkennen gibt, braucht es eine Theorie der Erkenntnis. Daß der Marxismus-Leninismus nichtsdestoweniger eine Erkenntnistheorie entwickelte, ist unter diesen Voraussetzungen erstaunlich.

15 Während im Marxschen Ideologiebegriff »Ideologie« das zwar falsche und korrekturbedürftige, aber dennoch gesellschaftlich relevante Bewußtsein meint. Theoretisch gilt die Ideologie als »Schein« der Verhältnisse. Der Schein der Ideologie ist für Marx keine bloße Fiktion, sondern notwendiges Ergebnis der sozialen Verhältnisse. Er will allerdings durchschaut werden, sollte über die Verhältnisse mehr bekannt werden, als was die Ideologie darüber aussagt oder zeigt.

16 PhW, a. a. O., S. 1289.

17 W.I. Lenin, Konspekt zu Hegels »Wissenschaft der Logik«, Werke, Bd. 38, S. 214.

18 Dialektischer und historischer Materialismus, hg. von G. Stiehler u.a., Berlin, 13. Aufl., 1985, S. 100 [DuHM]

19 PhW, a. a. O., S. 274/75.

20 Wir notieren »Objektive Dialektik« als Lehrgebäude des dialektischen Realismus und »objektive Dialektik«, wenn es um den sachlichen Anspruch auf Objektivität geht.

21 Vgl. PhW, a.a.O., S. 789.

22 In: Jesuiten, Gott, Materie, Berlin 1957.

23 Historischen und dialektischen Materialismus also.

24 K. Marx, MEW, Bd. 29, S. 561.

25 Vgl. Fr. Engels, Rezension der Marxschen »Kritik der politischen Ökonomie«, in: MEW, Bd. 13.

26 K. Marx, in: MEW, Bd. 29, S. 275.

27 Man vergleiche mit laufenden Forschungsprogrammen im Westen, z. B. in Verbindung mit der in Köln erscheinenden Zeitschrift »Dialektik. Internationale Beiträge zu Philosophie und Wissenschaft«.

28 Vgl. A. Deborin/N. Bucharin, Kontroversen über dialektischen Materialismus, Frankfurt/M. 1969; Vgl. auch: O. Negt, Marxismus als legitime Wissenschaft. Zur Genese der stalinistischen Philosophie, ebd., S. 7-50.

29 Vgl. Fr. Engels, Rezension der Kritik der Politischen Ökonomie, a. a. O., S 473.

30 Fr. Engels, Ludwig Feuerbach und der Ausgang der klassischen deutschen Philosophie, in: MEW, Bd. 12, Berlin 1962, S. 275.

31 Ebd., S. 272.

32 Vgl. Fr. Engels, Dialektik der Natur, Berlin 1959, S. 54ff.

33 MEW, Bd. 20, S. 132/33.

34 Vgl., bezugnehmend auf Hegels Logik, MEW, Bd. 13, S. 473/474.

35 Vgl. M. Adlers Nachtrag zu »Marx als Denker«, o.O. 1908, Marx und die Dialektik.

36 Vgl. J. Stalin, Über dialektischen und historischen Materialismus, a. a. O., S. 133-136.

37 Vgl. etwa den Diskussionsband: Zum Hegelverständnis unserer Zeit. Beiträge marxistisch-leninistischer Hegelforschung, hg. von H. Ley, Berlin 1972.

38 Der Literaturüberblick über die Hegelliteratur in der DDR (DZfPh 10/1981) weist über 450 Titel für die Zeit zwischen 1949 und 1979 nach.

39 K. Gößler, Erkennen als sozialer Prozeß, in: Marxistische Erkenntnistheorie. Texte zu ihrem Forschungsstand in den sozialistischen Ländern, hg. von H.G. Sandkühler, Stuttgart/Bad Cannstatt 1973; dass. auch in: DZfPh 2/1972, S. 517–546. Klaus Gößler ist (war?) Professor für Erkenntnistheorie am gleichnamigen Bereich der Sektion Marxistisch-leninistische Philosophie der Karl-Marx-Universität in Leipzig.

40 Thomas von Aquin, Summa theologica, II, 2 qu. 180, art. 3.

41 G.W.Fr. Hegel, Theologische Jugendschriften, hg. von H. Nohl, S. 348.

42 Vgl. unten zur Logikdiskussion.

43 K. Gößler, Erkennen als sozialer Prozeß, a. a. O., S. 62-64.

44 Vgl. H. Wilharm, Leib und Seele. Probleme des Materialismus, Hagen 1985.

45 Gößler, Erkennen als sozialer Prozeß, a. a. O., S. 65.

46 Vgl. A. Schmidt, Zum Verhältnis von Geschichte und Natur im dialektischen Materialismus, in: Existentialismus und Marxismus, a. a. O., S. 154; ders., Der Begriff der Natur in der Lehre von Marx, Frankfurt/M. 1962, S. 45ff und 101f.

47 Gößler, Erkennen als sozialer Prozeß, a. a. O., S. 75.

48 Ebd., S. 72 (Hervorh. – HW).

49 PhW, a. a. O., S. 789.

50 Wobei »Ontologie« hier mit »Metaphysik« gleichbedeutend gebraucht wird.

51 Vgl. MEW, Bd. 20, S. 20ff.

52 Ebd.

53 G.W.Fr. Hegel, Wissenschaft der Logik. Werke in 20 Bänden, hg. von E. Moldenhauer und K.M. Michel, Frankfurt/M. 1970 u.ö., Bd. 5, S. 13.

54 Ebd., S. 16.
55 Hier im Sinne der ersten Definition des »Philosophischen Wörterbuchs«.
56 Vgl. z. B. H. Seidel, Hegels Kritik der Metaphysik und Kritik der Hegelschen Metaphysik, in: DZfPh 4/1982.
57 G.W. Fr. Hegel, Vorlesungen über die Geschichte der Philosophie, in: Werke, Bd. 18, a. a. O., S. 46.
58 G.W. Fr. Hegel, Enzyclopädie der philosophischen Wissenschaften, in: Werke, Bd. 8, a. a. O., S. 94.
59 Vgl. Hegels Einwände dazu ebd.; in beiden Fällen wird der Charakter des Unbedingten nicht respektiert.
60 Vgl. Seidel, Hegels Kritik, a. a. O., S. 465.
61 Hegel, Logik, a. a. O., S. 16. Dies die Stelle, auf die Engels im oben erwähnten Zitat anspielt.
62 Vgl. K. Marx, Das Kapital, Bd. I, in: MEW, Bd. 23, S. 32.
63 Was beispielhaft Stalins Linguistikaufsatz zeigt.
64 Vgl. Seidel, Hegels Kritik, a. a. O., S. 468.
65 G.W. Fr. Hegel, Grundlinien der Philosophie des Rechts, Werke, Bd. 7, a. a. O., S. 26.
66 I. Narski, Hegels dialektische Logik, in: Geschichte der Dialektik , hg. von einem Autorenkollektiv, Berlin 1980, S. 214.
67 Ebd., S. 305.
68 Vgl. in Hegels »Wissenschaft der Logik« die Abschnitte »Die Erscheinung und Die Wirklichkeit«; in der »Enzyclopädie« den zweiten Teil: »Die Naturphilosophie«.
69 Vgl. Geschichte der Dialektik, Berlin 1980, a. a. O., S. 280.
70 Dialektischer und historischer Materialismus. Lehrbuch für das Grundlagenstudium, hg. von F. Fiedler u.a., Berlin 1986.
71 G.W.Fr. Hegel, Phänomenologie des Geistes, Werke, Bd. 3, a. a. O., S. 78/79.
72 G. Stiehler, Geschichte und Verantwortung, Berlin 1972.
73 So der Artikel »Gesetz« im »Philosophischen Wörterbuch«, a. a. O. S. 490.
74 K. Marx, Grundrisse der Kritik der politischen Ökonomie, a. a. O., S. 19.
75 Vgl. H. Hörz, Systemgesetze, Struktur und Funktion, in: Materialistische Dialektik in der physikalischen und biologischen Erkenntnis, Berlin/Frankfurt/M. 1981, S. 52ff.
76 Vgl. ebd.
77 Vgl. S. Paul, Objektive Gesetze – Klassifizierung, symbolische Darstellung, mathematische Abbildung, Berlin 1979, S. 27.
78 Ebd., S. 28.
79 Paul legte Wert auf die Feststellung, daß seine Analysen der Systemdefinition übereinstimmen mit der Entwicklung einer Systemtheorie, wie sie von den Vertretern der sog. parametrischen Richtung (A.I. Uemov, Moskau, und seinen Schülern) vorangetrieben wurde. Die Identifizierung von Wesen und Invarianz nimmt im übrigen auch das »Philosophische Wörterbuch« vor (a. a. O., S. 1157).

Die Kritiker der Identifizierung argumentieren – gut Hegelsch – , daß vom Wesen zur »Qualität« fortgegangen werden müsse, um die »für ein konkretes System *wirklich wesentliche* Struktur« zu ermitteln. Der Übergang von der Struktur – schlechthin, und undifferenziert in unwesentliche und wesentliche Beziehungen – zur »wesentlichen Struktur« findet unter Voraussetzung der Gleichsetzung von Wesen und Invarianz kein Kriterium. Das ist selbstverständlich ein Argument der ideologisch weltanschaulichen Fraktion, die die Abgrenzung zwischen Dialektik und Metaphysik, marxistisch-leninistischer und »bürgerlicher« Wissenschaft im Auge hat.

»Invarianz« als Systemkennzeichnung besagt schließlich nichts über die inhaltliche Ausprägung der Systemspezifika. Ähnlich die Probleme mit kybernetischen Systemzuweisungen. Auch hier wird über formale Identitätsbedingungen eines Systems entschieden. Invarianz heißt demnach, daß auf Systemzustände angewandte Transformationen (z.B. auftretende Störungen) wieder zu Zuständen des Systems führen. Das System integriert demnach die Transformation. Wesen muß zwar erscheinen, wie Hegel sagt. Aber die erscheinende Seite – wissenschaftlich – zu verabsolutieren, wäre falsch – sagen die Ideologen, die schon wissen, wie die Innenansicht »der Sache selbst« ausgestattet werden muß.

80 W.I. Lenin, Karl Marx, in: Werke, Bd. 21, S. 43; vgl. ders., Zur Frage der Dialektik.

81 G. Richter, Gesetz und Widerspruch, in: Weltanschauliche und methodologische Probleme der materialistischen Dialektik, hg. von G. Klimaszewsky, Berlin 1976, S. 110.

82 Vgl. S. Paul, Wesenszüge der mathematischen Modellierung physikalischer und biologischer Sachverhalte, in: DZfPh, 2/1977, S. 212ff.

83 G. Richter, Gesetz und Widerspruch, a. a. O., S. 114.

84 H. Hörz/U. Röseberg, Die Einheit der Physik, in: dies., (Hg.), Materialistische Dialektik in der physikalischen und biologischen Erkenntnis, Berlin/Frankfurt/M. 1981, S. 234.

85 Ebd., S. 235.

86 Vgl. N. Hager, Modelle in der Physik, in: Materialistische Dialektik, a. a. O., S. 336.

87 Vgl. z. B.: Psychologie in der DDR, Entwicklung, Aufgaben, Perspektiven, Berlin 1978; vgl. zur marxistisch-leninistischen Soziologie das erste Heft des Jgs. 1990 der DZfPh.

88 K. Marx, Das Kapital, Bd. III, in: MEW, Bd. 25, S. 219.

89 W.I. Lenin, Konspekt zu Hegels »Vorlesungen über die Geschichte der Philosophie«, in: Werke, Bd. 31, S. 239.

90 K. Marx, Lohn, Preis, Profit, in: MEW, Bd. 16, S. 129.

91 Vgl. K. Marx, Das Kapital, Bd. I, a. a. O., S. 559-562.

92 S. Paul, Objektive Gesetze, a. a. O., S. 36; vgl. auch Ökonomische Gesetze in der entwickelten sozialistischen Gesellschaft, Berlin 1975, S. 106ff.

93 Marx kommt also »unter der Oberfläche« zu einer anderen Reihe, einem Akkumulationszirkel.

94 J.P. Sartre, Marxismus und Existentialismus. Versuch einer Methodik, Hamburg 1964, S. 117.

95 In denen dann die formale Einheit aller möglichen Systemteile beschworen wird.
96 E. Bloch, Subjekt – Objekt. Erläuterungen zu Hegel, a. a. O., S. 200.
97 G.W.Fr. Hegel, Enzyclopädie, a. a. O., § 246.
98 Vgl. Hegel, ebd., §§ 388/89; Lenin, Konspekt zu Hegels »Wissenschaft der Logik«, a. a. O.
99 Vgl. die Überlegungen in: B. Heidtmann/H.H. Holz/H.J. Sandkühler, Materialistische Dialektik und Philosophie, in: Dialektik. Beiträge zur Philosophie und Wissenschaften, I, hg. von B. Heidtmann, Köln 1980; vgl. auch: Die materialistische Dialektik. Ihre Anwendung in den Wissenschaften, Berlin 1985.
100 K. Marx, Das Kapital, Bd. I, in MEW, Bd. 23, S. 89.
101 K. Marx, Das Kapital, Bd. III, in MEW, Bd. 25, S. 94.
102 Ebd., S. 76.
103 Ebd., S. 66.
104 Vgl. MEW 23, S. 89.
105 K. Marx, Ökonomisch-philosophische Manuskripte, in: MEW Ergänzungsband I (Marx), S. 563.
106 Eine ausführliche Analyse bei: B. Hauser, Die Materialität des Denkens, Phil. Diss. Marburg 1979.
107 Vgl. A. Sohn-Rethel, Geistige und körperliche Arbeit, Frankfurt/M. 1970.
108 MEW, Bd. 13.
109 Vgl. dazu K. Marx, Grundrisse, a. a. O., S. 763.
110 MEW, Bd. 23, S. 66.
111 Ebd., S. 76.
112 Hegel, Enzyclopädie, a. a. O., S. 338.
113 MEW Bd. 13, S. 33.
114 MEW Bd. 23, S. 79.
115 Hegel, Enzyclopädie, S. 338 (gemeint ist die B-A-E-Formation).
116 In diesem Sinne auch Hauser, a. a. O., S. 80.
117 M. Foucault, Der Ariadnefaden, in: G. Delleuze/M. Foucault, Der Faden ist gerissen, Berlin 1977.
118 Heidtmann/Sandkühler, Materialistische Philosophie, a. a. O., S. 37.
119 Ebd. S. 39.
120 Was die Rolle des Staates betrifft.
121 G. Klimaszewsky, Entwicklungsbegriff und Entwicklungskriterien, in: Weltanschauliche und methodologische Probleme, a. a. O., S. 457ff.
122 Ebd..
123 Th.W. Adorno, Negative Dialektik, Frankfurt/M. 1966, S. 15.

Teil II

1 E. Bloch, Philosophie ist Lehre dessen, was not tut, als Wille zu seinem Begriff, als Begriff seines Wesens, in: Politische Messungen, Pestzeit, Vormärz, Frankfurt/M. 1979, S. 459.

2 K. Marx, Kritische Randglossen zu dem Artikel eines Preußen, in: MEW 1, a. a. O., S. 409.

3 Namen: Voltaire, Montesquieu, Diderot, Rousseau; in Deutschland: Lessing, Lichtenberg, Forster; Kant, Fichte, Schelling, Hegel; Heine, Ruge, Bauer, Marx, Engels; Bebel, Bernstein, Thälmann, Luxemburg – von der klassischen Kulturtradition in Literatur, Kunst und Musik reden wir hier nicht.

4 Vgl. dazu unten.

5 Vgl. exemplarisch MLPh 1979; PhNW 1988.

6 Aufruf der KPD vom 11. 6. 1945.

7 Vgl. Probleme sozialistischer Kulturpolitik am Beispiel DDR, hg. von einem Autorenkollektiv [Kulturpolitik 1974], Frankfurt/M. 1974.

8 Stellungnahme des Parteivorstandes des SED zum Bachjahr, 19. 3. 1950.

9 »Wodurch oft nur ein Schutzzoll für den Verkauf einheimischer Kunstspieglerei geschaffen wurde.« E. Bloch, Politische Messungen, a. a. O., S. 368.

10 Kulturpolitik 1974, a. a. O., S. 185.

11 Laut Beschluß anläßlich der 6. Zentralkomiteetagung 1988.

12 Kulturpolitik 1974, a.a.O., S. 185.

13 So Dietrich Mühlberg in den Weimarer Beiträgen 6/1970, S. 10-24: Aktuelle Aspekte des Leninschen Programms der sozialistischen Kulturrevolution.

14 B. Brecht, Gesammelte Werke 20, Schriften zur Politik und Gesellschaft, Frankfurt/M. 1967, S. 329.

15 So z. B. die Beiträge der zentralen Forschungsgemeinschaft »friedliche Koexistenz und nationale Frage«.

16 Vgl. den Beschluß des V. Parteitages der SED über den Kampf um Frieden, für den Sieg des Sozialismus, für die nationale Wiedergeburt Deutschlands als demokratischer Staat.

17 Vgl. Schlenker 1977, a. a. O., S.222, Anm. 195.

18 Vgl. dazu im einzelnen unten.

19 Über die Lage und die Aufgaben der marxistischen Philosophie in der Deutschen Demokratischen Republik, in: Deutsche Zeitschrift für Philosophie [DZfPh], 1/1956; vgl. zuvor schon A. Kosing, Wird die deutsche Zeitschrift für Philosophie ihren Aufgaben gerecht?, in: Einheit, 3/1955.

20 So der Herausgeber einer Sammlung von Beiträgen aus der Zeitschrift »Weimarer Beiträge«. H. Kaufmann (Hg.), Positionen der DDR-Literaturwissenschaft. Auswahl aus den Weimarer Beiträgen, 2 Bde., Kronberg/Ts. 1974 [Kaufmann 1974].

21 In deutscher Sprache im Verlag für fremdsprachige Literatur, Moskau 1947; davor, zuerst in deutsch: 1927; vgl. Lenin, Sämtliche Werke, Bd. XIII.

22 Vgl. R. Avenarius, Kritik der reinen Erfahrung, Leipzig 1921.

23 D. Wittich, Warum und wie Lenins philosophisches Hauptwerk entstand, Berlin 1985 [Lenins Hauptwerk 1985], S. XVI.

24 Ebenda, S. 160 f.

25 Fr. Engels, Herrn Eugen Dührings Umwälzung der Wissenschaft (1878), in: Marx-Engels Werke [MEW], Berlin, Bd. 20; ders., Dialektik der Natur, in: MEW 20; W.I. Lenin, Philosophische Hefte, Berlin 1951.

26 K. Marx, Grundrisse der Kritik der politischen Ökonomie (Rohentwurf) 1857-1858, Berlin 1953; K. Marx/Fr. Engels, Die deutsche Ideologie, in: MEW 3; J. Stalin, Der Marxismus und die Frage der Sprachwissenschaft, Berlin 1951; ders., Ökonomische Probleme des Sozialismus in der UdSSR, Berlin 1951; vgl. auch: J. Stalin, Geschichte der kommunistischen Partei der Sowjetunion (Bolschewiki). Kurzer Lehrgang, Stuttgart 1952; darin: Über dialektischen und historischen Materialismus (Kap. IV, 2); ders., Fragen des Leninismus, Berlin 1951, (darin ebenfalls: Über historischen und dialektischen Materialismus); vgl. desweiteren die Editionen: Marx-Engels Werke [MEW], in 41 Bdn. und – seit 1975 – die Marx-Engels Gesamtausgabe [MEGA], 20 Bde. bis 1983 (in Zusammenarbeit mit dem Zentralinstitut in Moskau); ebenso: W. I. Lenin, Werke, Berlin 1955-1971 (40 Bde.); Geschichte der deutschen Arbeiterbewegung (in 15 Kapiteln) Berlin 1966ff.

27 1960, mit dem monatlichen Erscheinen der Zeitschrift für Philosophie, wurde die Redaktion erweitert. Chefredakteur war von nun an Wolfgang Eichhorn, Rolf Kirchhoff sein Stellvertreter.

28 DZfPh 1/1957, S. 5.

29 MLPh, a. a. O., S. 654.

30 Die hier nicht mehr berücksichtigt werden kann.

31 M. Klein/A. Kosing, Marxistische Philosophie und sozialistische Politik, in: DZfPh, 1/1958, S. 21.

32 Vgl. z. B. die dokumentierte Konferenz über Wahrheitsproblematik, in: Erkenntnis und Wahrheit, hg. von einem Autorenkollektiv, Berlin 1983; vgl. auch: Heft 5/1983 der »Deutschen Zeitschrift für Philosophie«.

33 Erich Hahn, in: DZfPh, 10/11/1989, S. 1003.

34 Vgl. Studienplan Philosophie, in: DZfPh, 1/1982, S. 90.

35 Vgl. Ch. P. Ludz, Die DDR zwischen Ost und West, München 1977, S. 69.

36 Vgl. Dokument 108, in: E. Deuerlein, DDR, 1945-1970. Geschichte und Bestandsaufnahmen [Deuerlein 1975], München 1975.

37 Dokument 107, in: Deuerlein 1975.

38 Vgl. Wörterbuch der Politik, Berlin 1973, S. 613; (Hervorh. – HW).

39 Bezogen auf die Datenbasis der Materialien zum Bericht zur Lage der Nation im geteilten Deutschland, 1987.

40 Vgl. Dokument 114, in: Deuerlein 1975.

41 Vgl. Klassenkampf – Tradition – Sozialismus. Von den Anfängen der Geschichte des deutschen Volkes bis zur Gestaltung der entwickelten sozialistischen Gesellschaft in der DDR. Grundriß [Grundriß 1974], hg. vom Zentralinstitut für Geschichte der ADW der DDR, Berlin 1974, S. 712/721.

42 Zit. nach: Texte zur Deutschlandpolitik, Bd. III,5, hg. vom BMB, Bonn 1988, S. 199.

43 Vgl. z. B.: Einführung in Theorie, Geschichte und Funktion der DDR-Literatur, hg. von A.J. Schmidt, Stuttgart 1975, S. 134.

44 Vgl. Grundriß 1974, a.a.O., S. 777.
45 K. Hager, Die entwickelte sozialistische Gesellschaft, Berlin 1972, S. 31/32.
46 Vgl. L. Breschnew, Rede auf dem VIII. Parteitag der SED, Berlin 1971, S. 12.
47 Protokolle des VIII. Parteitages der Sozialistischen Einheitspartei Deutschlands, Berlin 1971, Bd. 1, S. 83ff; E. Honecker, Reden und Aufsätze, Berlin 1975, Bd. 1, S. 156ff; K. Hager, Die entwickelte sozialistische Gesellschaft, a. a. O., S. 33-64.
48 K. Hager, ebd., S. 22.
49 Ebd., S. 22.
50 Vgl. St. Wohanka, Zur Perspektive des Sozialismus – Ansichten zu einer theoretischen Revolution, in: DZfPh 2/1990, S. 115.
51 So die geltende »Erklärung der Beratung von Vertretern der kommunistischen und Arbeiterparteien« vom November 1960; Berlin 1961, S. 10.
52 Vgl. A. Kosing, Zur Diskussion um eine moderne Sozialismuskonzeption, im zweiten Heft der »Deutschen Zeitschrift für Philosophie« 1990.
53 Kosing 1976, S. 175.
54 A. Kosing, Sozialistische Gesellschaft und sozialistische Nation in der DDR, in: DZfPh, 10/11/1989, S. 917.
55 Ebd., S. 923.
56 K. Hager, Die Aufgaben der Gesellschaftswissenschaften in unserer Zeit, Berlin 1968, S. 7.
57 Keine andere Tendenz in der Fassung von 1974; G. Kröber/H. Laitko, Sozialismus und Wissenschaft, Berlin 1972, S. 10.
58 G. Heyden, in: Soziologie und Gesellschaft, Berlin 1960, S. 41.
59 Vgl. MLPh, a. a. O., S. 462.
60 Ebd., S. 564/566.
61 E. Honecker, Unser Weltbild. Sozialismus und Wissenschaft, Berlin 1972, S. 7.
62 Vgl. F. Fiedler/R. Mocek, Zur marxistisch-leninistischen Philosophie als »*ars inveniendi*« im System der Wissenschaften, in: DZfPh, 5/1964; R. Mocek, Gedanken über Wissenschaft. Die Wissenschaft als Gegenstand der Philosophie, Berlin 1980; A. Kosing, Gegenstand, Struktur und Darstellung der marxistischen Philosophie, in: DZFPh, 7/1964, S. 786.
63 Kosing, Gegenstand, Struktur, ebd.
64 Man vergleiche die Beiträge der ZEIT-Serie von 1986 über DDR-deutsche Zustände.
65 Der Titel eines entsprechenden Aufsatzes von R. Mocek, in: »Initial. Zeitschrift für Politik und Gesellschaft«, 1/1990, zuvor unter dem Namen: »Sowjetwissenschaft. Gesellschaftswissenschaftliche Beiträge«.

Teil III

1 Zit. in: O.F. Bollnow, Existenzphilosophie, Stuttgart 1949, S. 216; vgl. MLPh, a. a. O., S. 140ff.

2 Vgl. den Überblick in: H.M. Baumgartner/H.M. Sass, Philosophie in Deutschland 1945-1975, Meisenheim 1978.

3 Vgl. M. Leske, Zur Stellung der Demagogie der Naziphilosophie im »Dritten Reich«, in: DZfPh, 11/1983; vgl. auch: dies., Philosophen im »Dritten Reich«. Studie zu Hochschul- und Philosophiebetrieb im faschistischen Deutschland, Berlin 1990.

4 Vgl. G. Mende, Die faschistische Philosophie, in: Die deutsche Philosophie von 1917-1945, Berlin 1961.

5 Vgl. Philosophie im deutschen Faschismus, in: Widerspruch – Münchner Zeitschrift für Philosophie 13/1987; W.F. Haug (Hg.), Deutsche Philosophen 1933, Hamburg 1989; Th. Laugstien, Philosophieverhältnisse im deutschen Faschismus, Hamburg 1989.

6 Vgl. Dokumente und Materialien zur Geschichte der deutschen Arbeiterbewegung, Berlin 1960, I, S. 36.

7 Beispielhaft schon: W. Ulbricht, Die Legende vom deutschen Sozialismus. Ein Lesestück für das schaffende Volk über das Wesen des Faschismus, Berlin 1946.

8 G.Lukács, Die Zerstörung der Vernunft, Berlin 1953, S. 6.

9 Ebd., S. 7.

10 P. Lorenzen, Die Aufgabe ethisch-politischer Bildung, in: Forum 1988, S. 143-154.

11 Was Wittgenstein betrifft, dürfte in diesem, heutigentags etwas abenteuerlich anmutenden Rundumschlag der Wittgenstein des »Tractatus« von 1922 gemeint sein. Die »Philosophischen Untersuchungen«, erschienen zum ersten Mal 1945, wurden als eigenständiger philosophischer Ansatz von Lukács nicht gewürdigt.

12 Mitgeteilt in einer Anmerkung (S.143) des sogenannten Harvard-Papiers aus dem Jahre 1940 von Karl Löwith, ediert zuerst bei Metzler und erneut bei Fischer: K. Löwith, Mein Leben in Deutschland vor und nach 1933. Ein Bericht, Frankfurt/M. 1989.

13 Vgl. G. Lukács, Die Zerstörung der Vernunft, a. a. O., Nachwort.

14 Vgl. dazu unten.

15 Ebd., S. XVI.

16 Vgl. E. Mach, Die Analyse der Empfindungen und das Verhältnis des Physischen zum Psychischen, Jena 1922, S. 9ff.

17 L. Wittgenstein, Tractatus logico-philosophicus, Frankfurt/M. 1969, zit. in: Lukács, Die Zerstörung der Vernunft, S. 615.

18 Vgl. G. Lukács, Die Zerstörung der Vernunft, a. a. O., S. 657-669.

19 G. Lukács, Die Zerstörung der Vernunft, a.a.O., S.10/11.

20 Siehe die Beispiele oben.

21 H. Koch, in: Georg Lukács und der Revisionismus, Berlin (1960) 1977, S. 8.

22 Vgl. Streitpunkt Vormärz, Beiträge zur Kritik bürgerlicher und revisionistischer Erbeauffassungen, hg. von der AdW der DDR, Berlin 1977, S. 151; zum Kontext: ebd., S. 150-155; Vgl. oben zu den ersten Kontroversen mit der bürgerlichen Philosophie.

23 Vgl. die programmatischen Schriften: G. Lukács, Existentialismus oder Marxismus? Berlin 1951; J.P. Sartre, Marxismus und Existentialismus, Paris 1960.

24 G. Lukács, Existentialismus oder Marxismus? Berlin 1951.

25 MLPh, a.a.O., S.144/145; vgl. G. Lukács, Existentialismus oder Marxismus?, a.a.O., S.69ff.

26 Ebd., S.51.

27 Z.B. nachzulesen im Festheft der »Deutschen Zeitschrift für Philosophie« zum vierzigsten Jahrestag, in dem M. Buhr die philosophischen Standpunkte lobt, die der DDR-Philosophie internationale Anerkennung verschafft hätten, »in einer Zeit, da der Kalte Krieg seinen Höhepunkt erreicht hatte«. DZfPh, 10/11/1989, S.997.

28 Diejenige Philosophie, die sich selbst zunächst als »empirische Psychologie« verstand, und für die der Name Husserls steht.

29 Vgl. J. Kaiser, Der soziale Staat, Berlin o.J.

30 H. von der Gablentz, Über Marx hinaus, Berlin 1946; Christliche Wirtschaftsordnung, ihre Wurzeln und ihr Inhalt, in: Wege in die neue Zeit, 8/1947.

31 Vgl. DZfPh, 2/1955, S.415; vgl des weiteren den Laugstien-Aufsatz zu Spranger, in: W. F. Haug, Deutsche Philosophen 1933, a.a.O., S. 29ff.

32 Freiburg 1956, davor Turin 1948 und (deutsch) Wien 1952.

33 J. M. Bochenski, Der sowjetische dialektische Materialismus, Bern 1950; J. de Vries, Die Erkenntnistheorie des dialektischen Materialismus, München u.a. 1957.

34 Th. Litt, Freiheit und Lebensordnung. Zur Philosophie und Pädagogik der Demokratie, Heidelberg 1952, S.90.

35 1968; wiederaufgelegt 1976; Zitat im Vorwort 1976. Es soll übrigens nicht behauptet werden, daß Buhr selbst Vertreter einer klassikzentristischen Einstellung gewesen ist. Dafür ist seine Rezeptionshaltung viel zu differenziert.

36 Vgl. z.B. O. Finger, Über die Materialität der Seele, Berlin 1961; A.W. Gulyga, Der deutsche Materialismus am Ausgang des 18. Jahrhunderts, Berlin 1966.

37 Protokolle 1958 II, S.1390-92.

38 Ebd.

39 Aufgearbeitet mittlerweile in der dreibändigen Dokumentation über die Mainzer Revolution und Republik von dem DDR-Historiker Heinrich Scheel. Eine genauere Darstellung der Zusammenhänge DDR-marxistischer Demokratieforschung in: H. Wilharm, Politik und Geschichte, Jakobinismusforschung in Deutschland, Frankfurt/M./New York 1984, Bd. 1 [Wilharm 1984].

40 E. Bloch, Liegt es am System?, in: Politische Messungen, a.a.O., S.390/91.

41 Als deren nicht reaktionärer Apologet in philosophischen Kontexten Fichte hingestellt wurde und deren *wissenschaftliche* Interpretation, betrachtet man die Arbeiten und Forschungsansätze im Kontext des Fichte-Gedenkjahres 1962, durchaus *auch* von einer sozialhistorischen und klassenanalytischen Herangehensweise geprägt waren.

42 »Fortschritt, der sich mit Reaktion paarte«, heißt es bei Marx über die antinapoleonische Befreiungspolitik.
43 Vgl. dazu meine Analyse der historischen Arbeiten des DDR-Historikers Heinrich Scheel in »Politik und Geschichte«, a. a. O..
44 Vgl. Zitat Anm. 28.
45 Vgl. u.a. die erwähnten Bände von Gulyga und Finger; dazu: G. Steiner, Der Traum vom Menschenglück, Berlin 1959, ders., Franz Heinrich Ziegenhagen und seine Verhältnislehre. Ein Beitrag zur Geschichte des utopischen Sozialismus, Berlin 1962; vgl. auch Steiners Schriften über Forster und die deutsche demokratische Bewegung. Bibliographie in: Wilharm 1984.
46 L. Feuerbach, Sämtliche Werke, Bd. 10, Leipzig 1866, S. 199.
47 G. Lukács, »Der junge Hegel. Über die Beziehungen von Dialektik und Ökonomie«, schon 1948 im Europa-Verlag in Zürich erschienen.
48 Vgl. oben zur Objektiven Dialektik.
49 Georg Lukács und der Revisionismus, Berlin 1960, Neuausgabe Berlin 1977; Zitate, S. 219/245.
50 Übersetzt von J. Schleninger, Berlin 1950.
51 Karl Marx und Friedrich Engels – Leben und Werk, Bd. 1, Berlin 1954, Bd. 2, Berlin 1962, Bd. 3, Berlin 1967.
52 E. Bloch, Subjekt-Objekt – Erläuterungen zu Hegel, Berlin 1951; mit Nachschrift und vermehrt um das 23. Kapitel, Frankfurt/M. 1981, S. 12/30/40/91.
53 Ebd., S. 54/55.
54 Vgl. J. Stalin, Werke, Bd. 1, Berlin 1950, S. 264; E. Bloch, Subjekt-Objekt, a. a. O., S. 86/87.
55 E. Bloch, Subjekt-Objekt, a. a. O., S. 94.
56 G. Lukács, Der junge Hegel, a. a. O., S. 640.
57 Vgl. dazu den Aufsatz von W.Ch. Zimmerli, Die Aneignung des philosophischen Erbes [Zimmerli 1984], in: Burrichter 1984, a. a. O., S. 27ff.
58 Fr. Behrens, Zur Entwicklung der politischen Ökonomie beim jungen Marx, in: Aufbau, 5/1953, S. 494-546; ders., Hegels ökonomische Auffassungen und Anschauungen, in: Wiss. Zeitschr. der Karl-Marx-Universität Leipzig, Jg. 1952/53, S. 411-420.
59 Programmatisch: R.O. Gropp, Über den Gegensatz der marxistischen dialektischen Methode zur idealistischen Dialektik Hegels, in DZfPh, 9/10/1953, S. 477-485.
60 DZfPh 3/1954, S. 642; Eröffnung der Diskussion und Beitrag der Redaktion.
61 Explizit: MLPh, a. a. O., S. 352.
62 Ich verweise auf den programmatischen Aufsatz von H. Ley, Erbe, Rezeption und ideologischer Klassenkampf, in: DZfPh, 3/4/1981.
63 Vgl. K. Reissig/W. Schmidt, Zur Geschichte der entwickelten sozialistischen Gesellschaft in der DDR, in: Zeitschrift für Geschichtswissenschaft [ZfG] 4/1977.
64 Mit den Höhepunkten: frühbürgerliche Revolution, Reformation und

Bauernkrieg; Einleitung der bürgerlichen Umwälzung in Deutschland unter dem Eindruck der Volksbewegungen zur Zeit der Französischen Revolution; antinapoleonische Befreiungskriege.

65 Vgl. Dialog über Tradition und Erbe, hg. von D. Schiller und H. Bock, Berlin 1976; H. Koch, Aktuelle Aneignung des Erbes, in: Weimarer Beiträge, 3/1976; daraus die Zitate, ebd., S.7.

66 Schon auf der 13. Tagung des ZK der SED 1974.

67 Vgl. H. Koch, Aktuelle Aneignung, a.a.O., S.7/8.

68 A. Kosing, Nation in Geschichte und Gegenwart , Berlin 1976, S.277/78.

69 M. Buhr, Der Anspruch der Vernunft, a.a.O., S.99.

70 Wissen und Gewissen. Beiträge zum 200. Geburtstag Johann Gottlieb Fichtes 1762-1814, hg. von M. Buhr, Berlin 1962, S.5.

71 C. Warnke, Disziplinäres und Interdisziplinäres zur Erbekonzeption aus der Sicht der marxistisch-leninistischen Philosophie, in: Dialog über Tradition und Erbe, Berlin 1976, S.211.

72 Ebd.

73 Vgl. Ebd.

74 H. Ley, Erbe, Rezeption und ideologischer Klassenkampf, DZfPh, 3/4/1981, S.369.

75 Ebd., S.370.

76 Ebd., S.373/74.

77 Vgl. C. Fr. Gethmann, Formale Logik und Dialektik [Gethmann 1984], in: Burrichter 1984, S.145.

78 Vgl oben.

79 Schüler von Linke und Schröter, ab 1971 Dozent, ab 1976 Professor für Logik an der Sektion für marxistisch-leninistische Philosophie an der Humboldt-Universität Berlin.

80 C. Fr. Gethmann 1984, S.144.

81 MLPh, a.a.O., S.287/88.

82 Ebd.; vgl. G. Klaus, Kybernetik in philosophischer Sicht, Berlin 1961; ders., Semiotik und Erkenntnistheorie, Berlin 1963.

83 PhnW, a.a.O., S.528/29.

84 Vgl. dazu L.R. Graham, Dialektischer Materialismus und Naturwissenschaften in der UdSSR, Frankfurt/M. 1974.

85 Vgl. das zitierte Rundtischgespräch zum 40. Jahrestag der Gründung der Deutschen Demokratischen Republik: »40 Jahre DDR – 40 Jahre Philosophie in der DDR« unter Mitwirkung von Manfred Buhr, Wolfgang Eichhorn, Herbert Hörz (alle Zentralinstitut für Philosophie der Akademie der Wissenschaften der DDR), Erich Hahn (Institut für marxistisch-leninistische Philosophie der Akademie für Gesellschaftswissenschaften beim ZK der SED der DDR), Gottfried Stiehler (Sektion marxistisch-leninistische Philosophie der Humboldt-Universität Berlin) und Dieter Wittich (Sektion marxistisch-leninistische Philosophie der Karl-Marx-Universität in Leipzig) sowie des Chefredakteurs der »Deutschen Zeitschrift für Philosophie«, Jörg Schreiter, in: DZfPh, 10/11/1989, S.990ff, Zit. S.998.

86 Etwa für die Kopenhagener Schule (Bohr, Heisenberg) und ihre Anhänger.

87 Vgl. z.B. N. Bohr, Atomtheorie und Naturbeschreibung, Berlin 1931, worin Bohr schon die methodologische Entscheidung über die Geltungsbedingungen von Existenzzuschreibungen auch auf andere Wissenschaften erweitert sehen möchte. Stichwort: »Komplementarität«.

88 Vgl. MLPh, a.a.O., S.375.

89 Ebd.

90 Auf einen Zugang zum Seienden also, der dieses als solches und als ganzes faßt: als »Materie« oder »Materialität«.

91 K. Zweiling, Der Leninsche Materiebegriff und seine Bestätigung durch die Moderne Atomphysik, Berlin 1956.

92 Der sogenannte »philosophische Materialismus« Stalinscher oder Leninscher Provenienz beschränkt sich nämlich keineswegs auf erkenntnistheoretische, wissenschaftstheoretische, ontologische oder kosmologische Dimensionen.

93 DZfPh, 3, 1990, a.a.O., S.995.

94 Vgl. dazu Teil II. oben.

95 Lenin, Werke, Bd. 14. S.316.

96 DZfPh, 5/1957, S.114.

97 B. Gebhard, Der Widerspruch zwischen Materiellem und Ideellem und der dialektische Materiebegriff, in: DZfPh, 12/1989, S.1109.

98 Vgl. M. Steenbeck, Essay eines Naturwissenschaftlers über Philosophie und Einzelwissenschaft, in: DZfPh, 12/1963.

99 B. Gebhard, Der Widerspruch zwischen Materiellem und Ideellem und der dialektische Materiebegriff, a.a.O., S.1101.

100 G. Klaus, D. Wittich, Zu einigen Fragen des Verhältnisses von Praxis und Erkenntnis, in: DZfPh, 11/1961, S.1391.

101 Vgl. die Stellungnahme von D. Wahl, Theorie und Praxis beim sozialistischen Aufbau, in: DZfPh, 6/1963, S.759 -761.

102 Siehe: D. Wittich, Praxis, Erkenntnis, Wissenschaft, Berlin 1965.

103 G. Stiehler, Sozialismus: Dialektik der Totalität, in: DZfPh, 2/1990, S.100.

104 Vgl. G. Haufe, Kybernetik und Dialektik in der DDR, Berlin 1980.

105 Vgl. G. Klaus, Kybernetik und Gesellschaft, Berlin 1964/65.

106 Vgl. Kröber, Klimaszewsky, Eichhorn, Stoljarow, in: Zu Marx' Auffassung vom Systemcharakter der Gesellschaft, in: DZfPh 4/1968.

107 Der vorherrschende Erklärungstyp am Ende des Sozialismus in der DDR.

108 Man vergleiche die Aufgabenstellung in MLPh, a.a.O., S.689/90, die, allerdings in marxistisch-leninistischer Diktion, verschiedenen systematischen Kategorien folgt, die wir in uns geläufiger Terminologie wiedergegeben haben.

109 M. Steenbeck, Essay, a.a.O., S.1485.

110 »Bevormunden« ist hinreichend redundant, um nicht gleich zu kontern, daß die Philosophie in diesem Fall ja wohl auch keine Metatheorie sein könne. Vgl. G. Klaus, Ist Philosophie, sind Philosophen erforderlich?, in: DZfPh, 3/1964, S.325.

Über den Autor

Heiner Wilharm, geboren 1947 in Düsseldorf
— Studierte Philosophie, Allgemeine Sprachwissenschaft, Pädagogik, Politikwissenschaft, Geschichte und Psychologie in Köln, Bonn und Berlin. Wurde 1981 mit einer Arbeit zur Wissenschafts- und Sozialgeschichte historischer Demokratieforschung promoviert.
— War ab 1979 wissenschaftlicher Mitarbeiter und Lehrbeauftragter an der Fern-Universität/Gesamthochschule in Hagen. Ist gegenwärtig Professor für Designtheorie in Dortmund.
— Ist Autor verschiedener Fernstudienkurse zur antiken Philosophie, zur analytischen und Sprachphilosophie, zum Marxismus und zur Französischen Revolution. Hat verschiedene Beiträge zu Themen des Politischen, zu Fragen der Wissenschafts- und Handlungstheorie und zu Problemen der Repräsentation veröffentlicht. Darunter, im Zusammenhang des Themas: Politik und Geschichte. Jakobinismusforschung in Deutschland, Bd. 1: DDR, Bd. 2: Bundesrepublik, Frankfurt/M.-New York 1984.